a nova
segregação

michelle alexander

a nova segregação

RACISMO E ENCARCERAMENTO EM MASSA

TRADUÇÃO
PEDRO DAVOGLIO

REVISÃO TÉCNICA E NOTAS
SILVIO LUIZ DE ALMEIDA

© Boitempo, 2017
© Michelle Alexander, 2010, 2012

Todos os direitos reservados.
Originalmente publicado nos Estados Unidos por The New Press, Nova York, 2011.
Publicado por contrato com The New Press, Nova York

Título original: *The New Jim Crow. Mass Incarceration in the Age of Colorblindness*

Direção editorial	Ivana Jinkings
Edição	Isabella Marcatti
Assistência editorial e revisão	Thaisa Burani e André Albert
Tradução	Pedro Davoglio
Revisão técnica e notas	Silvio Luiz de Almeida
Preparação	Rita Palmeira
Coordenação de produção	Livia Campos
Capa	Ronaldo Alves
Diagramação	Antonio Kehl

Equipe de apoio
Allan Jones, Ana Carolina Meira, Ana Yumi Kajiki, Artur Renzo, Bibiana Leme, Camilla Rillo, Eduardo Marques, Elaine Ramos, Frederico Indiani, Heleni Andrade, Isabella Barboza, Ivam Oliveira, Kim Doria, Marlene Baptista, Maurício Barbosa, Renato Soares, Thaís Barros, Tulio Candiotto

---

CIP-BRASIL. CATALOGAÇÃO NA PUBLICAÇÃO
SINDICATO NACIONAL DOS EDITORES DE LIVROS, RJ

A368n

Alexander, Michelle, 1967-
  A nova segregação : racismo e encarceramento em massa / Michelle Alexander ; tradução Pedro Davoglio ; revisão técnica e notas Silvio Luiz de Almeida. - 1. ed. - São Paulo : Boitempo, 2017.

  Tradução de: The New Jim Crow: Mass Incarceration in the Age of Colorblindness
  Inclui índice
  ISBN 978-85-7559-555-8

  1. Direito penal. I. Davoglio, Pedro. II. Almeida, Silvio Luiz de. III. Título.

17-45564   CDU: 343.1(81)

É vedada a reprodução de qualquer parte deste livro sem a expressa autorização da editora.

1ª edição: janeiro de 2018
1ª reimpressão: fevereiro de 2019; 2ª reimpressão: março de 2021

BOITEMPO
Jinkings Editores Associados Ltda.
Rua Pereira Leite, 373
05442-000 São Paulo SP
Tel.: (11) 3875-7250 / 3875-7285
editor@boitempoeditorial.com.br | www.boitempoeditorial.com.br
www.blogdaboitempo.com.br | www.facebook.com/boitempo
www.twitter.com/editoraboitempo | www.youtube.com/tv.boitempo

SUMÁRIO

Nota sobre a tradução, *Silvio Luiz de Almeida e Pedro Davoglio* 9

Apresentação, *Ana Luiza Pinheiro Flauzina* 11

Prefácio a edições estrangeiras 19

Prólogo, *Cornel West* 25

Prefácio 29

Agradecimentos 31

Introdução 35

1. O renascimento das castas 59

2. O encarceramento 109

3. A cor da justiça 155

4. A mão cruel 211

5. O novo Jim Crow 257

6. Desta vez, o fogo 307

Índice remissivo 357

sobre a autora 375

Para Nicole, Jonathan e Corine

NOTA SOBRE A TRADUÇÃO
Silvio Luiz de Almeida e Pedro Davoglio

O título original desta obra, *The New Jim Crow: Mass Incarceration in the Age of Colorblindness*, poderia ter como tradução mais literal *O novo Jim Crow: encarceramento em massa na era do daltonismo racial*. Por isso, consideramos importante fazer dois esclarecimentos sobre algumas opções de tradução de conceitos-chave deste texto, além de seu próprio título.

1. São chamadas "Jim Crow" as leis que oficializaram o sistema de segregação racial vigente entre 1876 e 1965 nos estados do Sul dos Estados Unidos. Todavia, vale ressaltar que ainda que os estados do Norte não tenham promulgado "leis Jim Crow", na prática, a segregação também existiu ali e mesmo no âmbito federal, em instituições como as Forças Armadas. Elaboradas no período pós-Guerra Civil conhecido como Reconstrução, elas instituíam a separação de brancos e não brancos na utilização e no acesso a serviços e locais públicos, dos quais escolas e meios de transporte são os exemplos mais emblemáticos. Apesar de justificadas pelo princípio de "separados mas iguais" (fixado na polêmica decisão da Suprema Corte no caso Plessy *versus* Ferguson), as leis Jim Crow *jamais* garantiram qualquer tipo de igualdade entre brancos e negros: a estes últimos eram reservados as piores escolas, os meios de transporte público mais precários etc., além de sérias restrições ao direito de voto.

O nome "Jim Crow" refere-se à canção "Jump Jim Crow", interpretada por Thomas Rice. Nas apresentações, Rice – um homem branco – utilizava o *blackface* (isto é, maquiava o rosto a fim de se passar por negro) para caracterizar-se como "Jim Crow", um homem negro de pouca inteligência, preguiçoso e desonesto.

A fim de preservar o significado do que representaram as leis Jim Crow e a tese desenvolvida pela autora no decorrer da obra – e, ao mesmo tempo, denotar a importância do livro para os brasileiros –, o título da edição brasileira foi traduzido para "A nova segregação".

2. Além de "neutralidade racial", tradução aqui adotada para o termo *colorblindness*, outras duas opções haviam sido consideradas: "cegueira racial" e "invisibilidade racial". Entretanto, três razões nos levaram a pensar na alternativa escolhida. A primeira é que o termo *colorblindness*, em sua tradução literal, significa "daltonismo", alusão à incapacidade ou dificuldade de distinguir as cores. De fato, o racismo do sistema de justiça não se dá como uma espécie de "cegueira" em relação à raça, mas como uma *incapacidade* de reconhecer o quanto o fator racial é determinante. Por ser deliberadamente "daltônico" – e não cego – é que o sistema de justiça mantém seu funcionamento seletivo e pode sustentar um discurso que apregoa a neutralidade (e a imparcialidade), ao mesmo tempo que opera de modo seletivo contra pessoas negras.

A segunda razão é que as ideias de "cegueira" e "invisibilidade" pareceriam contrárias à crítica que Michelle Alexander desfere ao ideário liberal da "neutralidade". A tese da autora é a de que a suposta "neutralidade racial" permite a reinstituição da segregação, justamente porque seu efeito é ignorar as terríveis circunstâncias sociais e históricas que constituíram a estrutura de desigualdade racial. Ora, então não se trata de *cegueira*, tampouco de *invisibilidade*; antes, trata-se de uma impossibilidade de distinguir "cores", especialmente no âmbito da discussão acerca da seletividade penal e do encarceramento.

A terceira razão é que o termo "neutralidade racial" pareceu-nos mais adequado ao contexto teórico. Na obra, a autora descreve como, na gestação da ideologia da *colorblindness* pelas instituições jurídicas e políticas, o argumento da *racial neutrality* exerceu papel central em reconstituir o sistema de segregação. Além disso, o argumento da neutralidade racial também tornou possível a reprodução das desigualdades sociais e econômicas sem que se questionasse um de seus elementos primordiais: o racismo. Por isso, para uma melhor compreensão da tese da autora no contexto brasileiro, optamos por "neutralidade racial".

Para mais detalhes sobre o debate acerca dos conceitos de *colorblindness* e *racial neutrality*, ver Michael K. Brown et al., *Whitewashing Race*: *the Myth of a Color-Blind Society* (Berkeley/Los Angeles/Londres, University of California Press, 1995). Agradecemos a Adilson José Moreira pelas valiosas indicações bibliográficas e pelos instigantes debates acerca do conceito de *colorblindness*.

APRESENTAÇÃO
*Ana Luiza Pinheiro Flauzina**

A Diáspora Negra é, acima de tudo, uma sensação. As teorias, as imagens e o que quer que tente captar essa dispersão de corpos provocada pela sentença da escravidão são esforços de dar inteligibilidade a algo que é, em seu âmago, sentimento. Pessoalmente, foi a dor que me apresentou a esse movimento pulsante de jeitos, de sentidos, de horizontes.

Havia chegado aos Estados Unidos havia menos de um mês, levando na bagagem um misto mal dosado de insegurança e expectativas. Como parte da programação daquele primeiro semestre, estava prevista uma visita a um estabelecimento prisional, da qual tomei parte com certa desconfiança. Hoje, me recordo apenas tangencialmente da longa viagem até o presídio, da palestra do agente penitenciário, que nos recebeu com *performance* de guia turístico, e da frieza das instalações. Apesar de a neblina embaçar minha memória, há algo que permanece muito vivo na minha sensibilidade: a impressão de ter me encontrado naquele lugar. Aquele depósito estéril de corpos negros me fez sentir em casa por um breve momento. Foi na prisão que experimentei o primeiro ponto de contato real entre Brasil e Estados Unidos.

A leitura do texto de Michelle Alexander evocou esse momento. Ao desnudar o que considera um novo sistema de castas, estruturado a partir do encarceramento em massa nos Estados Unidos, a obra não só permite acessar

---

* Professora adjunta da Faculdade de Educação da Universidade Federal da Bahia (Faced-UFBA), doutora em direito pelo College of Law da American University de Washington e pós-doutora pelo African and African Diaspora Studies Department da Universidade do Texas em Austin. Entre outros livros, é autora de *Corpo negro caído no chão: o sistema penal e o projeto genocida do Estado brasileiro* (Rio de Janeiro, Contraponto, 2008).

as entranhas da falácia da democracia estadunidense como espelha dilemas muito familiares vivenciados ao sul da linha do Equador. Diante do grande fôlego do trabalho e de sua latitude argumentativa, destaco alguns aspectos que dialogam de forma íntima com as dinâmicas das relações raciais no Brasil.

O maior mérito do livro é, sem dúvida, reposicionar o racismo em sua relação com o sistema de justiça criminal. A perspectiva de Alexander foge às análises convencionais, invertendo a retórica que torna o racismo um subproduto das práticas do controle penal. De forma clara e direta, a autora nos mostra que o sistema de justiça criminal é, em verdade, um dos produtos diletos do racismo.

Assim, temos a oportunidade de visualizar o encarceramento em massa no lastro da narrativa histórica dos Estados Unidos, que tem o controle e a submissão da população negra como seu principal mote. Entende-se que há uma produção simbólica, um sentido atrelado à raça, que vai se sofisticando e se sedimentando no tempo. Ao se falar em escravidão, na segregação racial e na prisão, pensa-se fundamentalmente no corpo negro. É a corporeidade negra, portanto, o dado constante na retórica do terror, transmutando-se apenas as estruturas formais de controle. Sem alterações substantivas, a antinegritude vige como a métrica basilar as dinâmicas políticas e sociais do país[1].

É a partir dessa premissa que o estudo nos convida a olhar para a edificação de um programa de criminalização de homens negros nos Estados Unidos, que tem na Guerra às Drogas o principal suporte de sua atuação. Forjado durante o governo de Ronald Reagan, na década de 1980, esse projeto consolidou-se como um mecanismo de dominação sem precedentes. Alexander exibe estatísticas pormenorizadas, casos reveladores, leis obscenas. Somos apresentados a uma realidade familiar de militarização e abusos da polícia, segregação espacial, fragilidade das defensorias públicas. Os seriados de TV de "lei e ordem", que projetam a eficiência do sistema de justiça criminal estadunidense, vão sendo desmentidos a cada nova denúncia, e em seu lugar vai se desenhando a brutalidade de um aparato de controle que se alimenta diuturnamente de carne negra.

O perfil racializado do sistema é exposto na participação efetiva do Legislativo, com a imposição de sentenças mínimas diferentes para drogas com a mesma composição química, como o crack e a cocaína; na legitimação da seletividade

---

[1] A esse respeito, ver João Vargas, "Desidentificação: a lógica de exclusão antinegra no Brasil", em Osmundo Pinho e João Vargas (orgs.), *Antinegritude: o impossível sujeito negro na formação social brasileira* (Cruz das Almas, EDUFRB, 2016), p. 13-30.

policial na revista de "suspeitos"; na alta discricionariedade conferida à Promotoria de Justiça, que sela infindáveis acordos perversos. Percebe-se que, num sistema vocacionado para incriminar a qualquer custo, o terror racial negocia a liberdade de forma restritiva para quem, no dizer de Abdias do Nascimento, deve cumprir pena fundamentalmente pelo "delito de ser negro"[2].

Um dos aspectos mais instigantes levantados pela autora é o da participação direta do Judiciário na instituição do encarceramento em massa. O posicionamento austero da Suprema Corte indica uma forte adesão à plataforma de contenção e controle das comunidades negras. Das paradas e revistas policiais, passando pela negociação de acordos de transação penal, até o sentenciamento, a Corte firmou precedentes que validam a discriminação e, assim, servem de sustentáculo à política de Guerra às Drogas. A Corte, é importante registrar, tem endossado inclusive os efeitos pós-condenação, que acabam por inviabilizar a integração social dos ex-encarcerados. Nesse tocante, o aval judicial estende-se, em muitos estados, a discriminações no acesso ao mercado de trabalho, perda do direito ao voto, da carteira de motorista e mesmo de acesso a benefícios sociais.

O que se apreende da leitura é o caráter determinante da chancela do Judiciário para a difusão de uma leitura extremamente distorcida da atuação do sistema de justiça criminal nos Estados Unidos. Num momento histórico em que as declarações abertas de racismo são rechaçadas, prevalecendo a retórica da "neutralidade racial", a Justiça confere ao sistema uma aparência de solidez e isonomia. Trata-se da confirmação do caráter legalista do racismo estadunidense, em que a vida negra vai sendo minada por dentro das amarras do sistema.

O foco projetado no Judiciário mostra a premência de atentar para essa variável na análise das entranhas do controle penal no Brasil. Deve-se registrar que, aqui, os dilemas das comunidades negras estão conectados a uma guerra que sangra nos corpos de sua juventude e na intensificação vertiginosa do encarceramento, que ocorre sem maiores censuras.

Ao contrário do que ocorre nos Estados Unidos, a precariedade das estruturas do sistema de justiça criminal brasileiro não deixa dúvidas sobre a ilegalidade de suas práticas. As denúncias diuturnas de prisões flagrantemente arbitrárias, de torturas sistemáticas dentro e fora do cárcere, da corrupção e da extorsão como dados da atividade policial, de grupos de extermínio atuantes com a chancela do Estado, de cabeças rolando em massacres prisionais

---

[2] Elisa Larkin Nascimento, *Abdias do Nascimento* (Brasília, Senado Federal, 2014, col. Grandes Vultos que Honraram o Senado), p. 287.

gerados pela omissão institucional, bem como de tantos outros vilipêndios que integram a rotina da segurança pública no país, compõem um quadro que só pode ser explicado pela intensa naturalização social do racismo, com o profundo desprezo à vida negra.

Assim, se é impossível blindar o sistema da constatação de seu apetite flagrantemente genocida pelo acesso real aos corpos, é preciso garantir a aparência da democracia nos gabinetes. A seara do Judiciário quer, portanto, projetar-se como o norte civilizatório, limitador da barbárie que se processa apesar de sua atuação, nunca em razão dela. Entretanto, como nos mostra Alexander, essa esfera do poder também está fortemente comprometida na consolidação do racismo e das práticas que desencadeiam o extermínio e o encarceramento desenfreado nos trópicos.

Em estudo recente, Salo de Carvalho aponta para algumas dessas dimensões. Lembra, por exemplo, que o Supremo Tribunal Federal (STF) levou quinze anos para declarar a inconstitucionalidade do dispositivo da Lei dos Crimes Hediondos que determinava o cumprimento da pena em regime integralmente fechado[3]. É nesse período, sublinha o autor, que a "curva do encarceramento nacional passa a ser constantemente ascendente"[4]. No que tange à política de drogas, o STF omite-se em delimitar de forma clara os critérios de diferenciação entre consumo e tráfico previstos na Lei n. 11.343/06. Essa zona cinzenta na aplicabilidade da lei, diretamente sustentada pela falta de diretrizes do tribunal, tem sido instrumentalizada para a reprodução da seletividade e as alarmantes taxas de encarceramento que, no Brasil, têm as mulheres negras como alvo principal na última década[5].

Além do nítido envolvimento do Judiciário nacional com as práticas de encarceramento, há que se considerar seu papel nos processos de extermínio da juventude negra em curso. Importante lembrar que o histórico registro das execuções sumárias perpetradas pelas polícias como autos de resistência[6] era,

---

[3] Salo de Carvalho, "O encarceramento seletivo da juventude negra brasileira: a decisiva contribuição do poder judiciário", *Revista da Faculdade de Direito da UFMG,* Belo Horizonte, n. 67, jul.-dez. 2015, p. 623-52.

[4] Idem.

[5] Ibidem, p. 632-3.

[6] Como reação às pressões sociais, uma resolução conjunta do Conselho Superior da Polícia Federal e do Conselho Nacional dos Chefes da Polícia Civil, publicada em 4 de janeiro de 2016 no Diário Oficial da União, aboliu o uso dos termos "auto de resistência" e "resistência seguida de morte" dos boletins de ocorrência e inquéritos policiais em todo o território nacional. Apesar de determinar o estabelecimento de novos parâmetros para a investigação de

até muito recentemente, confirmado pelo imediato pedido de arquivamento do caso pelo Ministério Público e pela chancela judicial. Nesse ciclo bem orquestrado, milhares de vidas foram reclamadas sem qualquer censura ou responsabilização dos agentes que praticaram os homicídios. Nesse processo, apesar de a atuação brutal da polícia ser noticiada como responsável pela produção em série de mortes, é na assepsia dos tribunais de justiça que as certidões de óbito são sacramentadas.

A anuência do Judiciário é, portanto, decisiva para a conformação da cultura punitiva de caráter racista que parece se incrementar cada vez mais, ao norte e ao sul do Equador. Ao fim e ao cabo, a consolidação de formas de operar tão brutais dos sistemas de justiça criminal só se justifica pela existência de uma perspectiva que exclui a dor negra do horizonte ético. Seja no lastro da democracia estadunidense, que incorpora as práticas discriminatórias de forma legalista, seja pelas vias mal-acabadas de uma institucionalidade que chancela a barbárie, como no caso brasileiro, o que se percebe é que os corpos negros são geridos por políticas de Estado que os tomam como fungíveis, descartáveis[7]. É essa a realidade que o trabalho de Alexander ajuda tão bem a iluminar.

Se a obra é relevante por expor a ferida aberta da movimentação abusiva do sistema de justiça criminal nos Estados Unidos, torna-se ainda mais importante ao implicar a militância negra na manutenção desse estado de coisas. De forma franca e corajosa, a autora questiona o papel que as políticas de ações afirmativas têm cumprido na falta de adesão das principais entidades de direitos civis ao enfrentamento do encarceramento em massa no país.

Alexander pondera que as batalhas por justiça racial nos Estados Unidos estiveram historicamente conectadas a iniciativas de organização popular e mobilização da opinião pública. Entretanto, especialmente depois da cruzada que se inaugurou com o caso Brown *versus* Board of Education [Conselho de Educação] e dos esforços para a implementação da Lei dos Direitos Civis de 1965, a judicialização dos casos passou a ser vista como o centro da luta.

---

homicídios praticados por policiais, na prática não houve mudança substantiva na forma de processar os fatos. Para uma abordagem mais aprofundada sobre os autos de resistência, ver Michel Misse, *Autos de resistência: uma análise dos homicídios cometidos por policiais na cidade do Rio de Janeiro (2001-2011)*. Relatório de pesquisa, jan. 2011. Disponível em: <www.pm.es.gov.br/download/policiainterativa/PesquisaAutoResistencia.pdf>.

[7] Frank Wilderson III, "Gramsci's Black Marx: Whither the Slave in Civil Society?", *Social Identities*, v. 9, n. 2, 2003, p. 225-40.

O empoderamento de advogados como protagonistas dos pleitos por igualdade teve como consequência a desradicalização do movimento. Desde então, observa-se uma postura tímida das entidades de direitos civis no combate ao encarceramento em massa, ligada, de acordo com a autora, ao litígio em torno das ações afirmativas. Essas, sustenta Alexander, converteram-se numa espécie de "suborno racial" para as elites negras dos Estados Unidos, produzindo uma "diversidade racial cosmética" que não altera as estruturas de poder. Ao contrário, a apropriação distorcida das políticas tem contribuído para o enfraquecimento da consciência racial, consolidando um falacioso "mito do progresso negro". Nessa dinâmica, o reclame da vida da massa negra é garantido com a condescendência de segmentos expressivos da militância elitizada.

A postura crítica da autora em relação ao papel das políticas de ação afirmativa nos Estados Unidos merece ser analisada à luz do contexto brasileiro. Isso porque, dada a intensa resistência à implantação de tais políticas no Brasil, é previsível a apropriação oportunista do argumento de Alexander com o objetivo de descredenciar os esforços de inclusão em curso.

Nesse tocante, cabe situar que as políticas de ação afirmativas são estabelecidas com sinais invertidos nos dois países em questão. Enquanto nos Estados Unidos se estabelecem ações afirmativas como forma de *responder ao racismo abertamente declarado*, inaugurando-se um novo momento social e político que tem por base a noção da "neutralidade racial", no Brasil as políticas vêm ajudar a *romper o mito da democracia racial*, que historicamente nega a própria existência de racismo no país.

Aqui, é importante pontuar que a mudança da narrativa sobre as relações raciais no Brasil fomentada pela implementação das ações afirmativas se deu, em grande medida, porque essas pautaram uma discussão não circunscrita à denúncia do sofrimento negro, politizando diretamente os privilégios da branquitude. Foi em nome da defesa de seus privilégios, portanto, que as elites se expuseram, quebrando o silêncio histórico em torno da questão racial no país.

A leitura do texto de Alexander nos indica que as ações afirmativas têm custado exatamente esse silenciamento pervertido à disputa das relações raciais nos Estados Unidos. A recente noção de "neutralidade racial", evocada como forma de censurar a politização do racismo, é o mesmo remédio historicamente amargado no contexto brasileiro. No que tange à capacidade de mobilização social, portanto, as ações afirmativas têm um significado específico no Brasil, consolidando-se como o desafio mais contundente à retórica da democracia racial da última década.

Apesar das diferenças de fundo entre o processo de implementação das políticas de ação afirmativa nos dois países, as críticas formuladas por Alexander ressoam com preocupações já levantadas por pesquisadores e militantes no contexto brasileiro. Nesse tocante, Edson Lopes Cardoso lembra que é possível promover políticas públicas de igualdade racial sem que se enfrente o racismo verdadeiramente[8]. Com isso, o autor chama atenção, assim como Alexander, para o fato de que as ações afirmativas são uma disputa por aportes epistemológicos, por fazeres políticos diferenciados que imprimam uma nova digital no cenário social do país. Se a presença de pessoas negras nas estruturas de poder é um dado da justiça racial, ela não indica, em si, a desmobilização dos aportes do racismo profundamente arraigados nas equações políticas hegemônicas.

Diante dessa dura constatação, a autora nos provoca a pensar que, apesar de sua importância, as políticas de ação afirmativa não devem ser tomadas como a *medida central* para calcular avanços em termos de igualdade racial, devendo-se levar em conta o direito à liberdade e à vida como parâmetros fundamentais.

Esse lembrete parece encapsular o centro nervoso dos conflitos raciais na Diáspora. Afinal, nessa complexa teia política, as pautas de "inclusão" coabitam com as demandas históricas por controle e expropriação do segmento negro. É essa equação que torna possível a eleição do presidente negro conviver em harmonia com a obscenidade do encarceramento em massa nos Estados Unidos, assim como o pacote de políticas de promoção de igualdade racial no Brasil caminhar ao lado de taxas de homicídio de jovens negros no país. Ao fim e ao cabo, o grande item inegociável da agenda das elites é o direito de decretação da morte física e social da massa vulnerável, sendo o racismo a pedra angular dessa sentença executada diuturnamente nas Américas[9].

Como se pode perceber, *A nova segregação: racismo e encarceramento em massa* é trabalho que incita reflexões profundas. Ao retratar a situação-abismo impressa pela Guerra às Drogas nas comunidades negras dos Estados Unidos, a obra presta o enorme serviço de deslocar o racismo estadunidense desse lugar quase acessório que tem ocupado na percepção internacional. A narrativa nos permite compreender que a realidade brutal do encarceramento nada tem a ver com a miragem ilusória da experiência negra opulenta no país. Quebra-se

---

[8] Sobre esse e outros temas relacionados às demandas políticas da população negra no Brasil, ver Edson Lopes Cardoso, *Negro, não: a opinião do jornal "Irohin"* (Brasília, Brado Negro, 2015).

[9] Para uma discussão aprofundada sobre as estruturas da necropolítica que assola as comunidades negras, ver Achille Mbembe, "Necropolitics", *Public Culture*, v. 15, n. 1, 2003, p. 11-40.

o engodo de que os negros estadunidenses são a "carne de segunda" mais bem tratada do mundo; de que sua humilhação se redime pelo consumo; de que se alimentam com abundância e regozijo dos restos da mesa farta do poder.

A obra rompe com a publicidade que camufla a miséria, e ficamos apenas com a dureza das constatações do que é real: a verdade de que o racismo extorque por onde passa, cobra vidas a rodo, trucida potenciais e sonhos sem remorso. Esse espelho sem rachaduras aproxima realidades na Diáspora – aqui sintetizada como dor – que carregam mais semelhanças do que diferenças.

Enganam-se, entretanto, os que acreditam que isso é tudo o que somos, que os limites da vida nos transformam em agonia pura, que as lágrimas são as águas que calam mais fundo no repertório da nossa sobrevivência. Se o presídio foi o primeiro reflexo do Brasil que enxerguei a contragosto em solo estadunidense, a melodia da resistência foi o que me ensinou o sentido da Diáspora profunda, que irmana os que são destinados a tombar a sós. Foi num inusitado *show* de Gilberto Gil no Texas, que saboreei outros gostos dessa irmandade. Lembro-me de um acorde. De uma transição genial de Gil, que nos embalava num forró nostálgico de Luiz Gonzaga e, sem pausas, peso ou ruído, nos levou a um *reggae* encantado de Bob Marley. Naquele desenho efêmero e generoso, Austin, Kingston e Recife eram negras, eram fortes, eram comunhão.

A mesma comunhão de que nos fala Michelle Alexander ao convocar para um enfrentamento firme e não apologético do racismo nos Estados Unidos, ecoando os mesmos sons das trincheiras brasileiras. Acompanhando a melodia que a autora nos convida a entoar, resta-nos encarar com lucidez as encruzilhadas da Diáspora da dor, cientes de que a resistência negra é força inesgotável que nos faz ser o que somos: fortes apesar da dureza dos grilhões, altivos apesar das marcas das chibatas, conectados apesar das profundezas dos oceanos.

PREFÁCIO A EDIÇÕES ESTRANGEIRAS
Michelle Alexander

Os Estados Unidos são e sempre foram um paradoxo. Seus fundadores sonharam com autonomia, igualdade e liberdade, mas deram à luz uma nação que negou o direito de voto aos homens sem propriedades e a todas as mulheres e consagrou a escravidão em sua Constituição original, contando cada escravo como três quintos de um ser humano. A narrativa popular oficial é de que os Estados Unidos superaram essa história feia. Há alguma verdade nessa narrativa. Como nação, abolimos a escravidão, concedemos às mulheres e às minorias raciais o direito de votar e desmantelamos o regime jurídico conhecido como "Jim Crow" – um sistema de regras, leis, políticas e práticas que autorizava a discriminação legal contra os afro-americanos em praticamente todas as esferas da vida política, social e econômica. Hoje podem ser encontradas pessoas de todas as cores em universidades prestigiosas e em muitos salões do poder. Elegemos nosso primeiro presidente negro. Essa história triunfante da democracia estadunidense é celebrada em nossas escolas e promovida em todo o mundo.

No entanto, há outra história a ser contada, menos popular e menos palatável politicamente. É uma história raramente ouvida na mídia de nossa nação e quase nunca contada além das suas fronteiras. Parte dela é contada neste livro. É uma história que precisa ser ouvida em todo o mundo.

Eu não escrevi este livro para o público internacional. Eu escrevi *A nova segregação* para que soe um alarme em meu próprio país, uma nação que afirma ser a "terra da liberdade", embora encarcere uma porcentagem maior de sua própria população do que qualquer outro país na Terra. Pregamos liberdade e democracia aos outros, mas relegamos milhões de nossos cidadãos mais pobres e mais escuros a um status permanente de segunda classe e lhes negamos o direito ao voto. Escrevi este livro porque já estive adormecida para o que realmente acontecia em meu próprio quintal. Quando acordei, estava determinada a ajudar os outros a despertar de seu sono e a enfrentar a verdade sobre o que nós, os Estados Unidos da América, havíamos feito novamente.

Agora estou ansiosa para compartilhar este livro com pessoas de todo o mundo que acreditam na democracia e se preocupam profundamente com justiça. Espero que o que está contido nestas páginas possa ajudar a desencadear um clamor internacional, à medida que as pessoas passem a entender que um pesadelo dos direitos humanos está se desdobrando nos Estados Unidos. Aqui, somos incentivados a acreditar que violações de direitos humanos e crises são coisas que só acontecem em outros lugares, muito além das nossas fronteiras. No entanto, aqui, em nosso próprio país, em poucas décadas quintuplicamos nossa população carcerária e construímos um sistema penal diferente de tudo o que já se viu. Os Estados Unidos estão agora em primeiro lugar no mundo em termos de encarceramento per capita – com menos de 5% da população mundial, mas quase 25% dos prisioneiros do mundo.

Milhões de pessoas – em sua maioria, pessoas pobres e não brancas – foram varridas para prisões e cadeias em razão de uma "guerra às drogas" racialmente enviesada e ao movimento político de "endurecimento" que destruiu famílias e dizimou comunidades inteiras. O número de pessoas presas por delitos de drogas, sozinho, é por si assustador – aumentou de cerca de 50 mil em 1980 para quase 500 mil hoje, mais do que o número de pessoas que a Europa ocidental prende por todos os crimes. Mais de 90% daqueles rotulados como "criminosos" ou "bandidos" não recebem um julgamento ou uma defesa consistente; eles se confessam culpados porque são ameaçados com sentenças mínimas obrigatórias duríssimas caso ousem desafiar suas acusações. Uma vez libertados do controle de nosso assim chamado sistema de "justiça", depois de terem cumprido suas penas de prisão, milhões são introduzidos num universo social paralelo, no qual os direitos civis e humanos básicos garantidos às demais pessoas não se aplicam a eles. São privados dos direitos civis e humanos supostamente conquistados pelo Movimento dos Direitos Civis, incluindo os direitos ao voto, a servir como jurado e a não sofrer discriminação no emprego, o acesso a educação e benefícios públicos básicos, como alimentação e moradia. Mesmo aqueles que cometeram crimes menores – como a posse ou venda de uma pequena quantidade de drogas – muitas vezes se encontram permanentemente presos em uma casta mais baixa, inferior. Homens afro-americanos têm sido os alvos principais desse novo sistema, o inimigo presumido. Hoje, em muitas grandes cidades estadunidenses, mais da metade dos homens afro-americanos em idade para trabalhar têm antecedentes criminais e, portanto, estão sujeitos a discriminação legalizada pelo resto de suas vidas, efetivamente presos em uma casta inferior.

Os políticos têm tentado justificar as práticas discriminatórias e as altíssimas taxas de encarceramento argumentando que elas são de alguma forma necessárias para lidar com altos índices de criminalidade em comunidades empobrecidas, habitadas por minorias. Mas, como este livro revela, as origens desse sistema têm muito menos a ver com crimes ou com índices de criminalidade do que com nossa história racial e com nossa política racial – a política do medo, da divisão, do bode expiatório e do controle.

Um novo e vasto sistema de controle racial e social nasceu mais uma vez nos Estados Unidos, mas o mundo ainda não se deu conta disso. O clamor internacional ajudou a persuadir juristas e políticos estadunidenses a reconsiderar o antigo sistema Jim Crow de segregação racial após a Segunda Guerra Mundial. É minha esperança que nossa nação possa, uma vez mais, ser motivada pela vergonha e pelo embaraço no cenário mundial a enfrentar o paradoxo central da moderna democracia estadunidense: o sistema de encarceramento em massa. Como observou recentemente Bryan Stevenson, destacado advogado e defensor dos direitos humanos, o encarceramento em massa define hoje nossa nação da mesma maneira que a escravidão a definiu anteriormente. Espero que os povos do mundo não permaneçam em silêncio ao descobrirem como as práticas de nossa nação, quando se trata de raça, igualdade e liberdade, contrariam o que pregamos.

Além do anseio de que os Estados Unidos sejam responsabilizados no tribunal da opinião internacional, rezo para que este livro contribua com o crescente debate sobre a guerra global às drogas. Mais de cinquenta anos se passaram desde que as Nações Unidas adotaram a Convenção Única sobre Entorpecentes – um tratado internacional destinado a proibir a produção e o fornecimento de entorpecentes específicos – e mais de quarenta anos se passaram desde que o presidente Nixon declarou uma "guerra às drogas" que, de doméstica, rapidamente se converteu em global – uma guerra brutal e ineficaz que tem causado devastação por décadas. Apesar de investir bilhões em prisões, proibições e militarização da política, essa guerra global fracassou totalmente em reduzir, quanto mais em acabar, com o abuso e o vício em drogas. Na verdade, drogas ilegais estão mais facilmente disponíveis e são consumidas em taxas mais elevadas do que antes de a guerra contra as drogas começar. Como a Global Commission on Drug Policy [Comissão Global de Política sobre Drogas] observou em 2011:

A guerra global às drogas falhou, com consequências devastadoras para indivíduos e sociedades ao redor do mundo [...]. Vitórias aparentes na eliminação de uma fonte ou organização de tráfico são negadas quase instantaneamente pela emergência de outras fontes e traficantes.

Em vez de lidar com o consumo de drogas e a dependência como um grave problema de saúde pública e investir pesadamente em tratamento e prevenção, muitos governos que seguiram os passos dos Estados Unidos declararam guerra contra seus próprios cidadãos, investindo principalmente em punição e combate – aumentando inevitavelmente o sofrimento dos pobres e mais vulneráveis. Durante as últimas décadas, milhões de vidas foram desnecessariamente destruídas por longas penas de prisão, e milhares foram perdidas em razão da violência da Guerra às Drogas e da militarização policial, especialmente em países como o México, onde mais de 100 mil pessoas foram mortas ou desapareceram apenas na década passada. O governo mexicano divulgou recentemente dados segundo os quais mais de 164 mil pessoas foram vítimas de homicídio entre 2007 e 2014 – para muitos, um período que abrange alguns dos anos mais sangrentos da guerra do país contra os cartéis de droga. Prisões privadas estão tirando proveito da carnificina, pois lhes são concedidos contratos lucrativos nos Estados Unidos para prender a enxurrada de imigrantes do México e da América Latina que tentam desesperadamente escapar da violência da Guerra às Drogas.

Seria de imaginar que quarenta anos de uma guerra fracassada fossem suficientes para persuadir seus combatentes quanto à necessidade de uma mudança de rumo. No entanto, a guerra desastrosa continua inabalável. Por quê? Uma das razões é que a guerra global contra as drogas tem relativamente pouco a ver com a resolução de problemas associados a drogas ilegais. O consumo de drogas é a justificativa para a guerra, mas não é (e nunca foi) sua principal motivação. A Guerra às Drogas nunca teria sido declarada nos Estados Unidos se não fosse pela raça e pela classe daqueles rotulados como inimigo. A política de drogas e sua prática atual remontam em grande parte à política racial estadunidense e permanecem arraigadas na utilidade política (e na rentabilidade econômica) da guerra perpétua.

Tanto o vício quanto o uso de drogas são problemas sérios e por vezes mortais, dignos de nossa preocupação coletiva e ação urgente. Nos Estados Unidos, porém, nossa abordagem a esses sérios problemas de saúde pública tem sido corrompida por políticas raciais e divisões que raramente são discutidas abertamente, mesmo que operem como uma poderosa correnteza, empurrando políticas e práticas em direções perigosas e muitas vezes mortais. É uma grande tragédia que nossa guerra racista às drogas tenha sido exportada, contribuindo para tanto sofrimento desnecessário, morte e desespero por todo o mundo. Ethan Nadelmann, fundador da Drug Policy Alliance [Aliança para Política de Drogas], resumiu assim: "Olhar para os Estados Unidos como um modelo para o controle de drogas é como olhar para a África do Sul da época do *apartheid* para saber como lidar com raça". Espero que este livro encoraje pessoas de outros países a questionar se seus governos não deveriam considerar uma mudança drástica de rumos.

Finalmente, tenho a profunda e sincera esperança de que este livro contribua para um diálogo internacional sobre o que é verdadeiramente exigido de qualquer nação que busque construir uma democracia igualitária, multirracial e multiétnica. Os Estados Unidos são frequentemente vistos como inspiração e guia sobre o assunto, mas o renascimento cíclico de sistemas de castas raciais em nosso país deveria levar qualquer nação a fazer uma pausa antes de construir sua versão de democracia com base na nossa. Espero que outras nações aprendam com nossa história e com nossa experiência e melhorem o sistema político e jurídico que criamos, sem simplesmente repeti-lo. Estamos muito longe de construir uma democracia inclusiva e igualitária em que "liberdade e justiça para todos" seja mais do que um lema. A história contada nestas páginas é, em última análise, uma história sobre como é difícil para as nações, assim como para os indivíduos, abandonar maus hábitos de pensamento e de modo de ser – especialmente o hábito de excluir e oprimir os "outros" raciais. Pesquisas mostram que as nações mais punitivas do mundo são as mais diversas. As nações mais compassivas, mais indulgentes, são as mais homogêneas. Parece que um aspecto da natureza humana é ser mais punitivo e menos generoso com aqueles rotulados como "outros". Contudo, à medida que nosso mundo se torna mais interconectado, e a mudança climática, a guerra, a globalização e as disputas econômicas levam a ondas de migração e imigração, seremos cada vez mais desafiados a abrir nossos corações e mentes àqueles que temos o hábito de ver como "outros". Nós também, inevitavelmente, seremos forçados a confrontar os legados da escravidão, da opressão e do colonialismo, a considerar como podemos de fato tentar reparar os danos causados e, eventualmente, a criar democracias nas quais cada vida, cada voz e cada voto importem realmente.

Ao fim, *A nova segregação* é um conto moral – a história de como milhões de pessoas pobres e não brancas nos Estados Unidos foram relegadas, mais uma vez, a um status de segunda classe, mesmo que tenhamos elegido um presidente negro. É uma história que nos lembra da importância de resistir, com toda a nossa força, à política do medo, da divisão, da exclusão e do controle. Não devemos apenas imaginar e sonhar que outro mundo é possível, mas, como disse a brilhante ativista e acadêmica Angela Davis, "precisamos agir como se fosse possível construir uma revolução e transformar radicalmente o mundo".

Eu ofereço este livro a você, com a esperança de que ele possa, de alguma forma, contribuir com o trabalho de uma justiça transformadora em todo o mundo.

PRÓLOGO
Cornel West

A nova segregação, de Michelle Alexander, é a bíblia laica de um movimento social nascente nos Estados Unidos do início do século XXI. Assim como ocorreu com *The Strange Career of Jim Crow* [A estranha carreira de Jim Crow], de C. Vann Woodward – um livro que Martin Luther King Jr. chamou de "a bíblia histórica do Movimento dos Direitos Civis" –, estamos testemunhando a rara conjunção entre um texto poderoso e pungente e o despertar democrático com foco nas camadas pobres e vulneráveis da sociedade estadunidense. *A nova segregação* é um clássico instantâneo porque captura o espírito emergente de nossa época. Por muito tempo, não houve luta de massas contra o assalto em vários níveis ao povo pobre e vulnerável, apesar do heroico trabalho daqueles que lutam por liberdade intelectual, incluindo Marian Wright Edelman, Angela Davis, Loïc Wacquant, Glenn Loury e Marc Mauer, entre outros. No entanto, o sonambulismo está, de modo lento, mas obstinado, chegando a um fim, à medida que um número cada vez maior de nossos concidadãos percebe que a jaula de aço que habitam – que pode ser até mesmo uma jaula de ouro, no caso dos mais abastados – ainda é uma forma de servidão. *A nova segregação* é um grande chamado ao despertar em meio ao longo sono da indiferença pelos pobres e vulneráveis. Essa indiferença promove uma ética superficial do sucesso – do dinheiro, da fama e do prazer – que permite a muitos viver confortavelmente acomodados às injustiças à sua volta. Em resumo, este livro é uma verdadeira ressureição do espírito de Martin Luther King Jr. em plena confusão da era Obama.

Nesse tempo marcado por rupturas que estão restritas aos níveis mais superficiais da esfera política e de seus símbolos raciais, o trabalho magistral de Michelle Alexander nos leva além delas, à ruína sistêmica das comunidades negras e pobres devastadas pelo desemprego em massa, a negligência social, o abandono econômico e a intensa política de vigilância. Sua análise sutil desloca nossa atenção das conquistas raciais simbólicas ocorridas nos Estados Unidos, para a verdadeira substância da vergonha estadunidense: o uso maciço do poder do Estado para encarcerar centenas de milhares de homens (e cada vez mais mulheres) negros, jovens e pobres, em nome de uma falaciosa "Guerra às Drogas" [*War on Drugs*]. E sua narrativa histórica nuançada, que descreve o inescrupuloso tratamento e o brutal controle dispensados ao povo negro – a escravidão, o sistema Jim Crow, o encarceramento em massa –, nos leva abaixo da superfície política e põe a nu as estruturas de um sistema de castas raciais vivo e bem estabelecido numa era de neutralidade racial (*colorblindness*). De fato, o próprio discurso da neutralidade racial – criado pelos neoconservadores e neoliberais a fim de banalizar e dissimular a profundidade do sofrimento dos negros nas décadas de 1980 e 1990 – deixou os Estados Unidos cegos ao novo Jim Crow. E mais triste é verificar que essa cegueira, que perseverou tanto sob a gestão republicana quanto sob a democrata, permanece até hoje pouco reconhecida ou debatida em nosso discurso público nacional.

A nova segregação quebra esse silêncio. Quando você o lê, atravessa o Rubicão, e não há mais possibilidade de retorno ao sonambulismo. Você desperta para uma realidade sombria e feia que tem existido por décadas e que é a continuação do racismo subjacente à história estadunidense desde o advento da escravidão. Não há dúvida de que, se jovens brancos fossem encarcerados nos mesmos índices que os jovens negros, a questão seria tratada como um estado de emergência nacional. Mas também é verdade que, se os jovens negros de classe média ou alta fossem encarcerados na mesma proporção que as pessoas negras pobres, os líderes negros dariam muito mais atenção ao complexo industrial-prisional. Ou seja, Michelle Alexander expõe o viés de classe de grande parte das lideranças negras, bem como o viés racial das lideranças estadunidenses, para as quais as pessoas pobres e vulneráveis de todas as cores são um assunto de baixa prioridade. Como Alexander desfia em seu feroz e ousado último capítulo, "Desta vez, o fogo" (com ecos do grande James Baldwin!): "É nessa incapacidade de se importar com o outro, de se importar verdadeiramente, para além das fronteiras da cor da pele, que está o cerne desse sistema de controle e de todos os sistemas de castas raciais que já existiram nos Estados Unidos ou em qualquer outro lugar do mundo".

Martin Luther King Jr. nos convocou a nos amarmos uns aos outros, não a nos tornarmos indiferentes uns aos outros. Amar é se importar, é ter profunda compaixão e se preocupar com todo e cada indivíduo, incluindo o pobre e vulnerável. O movimento social instigado e abastecido por este livro histórico é um despertar democrático que diz que nós nos importamos, que o sistema de castas raciais precisa ser desmantelado, que precisamos de uma revolução em nossas prioridades deformadas, de uma transferência de poder dos oligarcas para o povo – e que estamos dispostos a viver e a morrer para fazer com que isso aconteça.

PREFÁCIO
Michelle Alexander

Este livro não é para todos. Eu tenho um público muito específico em mente: pessoas que se preocupam profundamente com a questão da justiça racial, mas que, por uma série de razões, ainda não percebem a magnitude da crise enfrentada pelas comunidades não brancas como resultado do encarceramento em massa. Em outras palavras, estou escrevendo este livro para pessoas como eu – para a pessoa que eu era há dez anos. E também o estou escrevendo para outro público: aquelas pessoas que têm lutado para persuadir seus amigos, vizinhos, parentes, professores, colegas de trabalho ou representantes políticos de que há algo de assustadoramente familiar no modo como nosso sistema de justiça criminal opera, algo que se parece muito com uma época supostamente deixada para trás, mas as quais não dispõem dos fatos e dados necessários para sustentar essas afirmações. Desejo e rezo para que este livro lhes dê força e lhes permita falar sobre a sua verdade com maior convicção, credibilidade e coragem. Por fim, mas definitivamente não menos importante, estou escrevendo este livro para todos aqueles presos no interior do mais recente sistema de castas da América. Você pode estar trancafiado no interior ou para fora da sociedade bem estabelecida, mas você não está esquecido.

AGRADECIMENTOS

Diz-se frequentemente que "é preciso uma aldeia para educar uma criança". No meu caso, foi preciso uma aldeia para escrever este livro. Dei à luz três crianças em quatro anos e, em meio a essa explosão de alegria em nosso lar, decidi escrever este livro. Ele foi redigido enquanto bebês eram alimentados e na hora que tiravam suas sonecas. Foi redigido em horários estranhos e frequentemente quando eu (e todos os outros da casa) tinha dormido pouco. Abandonar esse árduo projeto era tentador, ainda mais porque escrever o livro foi mais desafiador do que eu esperava. Mas quando sentia que era demais ou muito difícil, alguém que eu amava me surpreendia com generosidade e apoio incondicional; e quando eu começava a acreditar que o livro não valia o esforço, recebi – repentinamente – uma carta de alguém atrás das grades que me lembraria de todas as razões pelas quais eu não poderia desistir e quão afortunada eu era por estar no conforto da minha casa ou do meu escritório, e não na cela de uma prisão. Meus colegas e editores apoiaram esse esforço, inclusive de maneiras que excederam em muito seus deveres profissionais. Quero começar, então, agradecendo àquelas pessoas que garantiram que eu não desistisse – as que asseguraram que essa importante história fosse contada.

A primeira da lista é Nancy Rogers, que foi decana do Moritz College of Law, na Ohio State University até 2008. Nancy é o exemplo de uma liderança extraordinária. Sempre me lembrarei de seu encorajamento constante, seu apoio e sua flexibilidade enquanto eu fazia malabarismos para equilibrar meus compromissos com o trabalho e a família. Obrigada, Nancy, por sua fé em mim. Nesse sentido, gostaria de agradecer também a John Powell, diretor do Kirwan Institute for the Study of Race. Ele compreendeu imediatamente o que eu desejava alcançar com este livro e providenciou apoio institucional.

Meu marido, Carter Stewart, tem sido meu porto seguro. Sem nunca ter pronunciado uma palavra de reclamação, ele leu e releu rascunhos e modificou sua agenda inúmeras vezes para tomar conta de nossos filhos, de modo que eu pudesse ir adiante com a redação. Como promotor de justiça, ele não compartilha das minhas visões sobre o sistema de justiça criminal, mas sua visão diferente de mundo não comprometeu, nem sequer por um momento, sua capacidade de me apoiar, carinhosamente, em cada etapa de meus esforços para compartilhar minha verdade. Tomei a melhor decisão de minha vida quando me casei com ele.

Minha mãe e minha irmã também têm sido bênçãos em minha vida. Determinadas a assegurar que eu terminasse este livro, elas se exauriram correndo atrás das pessoinhas da minha casa, que são pacotinhos de alegria (e nos deixam mais do que apenas um pouco cansadas). Seu amor e bom humor têm sido alimento para minha alma. Agradecimentos especiais também vão para Nicole Hanft, cuja bondade amorosa com que tomou conta de nossos filhos será para sempre lembrada.

Lamento profundamente nunca ter sido capaz de agradecer pessoalmente a Timothy Demetrius Johnson, Tawan Childs, Jacob McNary, Timothy Anderson e Larry Brown-Austin, que estão presos. Suas amáveis cartas e expressões de gratidão por meu trabalho me motivaram mais do que eles possam supor, pois me lembravam de que eu não poderia descansar até que este livro estivesse pronto.

Também sou grata pelo apoio do Open Society Institute da Foundation Soros, bem como pela generosidade das várias pessoas que revisaram e comentaram partes do manuscrito ou contribuíram com ele de algum modo, como Sharon Davies, Andrew Grant-Thomas, Eavon Mobley, Marc Mauer, Elaine Elinson, Johanna Wu, Steve Menendian, Hiram José Irizarry Osorio, Ruth Peterson, Hasan Jeffries, Shauna Marshall e Tobias Wolff. Minha querida amiga Maya Harris merece agradecimentos especiais pela leitura de múltiplos rascunhos de vários capítulos sem nunca se cansar do processo de revisão. Para minha sorte, minha irmã, Leslie Alexander, é uma estudiosa de história afro-americana, de modo que me beneficiei de seu conhecimento e de sua perspectiva crítica a respeito da história racial de nossa nação – quaisquer erros factuais ou de julgamento são inteiramente meus, é claro. Também quero expressar meu reconhecimento por minha extraordinária editora, Diane Wachtell, da The New Press, que acreditou neste livro antes que eu tivesse escrito uma única palavra (e aguardou muito pacientemente até que a última palavra fosse escrita).

Vários de meus ex-alunos deram importantes contribuições para este livro, como Guylando Moreno, Monica Ramirez, Stephanie Beckstrom, Lacy Sales, Yolanda Miller, Rashida Edmonson, Tanisha Wilburn, Ryan King, Allison Lammers, Danny Goldman, Stephen Kane, Anu Menon e Lenza McElrath. Muitos deles trabalharam sem remuneração, apenas pelo desejo de contribuir de algum modo com esta obra.

Não posso encerrar sem agradecer pelos dons inestimáveis que recebi de meus pais, que, em última análise, tornaram este livro possível ao me criarem. Herdei a determinação de minha mãe, Sandy Alexander, que me espanta com sua habilidade de superar obstáculos enormes e viver cada dia com um otimismo renovado. Devo minha visão de justiça social a meu pai, John Alexander, que era um sonhador e nunca deixou de me desafiar a procurar, cada vez mais fundo, verdades maiores. Eu queria que ele estivesse vivo para ver este livro, embora eu suspeite de que ele ainda esteja acompanhando. Este livro é para você também, pai. Descanse em paz.

INTRODUÇÃO

Jarvious Cotton não pode votar. Como ocorreu com seu pai, seu avô, seu bisavô e seu tataravô, o direito de participar de nossa democracia eleitoral lhe tem sido negado. A árvore genealógica da família Cotton nos conta a história de várias gerações de homens negros que nasceram nos Estados Unidos, mas que são impedidos de exercer o direito mais básico que a democracia promete a qualquer um – a liberdade de votar naqueles que farão as regras e as leis que governam suas vidas. O tataravô de Cotton não podia votar por causa da sua condição de escravo. Seu bisavô foi espancado até a morte pela Ku Klux Klan por tentar votar. Seu avô foi impedido de votar por intimidação da mesma KKK. Seu pai foi proibido de votar por impossibilidade de pagar o censo e pela imposição de testes de alfabetização. Hoje, Jarvious Cotton não pode votar porque, como muitos homens negros nos Estados Unidos, foi rotulado como delinquente e está atualmente em liberdade condicional[1].

A história de Cotton ilustra, em muitos aspectos, o velho adágio: "Quanto mais as coisas mudam, mais elas permanecem iguais". A cada geração, novas táticas têm sido usadas para se atingir os mesmos objetivos – objetivos, estes, também partilhados pelos Pais Fundadores. Negar cidadania aos afro-americanos foi considerado essencial à formação da União Americana desde o princípio. Centenas de anos depois, os Estados Unidos continuam não

---

[1] Jarvious Cotton foi demandante no caso Cotton *versus* Fordice (157 F. 3d 388 [5º Cir. 1998]), em que se decidiu que a lei do Mississippi que retira de criminosos o direito ao voto havia perdido seu caráter discriminatório. A informação acerca da árvore genealógica de Cotton foi obtida por Emily Bolton em 29 de março de 1999, em entrevista com o próprio na prisão estadual do Mississippi. Jarvious Cotton conseguiu liberdade condicional no Mississippi, estado que nega o direito ao voto a pessoas nessas condições.

sendo uma democracia igualitária. Os argumentos e raciocínios que têm sido propostos para sustentar a discriminação e a exclusão raciais em suas várias formas mudaram e evoluíram, mas o resultado permanece em grande parte o mesmo. Hoje, uma extraordinária parcela dos homens negros dos Estados Unidos é proibida por lei de votar, do mesmo modo que foram ao longo da maior parte da história estadunidense. Também estão sujeitos a formas legalizadas de discriminação no que tange a mercado de trabalho, habitação, educação, benefícios públicos, e a servir como jurados, assim como seus pais, avôs e bisavôs estavam.

O que mudou desde o colapso do Jim Crow tem menos a ver com a estrutura básica de nossa sociedade do que com a linguagem que usamos para justificá-la. Na era da neutralidade racial [*colorblindness*], não é mais socialmente permissível usar a raça, explicitamente, como justificativa para a discriminação, a exclusão e o desprezo social. Então não a usamos. Em vez de nos servirmos de raça, usamos nosso sistema de justiça criminal para pregar nas pessoas não brancas o rótulo "criminoso" e, com isso, nos permitimos prosseguir com as mesmas práticas que supostamente teríamos deixado para trás. Hoje é perfeitamente lícito discriminar criminosos nos mesmos termos que antes era lícito discriminar afro-americanos. Uma vez que você tenha sido rotulado de delinquente, as velhas formas de discriminação – no momento de conseguir um emprego ou moradia, no momento de supressão do direito de voto, na restrição de oportunidades educacionais, na exclusão do programa de vale-alimentação e de outros benefícios públicos ou na exclusão da participação de júris – tornam-se subitamente legais. Na condição de criminoso, você praticamente não terá mais direitos, e possivelmente terá menos respeito do que um homem negro vivendo no Alabama na época do Jim Crow. Nós não acabamos com as castas raciais nos Estados Unidos; nós apenas as remodelamos.

Relutei em chegar às conclusões apresentadas neste livro. Há dez anos, eu teria argumentado vigorosamente contra a afirmação central que faço aqui – a saber, a de que existe atualmente nos Estados Unidos algo como um sistema de castas raciais. De fato, se Barack Obama tivesse sido eleito presidente naquela época, eu teria afirmado que sua eleição marcou o triunfo da nação sobre o sistema de castas raciais – o último prego no caixão de Jim Crow. Minha satisfação teria sido relativizada apenas pela distância ainda a ser percorrida até a realização da promessa de uma sociedade com justiça racial, mas minha convicção de que nada remotamente semelhante ao sistema Jim Crow existia no país teria sido inabalável.

Hoje minha satisfação com a eleição de Obama é relativizada por uma percepção muito mais sóbria. Como mulher afro-americana, com três filhos pequenos que nunca conhecerão um mundo no qual um homem negro não poderia ser presidente dos Estados Unidos, eu estava muito emocionada na noite da eleição. Mas quando saí da festa de comemoração, cheia de esperança e entusiasmo, fui imediatamente relembrada da dura realidade do novo Jim Crow. Um homem negro estava de joelhos na sarjeta, mãos algemadas nas costas, com vários policiais ao seu redor falando, fazendo gozações e ignorando completamente sua condição de ser humano. Pessoas saíam de um prédio; muitas olharam por um momento para o homem negro encolhido na rua, depois desviaram o olhar. O que a eleição de Barack Obama significou para ele?

Assim como muitos advogados de direitos civis, foi inspirada pelas vitórias dos movimentos de direitos civis das décadas de 1950 e 1960 que decidi cursar a faculdade de direito. Mesmo diante do crescimento da oposição política e social a políticas de reparação como as ações afirmativas, eu me aferrava à ideia de que os males do Jim Crow haviam sido deixados para trás e que, ainda que tivéssemos de percorrer um longo trajeto até realizarmos o sonho de uma democracia multirracial e igualitária, havíamos feito progressos reais e estávamos lutando para manter os ganhos do passado. Eu pensava que meu trabalho como advogada de direitos civis seria me juntar aos aliados dos progressos raciais para resistir aos ataques às ações afirmativas e eliminar os vestígios da segregação do Jim Crow, como nosso ainda desigual e discriminatório sistema educacional. Eu compreendia que os problemas que afligem as comunidades pobres de não brancos, inclusive aqueles associados ao crime e às taxas de encarceramento crescentes, eram decorrentes da pobreza e da falta de acesso a educação de qualidade – o legado contínuo da escravidão e do Jim Crow. Nunca considerei seriamente a possibilidade de que um novo sistema de castas raciais estivesse ocorrendo no país. O novo sistema havia sido desenvolvido e implementado com rapidez, e ele era em grande parte invisível mesmo para pessoas que, como eu, passaram a maior parte de seu tempo lutando por justiça.

Deparei-me pela primeira vez com a ideia de um novo sistema de castas raciais há mais de uma década, quando um pôster laranja e brilhante capturou minha atenção. Enquanto corria para pegar o ônibus, vi, pregada a um poste de telefone, uma placa que gritava em letras garrafais: A GUERRA ÀS DROGAS É O NOVO JIM CROW. Parei por um momento para olhar o texto do cartaz. Algum grupo radical estava organizando um encontro sobre a brutalidade policial, a *three-strikes law** na Califórnia e a expansão do sistema prisional dos Estados Unidos. O evento estava sendo realizado em uma pequena igreja comunitária a alguns quarteirões dali; não havia lugar para mais do que cinquenta pessoas sentadas. Suspirei, e murmurei para mim mesma algo como: "Sim, o sistema de justiça criminal é racista de vários modos, mas fazer uma comparação absurda como essa não ajuda muito. As pessoas vão pensar simplesmente que você está louco". Então atravessei a rua e pulei para dentro do ônibus. Eu estava indo para meu novo trabalho como diretora do Racial Justice Project da American Civil Liberties Union [Projeto Justiça Racial da União Americana pelas Liberdades Civis] (Aclu) da Carolina do Norte.

Quando comecei meu trabalho na Aclu, eu acreditava que o sistema de justiça criminal tinha problemas de preconceito racial, do mesmo modo que a grande maioria das instituições em nossa sociedade lidava com problemas associados a preconceitos conscientes e inconscientes. Como advogada que havia trabalhado em numerosos casos de ações classistas de discriminação no emprego, eu compreendia bem os vários modos como os estereótipos raciais podem permear os processos subjetivos de tomadas de decisões em todos os níveis organizacionais, com consequências devastadoras. Estava familiarizada com os desafios de reformar instituições nas quais a estratificação racial era tida como algo normal – uma consequência natural de diferenças de educação, cultura, motivação e, como alguns ainda acreditam, habilidades inatas. Enquanto estive na Aclu, modifiquei meu foco da discriminação no emprego para a reforma da justiça criminal e, junto com outros parceiros, me dediquei à tarefa de tentar identificar e eliminar o preconceito racial onde quer que ele mostrasse sua horrível face.

Quando saí da Aclu, comecei a suspeitar de que eu estava errada a respeito do sistema de justiça criminal. Não se tratava apenas de mais uma instituição infectada por preconceito racial, mas de um monstro completamente diferente. Os ativistas que pregaram a placa no poste telefônico não eram loucos; e também não eram loucos os advogados e militantes ao redor do país que

---

* A *"three-strikes law"*, ou "lei dos três *strikes*", que pode ser traduzida como "lei das três infrações", é uma alusão direta à regra da terceira falta no beisebol, em que o jogador que a comete é eliminado da partida. Essa norma determina que criminosos reincidentes – em geral, após cometer o terceiro delito ou "falta" – sejam submetidos a penas mais severas. Sua forma de aplicação varia de estado para estado nos Estados Unidos, mas a premissa é que o criminoso que pratica o terceiro *strike* é irrecuperável e deve ser retirado por muito tempo ou definitivamente do convívio social. (N. T.)

estavam começando a conectar o atual sistema de encarceramento em massa às formas anteriores de controle social. Um pouco tardiamente, me dei conta de que o encarceramento em massa nos Estados Unidos surgiu, na verdade, como um sistema de controle social racializado abrangente e bem disfarçado e que funciona de maneira incrivelmente parecida com o Jim Crow.

Em minha experiência, as pessoas que foram de fato encarceradas raramente têm dificuldades em identificar os paralelos entre esses sistemas de controle social. Uma vez libertadas, com frequência veem seu direito de voto negado, são excluídas da composição de júris e relegadas a uma existência subjugada e de segregação racial. Por meio de uma teia de leis, regulamentações e regras informais, que são poderosamente reforçadas por estigmas sociais, elas são confinadas às margens da sociedade, e seu acesso ao mercado é barrado. A possibilidade de obter emprego, moradia e benefícios públicos lhes é negada juridicamente – do mesmo modo que muitos afro-americanos eram segregados a uma cidadania de segunda classe na época do Jim Crow.

Aqueles de nós que viam esse mundo de uma distância confortável – ainda que simpatizasse com a situação das assim chamadas classes desfavorecidas – tendiam a interpretar a experiência das pessoas capturadas pelo sistema de justiça criminal sobretudo através das lentes da ciência social popularizada, atribuindo o assombroso crescimento das taxas de encarceramento nas comunidades não brancas às previsíveis, mesmo que lamentáveis, consequências da pobreza, da segregação racial, da desigualdade de oportunidades educacionais e de presunções sobre o mercado de drogas, incluindo a crença equivocada de que os traficantes são, em sua maioria, pretos ou pardos. Vez ou outra, no curso de meu trabalho, alguém fazia uma observação sugerindo que talvez a Guerra às Drogas fosse uma conspiração racista para devolver os negros ao seu lugar. Esse tipo de observação invariavelmente era acompanhado de um riso nervoso, destinado a passar a impressão de que embora a ideia lhes tivesse passado pela cabeça, não se tratava de algo que uma pessoa razoável pudesse levar a sério.

A maioria das pessoas supõe que a Guerra às Drogas foi iniciada em resposta à crise causada pelo crack nos bairros centrais das grandes cidades. Essa visão considera que as disparidades raciais nas condenações relativas a drogas, bem como a rápida explosão da população prisional, refletem nada além de zelosos – mas ávidos – esforços do governo em combater o aumento desenfreado dos crimes ligados a drogas nos bairros pobres, povoados por minorias. Essa visão, mesmo que compreensível, dada a cobertura sensacionalista da mídia sobre o crack nas décadas de 1980 e 1990, está simplesmente errada.

Embora seja verdade que a publicidade em torno do crack tenha levado a um crescimento dramático dos investimentos na Guerra às Drogas (assim como políticas jurisprudenciais* que exacerbam enormemente as disparidades raciais nas taxas de encarceramento), não há nada de verdadeiro na ideia de que a Guerra às Drogas foi posta em marcha como resposta ao crack. O presidente Ronald Reagan anunciou oficialmente a política atual de Guerra às Drogas em 1982, antes de o crack se tornar um assunto na mídia ou uma crise nos bairros habitados por pessoas negras e pobres. Alguns anos depois de ela ter sido declarada, o crack começou a se espalhar rapidamente pelos bairros de Los Angeles em que moravam os negros pobres e, em seguida, em cidades por todo o país[2]. Em 1985, como parte de um esforço estratégico para construir um apoio público e legislativo à guerra, o governo Reagan contratou uma equipe para dar publicidade à emergência do crack[3]. A campanha midiática foi um extraordinário sucesso. Praticamente da noite para o dia, a mídia estava saturada de imagens de "putas do crack", "traficantes de crack" e "bebês do crack" – imagens que pareciam confirmar os piores estereótipos raciais a respeito dos moradores das regiões empobrecidas dos centros das cidades. O estardalhaço midiático feito em torno da "nova droga demoníaca" ajudou a catapultar a Guerra às Drogas de ambiciosa política federal a guerra efetiva.

O momento em que a crise do crack ocorreu ajudou a fomentar, nas comunidades negras pobres, teorias da conspiração e especulações de que a Guerra às Drogas era parte de um plano genocida do governo para destruir o povo negro nos Estados Unidos. Desde o início, circulavam nas ruas histórias de que o crack e outras drogas haviam sido introduzidos nos bairros negros pela CIA. Eventualmente, até mesmo a Urban League** chegou a levar as acusações de genocídio a sério. Seu relatório de 1990, "The State of Black America" [O

---

* No original, "*sentencing policies*". São mecanismos de uniformização da jurisprudência; no direito brasileiro, algo próximo de figuras como súmulas e outros dispositivos jurídicos. (N. T.)

[2] A primeira referência específica ao crack na mídia estadunidense foi feita pelo *The New York Times*, em matéria publicada no final de 1985. O crack começou a se tornar conhecido, no início de 1986, em alguns bairros pobres de Los Angeles, Nova York e Miami. Ver Craig Reinarman e Harry Levine, "The Crack Attack: America's Latest Drug Scare, 1986-1992", em *Images of Issues: Typifying Contemporary Social Problems* (Nova York, Aldine De Gruyter, 1995), p. 152.

[3] A decisão do governo Reagan de tornar públicas "histórias de horror" sobre o crack é discutida mais profundamente no capítulo 1 deste volume.

** A National Urban League (NUL), entidade de organização comunitária fundada em Nova York em 1910, inicialmente funcionou sob a denominação de National League on

estado da América negra], afirma: "Há pelo menos um conceito que deve ser empregado se quisermos ver a natureza sutil e traiçoeira do problema das drogas para a comunidade afro-americana. Ainda que de difícil aceitação, trata-se do conceito de genocídio"[4]. Embora as teorias da conspiração tenham sido inicialmente desconsideradas por serem vistas como excessivamente artificiais e afetadas, quando não como loucura pura e simples, a voz das ruas revelou estar certa, ao menos em um ponto. A CIA admitiu em 1998 que os exércitos de guerrilha que ela apoiava ativamente na Nicarágua estavam traficando drogas ilegais para os Estados Unidos – drogas que estavam ganhando as ruas dos bairros negros centrais sob a forma de crack. A CIA também admitiu que, no meio da Guerra às Drogas, bloqueou esforços de investigação das redes de drogas ilegais que estavam ajudando a financiar sua guerra secreta na Nicarágua[5].

Deve-se enfatizar que a CIA nunca admitiu (e tampouco foi revelada qualquer evidência que apoiasse a alegação de) que intencionalmente tenha buscado a destruição da comunidade negra ao permitir que drogas ilegais fossem traficadas dentro dos Estados Unidos. Não obstante, os teóricos da conspiração certamente devem ser perdoados por sua acusação ousada de genocídio se levarmos em conta a devastação provocada pelo crack e pela Guerra às Drogas, e a estranha coincidência de que uma crise de drogas ilegais surgiu repentinamente no interior da comunidade negra depois – e não antes – de a Guerra às Drogas ter sido declarada. De fato, a Guerra às Drogas começou em um momento em que o uso de drogas ilegais estava em declínio[6]. Durante esse período, contudo, uma guerra foi declarada, levando ao aumento vertiginoso de prisões e condenações por delitos relacionados a drogas, especialmente entre pessoas não brancas.

Urban Conditions Among Negroes e tem por objetivo a luta contra a discriminação racial nos Estados Unidos. (N. T.)

[4] Clarence Page, "'The Plan': A Paranoid View of Black Problems", *Dover Herald*, 23 fev. 1990. Ver também Manning Marable, *Race, Reform, and Rebellion: The Second Reconstruction in Black America, 1945-1990* (Jackson, University Press of Mississippi, 1991), p. 212-3.

[5] Ver Alexander Cockburn e Jeffrey St. Clair, *Whiteout: The CIA, Drugs, and the Press* (Nova York, Verso, 1999). Ver também Nick Shou, "The Truth in 'Dark Alliance'", *Los Angeles Times*, 18 ago. 1986; Peter Kornbluh, "CIA's Challenge in South Central", *Los Angeles Times* (edição de Washington), 15 nov. 1996; e Alexander Cockburn, "Why They Hated Gary Webb", *The Nation*, 16 dez. 2004.

[6] Katherine Beckett e Theodore Sasson, *The Politics of Injustice: Crime and Punishment in America* (Thousand Oaks, CA, Sage, 2004), p. 163.

O impacto da Guerra às Drogas tem sido aterrador. Em menos de trinta anos, a população carcerária dos Estados Unidos explodiu: de 300 mil, passou para mais de 2 milhões – e as condenações ligadas a drogas foram responsáveis pela maior parte desse aumento[7]. Os Estados Unidos têm hoje a maior taxa de encarceramento do mundo, fazendo parecer pequenas as taxas de quase todos os países desenvolvidos e superando até mesmo as de países com regimes altamente repressivos, como Rússia, China e Irã. Na Alemanha, a cada 100 mil pessoas (incluindo crianças), 93 estão na prisão. Nos Estados Unidos, a taxa é praticamente oito vezes superior, ou seja, 750 a cada 100 mil[8].

A dimensão racial do encarceramento em massa é sua característica mais impressionante. Nenhum outro país no mundo aprisiona tanto suas minorias étnicas ou raciais. Os Estados Unidos prendem um percentual maior da sua população negra do que a África do Sul na época do *apartheid*. Em Washington, a capital da nação, estima-se que três em cada quatro homens negros jovens (e quase todos aqueles dos bairros pobres) podem ter a expectativa de passar algum tempo de sua vida na prisão[9]. Taxas de encarceramento similares podem ser encontradas em comunidades negras de ponta a ponta do país.

Essa forte disparidade racial não pode ser explicada pelas estatísticas de criminalidade ligada às drogas. Estudos mostram que pessoas de todas as cores *usam e vendem* drogas ilegais em taxas bastante similares[10]. Se há diferenças

---

[7] Marc Mauer, *Race to Incarcerate* (ed. rev., Nova York, The New Press, 2006), p. 33.

[8] Pew Center, *One in 100: Behind Bars in America 2008* (Washington, DC, Pew Charitable Trusts, 2008), p. 5.

[9] Donald Braman, *Doing Time on the Outside: Incarceration and Family Life in Urban America* (Ann Arbor, University of Michigan Press, 2004), p. 3, cita dados de 2000 do departamento de correições de Washington.

[10] Ver, por exemplo, Department of Health and Human Services, Substance Abuse and Mental Health Services Administration, *Summary of Findings from the 2000 National Household Survey on Drug Abuse*, série NHSDA H-13, DHHS pub. n. SMA 01-3549 (Rockville, MD, 2001), relatando que 6,4% de brancos, 6,4% de negros e 5,3% de hispânicos fizeram uso regular de drogas em 2000; *Results from 2002 National Survey on Drug Use and Health: National Findings*, série NHSDA H-22, DHHS pub. n. SMA 03-3836 (2003), revelando taxas praticamente idênticas de uso de drogas ilícitas entre brancos e negros, havendo diferença de apenas um único ponto percentual entre os grupos; e *Results from the 2007 National Survey on Drug Use and Health: National Findings*, série NSDUH H-34, DHHS pub. n. SMA 08-4343 (2007), mostram essencialmente o mesmo resultado. Ver também Marc Mauer e Ryan S. King, *A 25-Year Quagmire: The "War on Drugs" and Its Impact on American Society* (Washington, DC, Sentencing Project, 2007), p. 19, citando um estudo que sugere que afro-americanos têm taxas levemente mais altas de uso de drogas do que brancos.

significativas a serem encontradas nas pesquisas, elas frequentemente sugerem que brancos, particularmente os jovens, estão mais propensos a se envolver em crimes ligados a drogas do que não brancos[11]. Não é essa impressão que se tem, no entanto, ao entrar nas penitenciárias e cadeias* dos Estados Unidos, que estão transbordando de pretos e pardos presos por delitos ligados a drogas. Em alguns estados, as taxas de homens negros presos por porte de drogas são de vinte a cinquenta vezes maiores do que as de homens brancos[12]. E nas grandes cidades destruídas pela Guerra às Drogas, em torno de 80% dos homens jovens afro-americanos têm antecedentes criminais e por isso são submetidos à discriminação legalizada pelo resto de suas vidas[13]. Esses homens jovens são parte de uma subcasta, permanentemente trancafiada e apartada do resto da sociedade.

---

[11] Ver, por exemplo, Howard N. Snyder e Melissa Sickman, *Juvenile Offenders and Victims: 2006 National Report*, U.S. Department of Justice, Office of Justice Programs, Office of Juvenile Justice and Delinquency Prevention (Washington, DC, Departamento de Justiça dos Estados Unidos, 2006), *relatando* que jovens brancos são mais propensos do que jovens negros a se envolver com a venda de drogas ilegais. Ver também Lloyd D. Johnson, Patrick M. O'Malley, Jerald G. Bachman e John E. Schulenberg, *Monitoring the Future, National Survey Results on Drug Use, 1975-2006*, v. 1, *Secondary School Students*, U.S. Department of Health and Human Services, National Institute on Drug Abuse, NIH pub. n. 07-6205 (Bethesda, MD, 2007), 32, "African American 12th graders have consistently shown lower usage rates than White 12th graders for most drugs, both licit and illicit"; e Lloyd D. Johnston, Patrick M. O'Malley e Jerald G. Bachman, *Monitoring the Future: National Results on Adolescent Drug Use: Overview of Key Findings 2002*, U.S. Department of Health and Human Services, National Institute on Drug Abuse, NIH pub. n. 03-5374 (Bethesda, MD, 2003), apresentando dados que demonstram que afro-americanos têm taxas levemente mais baixas de uso de drogas ilícitas que suas contrapartes brancas.

* Em inglês, "*prison*" e "*jail*", ainda que se refiram a modalidades de encarceramento, diferem pelo fato de que "*prison*" é a prisão para cumprimento de pena e "*jail*" equivale à prisão provisória, que pode ocorrer antes ou no curso do processo penal. Traduzimos os termos "*prison*" e "*jail*" por "penitenciária" e "cadeia", respectivamente. A escolha teve como base as disposições contidas no Código de Processo Penal Brasileiro, que afirma que "a penitenciária destina-se ao condenado à pena de reclusão, em regime fechado (art. 87) e que "a cadeia pública destina-se ao recolhimento de presos provisórios" (art. 102). (N. T.)

[12] Human Rights Watch, *Punishment and Prejudice: Racial Disparities in the War on Drugs*, HRW Reports, v. 12, n. 2 (Nova York, 2000).

[13] Ver, por exemplo, Paul Street, *The Vicious Circle: Race, Prison, Jobs, and Community in Chicago, Illinois, and the Nation* (Chicago, Chicago Urban League, Department of Research and Planning, 2002).

Pode ser surpreendente para alguns que os crimes relacionados a drogas estivessem decrescendo, e não aumentando, quando a Guerra às Drogas foi declarada. De uma perspectiva histórica, contudo, a falta de correlação entre crime e punição não é nenhuma novidade. Sociólogos têm observado frequentemente que os governos usam em primeiro lugar a punição como ferramenta de controle social e que por isso a extensão ou o rigor das punições com frequência não guardam relação com os padrões de criminalidade. Michael Tonry explica em *Thinking About Crime* [Pensando sobre o crime] que: "Os governos decidem quanta punição eles querem, e essas decisões de modo algum estão relacionadas de maneira simples com as taxas de criminalidade"[14]. Esse fato, conforme ele aponta, pode ser visto mais claramente quando se coloca crime e punição em perspectiva comparada. Embora as taxas de criminalidade nos Estados Unidos não sejam sensivelmente maiores do que as dos outros países ocidentais, a taxa de encarceramento cresceu muito nos Estados Unidos, ao passo que, em outros países, permaneceu estável ou declinou. Entre 1960 e 1990, por exemplo, as taxas oficiais de criminalidade na Finlândia, na Alemanha e nos Estados Unidos eram praticamente idênticas. Ainda assim, a taxa de encarceramento estadunidense quadruplicou, a finlandesa caiu 60% e a alemã permaneceu estável no período[15]. Apesar das taxas de criminalidade similares em seus países, cada governo escolheu impor níveis de punição diferentes.

Hoje, devido a declínios recentes, a taxa de criminalidade dos Estados Unidos caiu abaixo do padrão internacional. Mesmo assim, o país ostenta uma taxa de encarceramento que é entre seis e dez vezes maior do que a de outras nações industrializadas[16] – uma evolução que remonta diretamente à Guerra às Drogas. O único país que efetivamente chega perto da taxa de encarceramento dos Estados Unidos é a Rússia, e nenhum outro país no mundo encarcera uma porcentagem tão impressionante de suas minorias raciais e étnicas.

A dura e preocupante realidade é que, por razões que guardam pouquíssima relação com as tendências efetivas da criminalidade, o sistema penal estadunidense emergiu como um sistema de controle social sem paralelo na história mundial. E enquanto o tamanho do sistema, por si só, sugere que ele deveria afetar a vida da maioria dos estadunidenses, os alvos prioritários desse controle podem ser

---

[14] Michael Tonry, *Thinking About Crime: Sense and Sensibility in American Penal Culture* (Nova York, Oxford University Press, 2004), p. 14.

[15] Idem.

[16] Ibidem, p. 20.

definidos em sua maioria pela raça. Esse é um desenvolvimento assombroso, especialmente quando levamos em conta que logo ali, em meados da década de 1970, nossos criminólogos mais respeitados previam que o sistema prisional logo desapareceria. A prisão não diminuía a criminalidade de modo significativo, concluíam muitos especialistas. Aqueles que tinham oportunidades econômicas e sociais relevantes estavam pouco predispostos a cometer crimes, independentemente das sanções, ao passo que aqueles que iam para a prisão estavam mais predispostos a cometer crimes novamente no futuro. O crescente consenso entre os especialistas talvez se reflita melhor no National Advisory Commission on Criminal Justice Standards and Goals*, que publicou uma recomendação em 1973 de que "nenhuma nova instituição para adultos deveria ser construída e que as instituições para jovens existentes deveriam ser fechadas"[17]. Essa recomendação foi baseada na descoberta de que "a prisão, o reformatório e a cadeia só conseguiram deixar um rastro chocante de fracasso. Há uma evidência esmagadora de que essas instituições produzem criminalidade em vez de preveni-la"[18].

Nos dias de hoje, ativistas que defendem "um mundo sem prisões" são frequentemente tidos como charlatões, mas, há apenas algumas décadas, a noção de que nossa sociedade estaria muito melhor sem prisões – e que o fim das prisões era mais ou menos inevitável – não apenas dominou o discurso acadêmico hegemônico no campo da criminologia como também inspirou uma campanha nacional de reformadores exigindo moratória na construção de prisões. Marc Mauer, diretor-executivo do Sentencing Project**, observa que o mais notável dessa campanha pela moratória, se a observarmos retrospectivamente, é o contexto de aprisionamento na época. Em 1972, menos de 350 mil pessoas eram mantidas em prisões e cadeias pelo país, em comparação aos mais de 2 milhões de pessoas de hoje. A taxa de encarceramento em 1972 estava em um nível tão baixo que não parece mais pertencer ao reino das possibilidades,

---

* The National Advisory Commission on Criminal Justice Standards and Goals (NACCJSG), ou Comitê Consultivo Nacional de Normas e Metas de Justiça Criminal, é uma organização fundada em 1971, composta por representantes do sistema de justiça criminal e que tem como objetivo principal a formulação de programas para a redução da criminalidade. (N. T.)

[17] National Advisory Commission on Criminal Justice Standards and Goals, *Task Force Report on Corrections* (Washington, DC, Government Printing Office, 1973), p. 358.

[18] Ibidem, p. 597.

** Sentencing Project, fundado em 1986 e com com sede em Washington, D.C., é uma organização que realiza pesquisas e atua contra as políticas de encarceramento e a seletividade racial no sistema de justiça estadunidense.(N. T.).

mas, para os apoiadores da moratória, tal magnitude de aprisionamento era flagrantemente alta. "Os apoiadores da moratória podem ser perdoados por serem tão ingênuos", sugere Mauer, "uma vez que a expansão prisional que estava prestes a ocorrer não teve precedentes na história humana."[19] Nenhuma dessas pessoas imaginava que assistiria em vida à quintuplicação da população prisional. Parecia muito mais factível que as prisões desaparecessem.

Longe de desaparecerem, as prisões aparentam estar aqui para ficar. Apesar dos níveis de encarceramento sem precedentes na comunidade afro-americana, a comunidade dos direitos civis está estranhamente quieta. Um em cada três homens afro-americanos jovens passará algum tempo de sua vida na prisão se as tendências atuais persistirem, e em algumas cidades mais da metade dos jovens homens adultos negros está atualmente sob controle penal – na prisão ou na cadeia, em liberdade condicional ou assistida[20]. Ainda assim, o encarceramento em massa tende a ser classificado como uma questão de justiça criminal, não como uma questão (ou uma crise) de justiça racial ou de direitos civis.

A atenção dos militantes de direitos civis tem sido dedicada sobretudo a outras questões, como ações afirmativas. Durante os últimos vinte anos, praticamente todas as organizações progressistas de direitos civis do país se mobilizaram e lutaram em defesa de ações afirmativas. A luta para preservá-las na educação superior, de forma a manter a diversidade nas escolas e universidades de elite do país, tem consumido muito da atenção e dos recursos da comunidade dos direitos humanos e dominado o discurso a respeito da justiça racial na mídia de maior alcance, deixando o público em geral acreditar que as ações afirmativas são o principal campo de batalha das relações raciais nos Estados Unidos – mesmo com nossas prisões cheias de homens pretos e pardos.

Minha própria experiência reflete essa dinâmica. Quando me juntei à Aclu pela primeira vez, ninguém imaginava que o Racial Justice Project concentraria sua atenção na reforma da justiça criminal. A Aclu estava engajada em um

---

[19] Marc Mauer, *Race to Incarcerate*, p. 17-8.

[20] A estimativa de que um a cada três homens negros será preso durante sua vida é extraída de Thomas P. Boncszar, "Prevalence of Imprisonment in the U.S. Population, 1974-2001", Department of Justice, Bureau of Justice Statistics, ago. 2003. Em Baltimore, como em outras grandes áreas urbanas, a maioria dos homens jovens afro-americanos está atualmente sob supervisão correcional. Ver Eric Lotke e Jason Ziedenberg, "Tipping Point: Maryland's Overuse of Incarceration and the Impact on Community Safety", Justice Policy Institute, mar. 2005, p. 3.

importante trabalho a esse respeito, mas ninguém suspeitava de que tal trabalho de repente se tornaria central na agenda do Racial Justice Project. Supunha-se que o projeto iria se empenhar em defender as ações afirmativas. Pouco depois de sair da Aclu, juntei-me ao quadro diretor do Lawyers' Committee for Civil Rights of the San Francisco Bay Area*. Embora a organização incluísse a justiça racial entre suas prioridades, a reforma do sistema de justiça criminal não era a parte principal de seu trabalho em justiça racial. E ela não estava sozinha.

Em janeiro de 2008, a Leadership Conference on Civil Rights [Conferência de Líderes sobre Direitos Civis] – entidade composta pelas lideranças de mais de 180 organizações de direitos civis – enviou uma carta a seus aliados e financiadores informando-os de uma importante iniciativa de documentar o registro de votos dos membros do Congresso. A carta explicava que esse relatório a ser produzido mostraria "como cada deputado e senador havia votado em algumas das questões de direitos civis mais importantes de 2007, incluindo direito ao voto, ações afirmativas, imigração, nomeações, educação, crimes de ódio, emprego, saúde, habitação e pobreza". Questões de justiça criminal não fizeram parte da lista. A mesma coalizão de base ampla organizou uma importante conferência em outubro do mesmo ano denominada "Por que não podemos esperar: revertendo o recuo nos direitos civis", que incluiu painéis discutindo integração escolar, discriminação no trabalho, discriminação nas políticas de habitação e financiamento, justiça econômica, justiça ambiental, direitos das pessoas com deficiência, discriminação etária e direitos dos imigrantes. Não houve um único painel dedicado à reforma do sistema de justiça criminal.

Os líderes eleitos da comunidade afro-americana têm um mandato muito mais amplo do que os grupos de direitos civis, mas eles também frequentemente negligenciam a justiça criminal. Em janeiro de 2009, por exemplo, a Bancada Congressista Negra** enviou uma carta a centenas de líderes comunitários e de organizações com que trabalharam ao longo dos anos para solicitar informações gerais a respeito de si e requerer que eles identificassem suas prioridades.

---

* Lawyers' Committee for Civil Rights of the San Francisco Bay Area [Comitê de advogados para os direitos civis da área da baía de São Francisco] é uma organização fundada em 1968 que presta assistência jurídica a membros de grupos minoritários, pobres, imigrantes e refugiados. (N. T.)

** Fundada em janeiro de 1969, a Bancada Congressista Negra [Congressional Black Caucus] é uma espécie de "bancada parlamentar" formada por congressistas afro-americanos. Embora seja suprapartidário, sua composição é formada majoritariamente por pessoas ligadas ao Partido Democrata. (N. T.)

Mais de 35 tópicos foram listados como potenciais áreas de especial interesse, incluindo impostos, defesa, imigração, agricultura, habitação, serviços bancários, educação superior, multimídia, transportes e infraestrutura, mulheres, idosos, nutrição, iniciativas religiosas, direitos civis, censo, segurança econômica e líderes emergentes. Não houve menção à justiça criminal. "Ressocialização" foi enumerada, mas um líder comunitário que estivesse interessado em reforma da justiça criminal teria de marcar a opção "outros".

Isso não quer dizer que um importante trabalho para a reforma da justiça criminal não esteja sendo feito. Militantes de direitos civis têm denunciado vigorosamente determinados aspectos do novo sistema de castas. Um exemplo notável é a bem-sucedida denúncia realizada pelo Fundo de Defesa Jurídica da NAACP* contra uma ação policial antidrogas racista em Tulia, no Texas. A apreensão de drogas de 1999 encarcerou quase 15% da população negra da cidade, baseada unicamente em falsos testemunhos de um único informante contratado pelo xerife de Tulia. Mais recentemente, grupos de direitos civis ao redor do país ajudaram a deflagrar ataques jurídicos e intensas campanhas populares contra leis que restringiam o direito de defesa criminal e se opuseram tenazmente a leis e diretrizes discriminatórias para condenação por crack, tais como as políticas de "tolerância zero" que efetivamente transferiram a juventude não branca das escolas para as cadeias. A Aclu federal recentemente desenvolveu um programa de justiça racial que inclui questões de justiça criminal entre as suas prioridades e está criando um Projeto de Reforma da Lei de Drogas promissor. E graças ao agressivo trabalho de *advocacy*** da Aclu, da NAACP, e de outras organizações de direitos civis pelo país, o perfilamento racial [*racial profiling*] é

---

* A National Association for the Advancement of Colored People (NAACP), ou Associação Nacional para o Avanço das Pessoas de Cor, é uma das mais importantes entidades de defesa dos direitos civis da história dos Estados Unidos. Iniciada em 1909, a NAACP teve como um de seus fundadores o grande intelectual W. E. B. Du Bois, e de seus quadros também emergiu o primeiro juiz negro da Suprema Corte dos Estados Unidos, Thurgood Marshall. Em 1939, a NAACP criou um fundo de assistência jurídica, o Legal Defense Fund (LDF), que, em 1957, se tornaria uma entidade autônoma e totalmente independente em relação à NAACP. (N. T.)

** O termo "*advocacy*" refere-se ao trabalho de grupos e/ou indivíduos que buscam influenciar decisões políticas e econômicas de acordo com seus interesses. É uma atividade que envolve uma série de ações: campanhas publicitárias, debates, palestras, pesquisas, publicações de livros e artigos, atuação judicial e até mesmo o *lobby*, ou seja, o contato direto com representantes das instituições políticas que se quer influenciar. Optamos por manter o termo em inglês por conta da amplitude do termo e tendo em vista que seu uso já ocorre no Brasil. (N. T.)

amplamente condenado, mesmo por agentes da aplicação da lei penal que antes apoiavam abertamente essa prática.

Mesmo assim, e apesar desses avanços significativos, parece haver um erro de avaliação sobre a enormidade da crise em curso. Não há nenhum movimento de bases amplas fazendo trabalho de agitação pelo fim do encarceramento em massa e nenhum esforço de *advocacy* que se aproxime em escala da luta para preservar as ações afirmativas. Há também uma tendência persistente na comunidade de direitos civis em tratar o sistema de justiça criminal como apenas mais uma instituição infectada por um racismo persistente. O site da NAACP nos oferece um exemplo. Em tempos recentes como maio de 2008, era possível encontrar uma breve introdução a respeito do trabalho sobre justiça criminal da organização na seção intitulada Departamento Jurídico. A introdução explicava que, "apesar das vitórias de direitos civis em nosso passado, o preconceito racial ainda permeia o sistema de justiça criminal". Os visitantes do site eram instados a se juntar à NACCP a fim de "proteger os direitos civis conquistados a duras penas nas últimas três décadas". Ninguém que visitasse o site saberia que o encarceramento em massa de afro-americanos já havia estripado muitas das conquistas que ele exortava seus membros a proteger.

Imagine se as organizações de direitos civis e os líderes afro-americanos da década de 1940 não tivessem situado a segregação do Jim Crow na linha de frente de sua agenda de justiça racial. Isso pareceria absurdo, dado que a segregação racial era o veículo principal do controle social racializado nos Estados Unidos daquele período. Este livro argumenta que o encarceramento em massa é, metaforicamente, o novo Jim Crow e que todos aqueles que se importam com justiça social deveriam se comprometer integralmente com o desmantelamento desse novo sistema de castas raciais. O encarceramento em massa – e não os ataques às ações afirmativas ou os problemas na aplicação dos direitos civis – é a manifestação reacionária mais prejudicial contra o Movimento dos Direitos Civis. A narrativa popular que enfatiza a morte da escravidão e do Jim Crow e celebra o "triunfo sobre a raça" da nação com a eleição de Barack Obama está perigosamente equivocada. O consenso público a respeito da neutralidade racial que prevalece nos Estados Unidos hoje – ou seja, a crença difundida de que a raça não importa mais – nos cegou para as realidades da raça em nossa sociedade e facilitou a emergência de um novo sistema de castas.

Claramente, muita coisa mudou no que penso sobre o sistema de justiça criminal desde que passei por aquele cartaz laranja brilhante preso a um poste telefônico dez anos atrás. Para mim, o novo sistema de castas é agora tão óbvio quanto o meu próprio rosto no espelho. Como uma ilusão de óptica – em que uma imagem incrustada é impossível de ser vista até que seu contorno seja identificado –, o novo sistema de castas espreita de modo invisível no labirinto de racionalizações que criamos para a persistente desigualdade racial. É possível – fácil, na verdade – nunca ver a realidade incrustada. Só depois de anos trabalhando na reforma do sistema de justiça criminal meu foco finalmente se deslocou, e então o rígido sistema de castas lentamente entrou em meu campo de visão. Por fim, ele se tornou óbvio. Agora parece bizarro que eu não o tenha visto antes.

Sabendo como sei da dificuldade em se ver o que a maioria das pessoas sustenta não existir, antecipo que este livro será encarado com ceticismo ou algo pior. Para alguns, a caracterização do encarceramento em massa como um "sistema de castas raciais" pode parecer um exagero grosseiro, quando não uma hipérbole. Sim, nós podemos ter "classes" nos Estados Unidos – vagamente definidas como classes alta, média e baixa –, podemos até mesmo ter uma "subclasse" (um grupo tão segregado da sociedade que não está mais ao alcance da mítica escada de oportunidades), mas nós não temos, insistirão muitos, nada neste país que se assemelhe a uma "casta".

O objetivo deste livro não é se aventurar no debate vigoroso e de longa data da literatura acadêmica a respeito do que constitui e do que não constitui um sistema de castas. Eu uso a expressão *casta racial* neste livro do modo como ela é usada na linguagem comum para denotar um grupo racial estigmatizado e preso em uma posição de inferioridade pelo direito e pelos costumes. O Jim Crow e a escravidão foram sistemas de castas. E o atual sistema de encarceramento em massa também o é.

Pode ser útil, ao tentar compreender a natureza básica do novo sistema de castas, pensar no sistema de justiça criminal – todo o conjunto de instituições e práticas abarcado por ele – não como um sistema independente, mas como uma *porta de entrada* para um sistema muito maior de estigma racial e marginalização permanente. Esse sistema maior, ao qual nos referiremos aqui como encarceramento em massa, é o que tranca pessoas não apenas atrás de grades de verdade em prisões de verdade, mas também atrás de grades e muros virtuais – muros que são invisíveis a olho nu, mas que funcionam de modo quase tão efetivo como as leis do Jim Crow funcionavam ao submeter permanentemente pessoas não brancas a uma cidadania de segunda classe. A expressão "encarceramento em massa" se refere não apenas ao sistema de justiça criminal, mas também a uma teia maior de leis, regras, políticas e costumes que controla aqueles rotulados como criminosos dentro e fora da prisão. Uma vez libertos, os ex-presidiários entram em um submundo oculto de discriminação legalizada e de exclusão social permanente. Tornam-se membros da nova subcasta estadunidense.

A linguagem da casta pode muito bem parecer estrangeira ou pouco familiar para alguns. As discussões públicas a respeito das castas raciais nos Estados Unidos são relativamente raras. Evitamos falar sobre castas em nossa sociedade porque nos envergonhamos de nossa história racial. Evitamos também falar sobre raça. Evitamos até mesmo falar sobre classes. Conversas sobre classes sofrem resistência em parte porque há uma tendência a se imaginar que a classe de alguém influencia seu caráter. O que é chave na compreensão estadunidense sobre as classes é a crença persistente – apesar de toda evidência em contrário – de que alguém, com a disciplina e a diligência devidas, possa ascender socialmente. Nós reconhecemos que a mobilidade pode ser difícil, mas a chave de nossa autoimagem coletiva é a presunção de que a mobilidade é sempre possível, e então o fracasso em ascender socialmente reflete o caráter da pessoa. Por extensão, o fracasso de um grupo étnico ou racial em ascender reflete muito mal para o grupo como um todo.

O que está completamente ausente dos raros debates públicos de hoje sobre a condição dos afro-americanos é que um percentual gigantesco deles não é livre para ascender socialmente de nenhum modo. Não é só que lhes faltem oportunidades, que frequentem escolas ruins ou que sejam afligidos pela pobreza. Eles são impedidos por lei de fazê-lo. E as principais instituições com as quais entram em contato são desenhadas para impedir sua mobilidade. Para colocar a questão de maneira firme: o atual sistema de controle impede um percentual gigantesco da comunidade afro-americana de fazer parte da economia e da sociedade. O sistema opera por meio de nossas instituições de justiça criminal, mas ele funciona mais como um sistema de castas do que como um sistema de controle. Vista dessa perspectiva, a assim chamada subclasse pode ser melhor compreendida como uma *subcasta* – uma casta inferior de indivíduos que estão permanentemente apartados da sociedade pelo direito e pelos costumes. Embora esse novo sistema de controle social racializado pretenda ser racialmente neutro, ele cria e mantém uma hierarquia racial do mesmo modo que os sistemas anteriores faziam. Assim como o Jim Crow (e a escravidão), o encarceramento em massa opera como um sistema firmemente amarrado de leis, políticas, costumes e instituições que operam coletivamente para assegurar a condição subordinada de um grupo definido em grande medida pela raça.

Esse argumento pode ser particularmente difícil de engolir dada a eleição de Barack Obama. Muitos questionarão como uma nação que acabou de eleger o seu primeiro presidente negro pode ter um sistema de castas raciais. É uma boa pergunta. Mas conforme discutiremos no capítulo 6, não há qualquer inconsistência entre a eleição de Barack Obama para o cargo mais alto do país e a existência de um sistema de castas raciais na era da neutralidade racial. O atual sistema de controle depende da excepcionalidade negra; ele não é refutado ou minado por ele. Outros podem imaginar como um sistema de castas raciais existiria se a maioria dos estadunidenses – de todas as cores – se opõe à discriminação racial e endossa a neutralidade racial. Como veremos nas páginas que seguem, sistemas de castas raciais não exigem hostilidade racial ou intolerância aberta para prosperarem. Precisam apenas de neutralidade racial, como Martin Luther King Jr. nos alertou há mais de 45 anos.

As recentes decisões de algumas legislaturas, destacadamente a de Nova York, de revogar ou reduzir as penas para crimes ligados a drogas levaram alguns a acreditar que o sistema de controle racial descrito neste livro já está desaparecendo. Tal conclusão, creio, é um sério erro. Muitos dos estados que reconsideraram o rigor de seus sistemas decisórios o fizeram não a partir de uma preocupação com as vidas e as famílias destruídas por essas leis ou com a dimensão racial da Guerra às Drogas, mas sim em não estourarem seu orçamento em uma época de recessão econômica. Em outras palavras, a ideologia racial que deu origem a essas leis permanece em grande medida inabalada. A mudança das condições econômicas ou o crescimento das taxas de criminalidade poderiam facilmente resultar em um revés para aqueles que cometem crimes ligados a drogas, particularmente se eles forem percebidos como negros ou pardos. É igualmente importante entender isto: simplesmente reduzir o tempo das condenações, por si só, não perturba a arquitetura básica do novo Jim Crow. Enquanto um grande número de afro-americanos continuar a ser preso e rotulado como "criminoso de drogas" [*drug criminals*], eles continuarão a ser relegados a uma condição permanente de pessoas de segunda classe após a sua libertação, não importa quanto tempo (ou quão pouco tempo) passem atrás das grades. O sistema de encarceramento em massa é baseado no rótulo recebido na prisão, e não no tempo passado na prisão.

O ceticismo a respeito das afirmações feitas aqui é justificado. Certamente há diferenças importantes entre encarceramento em massa, Jim Crow e escravidão – os três maiores sistemas de controle social racializado adotados nos Estados Unidos até hoje. Falhar em reconhecer as diferenças relevantes, bem como suas implicações, seria um desserviço ao discurso de justiça racial. Contudo, muitas das diferenças não são tão dramáticas quanto parecem inicialmente; outras servem para ilustrar a maneira pela qual sistemas de controle social racializado conseguiram se transformar, evoluir e se adaptar às mudanças no contexto político, social e jurídico ao longo do tempo. Finalmente, acredito que as similaridades entre esses sistemas de controle superam as diferenças e que o encarceramento em massa, como seus predecessores, tem estado amplamente imunes ao controle jurídico. Se essa afirmação estiver substantivamente correta, suas implicações para o trabalho jurídico em justiça racial são profundas.

Com o benefício de uma visão retrospectiva, certamente podemos ver que a reforma fragmentada das políticas ou a litigância isolada, sozinhas, teriam sido uma abordagem fútil para o desmantelamento da segregação do Jim Crow. Embora essas estratégias certamente fossem úteis, a Lei de Direitos Civis de 1964 e a mudança cultural concomitante nunca teriam ocorrido sem o cultivo de uma consciência política crítica na comunidade afro-americana e o ativismo político abrangente que decorreu dela. Da mesma forma, a noção de que o *novo* Jim Crow pode ser desmantelado por meio da litigância tradicional e de estratégias de reforma política totalmente desconectadas de um movimento social maior parece fundamentalmente equivocada.

Um movimento como esse é, todavia, impossível se aqueles mais comprometidos com a abolição da hierarquia racial continuarem a falar e a se comportar como se um sistema de castas raciais patrocinado pelo Estado não existisse mais. Se continuarmos a contar a nós mesmos os mitos populares a respeito do progresso racial ou, ainda pior, se dissermos a nós mesmos que o problema do encarceramento em massa é grande demais, é assustador demais para que façamos algo a respeito e que nós deveríamos, em vez disso, direcionar nossas energias para batalhas que possam ser facilmente vencidas, a história nos julgará de maneira dura. Um pesadelo de direitos humanos está ocorrendo sob os nossos olhos.

Um novo consenso social a respeito da raça e do papel da raça na definição da estrutura básica de nossa sociedade precisa ser forjado, se nós desejarmos algum dia abolir o novo Jim Crow. Esse novo consenso precisa começar com diálogo, uma conversa que promova consciência crítica, pré-requisito fundamental para a ação social efetiva. Este livro é uma tentativa de assegurar que essa conversa não termine em riso nervoso.

Não é possível escrever um livro relativamente curto que explore todos os aspectos do fenômeno do encarceramento em massa e suas implicações para a justiça racial. Não se trata de fazer essa tentativa aqui. Este livro oferece uma visão panorâmica, e por essa razão muitas questões importantes não receberam a atenção devida. Por exemplo, relativamente pouco é dito a respeito da experiência totalmente singular de mulheres, latinos e imigrantes no sistema de justiça criminal, embora esses grupos sejam particularmente vulneráveis aos piores abusos e sofram de modos distintos e relevantes. Este livro se concentra na experiência dos homens afro-americanos no novo sistema de castas. Espero que outros pesquisadores e militantes percebam o que o livro deixou de fora e desenvolvam a crítica mais plenamente ou utilizem os temas esboçados aqui para outros grupos e outros contextos.

O que este livro pretende fazer – a única coisa aqui pretendida – é estimular uma conversa mais do que necessária sobre o papel do sistema de justiça criminal em criar e perpetuar a hierarquia racial nos Estados Unidos. O destino de milhões de pessoas – na verdade o futuro da própria comunidade negra – pode depender da disposição daqueles que se preocupam com justiça racial em reexaminar suas presunções básicas a respeito do papel do sistema de justiça criminal em nossa sociedade. O fato de mais da metade dos homens negros jovens em muitas cidades grandes dos Estados Unidos estarem atualmente sob o controle do sistema de justiça criminal (ou selados com antecedentes criminais) não é – como muitos argumentam – apenas um sintoma de pobreza ou de escolhas ruins, mas evidência de um novo sistema de castas em operação.

O capítulo 1 inicia nossa jornada. Ele retoma brevemente a história do controle social racializado nos Estados Unidos, respondendo à questão básica: como viemos parar aqui? O capítulo descreve o controle dos afro-americanos pelos sistemas de castas raciais, como a escravidão e o Jim Crow, que pareciam mortos, mas renascem em nova forma, adaptados às necessidades e aos limites da época. Como veremos, há certo padrão para os nascimentos e mortes das castas raciais nos Estados Unidos. Uma vez após a outra, os mais ardentes proponentes da hierarquia racial foram bem-sucedidos em criar novos sistemas de castas ao desarticularem os pontos de resistência espalhados por todo o espectro político. Isso foi conquistado em grande medida por meio do apelo ao racismo e à vulnerabilidade dos brancos das classes baixas, um grupo de pessoas que compreensivelmente está sempre ansioso por se assegurar de que nunca se verá na posição mais inferiorizada da hierarquia social estadunidense.

A estrutura do encarceramento em massa é descrita com algum detalhe no capítulo 2, cujo foco está na Guerra às Drogas. Poucas regras jurídicas estabelecem limites significativos à atuação da polícia na Guerra às Drogas, e enormes incentivos financeiros foram concedidos para que os agentes da segurança pública se engajassem em prisões maciças de pessoas envolvidas com drogas por meio de táticas de estilo militar. As chances de uma pessoa sair totalmente livre, uma vez arrastada para dentro do sistema, são muito pequenas. É comum que se negue aos réus uma representação jurídica adequada. Eles são ameaçados com longas penas para fazerem um acordo de culpabilidade e então são postos sob controle formal – na prisão ou na cadeia, na condicional ou na assistida. Após serem libertados, ex-infratores são vítimas de discriminação, legalmente, pelo resto de suas vidas, e a maioria acabará voltando para a prisão. Eles são membros de uma nova subcasta estadunidense.

O capítulo 3 chama a nossa atenção para o papel da raça no sistema de justiça criminal dos Estados Unidos. Ele descreve o método até a loucura – como um sistema de justiça criminal formalmente neutro quanto à raça consegue perseguir, prender e aprisionar um número extraordinário de homens pretos e pardos, quando as pessoas não brancas na verdade não estão mais predispostas a serem culpadas de crimes de drogas e muitas outras infrações do que os brancos. Esse capítulo desbanca a noção de que as taxas de aprisionamento podem ser explicadas pelas taxas criminais e identifica as gigantescas disparidades em cada estágio do processo da justiça criminal – da abordagem, investigação e prisão até a negociação abusiva e as fases de sentença. Resumidamente, o capítulo explica como as regras jurídicas que estruturam o sistema garantem resultados discriminatórios. Essas regras jurídicas asseguram que a subcasta seja esmagadoramente negra e parda.

O capítulo 4 reflete sobre o modo como o sistema de castas opera depois que as pessoas são libertadas da prisão. Em muitos aspectos, a libertação da prisão não representa o início da liberdade, mas, em vez disso, uma nova e cruel fase de estigmatização e controle. Inúmeras leis, regras e regulamentos discriminam ex-infratores e impedem sua reintegração efetiva à economia e à sociedade. Defendo que a vergonha e o estigma do "rótulo de prisioneiro" são, em muitos aspectos, mais danosos à comunidade afro-americana do que a vergonha e o estigma associados ao Jim Crow. A criminalização e a demonização do homem negro jogaram a comunidade negra contra si mesma, desfazendo relações familiares e comunitárias, dizimando redes de apoio mútuo e intensificando a vergonha e o ódio contra si vividos pela atual casta de párias.

Os muitos paralelos entre o encarceramento em massa e o Jim Crow são explorados no capítulo 5. O mais óbvio é o da discriminação legalizada. Como no Jim Crow, o encarceramento em massa marginaliza grandes segmentos da comunidade afro-americana, segrega-os fisicamente (em prisões, cadeias e guetos), e então autoriza discriminações contra eles no direito a voto, emprego, habitação, educação, benefícios públicos e serviço de jurado. O sistema de justiça federal efetivamente imunizou o sistema atual contra denúncias de grupos que debatem o preconceito racial, e muito antes disso os sistemas de controle já eram protegidos e endossados pela Suprema Corte dos Estados Unidos. Os paralelos não terminam aí, contudo. O encarceramento em massa, como o Jim Crow, ajuda a definir o significado da raça nos Estados Unidos. De fato, o estigma da criminalidade funciona de modo muito parecido com o modo como o estigma da raça funcionava antes. Ele justifica uma separação jurídica, social e econômica entre "nós" e "eles". O capítulo 5 também explora algumas das diferenças entre a escravidão, o Jim Crow e o encarceramento em massa, e de modo mais significativo o fato de que o encarceramento em massa é concebido para armazenar uma população considerada descartável – desnecessária ao funcionamento da nova economia global –, enquanto os sistemas de controle anteriores eram concebidos para explorar e controlar o trabalho negro. Ainda, o capítulo discute a experiência do povo branco nesse sistema de castas; embora não tenham sido os alvos prioritários da Guerra às Drogas, os brancos também foram prejudicados por ela – uma ilustração poderosa de como um Estado racial pode prejudicar pessoas de todas as cores. Por fim, esse capítulo responde aos céticos que afirmam que o encarceramento em massa não pode ser entendido como um sistema de castas raciais porque muitas "políticas de endurecimento penal" são apoiadas por afro-americanos. Muitas dessas afirmações, não deixo de notar, não são menos persuasivas hoje do que os argumentos usados cem anos atrás por negros e brancos que afirmavam que a segregação racial simplesmente refletia a realidade, não uma animosidade racial, e que os afro-americanos fariam melhor se em vez de denunciarem o sistema Jim Crow se concentrassem em galgar melhores posições no seu interior. Ao longo de nossa história, houve afro-americanos que, por variadas razões, defenderam ou foram cúmplices do sistema de controle dominante.

O capítulo 6 reflete sobre o que significa para o futuro da *advocacy* de direitos civis reconhecer a presença de um novo Jim Crow. Eu defendo que nada menos do que um movimento social maioritário pode ser bem-sucedido em desmantelar o novo sistema de castas. Reformas significativas podem ser atingidas sem tal movimento, mas, a menos que o consenso público que apoia o atual sistema seja completamente superado, a estrutura básica do novo sistema de castas permanecerá intacta. Construir um movimento social abrangente, contudo, não é o suficiente. Seria muito menos do que o suficiente persuadir a maioria dos eleitores de que confiamos demais no encarceramento ou de que o uso abusivo de drogas é um problema de saúde pública, não um crime. Se o movimento que surgir para lutar contra o encarceramento em massa falhar em confrontar diretamente o papel crítico da raça na estrutura básica de nossa sociedade, e se ele falhar em cultivar uma ética de efetivo cuidado, compaixão e preocupação por cada ser humano – de cada classe, raça e nacionalidade – dentro das fronteiras da nação (incluindo os brancos pobres, que são constantemente jogados contra as pessoas não brancas), o colapso do encarceramento em massa não significará a morte das castas raciais nos Estados Unidos da América. Inevitavelmente um novo sistema de controle social racializado emergirá – um sistema que não podemos prever, assim como o atual sistema de encarceramento em massa não foi previsto por ninguém trinta anos atrás. Nenhuma tarefa é mais urgente hoje para os defensores da justiça racial do que assegurar que o atual sistema de castas raciais dos Estados Unidos seja o último.

1.
O RENASCIMENTO DAS CASTAS

O escravo libertou-se; ficou ao sol por um breve momento;
e então retornou à escravidão.

W. E. B. Du Bois, *Black Reconstruction in America*

Há mais de cem anos, estudiosos têm escrito sobre a natureza ilusória da Proclamação de Emancipação. O presidente Abraham Lincoln promulgou uma declaração que resultaria na libertação dos escravos mantidos nos estados confederados do Sul, mas na prática nem mesmo um único escravo negro tornou-se de fato livre para abandonar seu senhor a partir disso. Uma guerra civil teve de ser vencida antes, centenas de milhares de vidas foram perdidas, e então – apenas então – os escravos do Sul foram libertos. No entanto, mesmo essa liberdade provou-se ilusória. Como W. E. B. Du Bois lembra de modo eloquente, os antigos escravos tiveram "um breve momento ao sol" antes de retornarem a uma condição semelhante à escravidão. As emendas constitucionais garantindo aos afro-americanos "igualdade perante a lei" e o direito ao voto revelaram-se tão ineficazes quanto a Proclamação de Emancipação assim que uma reação branca contra a Reconstrução* ganhou corpo. As pessoas negras

---

* A Reconstrução, também chamada de Reconstrução Radical, é o período da história estadunidense imediatamente posterior à Guerra de Secessão (1861-1865) e que se estende até 1877. A marca do período são a disputa política e os conflitos em torno da reunificação estadunidense. Os estados do Sul, derrotados na guerra, foram ocupados militarmente para que mantivessem a unidade e observassem os direitos civis da população negra, o que gerou grandes disputas políticas entre republicanos – que, de forma radical ou moderada, defendiam a unidade federativa e o fim da escravidão – e democratas (aliados dos sulistas). É também um período de emergência dos primeiros movimentos pelos direitos civis dos negros e também da Klu Klux Klan. A Reconstrução só terminaria de fato em 1877, quando o presidente Rutherford Hayes aceitou retirar as forças militares federais dos estados sulistas, devolvendo-lhes a autonomia. Foi nesse grande acerto entre o governo federal e os estados do Sul que foram gestadas as políticas segregacionistas como as leis Jim Crow. Para mais informações sobre esse período crucial da história dos Estados Unidos e sobre o tema deste livro, recomendamos

viram-se, então, novamente impotentes e jogadas em campos penais de trabalho forçado, o que era, sob muitos aspectos, pior do que a escravidão. A luz do sol deu lugar à escuridão, e o regime Jim Crow de segregação emergiu – um sistema que levou a condição das pessoas negras quase de volta à estaca zero, a uma casta racial subordinada.

Poucas pessoas se surpreendem com o fato de que ao colapso da escravidão tenha se seguido a instituição do Jim Crow. Essa evolução é descrita nos livros de história como lamentável mas previsível, dados o virulento racismo que dominava o Sul do país e a dinâmica política da época. O que é notável é que dificilmente alguém consegue imaginar que uma dinâmica política similar possa ter produzido outro sistema de castas nos anos que se seguiram ao colapso do Jim Crow – o sistema que existe hoje. A história contada durante o mês da Consciência Negra é de triunfo: o sistema de castas raciais está oficialmente morto e enterrado. Sugerir o contrário é frequentemente recebido com descrença e escândalo. A resposta padrão é: "Como você pode dizer que o sistema de castas raciais existe ainda hoje? Basta olhar para Barack Obama! Basta olhar para Oprah Winfrey!".

O fato de alguns afro-americanos terem obtido grande sucesso nos últimos anos não significa que tenha deixado de existir algo similar ao sistema de castas raciais. Nenhum sistema de castas nos Estados Unidos jamais governou todo o povo negro; sempre houve "negros livres" e histórias de sucesso de negros, mesmo durante a escravidão e o Jim Crow. O caráter pronunciadamente extraordinário das conquistas de indivíduos negros em domínios até então dominados por brancos é um bom indicador de que o velho Jim Crow está morto, mas que isso não significa necessariamente o fim das castas raciais. Se a história nos serve como guia, é razoável afirmar que elas possam simplesmente ter assumido uma forma diferente.

Mesmo um observador desinteressado da história racial estadunidense terá de reconhecer que o racismo é altamente adaptável. As regras e razões que o sistema político emprega para impor relações de distinção social de qualquer tipo, inclusive de hierarquia racial, evoluem e se modificam na mesma medida em que são contestadas. Os bravos esforços para abolir a escravidão e o Jim Crow e a fim de conquistar maior igualdade racial provocaram modificações

---

o clássico livro de W. E. B. Du Bois, *Black Reconstruction in America: 1860-1880* (Nova York, Free Press, 1998), além dos trabalhos do historiador Eric Foner, especialmente *Nada além da liberdade: a emancipação e seu legado* (Rio de Janeiro, Paz e Terra, 1988). (N. T.)

significativas no ordenamento jurídico da sociedade estadunidense – novas "regras do jogo", por assim dizer. Essas novas regras têm sido justificadas por uma nova retórica, uma nova linguagem e um novo consenso, ao mesmo tempo que produzem muitos dos mesmos resultados que as anteriores. Essa dinâmica, que a estudiosa do direito Reva Siegel chamou de "preservação através da transformação", é o processo por meio do qual o privilégio branco é mantido, apesar das mudanças das regras e da retórica[1].

Esse processo, mesmo que difícil de reconhecer em qualquer momento dado, é fácil de ser visto em retrospecto. Desde a fundação da nação, os afro-americanos têm sido repetidamente controlados por meio de instituições como a escravidão e o Jim Crow, que parecem morrer, mas renascem sob novas formas, adaptadas às necessidades e limitações de cada época. Conforme descrito nas páginas que seguem, há um certo padrão nesse ciclo. Seguindo o colapso de cada sistema de controle, há um período de confusão – transição – no qual aqueles que estão mais comprometidos com a manutenção da hierarquia racial procuram por novos meios de atingir os seus objetivos dentro das regras do jogo vigentes. É durante esse período de incerteza que a reação se intensifica e uma nova forma de controle social racializado se estabelece. A adoção de um novo sistema de controle nunca é inevitável, mas até hoje ela nunca foi evitada. Os mais ardentes proponentes da hierarquia racial têm sido muito bem-sucedidos em implementar novos sistemas de castas raciais por meio da desarticulação de pontos de resistência espalhados pelo espectro político. Isso tem sido conquistado em grande medida por meio do apelo ao racismo e à vulnerabilidade dos brancos das classes baixas, grupo que compreensivelmente está sempre ansioso para se assegurar de que nunca estará na posição mais inferiorizada da hierarquia social estadunidense.

A emergência de cada novo sistema de controle pode parecer repentina, mas a história mostra que suas sementes são plantadas muito antes de que cada nova instituição comece a brotar. Embora seja comum, por exemplo, pensar que o regime Jim Crow se seguiu imediatamente à Reconstrução, a verdade é mais complicada. E ainda que geralmente se acredite que a reação ao Movimento dos Direitos Civis é definida, antes de tudo, pela restrição da aplicação da lei de ação afirmativa e da legislação federal de direitos civis por um judiciário

---

[1] Reva Siegel, "Why Equal Protection No Longer Protects: The Evolving Forms of Status-Enforcing Action", *Stanford Law Review*, v. 49, 1997, p. 1.111; ver também Michael Omi e Howard Winant, *Racial Formation in the United States: From the 1960s to the 1990s* (Nova York, Routledge, 1996), p. 84-91.

hostil, as sementes de um novo sistema de controle – o encarceramento em massa – foram plantadas durante o próprio Movimento dos Direitos Civis, quando tornou-se claro que o velho sistema de castas estava se desintegrando e seria preciso que um novo fosse construído.

Conforme propõe o sociólogo Loïc Wacquant, a cada reencarnação das castas raciais, o novo sistema "é menos total, menos capaz de abranger e controlar toda a raça"[2]. Contudo, qualquer noção de que essa evolução reflita algum tipo de progresso linear seria equivocada, já que não é de todo óbvio que seria melhor ser encarcerado perpetuamente por um pequeno crime relacionado a drogas hoje do que viver com uma família recebendo um salário honesto sob o regime Jim Crow – não obstante a ameaça sempre presente da Ku Klux Klan. Além do mais, conforme os sistemas de controle evoluíram, eles foram se aperfeiçoando, tornando-se provavelmente mais resilientes a mudanças e, assim, capazes de durar até as gerações futuras. A história dos alicerces políticos e econômicos da fundação da nação estadunidense lança alguma luz sobre esses temas recorrentes em nossa história e as razões pelas quais novos sistemas de casta racial continuam a nascer.

O nascimento da escravidão

> *Lá atrás, antes do Jim Crow, antes da invenção do* Negro *ou do homem branco ou das palavras e dos conceitos para descrevê-los, a população consistia majoritariamente em uma grande massa de escravos brancos e negros, que ocupavam a mesma categoria econômica embrutecida e eram tratados com igual desprezo pelos senhores das* plantations *e das legislaturas. Curiosamente, despreocupadas com a sua cor, essas pessoas trabalhavam e descansavam juntas.*[3]
>
> Lerone Bennett Jr.

O conceito de raça é um desenvolvimento relativamente recente. Apenas nos últimos séculos, em muito devido ao imperialismo europeu, os povos do mundo passaram a ser classificados em linhagens raciais[4]. Aqui, nos Estados

---

[2] Loïc Wacquant, "America's New 'Peculiar Institution': On the Prison as Surrogate Ghetto", *Theoretical Criminology*, v. 4, n. 3, 2000, p. 380.

[3] Lerone Bennett Jr., *The Shaping of Black America* (Chicago, Johnson, 1975), p. 62.

[4] Para uma excelente análise do desenvolvimento da raça como construção social nos Estados Unidos e ao redor do globo, ver Howard Winant, *The World Is a Ghetto: Race and Democracy Since World War II* (Nova York, Basic Books, 2001).

Unidos, a ideia da raça surgiu como um meio de conciliar a servidão – bem como o extermínio dos indígenas estadunidenses – com os ideais de liberdade pregados pelos brancos nas novas colônias.

No início do período colonial, enquanto os assentamentos permaneceram relativamente pequenos, o trabalho compulsório era a forma dominante de assegurar mão de obra barata. Sob esse sistema, brancos e negros lutaram por sua sobrevivência contra um inimigo comum, que o historiador Lerone Bennett Jr. descreve como "o grande aparato de cultivo e o sistema social que legalizou o terror contra os trabalhadores compulsórios brancos e negros"[5]. Inicialmente, os negros trazidos a este país não eram todos escravizados, muitos eram tratados como trabalhadores compulsórios*. Como as *plantations* se expandiam, especialmente as fazendas de tabaco e algodão, a demanda tanto por terra quanto por trabalho aumentava muito.

A demanda por terra foi suprida pela invasão e conquista de faixas cada vez maiores de território. Os indígenas nativos começaram a se tornar um obstáculo ao "progresso" branco europeu, e, durante esse período, as imagens deles promovidas em livros, jornais e revistas tornaram-se crescentemente negativas. Assim como observaram sociólogos como Keith Kilty e Eric Swank, eliminar "selvagens" é um problema moral menor do que eliminar seres humanos e, portanto, os indígenas passaram a ser vistos como pertencentes a uma raça inferior – selvagens incivilizados –, o que fornecia uma justificativa para o extermínio dos povos nativos[6].

A crescente demanda por trabalho nas *plantations* era suprida pela escravidão. Os indígenas foram considerados impróprios para serem escravos, sobretudo porque as tribos nativas tinham claramente a posição de lutar em resistência. O medo de que tribos indígenas promovessem invasões fez os donos de terras procurarem por uma fonte alternativa de trabalho livre. Os imigrantes europeus também eram considerados péssimos candidatos à escravidão, não por causa de sua raça, mas sobretudo porque estavam disponíveis em pequena quantidade e porque sua escravização, naturalmente, interferiria na imigração voluntária para as novas colônias. Os donos das terras viram, então, os africanos – que

---

[5] Lerone Bennett Jr., *Shaping of Black America*, cit., p. 62.

* No original, "*indentured servants*". Eram, entre os séculos XVII e XIX, figuras que chegavam ao país para trabalhar sob contrato de curto prazo. Em geral, eram fugitivos. (N. T.)

[6] Keith Kilty e Eric Swank, "Institutional Racism and Media Representations: Depictions of Violent Criminals and Welfare Recipients", *Sociological Imagination*, v. 34, n. 2-3, 1997, p. 106.

eram relativamente pouco poderosos – como escravos ideais. A escravização de africanos e a criação de seus filhos sob regime de trabalho compulsório emergiram com rápida obstinação – acelerada por eventos como a Rebelião de Bacon.

Nathaniel Bacon era um proprietário de terras branco de Jamestown, na Virgínia, que liderava escravos unidos, trabalhadores compulsórios, e brancos pobres em um esforço revolucionário para derrubar a elite das *plantations*. Embora os escravos claramente ocupassem a posição mais baixa na hierarquia social e sofressem mais do que todos sob o sistema de *plantations*, a condição dos brancos contratados era pouca coisa melhor, e a maioria dos brancos livres vivia em situação de extrema pobreza. Conforme o historiador Edmund Morgan explica, em colônias como a Virgínia, a elite das *plantations*, com suas enormes concessões de terras, ocupava uma posição imensamente superior em relação aos trabalhadores de todas as cores[7]. As colônias do Sul não hesitaram em inventar modos de estender o conceito de servidão, e a classe dos latifundiários acumulava terras não cultivadas para restringir as opções dos trabalhadores livres. O ressentimento gestado contra a classe dos latifundiários criou as condições para que a revolta amadurecesse.

Abundam relatos diversificados da rebelião de Bacon, mas os fatos básicos são estes: Bacon planejou em 1675 apoderar-se das terras indígenas a fim de adquirir novas propriedades para si e para outros e anular a ameaça de ataques indígenas. Quando a elite das *plantations* da Virgínia se recusou a fornecer apoio militar a seu esquema, Bacon resolveu retaliá-los, liderando um ataque contra a elite, suas casas e propriedades. Ele condenou abertamente os ricos por oprimirem os pobres e estimulou uma aliança entre trabalhadores compulsórios brancos e negros, bem como escravos, que demandavam o fim de sua servidão. A tentativa de revolução terminou pela força e com falsas promessas de anistia. Uma parte dos que participaram da revolta foi enforcada. Os eventos em Jamestown assustaram os fazendeiros da elite, que temiam profundamente uma aliança multirracial entre trabalhadores compulsórios e escravos. A mensagem da Rebelião de Bacon se espalhou por toda parte, e vários levantes de natureza similar se seguiram.

Em um esforço para proteger sua condição de superioridade social e econômica, os fazendeiros mudaram a estratégia de manutenção da dominação. Abandonaram sua forte dependência em relação aos trabalhadores compulsórios para se dedicar à importação de mais escravos negros. Em vez de escravos

---

[7] Edmund Morgan, *American Slavery, American Freedom: The Ordeal of Colonial Virginia* (Nova York, Norton, 1975).

anglófonos das Índias Ocidentais, que tinham mais propensão a se familiarizar com a língua e a cultura europeias, um número muito maior de escravos foi trazido diretamente da África. Eles seriam mais fáceis de controlar e estariam muito menos predispostos a formar alianças com os brancos pobres.

Temendo que essas medidas pudessem não ser suficientes para proteger seus interesses, a classe dos fazendeiros tomou, por precaução, uma medida adicional, que depois ficaria conhecida como "suborno racial" [*racial bribe*]. Deliberada e estrategicamente, a classe dos fazendeiros ampliou os privilégios especiais dos brancos pobres, em um esforço para criar uma divisão entre eles e os escravos negros. Os colonos brancos foram autorizados a um maior acesso às terras dos nativos; os trabalhadores compulsórios brancos podiam vigiar e exercer controle sobre outros escravos por meio de patrulhas e milícias, e barreiras foram criadas para que o trabalho livre não entrasse em competição com o trabalho escravo. Essas medidas eliminaram efetivamente o risco de futuras alianças entre escravos negros e brancos pobres. Os brancos pobres de repente tinham um interesse direto e pessoal na existência de um sistema de escravidão baseado na raça. Sua situação não havia melhorado muito, mas ao menos eles não eram escravos. Uma vez que a elite das *plantations* dividiu a força de trabalho, os brancos pobres responderam à lógica de sua situação e procuraram maneiras de expandir a sua posição de privilégio racial[8].

Em meados da década de 1770, o sistema de trabalho compulsório havia sido completamente transformado em um sistema de castas raciais baseado na escravidão. A condição degradante dos africanos era justificada com o argumento de que os negros, assim como os indígenas, eram uma raça inferior incivilizada, talvez até mais carente de inteligência e características humanas louváveis que os nativos de pele vermelha. A noção de supremacia branca racionalizou a escravização de africanos, mesmo enquanto os brancos se esforçavam para formar uma nova nação baseada em ideias de igualdade, liberdade e justiça para todos. Antes da democracia, a propriedade de escravos já havia nascido nos Estados Unidos.

É impossível exagerar o significado da raça na definição da estrutura básica da sociedade estadunidense. A estrutura e o conteúdo da Constituição original foram amplamente baseados no esforço de preservar um sistema de castas raciais – a escravidão – ao mesmo tempo que se concediam direitos políticos e econômicos

---

[8] Idem; ver também Leslie Carr, *Color-blind Racism* (Thousand Oaks, CA, Sage Publications, 1997), p. 14-6.

aos brancos, especialmente aos brancos proprietários. As colônias escravocratas do Sul concordariam em formar uma união apenas com a condição de que o governo federal não fosse capaz de interferir no direito de possuir escravos. As elites brancas do Norte eram simpáticas à demanda de que os seus "direitos de propriedade" fossem respeitados, como também queriam que a Constituição protegesse seus interesses de propriedade. Como James Madison disse, a nação deve ser constituída "para proteger a minoria de opulentos contra a maioria"[9]. Consequentemente, a Constituição foi concebida para que o governo federal fosse fraco, não apenas em sua relação com a propriedade privada, mas também com relação aos direitos dos estados de conduzirem seus próprios negócios. A própria linguagem da Constituição era deliberadamente neutra em relação a raça [colorblind] (as palavras escravo ou negro nunca foram usadas), mas o documento foi construído sobre um compromisso com o sistema de castas raciais vigente. O federalismo – a divisão do poder entre os estados e o governo federal – foi o artifício empregado para proteger a instituição da escravidão e o poder político dos estados escravistas. Até mesmo o método para determinar a representação proporcional no Congresso e identificar o vencedor da eleição presidencial (o colégio eleitoral) foi especificamente desenvolvido tendo o interesse dos escravocratas em mente. Nos termos do documento de fundação de nosso país, os escravos foram definidos como três quintos de um homem, e não como um homem integral, real. Sobre essa ficção racista repousa toda a estrutura da democracia dos Estados Unidos.

A morte da escravidão

A história das castas raciais nos Estados Unidos teria terminado com a Guerra Civil se a ideia de raça e de diferença racial tivesse morrido quando a instituição da escravidão foi posta para descansar. Mas durante os quatro séculos nos quais a escravidão prosperou, a ideia de raça também prosperou. De fato, a noção de diferença racial – especificamente a noção de supremacia branca – provou-se mais duradoura do que a instituição que a fez surgir.

A supremacia branca, ao longo do tempo, tornou-se uma espécie de religião. A fé na ideia de que pessoas da raça africana eram bestiais, de que os brancos eram inerentemente superiores e de que a escravidão contribuía, de fato, para o bem dos próprios negros servia para aliviar a consciência dos brancos e

---

[9] Gerald Fresia, *Toward an American Revolution: Exposing the Constitution and Other Illusions* (Boston, South End Press, 1998), p. 55.

reconciliar a tensão entre a escravidão e os ideais democráticos esposados pelos brancos do assim chamado Novo Mundo. Não havia contradição na corajosa afirmação feita por Thomas Jefferson, na Declaração de Independência, de que "todos os homens são criados iguais" se os africanos não eram pessoas de verdade. O racismo operava como um sistema de crenças profundamente arraigadas baseado em "verdades" que estavam além de qualquer questionamento ou dúvida. Essa fé profunda na supremacia branca não apenas justificou um sistema político e econômico no qual os donos das *plantations* adquiriam terras e grandes fortunas por meio da brutalidade, da tortura e da coerção sobre outros seres humanos, mas também persistiu, como a maioria dos artigos de fé, por muito tempo após as circunstâncias históricas que ensejaram sua ascenção terem desaparecido. Nas palavras de Wacquant: "A divisão racial foi uma consequência, não uma precondição da escravidão, mas, uma vez instituída, ela se destacou de sua função inicial e adquiriu uma potência social autônoma"[10]. Depois da morte da escravidão, a ideia de raça sobreviveu.

Um dos balanços mais atraentes do período pós-emancipação está em *The Strange Career of Jim Crow* [A estranha carreira de Jim Crow], escrito por C. Vann Woodward em 1955[11]. O livro continua a ser um ponto focal de estudo e debate de acadêmicos e chegou a ser descrito por Martin Luther King Jr. como "a bíblia histórica do Movimento dos Direitos Civis". Do modo como Woodward conta a história, o fim da escravidão criou um extraordinário dilema à sociedade sulista branca. Sem o trabalho dos ex-escravos, a economia da região certamente entraria em colapso, e sem a instituição da escravidão, não havia mais um mecanismo formal de manutenção da hierarquia racial que impedisse o "cruzamento" com grupos de pessoas consideradas intrinsecamente inferiores e vis. Esse estado de coisas produziu uma anarquia temporária e um estado mental próximo da histeria, particularmente entre a elite das *plantations*. Mas mesmo entre os brancos pobres, o colapso da escravidão era uma pílula amarga. No Sul pré-guerra, a mais humilde das pessoas brancas ainda possuía a pele branca – emblema de superioridade que poderia sobrepô-la até mesmo ao escravo mais competente ou ao afro-americano livre mais próspero.

Ainda que os brancos sulistas – ricos e pobres – estivessem totalmente indignados com a emancipação, não havia uma solução óbvia para o dilema

---

[10] Loïc Wacquant, "America's New 'Peculiar Institution'", cit., p. 380.
[11] C. Vann Woodward, *The Strange Career of Jim Crow* (1955; Nova York, Oxford University Press, 2001).

por eles enfrentado. Logo após a Guerra Civil, a infraestrutura econômica e política do Sul estava em estado de total desordem. Os donos das *plantations* empobreceram subitamente, e os governos estaduais, agrilhoados pelas dívidas de guerra, não tinham um tostão em caixa. Uma grande quantidade de imóveis e outras propriedades estatais foram destruídas na guerra, a indústria acabou desmontada e centenas de milhares de homens foram mortos ou mutilados. Com tudo isso veio o efeito desmoralizante de uma guerra malsucedida e os extraordinários desafios associados à reconstrução de novos estados e novos governos locais. Some-se a isso a repentina presença de 4 milhões de escravos recém-libertados, e o quadro se torna ainda mais complicado. Os brancos do Sul, explica Woodward, acreditavam firmemente que um novo sistema de controle racial era de fato necessário, mas não era tão óbvia a forma que ele deveria assumir.

Sob a escravidão, a ordem racial era mantida de modo mais eficaz por meio de um alto grau de contato entre proprietários de escravos e escravos, o que maximizava as oportunidades de supervisão e disciplina, e minimizava o potencial de resistência ativa ou rebelião. A separação estrita das raças teria ameaçado os interesses imediatos dos escravocratas e era, em todo caso, totalmente dispensável como meio de criar distância social ou de estabelecer a condição de inferioridade dos escravos.

Logo após a Guerra Civil, não estava claro quais instituições, leis ou costumes seriam necessários para manter o controle branco, uma vez que a escravidão havia acabado. Não obstante, como numerosos historiadores têm demonstrado, o desenvolvimento de uma nova ordem racial tornou-se uma paixão arrebatadora para a maioria dos sulistas brancos. Rumores de uma grande insurreição apavoravam os brancos, e os negros começaram a ser vistos cada vez mais como ameaçadores e perigosos. De fato, os estereótipos atuais do homem negro como predador indisciplinado, agressivo, remontam a esse período, no qual os brancos temiam que uma massa furiosa de homens negros pudesse se levantar para atacá-los ou estuprar suas mulheres.

Igualmente preocupante era o estado da economia. Os ex-escravos literalmente deram as costas para as *plantations* onde trabalhavam, causando pânico e indignação entre os proprietários. Um grande número de ex-escravos percorreu as rodovias nos anos imediatamente após a guerra. Alguns convergiram para vilas e cidades; outros se juntaram à milícia federal. A maioria dos homens brancos acreditava que os afro-americanos eram carentes de motivação própria para trabalhar, levando as legislaturas provisórias sulistas a adotarem os mal-afamados "códigos negros" [*black codes*]. Como expressou um fazendeiro do Alabama: "Nós temos o poder de aprovar leis rigorosas de policiamento para governar os negros – isso é uma bênção –, pois eles devem ser controlados de alguma forma, ou as pessoas brancas não conseguirão viver entre eles"[12]. Enquanto alguns desses códigos eram destinados a estabelecer sistemas de peonagem semelhantes à escravidão, outros prefiguraram as leis do Jim Crow ao proibir, entre outras coisas, assentos inter-raciais nos vagões da primeira classe dos trens e ao segregar as escolas.

Embora as leis criminais aprovadas durante esse período raramente sejam vistas como parte dos códigos negros, isso é um erro. Como explicou o historiador William Cohen, "o principal propósito dos códigos era controlar os escravos libertos, e a questão de como lidar com negros condenados por violar as leis era primordial para esse controle"[13]. Nove estados sulistas adotaram leis de vadiagem – que essencialmente transformaram não trabalhar em um crime e eram aplicadas seletivamente aos negros –, e oito desses estados aprovaram leis permitindo a contratação de prisioneiros do condado por latifundiários e empresas privadas. Os prisioneiros eram forçados a trabalhar por um pagamento ínfimo ou mesmo sem pagamento. Um dos decretos contra a vadiagem previa especificamente que "todos os pretos e pardos acima de dezoito anos" deveriam obter, no início de cada ano, uma prova escrita de que tinham um emprego. Aqueles pegos sem um emprego formal eram julgados vadios e então condenados. Claramente, o propósito dos códigos negros em geral e das leis de vadiagem em particular era estabelecer outro sistema de trabalho forçado. Nas palavras de W. E. B. Du Bois: "Os códigos falam por si [...]. Nenhum estudante de mente aberta pode lê-los sem se convencer de que eles significam nada mais, nada menos do que a escravidão"[14].

Finalmente, os códigos negros foram derrubados, e uma série de legislações federais de direitos civis que protegem os escravos recém-libertados foi aprovada em um período relativamente breve, mas extraordinário, de avanço negro conhecido como a era da Reconstrução. As impressionantes conquistas legislativas desse período incluem a Décima Terceira Emenda, abolindo a escravidão; a Lei

---

[12] William Cohen, *At Freedom's Edge: Black Mobility and the Southern White Quest for Racial Control* (Baton Rouge, Louisiana State University Press, 1991), p. 28.

[13] Ibidem, p. 33.

[14] W. E. B. Du Bois, "Reconstruction and Its Benefits", *American Historical Review*, v. 15, n. 4, 1910, p. 784.

de Direitos Civis de 1866, concedendo cidadania integral aos afro-americanos; a Décima Quarta Emenda, proibindo os estados de negarem aos cidadãos os procedimentos devidos e a "igualdade perante a lei"; a Décima Quinta Emenda, prevendo que o direito ao voto não deveria ser negado em virtude da raça; e a lei Ku Klux Klan, que, entre outras coisas, declarava a interferência na votação crime federal e a infração violenta de direitos civis um crime. A nova legislação também previa a supervisão federal das votações e autorizava o presidente a enviar o Exército e a suspender o direito a *habeas corpus* em distritos declarados em estado de insurreição contra o governo federal.

Além da legislação federal de direitos civis, a era da Reconstrução trouxe a expansão do Freedmen's Bureau [Departamento de Libertos], o órgão encarregado da responsabilidade de fornecer comida, roupa, combustível e outras formas de assistência para antigos escravos indigentes. Um sistema de educação pública emergiu no Sul, que forneceu a muitos negros (e brancos pobres) sua primeira oportunidade de aprender a ler e a escrever.

Ainda que a era da Reconstrução estivesse repleta de corrupção e possivelmente tenha sido interrompida por falta de reforma agrária, os desenvolvimentos econômico e político abrangentes do período pareciam, ao menos por um tempo, ter o potencial de minar seriamente, se não de erradicar por completo, o sistema de castas raciais no Sul. Com a proteção das tropas federais, os afro-americanos começaram a votar em grandes números e a assumir o controle, em algumas áreas, do aparato político local. As taxas de alfabetização elevaram-se, e os negros educados começaram a povoar as legislaturas e a abrir escolas e negócios de sucesso. Em 1867, no despontar da era da Reconstrução, nenhum homem negro se elegera para nada no Sul, ao passo que, três anos depois, ao menos 15% de todos os candidatos eleitos eram negros. Isso é particularmente extraordinário à luz do fato de que quinze anos depois da aprovação da Lei de Direito ao Voto de 1965 – o auge do Movimento dos Direitos Civis – menos de 8% dos candidatos em todo o Sul eram negros[15].

Ao mesmo tempo, no entanto, muitas das novas leis de direitos civis foram se provando meramente simbólicas[16]. Por exemplo, o texto proibindo os estados de impor qualificações educacionais, residenciais ou outras para votar ficou de

---

[15] James McPherson, "Comparing the Two Reconstructions", *Princeton Alumni Weekly*, 26 fev. 1979, p. 17.

[16] Ver Michael Klarman, *From Jim Crow to Civil Rights: The Supreme Court and the Struggle for Racial Equality* (Nova York, Oxford University Press, 2004), p. 49, 52-3.

fora da Décima Quinta Emenda, deixando assim a porta aberta para os estados imporem taxas de votação*, testes de alfabetização e outros instrumentos que impediam os negros de votar. Outras leis revelaram ser mais declarações de princípio do que uma intervenção federal efetiva nos negócios sulistas, porque a execução dessas medidas exigiria que os afro-americanos levassem seus casos aos tribunais federais, um procedimento dispendioso e que consumia tempo, o que era uma impossibilidade prática para a vasta maioria daqueles que tinham reivindicações. A maioria dos negros era pobre demais para acionar a Justiça e fazer valer seus direitos civis, e não havia organizações como a NAACP para mitigar os riscos e os custos dos litígios. Além disso, a ameaça de violência frequentemente demovia os negros de pressionarem por reivindicações legítimas, tornando os "direitos civis" dos antigos escravos em sua maior parte uma ilusão – existentes no papel, mas raramente encontráveis na vida real. Enquanto isso, a separação das raças tinha começado a emergir como um padrão cognitivo por todo o Sul, dirigido em grande parte pela retórica da elite das *plantations*, que esperava restabelecer um sistema de controle que assegurasse uma força de trabalho submissa e de baixo custo. Na verdade, a segregação racial tinha começado anos antes no Norte, como esforço para impedir a mistura de raças e preservar a hierarquia racial após a abolição da escravidão. Ela nunca tinha,

---

* *Poll taxes ou head taxes* são tributos cuja origem remonta à Idade Média e têm como característica fundamental o desprezo ao *princípio da capacidade contributiva*. Como o próprio nome indica ("*poll*" e "*head*") o tributo é cobrado "por cabeça". Isso significa dizer que pouco importa a situação financeira, o patrimônio ou a capacidade de pagamento; todos os indivíduos pagarão sempre o mesmo valor, independentemente de suas circunstâncias específicas. Ainda que se possa imaginar que os acontecimentos do século XX tenham dado um pouco mais de concretude à igualdade liberal a ponto de tornar o princípio da capacidade contributiva um dado incontornável dos sistemas tributários contemporâneos, governos de países como Estados Unidos e Inglaterra, em pleno século XX, instituíram *poll taxes*. No caso específico dos Estados Unidos, as *poll taxes* foram utilizadas por estados do Sul como, na prática, taxas de votação, pois estava condicionado ao pagamento do tributo o direito de votar. Sendo a população negra a mais pobre, não é difícil constatar que o tributo servia como forma de restringir o direito de voto da população negra nos estados do Sul. Nos Estados Unidos as *poll taxes* foram definitivamente abolidas com a promulgação da Vigésima Quarta Emenda, que estabeleceu a vedação da cobrança de qualquer tributo como condição de exercício do direito de voto. Uma vez que a autora refere-se às *poll taxes* no contexto dos Estados Unidos – em que sua utilização servia para restringir o voto da população negra –, em nome da fluência e da inteligibilidade das ideias centrais do texto, além de maior adequação à nomenclatura utilizada no Brasil para classificação das espécies tributárias, optamos por traduzir o termo *poll taxes* como *taxas de votação*. (N. T.)

no entanto, se tornado um sistema abrangente – operando, em vez disso, como uma questão de costume e com graus variados de efetividade. Mesmo entre aqueles hostis à Reconstrução, poucos teriam previsto que a segregação racial evoluiria de forma tão rápida para um novo sistema de castas raciais tão incrivelmente abrangente e repressivo como o que veio a ser chamado de Jim Crow.

O NASCIMENTO DO JIM CROW

O avanço contra os ganhos dos afro-americanos na era da Reconstrução foi rápido e severo. À medida que os afro-americanos obtinham poder político e começavam a longa marcha rumo a uma maior igualdade social e econômica, os brancos reagiam com pânico e indignação. Os conservadores sulistas prometeram reverter a Reconstrução e pediram a "abolição do Freedmen's Bureau e de todos os instrumentos concebidos para assegurar a supremacia negra"[17]. A campanha para "redimir" o Sul foi reforçada pela ressurgente Ku Klux Klan, que capitaneou uma campanha terrorista contra os governos da Reconstrução e líderes locais, completada com bombas, linchamentos e violência contra multidões.

A campanha terrorista provou-se muito bem-sucedida. A "redenção" resultou na retirada das tropas federais do Sul e no efetivo abandono dos afro-americanos e de todos aqueles que apoiaram ou lutaram por uma ordem racial igualitária. O governo federal não fez mais nenhum esforço para efetivar a legislação de direitos civis, e o financiamento para o Freedmen's Bureau foi reduzido em tal medida que o órgão praticamente morreu.

Novamente, leis de vadiagem e outras leis definindo atividades como "injúria" e "gestos insultantes" como crimes foram aplicadas vigorosamente contra negros. A perseguição agressiva contra esses crimes abriu um enorme mercado de trabalho forçado, em que os prisioneiros eram contratados como trabalhadores pelo maior licitante privado. Douglas Blackmon, em *Slavery by Another Name* [Escravidão com outro nome], descreve como 10 mil afro-americanos foram presos arbitrariamente nesse período, muitos deles com custos processuais e multas, pelos quais tiveram de trabalhar para conseguir sua libertação[18]. Sem

---

[17] John Hope Franklin e Alfred A. Moss, *From Slavery to Freedom: A History of African Americans* (8. ed. Nova York, Knopf, 2000), p. 82 [ed. bras.: *Da escravidão à liberdade: a história do negro americano*, Rio de Janeiro, Nórdica, 1989].

[18] Douglas Blackmon, *Slavery by Another Name: The Re-enslavement of Black People in America from the Civil War to World War II* (Nova York, Doubleday, 2008).

meios de pagar suas "dívidas", os prisioneiros eram vendidos como força de trabalho para madeireiras, fábricas de tijolos, ferrovias, fazendas, *plantations* e em dezenas de empresas pelo Sul. As taxas de mortalidade eram obscenamente altas, e os contratantes não tinham qualquer interesse na saúde e no bem-estar de seus trabalhadores, diferentemente do dono de escravos, que precisava que seus escravos fossem minimamente saudáveis para sobreviver ao trabalho duro. Os trabalhadores estavam sujeitos a açoitamentos constantes, e aqueles que desmoronavam por causa das lesões ou por exaustão eram abandonados à morte.

Nessa época os condenados não tinham direitos assegurados em lei e nenhuma reparação eficaz. Eram encarados, quase literalmente, como escravos do Estado. A Décima Terceira Emenda à Constituição dos Estados Unidos aboliu a escravidão, mas permitiu uma exceção importante: a escravidão permanecia apropriada como punição por um crime. Em decisão histórica dada no auge da Redenção sulista, no caso Ruffi *versus* União Federal, a Suprema Corte da Virgínia afastou qualquer dúvida a respeito de os condenados serem criminalmente distinguíveis dos escravos perante a lei:

> Por um tempo, durante o serviço na penitenciária, [o condenado] está em estado de servidão penal ao Estado. Ele perdeu com seu crime não apenas sua liberdade, mas todos os seus direitos pessoais exceto aqueles que a legislação em sua humanidade lhe concede. Ele é, durante esse período, um escravo do Estado. Sua civilidade está morta; e suas posses, se ele tiver alguma, são administradas como as de um homem morto.[19]

O estado do Mississippi, por fim, evitou arrendar o trabalho dos condenados organizando seu próprio campo de trabalho, conhecido como Parchman Farm. Ele não estava sozinho. Na década seguinte à Redenção, a população condenada cresceu dez vezes mais rápido do que a população: "Os prisioneiros se tornaram mais jovens e mais negros, e a extensão das suas sentenças aumentou"[20]. Foi a primeira explosão prisional da nação e, do mesmo modo que hoje, os prisioneiros eram desproporcionalmente negros. Depois de um breve período de progresso durante a Reconstrução, os afro-americanos se viram de novo virtualmente sem defesa. O sistema de justiça criminal era empregado estrategicamente para

---

[19] Ruffin *versus* Commonwealth, 62 Va. 790, p. 796 (1871).
[20] David M. Oshinsky, *Worse Than Slavery: Parchman Farm and the Ordeal of Jim Crow Justice* (Nova York, Free Press, 1996), p. 63.

forçar os afro-americanos de volta a um sistema de extrema repressão e controle, uma tática que continuou a se mostrar bem-sucedida por seguidas gerações. Mesmo quando o arrendamento de condenados desapareceu, surgiram novas formas estratégicas de exploração de repressão. Como Blackmon nota: "O aparente fim [...] do arrendamento de prisões parece o prenúncio de um novo dia. Mas a dura realidade do Sul era de que a neoescravidão pós-Guerra Civil estava evoluindo – e não desaparecendo"[21].

A Redenção marcou um momento de virada na busca dos brancos dominantes por um novo equilíbrio racial, uma ordem racial que protegesse seus interesses econômicos, políticos e sociais em um mundo sem escravidão. Mas àquela altura ainda não existia consenso claro entre os brancos sobre como uma nova ordem racial deveria ser. Os redentores que derrotaram a Reconstrução estavam inclinados a manter as práticas segregacionistas do modo como elas já haviam surgido, mas não mostraram disposição aparente em expandir ou universalizar o sistema.

Três filosofias alternativas das relações raciais foram apresentadas para competir por apoios regionais, e todas elas rejeitavam as doutrinas do racismo extremo defendidas por alguns redentores: o liberalismo, o conservadorismo e o radicalismo[22]. A filosofia das relações raciais liberal enfatizava o estigma da segregação e a hipocrisia de um governo que celebra a liberdade e a igualdade e que, mesmo assim, as nega por critérios de raça. Essa filosofia, nascida no Norte, nunca ganhou muita aceitação entre sulistas, brancos ou negros.

A filosofia conservadora, ao contrário, obteve grande apoio e foi implementada em vários contextos por um período considerável de tempo. Conservadores culpavam liberais por colocarem os negros em posições acima das que eles estavam preparados para ocupar, circunstância que teria contribuído para a sua queda. Eles advertiram os negros de que alguns redentores não haviam ficado satisfeitos apenas com a derrota da Reconstrução e se preparavam para travar uma guerra agressiva contra negros em todo o Sul. Com algum sucesso, os conservadores alcançaram votos afro-americanos, lembrando-os de que eles tinham tanto a perder quanto a ganhar e que a preocupação dos liberais com a igualdade política e econômica apresentava o perigo de pôr a perder tudo o que os negros haviam conquistado até então.

---

[21] Ver Douglas Blackmon, "A Different Kind of Slavery", *Wall Street Journal Online*, 29 mar. 2008.

[22] C. Vann Woodward, *The Strange Career of Jim Crow*, cit., p. 45-64.

A filosofia radical parecia, para muitos afro-americanos, a mais promissora. Ela se baseava em uma crítica feroz às grandes corporações, especialmente as ferrovias, e à elite rica do Norte e do Sul. Os radicais do fim do século XIX, que depois formaram o Partido Populista, entendiam que as classes privilegiadas estavam conspirando para manter os negros e os brancos pobres em uma posição de subordinação política e econômica. Para muitos eleitores afro-americanos, a abordagem populista era preferível ao paternalismo dos liberais. Os populistas pregavam um "igualitarismo dos pobres e necessitados, uma irmandade do sofrimento comum e da submissão a um mesmo opressor"[23], como descreve Tom Watson, um destacado líder populista, em discurso defendendo a união entre fazendeiros negros e brancos:

> Vocês são mantidos separados para que possam ser expropriados de seus ganhos separadamente. Fazem com que vocês odeiem uns aos outros porque sobre esse ódio repousa a aliança do despotismo financeiro que escraviza a ambos. Vocês são enganados e tornados cegos para que não vejam como esse antagonismo entre raças perpetua um sistema monetário que os joga na miséria.[24]

Em um esforço para demonstrar o compromisso genuinamente multirracial de seu movimento da classe trabalhadora contra as elites brancas, os populistas deram passos em direção à integração racial, símbolo de seu compromisso com uma unidade de base classista. Os afro-americanos por todo o Sul responderam com grande esperança e entusiasmo, ansiosos para serem verdadeiros parceiros em uma luta por justiça social. De acordo com Woodward: "É bastante provável que durante a breve revolta populista dos anos 1890 os negros e os nativos brancos tenham conseguido uma unidade de ideias e uma harmonia de propósitos políticos superior a qualquer outra que já tivesse ocorrido no Sul"[25].

Os desafios inerentes à criação da aliança procurada pelos populistas eram intensos na medida em que o preconceito racial se espalhava enormemente justo entre as populações brancas a quem o apelo populista especificamente se endereçava: as classes econômicas mais baixas. Mesmo assim, o movimento populista desfrutou de notável sucesso no Sul, abastecido por uma onda de descontentamento

---

[23] Ibidem, p. 61.
[24] Tom Watson, "The Negro Question in the South", citado em Stokely Carmichael e Charles V. Hamilton, *Black Power: The Politics of Liberation in America* (Nova York, Random House, 1967).
[25] C. Vann Woodward, *The Strange Career of Jim Crow*, cit., p. 64.

despertada por uma crise agrária severa nas décadas de 1880 e 1890. Os populistas apontaram diretamente para os conservadores, que eram conhecidos como parte de um partido de privilégios, e alcançaram uma impressionante série de vitórias na região. Alarmados pelo sucesso dos populistas e pela força aparente da aliança entre brancos e negros pobres e da classe trabalhadora, os conservadores elevaram o grito por supremacia branca e recorreram às táticas que tinham empregado em sua busca pela Redenção, incluindo fraude, intimidação, suborno e terror.

Leis de segregação foram propostas como parte de um esforço deliberado de erguer um muro entre brancos pobres e afro-americanos. Essas barreiras discriminatórias foram concebidas para encorajar os brancos das classes mais baixas a reter um senso de superioridade sobre os negros, tornando-os menos predispostos a apoiar alianças políticas inter-raciais visando à derrubada da elite branca.

As leis eram, com efeito, outro suborno racial. Como William Julius Wilson notou: "À medida que os brancos pobres direcionavam raiva e frustração contra os seus competidores negros, os fazendeiros ficavam aliviados de a hostilidade de classe não ser direcionada a eles"[26]. De fato, a fim de superar as suspeitas bem fundadas dos brancos pobres e analfabetos de que eles, assim como os negros, corriam perigo de perder seu direito a voto, os líderes do movimento prosseguiram com uma agressiva campanha de supremacia branca em todos os estados antes da cassação dos direitos dos negros.

Por fim, os populistas cederam à pressão e abandonaram seus antigos aliados. "Enquanto o movimento [populista] estava no auge de seu entusiasmo", observou Woodward, "as duas raças surpreenderam uma à outra e a seus oponentes pela harmonia que alcançaram e pela boa vontade com que cooperaram"[27]. Mas assim que ficou claro que os conservadores só parariam quando dizimassem essa aliança, a parceria entre as duas raças se dissolveu, e os líderes populistas se realinharam com os conservadores. Mesmo Tom Watson, que havia estado entre os mais enérgicos defensores de uma aliança inter-racial de fazendeiros, concluiu que os princípios populistas nunca poderiam ser totalmente abraçados pelo Sul até que os negros fossem eliminados da política.

A crise na agricultura, aliada a uma série de reformas fracassadas e promessas políticas não cumpridas, tinha chegado ao ápice de tensões sociais. Os brancos dominantes concluíram que era de seu interesse político e econômico usar os

---

[26] William Julius Wilson, *The Declining Significance of Race: Blacks and Changing American Institutions* (Chicago, University of Chicago Press, 1978), p. 54.

[27] C. Vann Woodward, *The Strange Career of Jim Crow*, cit., p. 80.

negros como bode expiatório, e a "permissão para odiar" veio de fontes que antes a negavam, incluindo os liberais do Norte, ansiosos por se reconciliarem com o Sul; conservadores sulistas que haviam prometido aos negros proteção contra o extremismo racial; e populistas, que deixaram de lado seus aliados de pele escura quando a parceria foi colocada em xeque[28].

A história parecia repetir a si mesma. Assim como a elite branca havia conseguido erguer um muro entre os brancos pobres e os negros logo após a Rebelião de Bacon ao instituir a escravidão negra, outro sistema de castas raciais estava surgindo quase dois séculos mais tarde, em parte devido a esforços das elites brancas para dizimar a aliança multirracial do povo pobre. Na virada para o século XX, todos os estados do Sul tinham leis em seus códigos que privavam os negros de acesso a direitos e os discriminavam em praticamente todas as esferas da vida, sancionando um ostracismo racial que se estendeu a escolas, igrejas, habitação, empregos, banheiros, hotéis, restaurantes, hospitais, orfanatos, prisões, funerárias, necrotérios e cemitérios. Os políticos competiam entre si pela proposição e aprovação de leis cada vez mais rigorosas, opressoras e francamente ridículas (como as leis que proibiam especificamente negros e brancos de jogarem xadrez juntos). Os símbolos públicos e os constantes lembretes da subjugação dos negros eram apoiados por brancos de todas as correntes políticas, embora a situação dos brancos pobres permanecesse praticamente a mesma. Para eles, o suborno racial era prioritariamente psicológico.

A nova ordem racial, conhecida como Jim Crow – um termo que aparentemente se originara do personagem de um programa de auditório – era encarada como o "ajuste final", o "retorno à sanidade" e "o sistema permanente"[29]. É claro, o sistema de controle social racializado anterior – a escravidão – também tinha sido visto por seus apoiadores como definitivo, perfeitamente são e permanente. Como o sistema anterior, o Jim Crow parecia "natural", e se tornou difícil recordar que modelos alternativos não só estiveram disponíveis em determinado momento como quase foram implementados.

A morte do Jim Crow

Acadêmicos têm debatido o início e o fim da Reconstrução, bem como o momento exato de término do Jim Crow e de início do Movimento dos Direitos

---

[28] Ibidem, p. 81.
[29] Ibidem, p. 7.

Civis ou da "Segunda Reconstrução". A Reconstrução é descrita geralmente como tendo durado de 1863, quando o Norte libertou os escravos, até 1877, quando os abandonou e retirou as tropas federais do Sul. Há muito menos certeza no que diz respeito ao início e ao fim do Jim Crow.

O público em geral atribui a morte do Jim Crow ao processo Brown *versus* Board of Education [Conselho de Educação], embora a instituição já mostrasse sinais de fraqueza anos antes. Em 1945, um número crescente de brancos do Norte tinha concluído que o sistema Jim Crow teria de ser modificado, se não inteiramente derrubado. Esse consenso se deveu a uma série de fatores, inclusive o aumento de poder político dos negros graças à migração para o Norte e o aumento do número de membros e da influência da NAACP, particularmente sua campanha jurídica altamente bem-sucedida de denúncia das leis do Jim Crow nos tribunais federais. Muito mais importante na visão de muitos acadêmicos, contudo, é a influência da Segunda Guerra Mundial. A flagrante contradição entre a oposição do país aos crimes do Terceiro Reich contra os judeus europeus e a existência contínua de um sistema de castas raciais nos Estados Unidos estava se tornando embaraçosa, afetando gravemente a credibilidade da nação como líder do "mundo livre". Havia também uma preocupação crescente de que, sem uma maior igualdade para os afro-americanos, os negros pudessem se tornar suscetíveis à influência comunista, dado o compromisso da Rússia tanto com a igualdade racial quanto com a igualdade econômica. Em *The American Dilemma* [O dilema americano], livro altamente influente de Gunnar Myrdal publicado em 1944, o autor fez um apelo apaixonado por integração baseado numa teoria de que a contradição inerente entre a "crença dos Estados Unidos" na liberdade e na igualdade e o tratamento dispensado aos afro-americanos não era apenas imoral e profundamente injusta, mas era também contra os interesses econômicos e de política externa dos Estados Unidos[30].

A Suprema Corte pareceu concordar. Em 1944, no caso Smith *versus* Allwight, acabou com as eleições primárias apenas com brancos e, em 1946, decidiu que as leis estaduais que ordenavam a segregação em ônibus interestaduais eram inconstitucionais. Dois anos depois, a corte anulou qualquer contrato imobiliário que discriminasse racialmente os compradores e em 1949 decidiu que a faculdade de direito do Texas segregada para os negros era

---

[30] Gunnar Myrdal, *An American Dilemma: The Negro Problem and Modern Democracy* (Nova York, Harper & Brothers, 1944) [ed. bras.: versão condensada por Arnold Rose, *Negro: o dilema americano*, São Paulo, Ibrasa, 1968].

inerentemente desigual e inferior em todos os aspectos à faculdade de direito para os brancos. Em 1950, no caso McLaurin *versus* Oklahoma, foi declarado que o estado de Oklahoma deveria acabar com a segregação na sua faculdade de direito. Assim, mesmo antes de Brown, a Suprema Corte já tinha começado a pôr em movimento um padrão decisório impressionantemente antissegregação.

O caso Brown *versus* Board of Education foi, no entanto, incomparável. Ele sinalizou o fim da "regra da casa" no que diz respeito a assuntos raciais no Sul. Decisões anteriores tinham arranhado a doutrina do "separados mas iguais", mas ao mesmo tempo o Jim Crow tinha conseguido se adaptar aos desafios de um ambiente jurídico em transformação, e a maioria dos sulistas permanecia confiante de que a instituição sobreviveria. Brown ameaçou não apenas abolir a segregação nas escolas públicas, mas também, por implicação, todo o sistema de discriminação legalizado no Sul. Após mais de cinquenta anos de quase completa deferência aos estados do Sul e de não interferência nas questões raciais, Brown sugeria uma reversão em curso.

Um clima de indignação e resistência aberta varreu a região, de modo não muito diferente do que ocorrera na reação à emancipação e na Reconstrução que se seguiu à Guerra Civil. Novamente, a igualdade racial estava sendo imposta sobre o Sul pelo governo federal, e em 1956 a oposição branca ao fim da segregação cresceu rapidamente em um círculo vicioso. No Congresso, o senador da Carolina do Norte, Sam Evin Jr. lançou uma polêmica racista, "o Manifesto Sulista", em que jurava lutar por todos os meios legais para manter o Jim Crow. Ervin foi bem-sucedido em obter o apoio de 101 dos 128 membros do Congresso que representavam os onze Estados Confederados originais.

Uma nova onda de terror branco foi lançada contra aqueles que apoiaram a desarticulação do Jim Crow. Conselhos de cidadãos brancos foram formados em quase todas as cidades e povoados do Sul, compostos sobretudo por pessoas brancas de negócios de classe média e classe média alta e por clérigos. Assim como as legislaturas sulistas tinham aprovado os códigos negros em resposta aos primeiros avanços da Reconstrução, imediatamente após o caso Brown *versus* Board of Education, cinco legislaturas sulistas aprovaram cinquenta novas leis Jim Crow. Nas ruas, a resistência se tornou violenta. A Ku Klux Klan se reafirmou como uma organização terrorista poderosa, realizando castrações e assassinatos e colocando bombas em casas e igrejas de negros. Líderes da NAACP foram espancados, receberam coronhadas e foram baleados. Tão rapidamente quanto começara, a reversão da segregação no Sul foi congelada. Em 1958, treze sistemas escolares não eram mais segregados; em 1960, apenas dezessete[31].

Se não tivesse ocorrido um movimento grande de base atacando diretamente o sistema de castas raciais, o Jim Crow poderia estar vivo e bem até hoje. Na década de 1950, o Movimento dos Direitos Civis estava em efervescência, encorajado pelas decisões da Suprema Corte e pelo ambiente político doméstico e internacional em mutação. Com extraordinária bravura, líderes de direitos civis, ativistas e clérigos progressistas lançaram boicotes, marchas e ocupações contra o sistema Jim Crow. Enfrentaram mangueiras de incêndio, cães policiais, bombas e espancamentos promovidos por movimentos brancos e pela polícia. Uma vez mais, tropas federais eram enviadas ao Sul para garantir a segurança dos negros que tentavam exercer seus direitos civis, e a reação violenta dos racistas brancos era encarada com horror no Norte.

O ápice do Movimento dos Direitos Civis ocorreu em 1963. A luta sulista tinha crescido de um modesto grupo de estudantes negros protestando no balcão de uma lanchonete até se tornar o maior movimento de massas por reforma racial e direitos civis do século XX. Entre o outono de 1961 e a primavera de 1963, 20 mil homens, mulheres e crianças foram presos. Apenas em 1963, 15 mil foram aprisionados, e mil protestos antissegregação ocorreram na região, em mais de cem cidades[32].

Em 12 de junho de 1963 o presidente Kennedy anunciou que enviaria ao congresso um sólido projeto de lei de direitos civis, uma declaração que o transformaria em um aliado amplamente reconhecido do Movimento dos Direitos Civis. Após o assassinato de Kennedy, o presidente Johnson declarou seu compromisso com o objetivo de "assimilação total dos mais de 20 milhões de negros à vida estadunidense" e assegurou a aprovação de uma legislação de direitos civis abrangente. A Lei de Direitos Civis de 1964 desmantelou formalmente o sistema Jim Crow de discriminação nas repartições públicas, na distribuição de empregos, no direito ao voto, no direito à educação e nas atividades financiadas pelo governo federal. A Lei de Direito ao Voto de 1965 possivelmente teve um escopo ainda maior ao tornar ilegais várias barreiras discriminatórias à efetiva

---

[31] Manning Marable, *Race, Reform and Rebellion: The Second Reconstruction in Black America, 1945-1990* (Jackson, University Press of Mississippi, 1991), p. 44; ver também Michael Klarman, "*Brown*, Racial Change, and the Civil Rights Movement", *Virginia Law Review*, v. 80, 1994, p. 7, 9.

[32] Manning Marable, *Race, Reform and Rebellion*, cit., p. 69.

participação política dos afro-americanos e exigiu a revisão federal de todas as novas regulamentações votadas, de modo que fosse possível determinar se seu uso perpetuaria discriminação quanto ao direito ao voto.

Em cinco anos, os efeitos da revolução dos direitos civis eram inegáveis. Entre 1964 e 1969, o percentual de afro-americanos adultos registrados para votar no Sul disparou. No Alabama, a taxa pulou de 19,3% para 61,3%; na Georgia, de 27,4% para 60,4%; na Louisiana, de 31,6% para 60,8%; e no Mississippi, de 6,7% para 66,5%[33]. De repente crianças negras podiam comprar em lojas de departamento, comer em restaurantes, beber água de bebedouros e ir a parques de diversão que antes estavam fora de seus limites. As leis de miscigenação foram declaradas inconstitucionais, e a taxa de casamento inter-racial se elevou.

Ainda que progressos comoventes fossem visíveis nos campos político e social, os ativistas de direitos humanos se preocupavam cada vez mais com o fato de que, sem reformas econômicas maiores, a vasta maioria dos negros permaneceria relegada à pobreza. Assim, no auge do Movimento dos Direitos Civis, ativistas e cidadãos em geral começaram a voltar sua atenção a problemas econômicos, argumentando que a desigualdade socioeconômica interagia com o racismo para produzir uma pobreza incapacitante e problemas sociais a ela associados. As questões econômicas surgiram como um grande foco de descontentamento. Como os cientistas políticos Frances Fox Piven e Richard Cloward descreveram, "os negros passaram a se indignar mais com a sua condição – não apenas como minoria racial oprimida em uma sociedade branca, mas como pessoas pobres em uma sociedade opulenta"[34]. Ativistas organizaram boicotes, piquetes e manifestações para atacar a discriminação no acesso a empregos e a negativa de oportunidades econômicas.

Talvez a manifestação mais famosa em apoio à justiça econômica seja a Marcha em Washington por Empregos e Liberdade Econômica, de agosto de 1963. A onda de ativismo associado a justiça econômica ajudou a chamar a atenção do presidente Kennedy para a pobreza e o desemprego dos negros. No verão de 1963, ele encomendou uma série de pesquisas sobre esses temas. No fim do verão, ele declarou a intenção de fazer da erradicação da pobreza seu principal

---

[33] Stephen F. Lawson, *Black Ballots: Voting Rights in the South, 1944-1969* (Nova York, Columbia University Press, 1976), p. 300, 321, 329, 331.

[34] Frances Fox Piven e Richard A. Cloward, *Poor People's Movements: Why They Succeed, How They Fail* (Nova York, Pantheon, 1977), p. 269.

objetivo legislativo para 1964³⁵. Após o assassinato de Kennedy, o presidente Lyndon Johnson abraçou com grande paixão a retórica antipobreza, clamando por uma "guerra incondicional contra a pobreza", em seu Discurso aos Estados da União, em janeiro de 1964. Semanas depois ele propôs ao Congresso o Projeto de Lei de Oportunidades Econômicas.

Essa mudança de foco serviu para alinhar os objetivos dos Movimentos dos Direitos Civis aos objetivos políticos principais das pessoas brancas da classe trabalhadora e pobres, que também reivindicavam reformas. Assim que o Movimento dos Direitos Civis começou a evoluir para um "Movimento das Pessoas Pobres", ele prometeu enfrentar não apenas a pobreza dos negros, mas também a pobreza dos brancos – fazendo crescer assim o espectro de um movimento das classes pobres e trabalhadoras que cruzava as fronteiras raciais. Martin Luther King Jr. e outros líderes de direitos civis deixaram claro que viam a erradicação da desigualdade econômica como a frente seguinte do "movimento de direitos humanos" e fizeram grandes esforços para construir coligações multirraciais que buscavam justiça econômica para todos. Igualdade genuína para o povo negro, raciocinava King, demandava uma reestruturação radical da sociedade que levasse em conta as necessidades dos brancos e dos negros pobres ao redor do país. Logo antes de seu assassinato, ele pensou em levar para Washington milhares dos desfavorecidos da nação em uma aliança inter-racial que abraçasse negros do campo e dos guetos, brancos apalaches, descendentes de mexicanos, porto-riquenhos e indígenas nativos a fim de que reivindicassem emprego e renda – o direito à vida. Em discurso realizado em 1968, King reconheceu que haviam ocorrido alguns avanços para os negros desde a aprovação da Lei de Direitos Civis de 1964, mas insistiu que os desafios atuais requeriam uma determinação ainda maior e que a nação inteira precisava ser transformada para que a justiça social fosse mais do que um sonho para as pessoas pobres de todas as cores. Como o historiador Gerald McKnight observa:

> King estava propondo nada menos do que uma transformação radical do Movimento dos Direitos Civis em uma cruzada populista que clamasse por redistribuição do poder político e econômico. O único líder de direitos civis dos Estados Unidos estava agora concentrado em questões de classe e planejando desembarcar em Washington com um exército de pobres para balançar as

---

³⁵ John Donovan, *The Politics of Poverty* (Indianapolis, Pegasus, 1973), p. 23.

fundações da estrutura de poder e forçar o governo a responder às necessidades das classes baixas ignoradas.[36]

Com o sucesso do Movimento dos Direitos Civis e o lançamento do Movimento das Pessoas Pobres, era evidente para todos que uma grande perturbação no equilíbrio racial da nação tinha ocorrido. Como veremos adiante, os negros ficaram ao sol apenas "por um breve momento". Os conservadores brancos começaram, novamente, a procurar por uma nova ordem racial que se conformasse às necessidades e aos limites da época. Esse processo ocorreu a partir da compreensão de que o que quer que a nova ordem pudesse ser, ela teria de ser formalmente neutra quanto à raça – não poderia envolver discriminação racial explícita ou claramente intencional. Um fenômeno similar havia ocorrido após a escravidão e a Reconstrução, quando as elites lutaram para definir uma nova ordem racial a partir da compreensão de que o que quer que a nova ordem pudesse ser, ela não poderia incluir a escravidão. Por fim, o Jim Crow tomou o lugar da escravidão, mas agora ele também tinha morrido, e não estava claro o que poderia tomar seu lugar. Impedidos pela lei de invocar a raça explicitamente, aqueles comprometidos com a hierarquia racial foram forçados a procurar por novos meios de atingir os seus objetivos de acordo com as novas regras da democracia estadunidense.

A história revela que as sementes do novo sistema de controle foram plantadas bem antes do fim do Movimento dos Direitos Civis. Uma nova linguagem racialmente neutra foi desenvolvida, apelando para velhos sentimentos racistas, uma linguagem acompanhada por um movimento político bem-sucedido em pôr de volta em seus lugares a vasta maioria dos negros. Os proponentes da hierarquia racial descobriram que poderiam instalar um novo sistema de castas raciais sem violar a lei ou os novos limites do discurso político aceitável se exigissem "lei e ordem" em vez de "segregação para sempre".

O NASCIMENTO DO ENCARCERAMENTO EM MASSA

A retórica da "lei e ordem" foi mobilizada pela primeira vez no fim da década de 1950, quando governadores sulistas e agentes da segurança pública tentaram gerar e mobilizar uma oposição branca ao Movimento dos Direitos Civis. Nos

---

[36] Gerald McKnight, *The Last Crusade: Martin Luther King, Jr., the FBI, and the Poor People's Campaign* (Nova York, Westview Press, 1998), p. 21-2.

anos posteriores ao julgamento do caso Brown *versus* Board of Education, os ativistas de direitos civis usaram táticas de ação direta em um esforço para obrigar os estados sulistas relutantes a acabar com a segregação nos benefícios públicos. Os governadores sulistas e os agentes da segurança pública frequentemente caracterizaram essas táticas como criminosas, argumentando que o surgimento do Movimento dos Direitos Civis era indicativo de uma quebra com a lei e a ordem. Os conservadores sulistas diziam que a legislação de defesa dos direitos civis servia apenas para "recompensar infratores da lei".

Por mais de uma década – do meio da década de 1950 até o fim da de 1960 – os conservadores relacionaram sistemática e estrategicamente a oposição à legislação de direitos civis a um chamado por lei e ordem, argumentando que a filosofia da desobediência civil de Martin Luther King Jr. era uma das principais causas da criminalidade. Os protestos por direitos civis eram frequentemente retratados como de natureza criminosa, não política, e os tribunais federais eram acusados de excessiva "leniência" com a anarquia, contribuindo assim para a difusão da criminalidade. Nas palavras do então vice-presidente Richard Nixon, a crescente taxa de criminalidade "pode ser atribuída diretamente à difusão da corrosiva doutrina de que cada cidadão possui inerentemente o direito de decidir por si mesmo a que leis obedecer e quando desobedecer a elas"[37]. Alguns segregacionistas foram mais longe: insistiram que a integração causava crimes, citando as taxas de criminalidade mais baixas no Sul como evidência de que a segregação era necessária. Nas palavras do parlamentar John Bell Williams:

> Esse êxodo de negros do Sul e seu influxo nos grandes centros metropolitanos de outras áreas da nação têm sido acompanhados por uma onda de crimes [...]. O que os direitos civis conseguiram para essas áreas? [...] A segregação é a única resposta, como a maioria dos estadunidenses – não os políticos – já notou há centenas de anos.[38]

Infelizmente, ao mesmo tempo que os direitos civis estavam sendo identificados como uma ameaça à lei e à ordem, o FBI reportava um aumento bastante

---

[37] Richard Nixon, "If Mob Rule Takes Hold in U.S.", *U.S. News and World Report*, 15 ago. 1966, p. 64.

[38] U.S. House, "Northern Congressmen Want Civil Rights but Their Constituents Do Not Want Negroes", *Congressional Record*, LXXXVI Congresso, 2ª sessão, v. 106, parte 4, 1960, p. 5.062-3.

acentuado nas taxas nacionais de criminalidade. A partir da década de 1960 elas cresceram por um período de aproximadamente dez anos. Os crimes de rua relatados quadruplicaram, e as taxas de homicídio quase dobraram. Apesar da controvérsia significativa a respeito da exatidão das estatísticas criminais durante esse período (o método do FBI de rastrear a criminalidade estava mudando), sociólogos e criminólogos concordam que a criminalidade de fato subiu, em algumas categorias muito acentuadamente. As razões para a onda de criminalidade eram complexas, mas poderiam ser explicadas em grande parte pelo avanço da geração *baby boom* – e o aumento do grupo de homens de 15 a 24 anos de idade, que historicamente tem sido responsável pela maioria dos crimes. O aumento de homens jovens na população estava ocorrendo exatamente ao mesmo tempo que as taxas de desemprego para homens negros aumentavam bruscamente, mas os fatores econômicos e demográficos que contribuíam para o aumento da criminalidade não eram explorados na mídia. Em vez disso, a reportagem de crimes era tratada de modo sensacionalista e oferecida como mais uma evidência da degradação da legalidade, da moralidade e da estabilidade social na sequência do Movimento dos Direitos Civis[39].

Para piorar as coisas, rebeliões ocorreram no verão de 1964 no Harlem e em Rochester, seguidas por uma série de levantes que varreram a nação logo após o assassinato de Martin Luther King Jr., em 1968. A imagem racial associada às rebeliões deu combustível ao argumento de que os direitos civis para os negros levaram à criminalidade desenfreada. Cidades como Filadélfia e Rochester foram descritas como vítimas de sua própria generosidade. Os conservadores argumentavam que, tendo acolhido os negros que migraram do Sul, essas cidades "tiveram como retribuição favelas assoladas pelo crime e descontentamento negro"[40].

Barry Goldwater, em sua campanha presidencial de 1964, explorou agressivamente as revoltas e os medos do "crime negro", lançando os fundamentos para seu movimento de "endurecimento contra o crime" que emergiria anos depois. Em discurso amplamente citado, Goldwater alertou aos eleitores: "Escolham

---

[39] Katherine Beckett, *Making Crime Pay: Law and Order in Contemporary American Politics* (Nova York, Oxford University Press, 1997), p. 32; Marc Mauer, "Two-Tiered Justice: Race, Class and Crime Policy", em Chester Hartman e Gregory Squires (orgs.), *The Integration Debate: Competing Futures for American Cities* (Nova York, Routledge, 2005), p. 171.

[40] Vesla M. Weaver, "Frontlash: Race and the Development of Punitive Crime Policy", *Studies in American Political Development*, v. 21, 2007, p. 242.

o caminho do governo [Johnson] e terão multidões nas ruas"[41]. Ativistas de direitos humanos que argumentavam que os levantes estavam diretamente relacionados ao assédio e ao abuso policial generalizados eram desmentidos por conservadores fora de controle: "Se [os negros] assumirem uma conduta ordeira, não terão de se preocupar com a brutalidade policial", argumentou o senador da Virgínia Ocidental Robert Byrd[42].

Enquanto muitos militantes de direitos civis nesse período resistiram ativamente às tentativas conservadoras de usar o crescimento da criminalidade como desculpa para reprimir as comunidades negras empobrecidas, alguns ativistas negros começaram a aderir aos chamados por "lei e ordem" e expressaram apoio a esse tipo de respostas aos infratores da lei. Como Vanessa Barker descreve em *The Politics of Imprisonment* [A política do aprisionamento], ativistas negros no Harlem, alarmados pelas taxas de criminalidade crescentes, atuaram ativamente em favor do que se tornou a famosa lei Rockefeller de drogas, bem como de outras medidas de endurecimento das sentenças criminais[43]. Com ou sem intenção, eles se tornaram cúmplices da emergência de um sistema penal sem precedentes na história mundial. O apoio negro às respostas repressivas ao crime urbano – apoio nascido do desespero e da preocupação legítima com a situação da segurança nas comunidades do centro das cidades – ajudou a dar cobertura política aos conservadores que viram ali uma brecha para fazer o relógio do progresso social nos Estados Unidos girar para trás. Eles podiam dizer que o apoio negro a abordagens altamente punitivas para lidar com os problemas da pobreza urbana era uma "prova" de que raça não tinha nada a ver com a sua agenda de "lei e ordem".

No início, pouco esforço foi feito para disfarçar as motivações raciais por trás da retórica de lei e ordem e da dura legislação de justiça criminal proposta no Congresso. Os mais ardentes oponentes da legislação de direitos civis e do fim da segregação eram também os mais ativos na emergente questão da criminalidade. O famoso segregacionista George Wallace, por exemplo, argumentou que "a mesma Suprema Corte que ordenou a integração e estimulou a legislação

---

[41] Barry Goldwater, "Peace Through Strength", *Vital Speeches of the Day*, Nova York, v. 30, 1964, p. 744.

[42] "Poverty: Phony Excuse for Riots? Yes, Says a Key Senator", *U.S. News and World Report*, 31 jul. 1967, p. 14.

[43] Ver Vanessa Barker, *The Politics of Imprisonment: How the Democratic Process Shapes the Way America Punishes Offenders* (Nova York, Oxford University Press, 2009), p. 151.

de direitos civis" estava agora "se desdobrando para ajudar criminosos"[44]. Três outros segregacionistas proeminentes – os senadores McClellan, Erwin e Thurmond – lideraram uma batalha legislativa para restringir os direitos dos réus em processos criminais[45].

Contudo, à medida que as regras do discurso aceitável mudavam, os segregacionistas se distanciavam de uma agenda explicitamente racista. Eles desenvolveram, em seu lugar, a retórica racialmente saneada do "combate ao crime" – que hoje é usada livremente por políticos de todos os matizes. Os políticos conservadores que aderiram a essa retórica deixavam propositalmente de fazer distinção entre as táticas de ação direta dos ativistas de direitos humanos, as rebeliões violentas nos centros das cidades e os crimes tradicionais de natureza econômica ou violenta. Em vez disso, como Marc Mauer do Sentencing Project notou, "todos esses fenômenos eram aglutinados sob o título de 'criminalidade de rua'"[46].

Depois da aprovação da Lei dos Direitos Civis, o debate público deslocou seu foco da segregação para a criminalidade. As linhas de batalha, contudo, permaneceram praticamente as mesmas. As posições tomadas a respeito da criminalidade eram tipicamente coerentes com as linhas de ideologia racial. A cientista política Vesla Weaver explica:

> Os votos expressos em oposição à abertura de moradias, à reversão da segregação em escolas, à Lei de Direitos Civis e a outras medidas mostraram repetidas vezes as mesmas divisões que os votos por emendas nos projetos de lei relativos à criminalidade [...]. Membros do Congresso que votaram contra medidas de direitos civis foram proativos em pensar a legislação criminal e lutaram ativamente por suas propostas.[47]

Embora a retórica de lei e ordem tenha, por fim, fracassado em impedir a demolição formal do sistema Jim Crow, ela se provou altamente efetiva em seu apelo aos brancos pobres e da classe trabalhadora, especialmente no Sul, que se opunham à integração e frustraram o aparente apoio do Partido Democrata ao Movimento dos Direitos Humanos. Como observa Weaver, "em vez de

---

[44] Joel Rosch, "Crime as an Issue in American Politics", em *The Politics of Crime and Criminal Justice* (Beverley Hills, Sage Publications, 1985).
[45] Katherine Beckett, *Making Crime Pay*, cit., p. 32.
[46] Marc Mauer, *Race to Incarcerate* (Nova York, The New Press, 1999), p. 52.
[47] Vesla M. Weaver, "Frontlash", cit., p. 262.

enfraquecer, o argumento dos segregacionistas que ligava crime a raça foi reformulado, com um verniz ligeiramente diferente", e acabou se tornando o alicerce da agenda conservadora sobre a criminalidade[48]. De fato, a retórica de lei e ordem – empregada em primeiro lugar pelos segregacionistas – acabaria por contribuir para um grande realinhamento dos partidos políticos nos Estados Unidos.

Logo após a Guerra Civil, o alinhamento dos partidos era quase totalmente regional. O Sul era solidamente democrata, amargurado pela guerra, firmemente comprometido com a manutenção de um sistema de castas raciais e extremamente hostil à intervenção federal em favor dos afro-americanos. O Norte era esmagadoramente republicano e, como eram ambivalentes a respeito da igualdade para os afro-americanos, os republicanos estavam mais inclinados a adotar e implementar reformas de justiça racial do que suas contrapartes democratas abaixo da linha Mason-Dixon.

A Grande Depressão efetuou uma mudança radical nas relações raciais estadunidenses e no alinhamento partidário. O New Deal – encabeçado pelo Partido Democrata do presidente Franklin D. Roosevelt – foi concebido para aliviar o sofrimento dos pobres em meio à Depressão, e os negros, os mais pobres dos pobres, beneficiaram-se de forma desproporcional. Embora os programas do New Deal estivessem repletos de discriminação em sua administração, ao menos incluíam negros no grupo de beneficiários – uma ação que, segundo o historiador Michael Klarman, era "suficiente para aumentar as esperanças e as expectativas dos negros após décadas de maligna negligência de Washington"[49]. Os brancos pobres e da classe trabalhadora no Norte e no Sul, não menos do que os afro-americanos, responderam positivamente ao New Deal, ansiosos por um alívio econômico significativo. Como resultado, a coligação Democratic New Deal evoluiu para uma aliança entre grupos étnicos urbanos e o Sul branco que dominou a política eleitoral de 1932 até o início da década de 1960.

Essa dominância teve um fim abrupto com a criação e implementação do que se tornou conhecido como "estratégia sulista" [*Southern Strategy*]. O sucesso da retórica de lei e ordem entre os brancos da classe trabalhadora e o intenso ressentimento pelas reformas raciais, particularmente no Sul, levaram os analistas republicanos conservadores a acreditar que uma "nova maioria" poderia ser criada pelo Partido Republicano, incluindo a base tradicional

---

[48] Idem.
[49] Michael Klarman, *From Jim Crow to Civil Rights*, cit. p. 110.

republicana, o Sul branco e a metade dos votos católicos e de colarinho azul*
das grandes cidades[50]. Alguns estrategistas políticos conservadores admitiram
que apelar para os medos e antagonismos raciais era central para essa estratégia,
embora isso tivesse de ser feito sub-repticiamente. H. R. Haldeman, um dos
principais conselheiros de Nixon, lembra que o próprio Nixon deliberadamente
perseguiu uma estratégia racial sulista: "Ele [o presidente Nixon] enfatizou que
é preciso encarar o fato de que o verdadeiro problema são os negros. A chave é
conseguir um sistema que reconheça isso, mas não o deixe transparecer"[51]. De
modo similar, John Ehrlichman, conselheiro especial do presidente, explicou a
estratégia de campanha do governo Nixon em 1968 desta forma: "Vamos atrás
dos racistas"[52]. Para Ehrlichman, "aquele apelo subliminar ao eleitor antinegros
estava sempre presente nas declarações e discursos de Nixon"[53].

O estrategista republicano Kevin Phillips é frequentemente creditado por
ter oferecido o argumento mais influente a favor da estratégia baseada na raça
para o domínio político republicano no Sul. Ele defendeu em *The Emerging
Republican Majority* [A maioria republicana emergente], publicado em 1969, que
a campanha presidencial bem-sucedida de Nixon poderia apontar o caminho
para um realinhamento político de longo prazo e para a construção de uma
nova maioria republicana, se os republicanos continuassem a fazer campanhas
baseadas principalmente em questões raciais, usando uma retórica antinegros
codificada[54]. Ele argumentou que os democratas sulistas brancos haviam se
tornado tão raivosos e alienados pelo apoio do Partido Democrata às reformas
nos direitos civis, como o fim da segregação e a integração racial nas escolas,

---

* *Blue-collar*, ou colarinho azul, é um modo de se referir aos operários e trabalhadores braçais. Na lógica capitalista da divisão social do trabalho, aos trabalhadores de colarinho azul ou braçais têm-se, em contrapartida, os trabalhadores de colarinho branco (*white-collar workers*), ou seja, aqueles com funções administrativas e de caráter gerencial. (N. T.)

[50] Ver, por exemplo, Patrick Buchanan, *The New Majority: President Nixon at Mid-Passage* (Filadélfia, Girard Bank, 1973).

[51] Willard M. Oliver, *The Law & Order Presidency* (Upper Saddle River, NJ, Prentice Hall, 2003), p. 127-8, citando Dan Baum, *Smoke and Mirrors: The War on Drugs and the Politics of Failure* (Boston, Little, Brown, 1996), p. 13; H. R. Haldeman, *The Halde-man Diaries* (Nova York, G. P. Putnam's Sons, 1994), p. 53.

[52] John Ehrlichman, *Witness to Power: The Nixon Years* (Nova York, Simon & Schuster, 1970), p. 233.

[53] Idem.

[54] Ver Kevin Phillips, *The Emerging Republican Majority* (New Rochelle, NY, Arlington House, 1969).

que aqueles eleitores poderiam ser facilmente persuadidos a mudar de partido se essas diferenciações pudessem ser mantidas. Warren Weaver, um jornalista do *The New York Times* que resenhou o livro, observou que a estratégia de Phillips dependia amplamente da criação e consequente manutenção de um ambiente político racialmente polarizado:

> A completa polarização social é um ingrediente essencial ao pragmatismo político de Phillips. Ele quer ver um Partido Democrata negro, especialmente no Sul, porque isso levaria ao Partido Republicano precisamente o tipo de pessoa branca racista que vai ajudar a constituir a maioria emergente. Isso ainda o leva a defender alguns esforços pelos direitos civis.[55]

O apelo ao racismo e à vulnerabilidade dos brancos da classe trabalhadora tinha funcionado para derrotar os populistas na virada do século, e um número crescente de conservadores acreditava que a tática poderia ser empregada novamente, mesmo que em roupagem mais sutil.

Assim, no fim da década de 1960 e início da de 1970, duas escolas de pensamento foram oferecidas ao grande público no que diz respeito a raça, pobreza e ordem social. Os conservadores defendiam que a pobreza não era causada por fatores estruturais relacionados a raça e classe, mas pela cultura – particularmente a cultura negra. Essa visão recebeu apoio do hoje infame relatório de Daniel Patrick Moynihan sobre a família negra, que atribuía a pobreza dos negros a uma "subcultura" negra e ao "emaranhado patológico" que a caracterizava. Conforme descrito pela socióloga Katherine Beckett, "de adaptações à pobreza que tiveram o infeliz efeito de reproduzi-la, os (supostos) maus comportamentos dos pobres transformaram-se em falhas de caráter responsáveis pela pobreza em primeiro lugar"[56]. As "patologias sociais" dos pobres, particularmente a criminalidade de rua, o uso de drogas ilícitas e a delinquência, foram redefinidas pelos conservadores como tendo sido causadas por políticas assistenciais excessivamente generosas. As fraudes a benefícios assistenciais dos negros e sua perigosa descendência surgiram, pela primeira vez, no discurso político e nas imagens midiáticas.

Os liberais, ao contrário, insistiam que reformas sociais como a Guerra à Pobreza e a legislação de direitos civis atacariam "as causas profundas" do com-

---

[55] Warren Weaver, "The Emerging Republican Majority", *The New York Times,* 21 set. 1969.
[56] Katherine Beckett, *Making Crime Pay*, cit., p. 34.

portamento criminal e salientariam as condições sociais que previsivelmente geram criminalidade. Lyndon Johnson, por exemplo, defendeu durante sua campanha presidencial de 1964, disputada com Barry Goldwater, que programas antipobreza eram, na verdade, programas anticriminalidade:

> Há algo profundamente errado quando um candidato ao mais alto cargo da nação lamenta a violência nas ruas, mas vota contra a Guerra à Pobreza, contra a Lei de Direitos Civis e contra a maioria dos projetos de lei de educação que chegam a ele como legislador.[57]

Imagens concorrentes dos pobres como "merecedores" ou "não merecedores" se tornaram componentes centrais do debate. Por fim, a natureza racializada desse conjunto de imagens se tornou um recurso crucial para os conservadores, que foram bem-sucedidos em usar a retórica de lei e ordem em seu esforço para mobilizar o ressentimento dos eleitores brancos da classe trabalhadora, muitos dos quais se sentiam ameaçados pelo súbito progresso dos afro-americanos. Conforme Thomas e Mary Edsall explicam em seu perspicaz livro *Chain Reaction* [Reação em cadeia], uma repartição desproporcional dos custos da integração e da igualdade racial tinha recaído sobre os brancos das classes baixas e média-baixa, que foram repentinamente forçados a competir em termos iguais com os negros por empregos e boas condições de vida e que viviam nos bairros que circundavam os guetos dos negros. Seus filhos – e não os filhos dos brancos ricos – frequentavam as escolas mais suscetíveis de serem atingidas pelas ordens de integração racial. Os liberais brancos ricos que estavam pressionando pelas demandas dos negros e de outras minorias "estavam frequentemente protegidos em suas vidas, e em grande parte imunes aos custos de implementação das reivindicações minoritárias"[58]. Essa realidade tornou possível aos conservadores caracterizar o "*establishment* dos democratas liberais" como estando fora da realidade dos trabalhadores de verdade – resolvendo assim um dos principais problemas enfrentados pelos conservadores: o de como persuadir eleitores pobres e da classe trabalhadora a entrarem em uma aliança com

---

[57] Lyndon Johnson, "Remarks on the City Hall Steps, Dayton, Ohio", *Public Papers of the Presidents 1963-64*, v. 2, 1965, p. 1.371.

[58] Thomas Byrne Edsall e Mary D. Edsall, *Chain Reaction: The Impact of Race, Rights, and Taxes on American Politics* (Nova York, Norton, 1992), p. 12-3.

interesses corporativos e com a elite conservadora. Em 1968, 81% dos que responderam à pesquisa do Gallup concordaram com a afirmação de que "a lei e a ordem desmoronaram neste país" e a maioria culpou "os negros que iniciam revoltas" e "os comunistas"[59].

Durante a eleição presidencial daquele ano, tanto o candidato republicano, Richard Nixon, quanto o candidato segregacionista independente, George Wallace, fizeram de "lei e ordem" um tema central de suas campanhas, e juntos obtiveram 57% dos votos[60]. Nixon dedicou dezessete discursos exclusivamente ao tema da lei e da ordem, e uma de suas propagandas de televisão explicitamente pedia aos eleitores que rejeitassem as ilegalidades dos ativistas de direitos civis e abraçassem a "ordem" nos Estados Unidos[61]. O anúncio começa com uma música assustadora acompanhada por imagens piscando de manifestantes, de vítimas ensanguentadas e de violência. Uma voz profunda diz então:

> É hora de um olhar honesto sobre o problema da ordem nos Estados Unidos. A dissidência é um ingrediente necessário da mudança, mas em um sistema de governo que prevê a mudança pacífica, não há nada que justifique o recurso à violência. Devemos reconhecer que o primeiro direito de cada estadunidense é estar livre de violência em seus lares. Eu prometo a vocês, nós teremos ordem nos Estados Unidos.

No fim do anúncio, uma legenda declara: "Desta vez... vote como se todo o seu mundo dependesse disso... NIXON". Ao ver seu próprio anúncio de campanha, Nixon comentou com alegria que "acerta em cheio bem no nariz. É tudo sobre aqueles malditos grupos negros e porto-riquenhos lá de fora"[62].

A raça tinha se tornado, novamente, um muro divisório poderoso, quebrando o que havia sido uma sólida coligação liberal baseada em interesses econômicos dos pobres, da classe trabalhadora e das classes médias baixas. Na eleição de 1968, a raça tomou o lugar da classe como princípio organizador da política estadunidense, e, em 1972, a atitude relativa a questões raciais era mais determinante para a autoidentificação política dos eleitores do que a condição socioeconômica.

---

[59] Ibidem, p. 38.
[60] Ibidem, p. 74.
[61] Vesla M. Weaver, "Frontlash", cit., p. 259.
[62] Ver Philip A. Klinker e Rogers M. Smith, *The Unsteady March: The Rise and Decline of Racial Equality in America* (Chicago, University of Chicago Press, 1999), p. 292.

O fim da década de 1960 e o início da de 1970 marcaram a dramática erosão da crença entre os brancos da classe trabalhadora de que a condição dos pobres, ou daqueles que não conseguiram prosperar, era o resultado de um sistema econômico falho e que precisava ser mudado. Como Thomas e Mary Edsall explicam:

> A disputa entre brancos e negros pela posição de inferioridade extrema da distribuição de renda intensificou entre muitos brancos a visão de que as condições de vida dos desfavorecidos – principalmente dos negros desfavorecidos – são responsabilidade daqueles que as sofrem, e não da sociedade.[63]

Assim como a raça tinha sido usada na virada do século pelas elites sulistas para romper a solidariedade de classe na parte inferior da escala de renda, a raça como questão nacional havia destruído a coligação "de baixo para cima" do New Deal democrata – uma coligação dependente do apoio substancial de todos os eleitores, brancos e negros, com renda média ou baixa.

A revolução conservadora que fincou raiz no Partido Republicano na década de 1960 não chegou ao seu desenvolvimento total até a eleição de 1980. A década que precedeu a ascensão de Ronald Reagan à presidência foi caracterizada por crises políticas e sociais, enquanto o Movimento dos Direitos Civis vivia intensa controvérsia a respeito da implementação do princípio da igualdade – especialmente na integração racial nas escolas e nas ações afirmativas –, bem como conflitos políticos dramáticos sobre a Guerra do Vietnã e o Watergate. Durante esse período, os conservadores prestaram tributo verbal à igualdade racial, mas resistiram ativamente ao fim da segregação, inclusive nas escolas, e à aplicação dos direitos civis. Repetidamente levantaram a questão da política de bem-estar, enquadrando-a sutilmente como um concurso entre quem trabalhava mais duro, os brancos de colarinho azul ou os negros que se recusavam a trabalhar. A mensagem não tão sutil aos brancos da classe trabalhadora era de que seus impostos estavam sendo destinados a financiar programas especiais para negros que certamente não os mereciam. Durante esse período, Nixon convocou uma "Guerra às Drogas" – um anúncio que se provou amplamente retórico, já que ele declarou as drogas ilegais "o inimigo público número um" sem propor grandes mudanças na política que se referia a elas. Uma reação contra os negros estava claramente em vigor, mas ainda não havia consenso a respeito de que tipo de ordem racial e social surgiria ao final desses tempos turbulentos.

---

[63] T. Edsall e Mary Edsall, *Chain Reaction*, cit., p. 4.

Nessa campanha à presidência, Reagan dominou a "excisão da linguagem da raça do discurso público conservador" e isso a partir da construção bem-sucedida dos conservadores anteriores, que desenvolveram uma estratégia de explorar a hostilidade e o ressentimento raciais para obter ganhos políticos sem fazer referência explícita à raça[64]. Condenando as "rainhas da assistência"* e os criminosos "predadores" ele entrou no poder com forte apoio dos brancos descontentes – brancos pobres e da classe operária que se sentiram traídos pela adesão do Partido Democrata à agenda dos direitos civis. Como um político próximo dele explicou, o apelo de Reagan derivou em primeiro lugar do fervor ideológico da ala à direita do Partido Republicano e da "tensão emocional daqueles que temem ou se ressentem dos negros e que esperam que Reagan de algum modo os mantenha 'em seu devido lugar' ou ao menos ecoe sua raiva e frustração"[65]. Com grande efeito, Reagan ecoou a frustração dos brancos em termos racialmente neutros, por meio de apelos raciais implícitos. Sua retórica "racialmente neutra" sobre criminalidade, assistência social, impostos e direitos dos estados era claramente compreendida pelos eleitores brancos (e negros) como tendo uma dimensão racial, embora denúncias desse efeito fossem impossíveis de serem provadas. A ausência de uma retórica explicitamente racista proporcionou uma possibilidade de negativa plausível aos seus apelos codificados de natureza racial. Por exemplo, quando Reagan lançou sua campanha presidencial na feira do condado de Neshoba, próximo da Filadélfia (Mississippi) – cidade na qual três ativistas de direitos civis foram assassinados em 1964 –, assegurou à multidão: "Eu acredito na autonomia jurídica de cada estado" e prometeu restituir aos estados, aos governos locais, o poder que com propriedade lhes pertencia[66]. Seus críticos prontamente alegaram que ele estava sinalizando uma mensagem racial a seu público, sugerindo comprometimento com aqueles que resistiam ao fim da segregação, mas Reagan firmemente negou isso, deixando os liberais em uma

---

[64] Ibidem, p. 138; ver também Jeremy Mayer, *Running on Race* (Nova York, Random House, 2002), p. 71.

* "*Welfare queen*", ou "rainha da assistência", é uma expressão pejorativa que, nos Estados Unidos, se refere a mulheres que se utilizariam de fraudes para receber benefícios assistenciais do governo. (N. T.)

[65] T. Edsall e Mary Edsall, *Chain Reaction*, cit., p. 138.

[66] Bob Herbert, "Righting Reagan's Wrongs?", *The New York Times*, 13 nov. 2007; ver também Paul Krugman, "Republicans and Race", *The New York Times*, 19 nov. 2007.

posição que logo lhes soaria familiar – argumentando que algo é racista, mas, pela ausência de uma linguagem explicitamente racista, sem conseguir provar.

A criminalidade e a assistência social foram os temas principais da campanha retórica de Reagan. De acordo com Thomas e Mary Edsall, uma das anedotas favoritas e mais repetidas por Reagan era a história de uma "rainha da assistência" de Chicago com "oitenta nomes, trinta endereços, doze cartões da Seguridade Social", cujos "rendimentos livres de impostos somavam mais de 150 mil dólares"[67]. A expressão "rainha da assistência" [*welfare queen*] se tornou um código não tão sutil para a "mãe negra, preguiçosa e gananciosa do gueto". O programa de vale-alimentação, por sua vez, era um veículo para permitir "que o camarada na sua frente compre filé-mignon" enquanto "você espera na fila com um pacote de hambúrguer"[68]. Esses apelos altamente racializados, direcionados aos brancos pobres e da classe trabalhadora, estavam quase sempre acompanhados de promessas veementes de endurecimento contra o crime e de ênfase no papel do governo federal em seu combate. Reagan retratava o criminoso como "um rosto que fica nos encarando – um rosto pertencente a uma assustadora realidade do nosso tempo: o rosto do predador humano"[69]. A retórica racialmente codificada de Reagan e sua estratégia geral se provaram extraordinariamente efetivas, já que 22% dos democratas desertaram do partido para votar em Reagan. A taxa de deserção superou 34% entre os democratas que acreditavam que os líderes de direitos civis estavam indo "rápido demais"[70].

A promessa de Reagan de aumentar o papel do governo federal no combate ao crime tornou-se difícil após sua eleição pelo fato de que combater o crime de rua tinha sido tradicionalmente uma responsabilidade dos agentes da aplicação da lei penal em nível estadual e local. Depois de um período inicial de confusão e controvérsia a respeito de até que ponto o FBI e o governo federal deveriam se envolver com a questão da criminalidade de rua, o Departamento de Justiça anunciou sua intenção de cortar pela metade o número de especialistas designados para identificar e processar criminosos de colarinho branco, a fim de concentrar sua atenção na criminalidade de rua, especialmente no combate a crimes ligados a drogas[71]. Em outubro de 1982, o presidente Reagan anunciou

---

[67] T. Edsall e M Edsall, *Chain Reaction*, cit., p. 148, citando *The New York Times*, 15 fev. 1975.
[68] Idem, citando *Washington Post*, 28 jan. 1976.
[69] Dick Kirschten, "Jungle Warfare", *National Journal*, 3 out. 1981.
[70] T. Edsall e M. Edsall, *Chain Reaction*, cit., p. 164.
[71] Katherine Beckett, *Making Crime Pay*, cit., p. 47.

oficialmente a Guerra às Drogas do seu governo. No momento em que ele a declarou, menos de 2% do público estadunidense via as drogas como uma das questões mais importantes enfrentadas pela nação[72]. Esse fato não trouxe dificuldades para Reagan, já que, desde o início, a Guerra às Drogas tinha pouco a ver com uma preocupação pública a respeito das drogas em si e muito a ver com uma preocupação pública a respeito da raça. Ao travar uma guerra contra os usuários e traficantes de drogas, Reagan cumpriu a sua promessa de reprimir os "outros" racialmente definidos – os indignos.

Praticamente da noite para o dia, os orçamentos dos órgãos federais de segurança pública foram às alturas. Entre 1980 e 1984, o orçamento do FBI para ações antidrogas aumentou de 8 milhões de dólares para 95 milhões de dólares[73]. As dotações para o combate às drogas do Departamento de Defesa cresceram de 33 milhões de dólares em 1981 para 1,042 bilhão de dólares em 1991. Durante esse mesmo período, os gastos do DEA* no combate às drogas cresceram de 86 milhões de dólares para 1,026 bilhão de dólares, e as dotações do FBI para o combate às drogas cresceram de 38 milhões de dólares para 181 milhões de dólares[74]. Em contraste, o financiamento para os órgãos responsáveis por tratamento, prevenção e educação relativa a drogas foram dramaticamente reduzidos. O orçamento para o National Institute on Drug Abuse [Instituto Nacional de Uso Abusivo de Drogas], por exemplo, foi reduzido de 274 milhões de dólares para 57 milhões de dólares entre 1981 e 1984, e os fundos antidrogas alocados ao Departamento de Educação foram cortados de 14 milhões de dólares para 3 milhões de dólares[75].

Determinada a assegurar que a "nova maioria republicana" continuaria a apoiar a extraordinária expansão das atividades de aplicação da lei penal do governo

---

[72] Ibidem, p. 56; ver também Julian Roberts, "Public Opinion, Crime and Criminal Justice", em Michael Tonry (org.), *Crime and Justice: A Review of Research*, v. 16 (Chicago, University of Chicago Press, 1992).

[73] Katherine Beckett, *Making Crime Pay*, p. 53, citando o Executive Office of the President, Budget of the U.S. Government (1990).

* Drug Enforcement Administration (DEA), ou Setor de Combate às Drogas, é um órgão da polícia federal dos Estados Unidos, ligado ao Departamento de Justiça daquele país, cuja função é atuar no controle e na repressão do tráfico de drogas, seja em território estadunidense, seja em território estrangeiro. (N. T.)

[74] Idem, citando U.S. Office of the National Drug Control Policy, *National Drug Control Strategy*, 1992.

[75] Idem.

federal e que o Congresso continuaria a financiá-las, o governo Reagan lançou uma ofensiva midiática para justificar a Guerra às Drogas[76]. O ponto central da campanha foi um esforço em retratar de forma sensacionalista o surgimento do crack nos bairros centrais – comunidades devastadas pela desindustrialização e pela disparada do desemprego. O frenesi midiático inspirado pela campanha simplesmente não poderia ter vindo em pior hora para os afro-americanos.

No início da década de 1980, bem quando a Guerra às Drogas tinha seu início, as comunidades do centro das cidades sofriam um colapso econômico. Os empregos de colarinho azul nas fábricas que haviam sido abundantes nas áreas urbanas nas décadas de 1950 e 1960 tinham desaparecido de repente[77]. Antes de 1970, trabalhadores do centro da cidade com relativamente pouca educação formal podiam encontrar empregos na indústria perto de suas casas. A globalização, contudo, mudou isso. Os empregos na manufatura foram transferidos por corporações multinacionais das cidades estadunidenses para países nos quais não havia sindicatos, onde os trabalhadores ganhavam uma pequena fração do que se considera um salário justo nos Estados Unidos. Para piorar as coisas, mudanças tecnológicas dramáticas revolucionaram os locais de trabalho, eliminando muitas das funções antes ocupadas por trabalhadores menos qualificados e que garantiam a sua sobrevivência. Os trabalhadores com maior acesso a qualificação se beneficiaram do ritmo das mudanças tecnológicas e do uso crescente de tecnologias baseadas em computadores, mas os trabalhadores braçais se viram ultrapassados na transição repentina de uma economia industrial para uma economia de serviços.

O impacto da globalização e da desindustrialização foi sentido mais fortemente nas comunidades negras do centro das cidades. Como William Julius Wilson descreveu em seu livro *When Work Disappears* [Quando o trabalho desaparece], a esmagadora maioria dos afro-americanos na década de 1970 não teve acesso à educação universitária e havia frequentado escolas racialmente segregadas, subfinanciadas, carentes de recursos básicos. Aqueles que residiam em comunidades nos guetos estavam particularmente mal equipados para se adaptar às mudanças sísmicas que ocorriam na economia dos Estados Unidos e acabaram abandonados ao isolamento e ao desemprego. Um estudo indica que, ainda em 1970, mais de 70% de todos os negros que trabalhavam em

---

[76] Ibidem, p. 56.
[77] Ver William Julius Wilson, *When Work Disappears: The World of the New Urban Poor* (Nova York, Vintage, 1997).

áreas metropolitanas tinham empregos de colarinho azul[78]. Em 1987, quando a Guerra às Drogas chegou ao seu máximo, a taxa de emprego industrial para homens negros despencou para 28%[79].

As novas vagas em manufaturas que abriram durante esse período estavam geralmente localizadas nos subúrbios. A crescente defasagem espacial dos empregos teve um profundo impacto sobre os afro-americanos presos nos guetos. Um estudo com pais negros urbanos mostrou que apenas 28% deles tinham acesso a um automóvel. A taxa caía para 18% quando dizia respeito àqueles residentes em guetos[80].

As mulheres se saíram um pouco melhor durante esse período porque, nas áreas urbanas, o setor de serviço social – que emprega prioritariamente mulheres – estava se expandindo ao mesmo tempo que os empregos nas manufaturas estavam evaporando. A fração de homens negros que mudaram para os assim chamados empregos de colarinho rosa*, como enfermagem ou trabalhos de escritório, foi insignificante[81].

O declínio das oportunidades de emprego legalizado entre os moradores do centro da cidade fez aumentar os incentivos para a venda de drogas – notadamente de crack. Do ponto de vista farmacológico, o crack é praticamente idêntico à cocaína em pó, mas convertido em uma forma que pode ser vaporizada e inalada, gerando um uso mais rápido e mais intenso (embora por um período mais curto) de uma quantidade menor de droga – o que torna possível vender doses menores a preços mais acessíveis. O crack chegou às ruas em 1985, alguns anos depois de a Guerra às Drogas de Reagan ter sido anunciada, levando a um pico de violência à medida que os mercados de drogas lutavam para se estabilizar, e a raiva e a frustração associadas à falta de empregos fervilhavam. A falta de empregos e o crack varreram as regiões centrais das cidades precisamente no momento que uma violenta reação ao Movimento dos Direitos Civis manifestava-se através da Guerra às Drogas.

---

[78] Ibidem, p. 31, citando John Kasarda, "Urban Industrial Transition and the Underclass", *Annals of the American Academy of Political and Social Science*, v. 501, n. 1, 1990, p. 26-47.

[79] Ibidem, p. 30 (citando dados do *Chicago Urban Poverty and Family Life Survey*, realizado em 1987 e 1988).

[80] Ibidem, p. 39.

* Empregos de colarinho rosa são, nos Estados Unidos, aqueles que não exigem formação sólida, geralmente associados às mulheres. (N. T.)

[81] Ibidem, p. 27.

Ninguém jamais deveria tentar minimizar os prejuízos causados pelo crack e a violência relacionada a ele. Como David Kennedy corretamente observa, "o crack passou pelos bairros negros pobres dos Estados Unidos como se fossem os quatro cavaleiros do Apocalipse", deixando um rastro indescritível de devastação e sofrimento[82]. Como nação, contudo, nós tínhamos uma escolha quanto a como responder. Alguns países que enfrentaram aumento da criminalidade ligada a drogas ou taxas aparentemente intratáveis de abuso e dependência de drogas escolheram o modelo de tratamento, prevenção e educação sobre drogas ou do investimento econômico nas comunidades assoladas pela criminalidade. Portugal, por exemplo, respondeu a problemas persistentes de dependência e uso de drogas descriminalizando a posse de todas as drogas e redirecionando o dinheiro que seria gasto em enjaular os usuários de drogas para tratamento e prevenção. Dez anos depois, Portugal reportou que as taxas de dependência e uso de drogas despencaram, e os crimes relacionados a drogas estavam em declínio também[83]. Numerosos modelos estavam disponíveis para nós, como nação, quando a crise do crack surgiu, mas, por razões amplamente atribuíveis à política racial e de disseminação do medo, nós escolhemos a guerra. Os conservadores descobriram que isso poderia finalmente justificar uma guerra total contra um "inimigo" que havia sido definido racialmente anos antes.

Quase imediatamente após o surgimento do crack, o governo Reagan agarrou a oportunidade de divulgar o crack em um esforço de construir apoio para a sua Guerra às Drogas. Em outubro de 1985, o DEA enviou Robert Stutman para dirigir seu novo escritório na cidade de Nova York e o encarregou de ampliar o apoio público à nova guerra do governo. Stutman desenvolveu uma estratégia para aumentar as relações com as mídias jornalísticas e procurou

---

[82] David M. Kennedy, *Don't Shoot: One Man, a Street Fellowship, and the End of Violence in Inner City America* (Nova York, Bloomsbury, 2011), p. 10.

[83] Ernesto Benavides, "Portugal Drug Law Show Results Ten Years On, Experts Say," AFP, 1º jul. 2010 (relatando que o número de usuários de drogas pesadas caiu pela metade após a descriminalização, juntamente com uma queda "espetacular" nas infecções por HIV e uma queda significativa em crimes relacionados às drogas), disponível em: <news.yahoo.com/portugal-drug-law-show-results-ten-years-experts-180013798.html>; Barry Hatton e Martha Mendoza, "Portugal's Drug Policy Pays Off; US Eyes Lessons", Associated Press, 26 dez. 2010; Glenn Greenwald, *Drug Decriminalization in Portugal: Lessons for Creating Fair and Successful Drug Policies* (Washington, DC, Cato Institute, 2009). Disponível em: <www.cato.org/pubs/wtpapers/greenwald_whitepaper.pdf>.

chamar a atenção dos jornalistas para a propagação do crack nas comunidades do centro das cidades. Conforme Stutman relatou anos depois:

> Os agentes me ouviriam fazer centenas de apresentações à mídia, num esforço para chamar a sua atenção para o flagelo da droga. Eu não perdi tempo em apontar os novos progressos [do DEA] contra os traficantes de drogas [...]. A fim de convencer Washington, eu precisava transformá-las [as drogas] em uma questão nacional, e rápido. Comecei um esforço de *lobby* e usei a mídia. A mídia estava muito disposta a cooperar, porque, embora a mídia de Nova York estivesse preocupada, o crack foi a reportagem de combate mais quente desde o fim da Guerra do Vietnã.[84]

A estratégia deu frutos. Em junho de 1986, a revista *Newsweek* declarou que o crack era a maior história desde Vietnã/Watergate e, em agosto daquele ano, a revista *Time* chamou o crack de "o assunto do ano". Milhares de histórias sobre a crise do crack inundaram as ondas de rádio e TV e as bancas de jornal, e elas tinham claramente um subtexto racial. Os artigos normalmente exibiam "putas do crack", "bebês do crack" e "membros de gangues", todos negros, reforçando estereótipos raciais já predominantes de mulheres negras como irresponsáveis, "rainhas da assistência" egoístas e homens negros como "predadores" – parte de uma subcultura criminosa e inferior[85]. Quando duas figuras populares do esporte, Len Bias e Don Rogers, morreram de overdose de cocaína em 1986, a mídia reportou erroneamente as suas mortes como tendo sido causadas pelo crack, contribuindo para a tempestade midiática e influenciando a atividade política e a preocupação pública com a nova "droga demoníaca", o crack. A bonança continuou em 1989, quando a mídia continuou a disseminar afirmações de que o crack era uma "epidemia", uma "praga", "instantaneamente viciante" e extraordinariamente perigoso – afirmações que agora se provaram falsas ou altamente enganosas. Entre outubro de 1988 e de 1989, o *Washington Post* sozinho cobriu em torno de 1.565 histórias sobre o "flagelo das drogas". Richard Harwood, *ombudsman* do *Post*, depois de um longo período admitiu

---

[84] Robert Stutman, *Dead on Delivery: Inside the Drug Wars, Straight from the Street* (Nova York, Warner Books, 1992), p. 142.
[85] Ver Craig Reinarman e Harry Levine, "The Crack Attack: America's Latest Drug Scare, 1986--1992", em Joel Best (org.), *Images of Issues: Typifying Contemporary Social Problems* (Nova York, Aldine De Gruyter, 1995).

que o jornal havia perdido "o senso de perspectiva" devido a essa "hiperbólica epidemia". Ele disse que "os políticos estão fazendo mal à cabeça das pessoas"[86]. Os sociólogos Craig Reinarman e Harry Levine posteriormente fizeram uma afirmação similar: "O crack foi um presente de Deus para a direita [...]. Ele não poderia ter aparecido em um momento politicamente mais oportuno"[87].

Em setembro de 1986, com o frenesi da mídia a todo vapor, a Câmara aprovou uma legislação que destinou 2 bilhões de dólares à cruzada antidrogas, determinou a participação de militares em esforços de controle de narcóticos, permitiu a pena de morte para alguns crimes relacionados a drogas e autorizou a admissão de alguns tipos de provas obtidas ilegalmente nos inquéritos sobre drogas. Nesse mesmo mês, o Senado propôs uma legislação antidrogas ainda mais dura e, pouco depois, o presidente sancionou a Lei Contra o Uso de Drogas de 1986. Entre outros endurecimentos penais, a legislação incluía sentenças mínimas obrigatórias para a distribuição de cocaína e punições muito mais severas para a distribuição de crack – associado aos negros – do que para a cocaína em pó, associada aos brancos.

Poucas críticas a essa legislação puderam ser ouvidas durante a tramitação do projeto. Um senador insistiu que o crack tinha se tornado um bode expiatório que distraía a atenção do público das verdadeiras causas de nossos males sociais, argumentando:

> Se culparmos o crack pelo crime, nossos políticos se livram. Que se esqueçam as escolas falidas, os malignos programas assistenciais, os bairros desolados, os anos perdidos. Apenas o crack é culpado. Somos tentados a pensar que, se o crack não existisse, alguém em algum lugar teria recebido um subsídio federal para criá-lo.[88]

Vozes críticas, contudo, estavam sozinhas.

O Congresso revisou a política de drogas em 1988. A legislação resultante era de novo extraordinariamente punitiva, desta vez se estendendo muito além das punições para crimes tradicionais e incluindo novas "penalidades civis" para delinquentes ligados a drogas. A nova Lei Contra o Uso de Drogas autorizou as

---

[86] Ibidem, p. 154.
[87] Ibidem, p. 170-1.
[88] Doris Marie Provine, *Unequal Under Law: Race in the War on Drugs* (Chicago, University of Chicago Press, 2007), p. 111, citando *Congressional Record*, XCIX Congresso, 2ª sessão, v. 132, parte 18, 24 set. 1986.

autoridades de habitação pública a despejarem qualquer morador que permitisse que qualquer forma de atividade criminal relacionada a drogas ocorresse dentro ou perto de instalações de habitações públicas e eliminou muitos benefícios federais, incluindo bolsas estudantis, para os condenados por crimes ligados a drogas. A lei também expandiu o uso de pena de morte para infrações sérias relacionadas a drogas e impôs novas sentenças mínimas, incluindo pena mínima obrigatória de cinco anos para a simples posse de pasta-base de cocaína – sem evidência de tentativa de venda. Note-se que a pena seria aplicada para réus primários. A severidade dessa punição não tinha precedentes no sistema federal. Até 1988, um ano de prisão era a pena máxima pela posse de qualquer quantidade de qualquer droga. Membros da Bancada Negra do Congresso [Congressional Black Caucus – CBC] ficaram confusos em sua avaliação da nova legislação – alguns acreditavam que penas duras eram necessárias, outros estavam convencidos de que as leis eram discriminatórias e prejudiciais aos afro-americanos. Por fim, a legislação foi aprovada por uma maioria esmagadora – 346 a 11. Seis dos votos negativos vieram da Bancada Negra[89].

A Guerra às Drogas se provou popular entre os eleitores brancos, particularmente os brancos que permaneceram ressentidos com o progresso negro, a aplicação dos direitos civis e as ações afirmativas. A partir da década de 1970, pesquisadores descobriram que atitudes raciais – e não taxas de criminalidade ou probabilidade de vitimização – são o que determina o posicionamento dos brancos a favor do "endurecimento contra o crime" e contra medidas assistenciais[90]. Entre os brancos, aqueles que expressam o maior nível de preocupação em relação à criminalidade também tendem a se opor à reforma racial, e as suas atitudes punitivas quanto ao crime não guardam grande relação com a sua probabilidade de vitimização[91]. Os brancos, na média, são mais punitivos que

---

[89] Doris Marie Provine, *Unequal Under Law*, cit., p. 117.
[90] Mark Peffley, Jon Hurwitz e Paul Sniderman, "Racial Stereotypes and Whites' Political Views of Blacks in the Context of Welfare and Crime", *American Journal of Political Science*, v. 41, n. 1, 1997, p. 30-60; Martin Gilens, "Racial Attitudes and Opposition to Welfare", *Journal of Politics*, v. 57, n. 4, 1995, p. 994-1.014; Kathlyn Taylor Gaubatz, *Crime in the Public Mind* (Ann Arbor, University of Michigan Press, 1995); e John Hurwitz e Mark Peffley, "Public Perceptions of Race and Crime: The Role of Racial Stereotypes", *American Journal of Political Science*, v. 41, n. 2, 1997, p. 375-401.
[91] Ver Frank Furstenberg, "Public Reaction to Crime in the Streets", *American Scholar*, v. 40, 1971, p. 601-10; Arthur Stinchcombe et al., *Crime and Punishment in America: Changing Attitudes in America* (São Francisco, Jossey-Bass, 1980); Michael Corbett, "Public Support for

os negros, apesar do fato de os negros estarem mais predispostos a ser vítimas de crimes. Os brancos da zona rural tendem a ser os mais punitivistas, mesmo que eles estejam menos predispostos a ser vítimas de crimes[92]. A Guerra às Drogas, mascarada por uma linguagem racialmente neutra, ofereceu aos brancos que se opunham à reforma racial uma oportunidade única de expressar a sua hostilidade aos negros e ao progresso negro sem serem acusados de racismo.

O sucessor de Reagan, o presidente George Bush Pai, não hesitou em empregar apelos implicitamente racistas, tendo aprendido com o sucesso dos políticos conservadores que referências sutis à raça poderiam mobilizar os brancos pobres e da classe trabalhadora antes leais ao Partido Democrata. O mais famoso apelo racial de Bush, o anúncio sobre Willie Horton, apresentava um homem negro, um assassino condenado que fugiu enquanto cumpria pena em regime diferenciado para trabalho e estuprou e matou uma mulher branca que estava em casa. O anúncio culpava o oponente de Bush, o governador de Massachusetts, Michael Dukakis, pela morte da mulher branca, porque ele havia aprovado o programa de regime diferenciado. Por meses, o anúncio foi repetido nas estações de notícias e foi objeto de comentário político incessante. Embora controverso, foi incrivelmente efetivo; ele destruiu as chances de Dukakis um dia se tornar presidente.

Uma vez no Salão Oval, Bush permaneceu firme na mensagem, se opondo a ações afirmativas e à aplicação dos direitos civis e abraçando a Guerra às Drogas com grande entusiasmo. Em agosto de 1989, caracterizou o uso de drogas como "o problema mais urgente que a nação enfrenta"[93]. Pouco depois, um levantamento de *The New York Times*/CBS News apontou que 64% dos entrevistados – a maior parcela já registrada – pensavam que as drogas eram o problema mais significativo dos Estado Unidos[94]. Esse surto de preocupação pública não correspondia a nenhuma mudança dramática na atividade

---

Law and Order: Interrelationships with System Affirmation and Attitudes Toward Minorities", *Criminology* 19 (1981), p. 337.

[92] Stephen Earl Bennett e Alfred J. Tuchfarber, "The Social Structural Sources of Cleavage on Law and Order Policies", *American Journal of Political Science*, v. 19, 1975, p. 419-38; Sandra Browning e Liqun Cao, "The Impact of Race on Criminal Justice Ideology", *Justice Quarterly*, v. 9, dez. 1992, p. 685-99; e Steven F. Cohn, Steven E. Barkan e William A. Halteman, "Punitive Attitudes Toward Criminals: Racial Consensus or Racial Conflict?", *Social Problems*, v. 38, 1991, p. 287-96.

[93] Katherine Beckett, *Making Crime Pay*, p. 44.

[94] Ibidem, citando pesquisa *The New York Times*/CBS News, ago. 1990, p. 2-4.

das drogas ilegais; antes, era o produto cuidadosamente orquestrado de uma campanha política. O nível de preocupação pública com o crime e as drogas tinha muito pouca relação com as taxas reais de criminalidade, mas estava muito relacionado com iniciativas políticas, campanhas e apelos partidários[95].

A mudança geral para uma atitude de "endurecimento" em relação a problemas associados a comunidades não brancas começou na década de 1960, quando as vitórias e os objetivos do Movimento dos Direitos Civis começaram a exigir sacrifícios reais por parte dos estadunidenses brancos, e os políticos conservadores acharam que poderiam mobilizar o ressentimento racial dos brancos se prometessem reprimir o crime. No fim da década de 1980, contudo, não apenas os conservadores desempenharam papéis no movimento de endurecimento, entoando a retórica antes associada apenas aos segregacionistas: políticos e planejadores de políticas públicas democratas tentavam tirar o controle das questões criminais e de drogas dos republicanos ao defender leis anticrimes e antidrogas mais rigorosas – tudo isso em um esforço para recuperar os chamados "eleitores indecisos" que estavam desertando e indo para o Partido Republicano. Ironicamente, esses "novos democratas" foram acompanhados por racistas virulentos, especialmente da Ku Klux Klan, que anunciaram em 1990 que pretendiam "juntar-se à batalha contra as drogas ilegais" tornando-se os "olhos e ouvidos da polícia"[96]. Progressistas preocupados com a justiça racial nesse período estavam em sua maioria em silêncio a respeito da Guerra às Drogas, preferindo colocar sua energia na defesa das ações afirmativas e de outros ganhos percebidos pelo Movimento dos Direitos Civis.

No início da década de 1990, a resistência à emergência de um novo sistema de controle social racializado entrou em colapso por todo o espectro político. Um século antes, uma dinâmica política similar tinha resultado no nascimento do Jim Crow. Na década de 1890, os populistas dobraram-se à pressão política criada pelos redentores, que haviam sido bem-sucedidos em seus apelos aos brancos pobres e da classe trabalhadora ao proporem as leis abertamente racistas e cada vez mais absurdas do Jim Crow. Agora, um novo sistema de castas raciais – o encarceramento em massa – estava tomando corpo, à medida que políticos de todos os matizes competiam entre si para ganhar votos dos brancos pobres e da classe trabalhadora, cuja condição econômica era precária, quando muito, e que se sentiram ameaçados pelas reformas raciais. Como

---

[95] Ver Katherine Beckett, *Making Crime Pay*, cit., p. 14-27.
[96] "Ku Klux Klan Says It Will Fight Drugs", *Toledo Journal*, 3-9 jan. 1990.

tinha acontecido antes, antigos aliados dos afro-americanos – assim como os conservadores – adotaram uma estratégia política que exigia que provassem que poderiam ser "duros" com "eles", os párias de pele escura.

Os resultados foram imediatos. Os orçamentos para a segurança pública explodiram e a população prisional também. Em 1991, o Sentencing Project reportou que o número de pessoas atrás das grades nos Estados Unidos não tinha precedentes na história mundial e que um quarto dos homens jovens afro-americanos estava sob custódia do sistema de justiça criminal. Apesar do imenso impacto do movimento de "endurecimento" contra a comunidade afro-americana, nem os democratas nem os republicanos revelaram qualquer inclinação a desacelerar o ritmo do encarceramento.

Ao contrário, em 1992, durante sua candidatura presidencial, Bill Clinton jurou que jamais permitiria que um republicano fosse visto como mais duro com o crime do que ele. Fiel a sua palavra, apenas semanas antes da primária crítica de New Hampshire, Clinton escolheu voltar para a sua terra no Arkansas a fim de supervisionar a execução de Ricky Ray Rector, um homem negro mentalmente comprometido que tinha tão pouca noção do que estava prestes a acontecer com ele que pediu que a sobremesa de sua última refeição fosse guardada para a manhã seguinte. Depois da execução, Clinton assinalou "Eu posso ser chamado de muitas coisas, mas ninguém pode dizer que sou brando com o crime"[97].

Uma vez eleito, Clinton endossou a ideia de uma "*'three strikes and you're out' law*" [lei das "três infrações e você está fora"], que ele defendera em seu Discurso aos Estados da União, tendo sido entusiasticamente aplaudido em ambos os lados do corredor. Um projeto de lei contra o crime de 30 bilhões de dólares enviado ao presidente Clinton em agosto de 1994 foi saudado como uma vitória pelos democratas, "que foram capazes de arrancar a questão do crime dos republicanos e torná-la sua"[98]. O projeto de lei criou dúzias de novos crimes puníveis com pena capital e prisão perpétua para quem tivesse três condenações criminais e autorizou mais de 16 bilhões de dólares para concessões de prisões estaduais e expansão das forças policiais estaduais e locais. Longe de resistir à emergência de um novo sistema de castas, Clinton fez a Guerra às Drogas intensificar-se para além do que os conservadores imaginavam ser possível uma

---

[97] Michael Kramer, "Frying Them Isn't the Answer", *Time*, 14 mar. 1994, p. 32.
[98] David Masci, "$30 Billion Anti-Crime Bill Heads to Clinton's Desk", *Congressional Quarterly*, 27 ago. 1994, p. 2.488-93; e Katherine Beckett, *Making Crime Pay*, cit., p. 61.

década antes. Como o Justice Policy Institute [Instituto de Políticas de Justiça] observou, "as políticas de 'endurecimento contra o crime' do governo Clinton resultaram em maior aumento do número de internos em prisões federais e estaduais de todos os presidentes da história estadunidense"[99].

Clinton acabou indo além da questão criminal e rendeu-se à agenda racial conservadora para o sistema de assistência social. Esse movimento, assim como sua retórica e suas políticas de "endurecimento", era parte de uma grandiosa estratégia articulada pelos "novos democratas" para chamar a atenção dos esquivos eleitores indecisos brancos. Ao fazer isso, Clinton – mais do que qualquer outro presidente – criou a atual subcasta racial. Ele assinou a Lei de Reconciliação com a Responsabilidade Pessoal e as Oportunidades de Trabalho, que "acabou com o sistema de assistência como o conhecíamos", substituindo o Programa de Auxílio às Famílias com Crianças Dependentes [Aid to Families with Dependent Children – AFDC] por um subsídio em bloco aos estados chamado Assistência Temporária para Famílias Necessitadas [Temporary Assistance to Needy Families – TANF]. O TANF impôs um limite de cinco anos para a assistência social, bem como a proibição vitalícia permanente de elegibilidade para os serviços de assistência e vale-alimentação para qualquer pessoa condenada por delito ligado a drogas – inclusive a simples posse de maconha.

Apesar das alegações de que essas mudanças políticas radicais foram impulsionadas pelo conservadorismo fiscal – isto é, o desejo de acabar com um governo gigante e cortar os déficits orçamentários –, a realidade é que o governo não estava reduzindo a quantidade de dinheiro gasta na gestão dos pobres urbanos: ele alterou radicalmente o modo como a distribuição do orçamento costumava ser feita. A mudança dramática em direção ao punitivismo resultou em uma realocação maciça dos recursos públicos. Em 1996, o orçamento penal recebeu o dobro do que havia sido alocado para AFDC ou vales-alimentação[100]. De maneira similar, o investimento que no momento era usado para habitação urbana estava sendo redirecionado para a construção de prisões. Durante o mandato de Clinton, Washington derrubou os investimentos em habitação pública em 17 bilhões de dólares (uma redução de 61%) e

---

[99] Justice Policy Institute, "Clinton Crime Agenda Ignores Proven Methods for Reducing Crime", 14 abr. 2008. Disponível em: <www.justicepolicy.org/content -hmID=1817&sm ID=1571&ssmID=71.htm>.

[100] Loïc Wacquant, "Class, Race & Hyperincarceration in Revanchist America", *Dædalus*, 2010, p. 77.

reforçou os investimentos em punições em 19 bilhões de dólares (um aumento de 171%), "tornando efetivamente a construção de prisões o maior programa de habitação para os pobres urbanos da nação"[101].

Clinton não parou por aí. Determinado a provar quão "duro" poderia ser com "eles", também facilitou que os projetos de habitação pública assistidos pelo governo federal excluíssem qualquer um com histórico criminal – uma medida extraordinariamente dura no meio de uma Guerra às Drogas visando às minorias étnicas e raciais. No anúncio de sua iniciativa *"One Strike and You're Out"* [Uma infração e você está fora], Clinton explicou: "De agora em diante, a regra para residentes que cometem crimes e vendem drogas deve ser 'uma infração e você está fora'"[102]. A nova regra prometia ser a "política de admissão e expulsão mais dura que o Departamento de Desenvolvimento Urbano e Habitacional [Housing and Urban Development Department – HUD] já implementou"[103]. Assim, para incontáveis pessoas pobres, particularmente minorias raciais que eram alvo da Guerra às Drogas, a habitação pública não estava mais disponível, deixando muitas delas sem um teto – excluídos não apenas da sociedade, mas de seus próprios lares.

A perspectiva da lei e da ordem, introduzida pela primeira vez no período de pico do Movimento dos Direitos Civis por segregacionistas fanáticos, tinha se tornado quase hegemônica duas décadas depois. Em meados da década de 1990, não havia alternativas sérias à Guerra às Drogas e ao movimento de "endurecimento" sendo cogitadas no discurso político dominante. Mais uma vez, em resposta a uma ruptura na ordem racial dominante – dessa vez as conquistas de direitos civis da década de 1960 –, um novo sistema de controle social racializado foi criado pela exploração das vulnerabilidades e ressentimentos raciais dos brancos pobres e da classe trabalhadora. Mais de 2 milhões de pessoas estavam atrás das grades na virada do século XXI, e outros milhões estavam relegados às margens da sociedade, banidos do espaço político e social de modo não diferente do Jim Crow, quando a discriminação no emprego, na habitação e no acesso à educação era perfeitamente legal, e no qual lhes era negado direito a voto. O sistema funcionou de forma relativamente automática, e o sistema de significados, identidades e ideologias raciais já parecia natural.

---

[101] Idem.
[102] "Address Before a Joint Session of Congress on the State of the Union", 23 jan. 1996.
[103] U.S. Department of Housing and Urban Development, *Meeting the Challenge: Public Housing Authorities Respond to the "One Strike and You're Out" Initiative*, set. 1997.

Noventa por cento das pessoas que davam entrada em prisões por crimes de drogas em muitos estados eram negras ou latinas, apesar de o encarceramento em massa das comunidades não brancas ser explicado em termos racialmente neutros, uma adaptação às necessidades e às demandas do clima político atual. O novo Jim Crow havia nascido.

2.
O ENCARCERAMENTO

Podemos pensar que sabemos como o sistema de justiça criminal funciona. A televisão está repleta de dramas ficcionais sobre polícia, crimes e promotores – programas como *Law & Order*. Assim como o noticiário policial, essas ficções tendem a se concentrar em histórias individuais de crime, vitimização e punição, e são tipicamente contadas do ponto de vista das autoridades de segurança pública. Um policial, investigador ou promotor carismático luta com seus próprios demônios enquanto tenta heroicamente resolver um crime horrível. Ele finalmente consegue uma vitória pessoal e moral ao encontrar o cara mau e jogá-lo na cadeia. Essa é a versão feita para a TV do sistema de justiça criminal. Ela perpetua o mito de que a principal função do sistema é manter nossas ruas a salvo e nossos lares seguros ao caçar criminosos perigosos e puni-los. Esses programas de televisão, especialmente aqueles que romantizam o combate aos crimes de drogas, são o equivalente nos dias modernos aos velhos filmes que retratavam escravos felizes, o brilho ficcional assentado sobre um brutal sistema de opressão e controle racializado.

Aqueles que foram sugados pelo sistema de justiça criminal sabem que o modo como o sistema de fato funciona guarda pouca semelhança com o que acontece na televisão ou nos filmes. Exames exaustivos de culpa ou inocência raramente ocorrem; muitas pessoas nem mesmo se encontram com um advogado; as testemunhas são rotineiramente pagas ou coagidas pelo governo; a polícia para e revista pessoas sem motivo nenhum; as penas para muitos crimes são tão severas que pessoas inocentes se declaram culpadas, aceitando negociações injustas para evitar sentenças obrigatórias severas demais; e crianças de catorze anos são enviadas a prisões de adultos. Princípios legais e processuais, como "culpa para além da dúvida razoável", "causa provável" ou "fundada suspeita", podem ser encontrados facilmente em séries de tribunais ou nos livros da faculdade de direito, mas são muito difíceis de serem vistos na vida real.

Neste capítulo, veremos como o sistema de encarceramento em massa de fato funciona. Nosso foco é a Guerra às Drogas. A razão é simples: condenações por crimes de drogas são a causa isolada mais importante da explosão das taxas de encarceramento nos Estados Unidos. Os crimes ligados a drogas, sozinhos, respondem por dois terços do crescimento na população interna federal e mais da metade do crescimento dos prisioneiros estaduais entre 1985 e 2000[1]. Hoje, aproximadamente meio milhão de pessoas estão na prisão por crime de drogas, em comparação com uma estimativa de 41.100 em 1980 – um crescimento de 1.100%[2]. As prisões por drogas triplicaram desde 1980. Como resultado, mais de 31 milhões de pessoas foram presas por crimes dessa natureza desde que a Guerra às Drogas começou[3]. Para colocar as coisas em perspectiva, considere isto: há mais pessoas nas prisões hoje apenas por crimes de drogas do que havia pessoas encarceradas por todos os motivos em 1980[4]. Nada contribuiu mais para o encarceramento em massa sistemático das pessoas não brancas nos Estados Unidos do que a Guerra às Drogas.

Antes de começarmos nossa excursão pela Guerra às Drogas, vale a pena tirar do caminho alguns mitos. O primeiro é de que a guerra se destina a libertar a nação dos "chefões" da droga ou dos grandes traficantes. Nada poderia estar mais distante da verdade. A grande maioria das pessoas detidas *não* é acusada de crimes graves. Em 2005, por exemplo, quatro a cada cinco prisões relativas a drogas foram por posse e apenas uma por venda. Além disso, a maioria das pessoas que estão nas prisões estaduais por crimes ligados a droga *não* tem histórico de violência ou atividade de venda significativa[5].

O segundo mito é o de que a Guerra às Drogas está preocupada principalmente com as drogas perigosas. Muito pelo contrário: as detenções por posse

---

[1] Ver Marc Mauer, *Race to Incarcerate* (ed. rev., Nova York, The New Press, 2006), p. 33.
[2] Marc Mauer e Ryan King, *A 25-Year Quagmire: The "War on Drugs" and Its Impact on American Society* (Washington, DC, Sentencing Project, 2007), p. 2.
[3] Ibidem, p. 3.
[4] Depoimento de Marc Mauer, diretor-executivo do Sentencing Project, prestado ao Subcomitê do Congresso Estadunidense para o Judiciário sobre Crime, Terrorismo e Segurança Interna [House Judiciary Subcommittee on Crime, Terrorism, and Homeland Security], 111º Cong., *Hearing on Unfairness in Federal Cocaine Sentencing: Is It Time to Crack the 100 to 1 Disparity?*, 21 maio 2009, p. 2.
[5] Marc Mauer e Ryan King, *A 25-Year Quagmire*, cit., p. 2-3.

de maconha – uma droga menos prejudicial do que tabaco ou álcool – representaram quase 80% do crescimento das detenções por drogas na década de 1990[6]. Apesar de a maioria das prisões por drogas dizerem respeito a infrações não violentas de menor importância, a Guerra às Drogas inaugurou uma era de punitivismo sem precedentes.

O percentual de detenções ligadas a drogas que resultaram em condenações à prisão (em vez de dispensas, serviços comunitários ou liberdade assistida) quadruplicou, resultando num *boom* de construção de prisões nunca antes visto. Em duas décadas, entre 1980 e 2000, o número de pessoas encarceradas nas prisões dos Estados Unidos saltou de mais ou menos 300 mil para 2 milhões. No final de 2007, mais de 7 milhões de estadunidenses – ou 1 em cada 31 adultos – estavam atrás das grades ou em liberdade assistida ou condicional[7].

Nós começaremos nossa exploração da Guerra às Drogas pelo ponto de entrada – a detenção pela polícia – e, em seguida, consideraremos como o sistema de encarceramento em massa é estruturado para recompensar a apreensão em massa de drogas e facilitar a condenação e o aprisionamento de um número sem precedentes de estadunidenses, não importa se culpados ou inocentes. Nos capítulos seguintes, discutiremos como o sistema seleciona especificamente os não brancos e os relega a uma condição de segunda classe análoga ao Jim Crow. Neste ponto, simplesmente faremos um balanço dos meios pelos quais a Guerra às Drogas facilita o cerco e o aprisionamento de uma parcela extraordinária da população dos Estados Unidos.

---

[6] Idem; e Ryan King e Marc Mauer, *The War on Marijuana: The Transformation of the War on Drugs in the 1990s* (Nova York, Sentencing Project, 2005), documentando o dramático aumento das prisões por porte de maconha, que é uma droga relativamente inofensiva. O relatório de 1988 do *surgeon general* lista o tabaco como uma droga mais perigosa que a maconha, e Francis Young, juiz de direito administrativo do Departamento de Combate às Drogas (Drug Enforcement Administration – DEA), considerou não haver credibilidade nos relatórios médicos que sugerem que consumir maconha, em qualquer dose, já tenha causado uma única morte. U.S. Department of Justice, Drug Enforcement Administration, "Opinion and Recommended Ruling, Findings of Fact, Conclusions of Law and Decision of Administrative Law Judge Francis L. Young", em *The Matter of Marijuana Rescheduling Petition*, registro n. 86-22, 6 set. 1988, p. 56-7. Para efeito de comparação, anualmente, o tabaco mata em média 390 mil estadunidenses, e o álcool, cerca de 150 mil. Ver Doug Bandow, "War on Drugs or War on America?", *Stanford Law and Policy Review*, 1991, p. 242 e 245.

[7] Pew Center on the States, *One in 31: The Long Reach of American Corrections* (Washington, DC, Pew Charitable Trusts, 2009).

Regras do jogo

Poucas regras limitam significativamente a polícia na Guerra às Drogas. Isso pode soar como um exagero, mas após algum exame se prova uma afirmação precisa. A ausência de limites significativos ao exercício da discricionariedade policial é uma característica-chave da concepção da Guerra às Drogas. Isso tornou relativamente fácil a perseguição de milhões de estadunidenses por infrações não violentas ligadas a drogas.

Com poucas exceções, a Suprema Corte aproveitou todas as oportunidades que teve para facilitar a Guerra às Drogas, principalmente ao estripar as garantias da Quarta Emenda contra buscas e apreensões desarrazoadas por parte da polícia. O retrocesso foi tão acentuado que alguns comentaristas acusam a existência virtual de uma "exceção às drogas" às garantias fundamentais. Logo antes de sua morte, o ministro Thurgood Marshall se sentiu compelido a lembrar seus colegas de que não há, efetivamente, qualquer "exceção às drogas" prevista no texto constitucional[8].

A maioria dos estadunidenses não sabe o que a Quarta Emenda à Constituição dos Estados Unidos diz de fato, ou o que ela exige da polícia. Ela estabelece, em sua integralidade:

> O direito do povo a estar seguro em sua pessoa, casa, documentos e efeitos, contra buscas e apreensões desarrazoadas, não será violado, e nenhum mandado será emitido, a não ser mediante causa provável, apoiada por juramento ou afirmação e descrição específica do local da busca e das pessoas ou coisas a serem apreendidas.

Os tribunais e os acadêmicos concordam que a Quarta Emenda regula todas as buscas e apreensões feitas pela polícia e que a emenda foi adotada em resposta à prática inglesa de conduzir buscas arbitrárias com base em mandados genéricos para descobrir libelos sediciosos. As rotineiras perseguições policiais, as revistas arbitrárias e a intimidação policial generalizada daqueles sujeitos ao domínio inglês ajudaram a inspirar a Revolução Americana. Não é surpreendente, portanto, que a prevenção de buscas e apreensões arbitrárias pela polícia fosse considerada elemento essencial da Constituição dos Estados Unidos pelos Pais Fundadores. Até a Guerra às Drogas, os tribunais haviam

---

[8] Skinner *versus* Railway Labor Executive Association, 489 U.S. 602, 641 (1980), Marshall, J., *dissenting* [voto divergente].

sido bastante rigorosos sobre a observância dos requisitos da Quarta Emenda. Poucos anos após a Guerra às Drogas ter sido declarada, contudo, muitos acadêmicos de direito notaram uma mudança acentuada na jurisprudência da Suprema Corte relativa à Quarta Emenda. Ao final do mandato de 1990-1991 da Suprema Corte, tinha ficado claro que uma grande mudança na relação entre os cidadãos deste país e a polícia estava em curso. O ministro Stevens observou essa tendência em uma poderosa divergência no caso Califórnia *versus* Acevedo, um caso que valida a busca sem mandado de uma bolsa trancada no porta-malas de um carro:

> Nesses anos [de 1982 a 1991], a corte julgou trinta casos relativos à Quarta Emenda envolvendo drogas. Em todos exceto um, o governo era o peticionante. Todos menos dois envolviam busca e apreensão sem mandado ou com mandado irregular. E em todos menos três, a corte declarou a constitucionalidade da busca e apreensão. Nesse meio tempo, o fluxo de casos envolvendo narcóticos nos tribunais aumentou de modo constante e dramático. Nenhum observador imparcial poderia criticar esta corte por entravar o progresso da Guerra às Drogas. Ao contrário, decisões como a que a corte tomou hoje apoiarão a conclusão de que esta corte se tornou um soldado leal na luta do Executivo contra o crime.[9]

A Quarta Emenda é apenas um exemplo. Praticamente todas as liberdades civis protegidas constitucionalmente têm sido violadas pela Guerra às Drogas. A corte tem estado ocupada nos últimos anos aprovando testes de drogas compulsórios para empregados e estudantes, validando buscas aleatórias e varreduras em escolas públicas e estudantes, permitindo que a polícia obtenha mandados de busca baseados em informações prestadas por informantes anônimos, ampliando o poder do governo de fazer escutas telefônicas, legitimando o uso de informantes não identificados pagos pela política e por promotores, aprovando o uso de helicópteros para vigiar casas sem mandado e permitindo o confisco de dinheiro, casas e outras propriedades baseado em alegações não comprovadas de atividade ilegal relacionada a drogas.

Para nosso propósito aqui, limitaremos o foco às normas jurídicas elaboradas pela Suprema Corte que criam interesses pecuniários à aplicação da lei penal na Guerra às Drogas e tornam relativamente fácil para a polícia apreender pessoas em praticamente qualquer lugar – em ruas e calçadas, ônibus, aviões e trens,

---

[9] Califórnia *versus* Acevedo, 500 U.S. 565, 600 (1991), Stevens. J., *dissenting* [voto divergente].

ou qualquer outro lugar público – e colocá-las atrás das grades. Essas novas regras jurídicas asseguram que qualquer um, em praticamente qualquer lugar e por qualquer razão possa se tornar um alvo da atividade de combate às drogas.

SUSPEITA DESARRAZOADA

Houve um tempo em que todos entendiam que a polícia não poderia parar e revistar qualquer um sem mandado a não ser que houvesse causa provável para crer que aquele indivíduo estivesse envolvido em atividades criminosas. Esse era um princípio básico da Quarta Emenda. No caso Terry *versus* Ohio, decidido em 1968, a Suprema Corte modificou esse entendimento, mas apenas timidamente, ao decidir que se, e quando, observar uma conduta incomum de alguém que acredite justificadamente ser perigoso e estar envolvido em atividades criminosas, o policial "terá o direito para a própria proteção e dos outros ao seu redor" de realizar uma revista limitada "a fim de descobrir armas que possam ser usadas contra ele"[10]. Conhecida como *"stop-and-frisk rule"* [regra de parada e revista], a decisão do caso Terry sustenta a proposição de que, quando um policial tiver "suspeita razoável" de que alguém está envolvido em atividades criminosas e perigosas, ele tem constitucionalmente permissão para pará-lo, questioná-lo e revistá-lo – mesmo na ausência de causa provável.

A divergência do ministro Douglas no caso Terry se baseou na afirmação de que "conceder à polícia um poder maior do que o de um magistrado [juiz] é dar um longo passo em direção ao totalitarismo"[11]. Ele se opôs à noção de que a polícia deva ser livre para realizar buscas sem mandado quando suspeitar de que alguém é um criminoso, pois acreditava que dispensar a exigência de mandado, prevista na Quarta Emenda, traria o risco de abrir a porta para os mesmos abusos que deram origem à Revolução Americana. Sua voz foi solitária. A maioria dos comentaristas da época concordou que dar à polícia o poder e a discricionariedade para se proteger em um encontro com alguém que eles acreditam ser um criminoso perigoso não é "desarrazoado" à luz da Quarta Emenda.

A história sugere que o ministro Douglas venceu o debate. Nos anos seguintes ao caso Terry, paradas, interrogatórios e revistas de pessoas comuns dirigindo pela rua, andando do ponto de ônibus para casa ou subindo no trem se tornaram

---

[10] Terry *versus* Ohio, 392 U.S. 1, 30 (1968).

[11] Idem, Douglas J., *dissenting* [voto divergente].

lugar-comum – ao menos para os não brancos. Como Douglas suspeitava, com o caso Terry, a corte começou a deslizar por um declive muito escorregadio. Hoje não é mais necessário que a polícia tenha qualquer razão para acreditar que alguém esteja envolvido em atividade criminal ou mesmo perigosa se quiser parar e revistar essa pessoa. Desde que você "consinta", a polícia pode pará-lo, interrogá-lo e revistá-lo por qualquer ou nenhuma razão.

SÓ DIGA NÃO

O primeiro grande sinal de que a Suprema Corte não permitiria que a Quarta Emenda interferisse na Guerra às Drogas veio no caso Flórida *versus* Bostick, em que Terrance Bostick, um afro-americano de 28 anos de idade, havia dormido no banco de trás de um ônibus que o levava de Miami a Atlanta. Dois policiais, uniformizados com seus casacos verdes brilhantes e mostrando seus distintivos e uma arma, acordaram-no de sobressalto. O ônibus estava em uma parada breve em Fort Lauderdale, e os policiais estavam "trabalhando no ônibus", procurando quem pudesse estar levando drogas. Bostick lhes entregou sua identificação e a passagem, conforme solicitado. Os policiais então pediram para revistar sua bolsa. Bostick concordou, mesmo sabendo que ela continha meio quilo de cocaína. Os policiais não tinham qualquer base para suspeitar de que ele estivesse envolvido em alguma atividade criminosa, mas deram sorte. Prenderam Bostick, e ele foi processado e condenado por traficar cocaína.

A revista e apreensão de Bostick refletiu o que tinha se tornado uma tática crescentemente comum na Guerra às Drogas: varreduras policiais de ônibus em viagens interestaduais ou dentro do mesmo estado, sem fundamento em nenhuma suspeita. As "entrevistas" dos passageiros nessas operações de arrastão usualmente culminavam em um pedido de "autorização" para revistar suas bagagens[12]. Os policiais nunca informavam os passageiros de que eles estavam livres para permanecer em silêncio ou se recusar a responder perguntas. Ao proceder sistematicamente dessa maneira, a polícia era capaz de realizar um número extremamente alto de revistas. Empregando essas técnicas, um policial era capaz de revistar mais de 3 mil bolsas em um período de nove meses[13]. Em

---

[12] Ver, em geral, Estados Unidos *versus* Lewis, 921 F.2d 1294, 1296 (1990); Estados Unidos *versus* Flowers, 912 F.2d 707, 708 (4º Cir. 1990); e Flórida *versus* Bostick, 501 U.S. 429, 441 (1991).

[13] Ver, por exemplo, Flórida *versus* Kerwick, 512 So.2d 347, 349 (Fla. App. 4 Dist. 1987).

geral, no entanto, as taxas de sucesso são baixas. Por exemplo, em um caso, uma varredura de cem ônibus resultou em apenas sete prisões[14].

Na apelação do caso Bostick, a Suprema Corte da Flórida decidiu que a conduta da polícia violara a proibição da Quarta Emenda de buscas e apreensões desarrazoadas. A corte entendeu que a Quarta Emenda proíbe a polícia de apreender pessoas e revistá-las sem alguma suspeita individualizada de que tenham cometido ou estejam cometendo um crime. A corte então reverteu a condenação, decidindo que a cocaína, por ter sido obtida pela polícia ilegalmente, era inadmissível como prova. Ela também condenou amplamente as "varreduras em ônibus" na Guerra às Drogas, comparando-as a métodos empregados por regimes totalitários:

> A evidência nesse caso evoca imagens de outros dias, sob outras bandeiras, quando nenhum homem viajava pelas estradas ou ferrovias desta nação sem medo de uma interrupção sem mandado, por indivíduos que tinham poder temporário no governo [...]. Esta não é a Berlim de Hitler, nem a Moscou de Stálin, nem a África do Sul supremacista branca. No entanto, no condado de Broward, na Flórida, esses policiais abordam cada pessoa nas plataformas de ônibus e trens ("os tempos permitem") e verificam identificação, passagens, pedem para revistar a bagagem – tudo em nome da "cooperação voluntária" com a segurança pública.[15]

A Suprema Corte dos Estados Unidos reverteu a decisão. Decidiu que o encontro de Bostick com a polícia fora puramente voluntário e, portanto, ele não havia sido "detido" no sentido da Quarta Emenda. Mesmo que Bostick não se sentisse livre para sair quando confrontado pela polícia na parte de trás do ônibus, a questão a ser colocada, de acordo com a corte, é se uma "pessoa razoável", no lugar de Bostick, teria se sentido livre para terminar o encontro. Uma pessoa razoável, concluiu a corte, teria se sentido livre para ficar sentada e se recusar a responder às questões dos policiais, e teria se sentido livre para falar ao policial "Não, você não pode revistar a minha bolsa". Portanto, Bostick não havia sido de fato "detido" no sentido da Quarta Emenda, e a revista subsequente fora inteiramente consensual. A corte deixou claro que essa decisão deveria governar todas as futuras varreduras de drogas, não importando quais as

---

[14] Ver Estados Unidos *versus* Flowers, 912 F.2d 707, 710 (4º Cir. 1990).
[15] Bostick *versus* Estado, 554 So. 2d 1153, 1158 (Fla. 1989), citando Estado *versus* Kerwick, 512 So.2d 347, 348-9 (Fla. 4º DCA 1987).

circunstâncias do indivíduo visado. Dada a natureza geral da decisão, os tribunais passaram a achar que as abordagens policiais eram consensuais em situações verdadeiramente absurdas. Por exemplo, alguns anos depois do caso Bostick, o Tribunal de Apelações do distrito de Colúmbia aplicou o precedente em um caso envolvendo uma garota de catorze anos interrogada pela polícia, concluindo que ela deveria ser tratada pelo mesmo padrão aplicado a uma pessoa razoável[16].

Antes da decisão do caso Bostick, vários tribunais inferiores tinham considerado absurda a noção de que "pessoas razoáveis" se sentiriam autorizadas a não responder a questões quando confrontadas pela polícia. Como o juiz Prentiss Marshall explicou: "A pessoa média abordada se sentiria obrigada a parar e responder. Poucos sentiriam que poderiam sair dali ou se recusar a responder"[17]. A professora Tracey Maclin coloca a questão deste modo: "O senso comum ensina que a maioria de nós não tem a audácia ou a estupidez de dizer a um policial 'dá o fora' depois que ele nos parou e pediu nossa identidade ou nos questionou a respeito de uma possível conduta criminosa"[18]. Outros tribunais enfatizaram que conceder à polícia a liberdade de parar, interrogar e revistar qualquer um que autorizasse nos levaria a uma situação propícia à discriminação étnica e racial. Jovens homens negros seriam alvos mais prioritários do que mulheres brancas mais velhas. O ministro Thurgood Marshall reconheceu isso em sua divergência no caso Bostick, ao notar que "não é impossível de imaginar, mas é impossível dizer com base em que é tomada a decisão de selecionar alguns passageiros em vez de outros durante uma varredura sem suspeita"[19].

Estudos demonstram que o senso comum de Maclin está correto: a esmagadora maioria das pessoas que são confrontadas e questionadas pela polícia responde às perguntas e, quando solicitadas a serem revistadas, concorda[20]. Este é o caso mesmo entre aqueles que, como Bostick, têm todas as razões para resistir a essas táticas porque de fato têm algo a esconder. Isso não é segredo para a Suprema Corte, que reconheceu há muito tempo que o uso efetivo que a polícia faz de revistas autorizadas depende da ignorância (e da impotência)

---

[16] *In re J.M.*, 619 A.2d 497, 501 (D.C. App. 1992).
[17] Illinois Migrant Council *versus* Pilliod, 398 F. Supp. 882, 899 (N.D. Ill. 1975).
[18] Tracy Maclin, "Black and Blue Encounters: Some Preliminary Thoughts About Fourth Amendment Seizures: Should Race Matter?", *Valparaiso University Law Review*, v. 26, 1991, p. 249-50.
[19] Flórida *versus* Bostick, 501 U.S. 429, 441 n. 1 (1991), Marshall, J., *dissenting* [voto divergente].
[20] Tracy Maclin, "Black and Blue Encounters", cit.

daqueles que são seu alvo. No caso Schneckloth *versus* Bustamonte, decidido em 1973, a corte admitiu que, se a renúncia ao direito de recusa ao consentimento fosse verdadeiramente "consciente, inteligente e voluntária", ela "criaria na prática sérias dúvidas quanto à continuidade das revistas autorizadas"[21]. Em outras palavras, buscas autorizadas são ferramentas valiosas para a polícia apenas porque dificilmente alguém ousa dizer não a elas.

Desculpa esfarrapada

As assim chamadas buscas autorizadas permitiram que, em busca de drogas, a polícia parasse e revistasse praticamente qualquer pessoa que estivesse andando nas ruas. Tudo que um policial tem de fazer para conduzir uma investigação sobre drogas sem nenhuma base é pedir para falar com alguém e receber sua "autorização" para ser revistado. À medida que as ordens são formuladas como perguntas, a conformidade é interpretada como autorização. "Posso falar com você?", troveja um policial. "Você poderia colocar os braços para cima e ficar contra a parede para uma revista?" Como quase ninguém se opõe, varreduras de drogas nas calçadas (e nos ônibus e trens) são fáceis. As pessoas são facilmente intimidadas quando a polícia as confronta com as mãos em seus revólveres, e a maioria não faz ideia de que a pergunta pode ser respondida com um "não". Mas e todas aquelas pessoas descendo a rua de carro? Como a polícia extrai consentimento delas? A resposta: paradas-pretexto.

As paradas-pretexto, assim como as revistas autorizadas, são as ferramentas favoritas dos agentes da segurança pública na Guerra às Drogas. Uma parada-pretexto clássica é a parada de trânsito motivada não por algum desejo de fazer cumprir leis de trânsito, mas motivada por um desejo de caçar drogas na ausência de qualquer evidência de atividade ilegal de drogas. Em outras palavras, os policiais usam pequenas violações de trânsito como desculpa – um pretexto – para efetuar revistas em busca de drogas, mesmo que não haja a mínima evidência de que o motorista esteja violando alguma lei. As paradas-pretexto, como as revistas autorizadas, haviam recebido da Suprema Corte uma bênção unívoca. Basta perguntar para Michael Whren e James Brown.

Whren e Brown, ambos afro-americanos, foram parados por policiais à paisana que estavam em um veículo sem identificação em junho de 1993. Os policiais admitiram ter parado Whren e Brown porque queriam investigá-los

---

[21] Schneckloth *versus* Bustamonte, 412 U.S. 218, 229 (1973).

por supostos crimes de drogas, mesmo sem causa provável ou suspeita razoável de que tais crimes tivessem sido cometidos. Ainda que sem evidência alguma de atividade criminal, os policiais decidiram pará-los com base em um pretexto – uma infração de trânsito. Os policiais testemunharam que o motorista deixara de dar a seta antes de virar e acelerara abruptamente diante de um sinal de "pare". Embora os policiais não estivessem de fato interessados na infração de trânsito, pararam os dois de qualquer forma porque tiveram uma "intuição" de que eles poderiam ser criminosos de drogas. No fim das contas eles estavam certos. De acordo com os policiais, o motorista tinha uma bolsa de cocaína no seu colo – supostamente bem visível.

Na apelação, Whren e Brown pediram revisão de suas condenações com base no argumento de que as paradas-pretexto violam a Quarta Emenda. Eles disseram que, devido ao enorme volume de regras aplicáveis de trânsito e equipamento, bem como à dificuldade de obedecer perfeitamente a todas as regras de trânsito o tempo todo, a polícia quase sempre terá uma desculpa para parar alguém e procurar drogas. Qualquer um que dirija por algumas quadras estará exposto a cometer uma violação de trânsito de algum tipo, como errar na conversão de faixa, deixando de parar à distância correta da faixa de pedestres ou na hora exata em que o semáforo fecha ou se esquecendo de dar a seta a uma distância apropriada de um cruzamento. Autorizar a polícia a usar pequenas infrações de trânsito como pretexto para investigações de drogas sem nenhuma base permitiria separar qualquer pessoa e investigá-la sem qualquer evidência de atividade ilegal ligada a droga. Esse tipo de conduta arbitrária da polícia é precisamente o que a Quarta Emenda deveria evitar.

A Suprema Corte rejeitou tal argumento, alegando que as motivações dos policiais eram irrelevantes quando se avalia a razoabilidade da atividade policial sob a Quarta Emenda. A corte declarou que não importa *por que* a polícia está parando motoristas na vigência da Quarta Emenda, se algum tipo de violação de trânsito for uma desculpa. O fato de a Quarta Emenda ter sido adotada pelos Pais Fundadores especificamente para prevenir paradas e revistas arbitrárias foi considerado pouco convincente. A corte decidiu que a polícia é livre para usar pequenas violações de trânsito como pretexto para conduzir investigações de drogas, mesmo quando não há evidência de atividade ilegal de drogas.

Alguns meses depois, a corte levaria essa lógica distorcida um passo adiante no caso Ohio *versus* Robinette. Nesse caso, o policial parou Robert Robinette por suposta violação do limite de velocidade. Depois de ter conferido sua habilitação e emitido uma advertência (mas nenhuma multa), o policial pediu que

Robinette saísse do veículo, ligou uma câmera de vídeo no carro da polícia e então perguntou-lhe se estava carregando drogas e se "autorizaria" uma revista. Robinette autorizou. No carro, o policial encontrou uma pequena quantidade de maconha e uma única pílula, que depois se descobriu ser metanfetamina.

A Suprema Corte de Ohio, reanalisando o caso na apelação, ficou obviamente desconfortável com a flagrante expedição de busca por drogas. O tribunal observou que as paradas no trânsito estavam crescentemente sendo usadas na Guerra às Drogas para extrair "autorização" para revistas e que os motoristas talvez não imaginem que possam não autorizar e simplesmente ir embora. Em esforço para fornecer uma proteção mínima a motoristas, a corte de Ohio adotou uma interpretação restritiva*, o que resultou na clara exigência de que os policiais digam aos motoristas que eles têm o direito de partir antes que lhes seja pedida autorização para a revista de seus veículos. Ao menos, justiça seja feita, os motoristas saberiam que têm o direito de se recusar a autorizar a busca e sair, se assim escolherem.

A Suprema Corte dos Estados Unidos derrubou essa exigência básica por ser "pouco realista". Ao fazer isso, a corte deixou claro a todos os tribunais inferiores que, dali em diante, a Quarta Emenda não deveria impor limites significativos à Guerra às Drogas da polícia. Ninguém precisa ser informado de seus direitos durante uma parada ou revista, e a polícia pode usar pequenas paradas de trânsito tanto quanto o mito da "autorização" para parar e revistar qualquer um que ela escolha por crimes de drogas imaginários, pouco importando se existiria de fato alguma evidência de atividade ilegal ligada a drogas.

É de se imaginar que essas decisões jurídicas descritas até agora forneceriam liberdade mais do que suficiente para a polícia empreender uma guerra total e

---

* No original, *bright line rules*, que se refere a uma técnica de decisão em que o julgador restringe as possibilidades interpretativas de uma norma, a fim impedir que circunstâncias fáticas ou contingentes possam relativizar a aplicação da sanção. Assim, uma vez reconhecidos no caso concreto os elementos descritos na hipótese normativa, a aplicação da norma não deve comportar exceções. Por exemplo, a ausência de leitura dos direitos aos presos gera a ilegalidade da prisão, e não deve ser relativizada pelas autoridades. Essa técnica de interpretação tem similaridade com a "interpretação conforme a constituição", em que a Suprema Corte fixa as possibilidades interpretativas de uma norma, afastando outras, ainda que hermeneuticamente possíveis. Em suma, o Tribunal pode fixar "linhas luminosas" (*bright lines*), sinalizações evidentes de como a norma deve operar diante de uma situação fática. No campo da teoria geral do direito, à técnica de restringir a amplitude de sentidos dá-se o nome de "interpretação restritiva". Por isso, optamos por traduzir a expressão "*bright line rules*" por interpretação restritiva, que é o que de fato ocorre na atividade do tribunal, conforme descrito por Michelle Alexander. (N. T.)

sem limites às drogas. Mas há mais. Mesmo se os motoristas, depois de serem detidos e interrogados, tivessem a ousadia de se recusar a autorizar uma revista, o policial poderia prendê-los de qualquer modo. Em Atwater *versus* Cidade de Lago Vista, a Suprema Corte entendeu que a polícia pode prender motoristas por pequenas violações de trânsito e jogá-los em uma cadeia (mesmo quando a pena legal para tal violação é uma mera multa, e não a prisão).

Outra opção jurídica para policiais frustrados pela recusa de um motorista a "autorizar" a busca é trazer à cena um cão farejador de drogas. Essa opção está disponível para policiais em paradas de trânsito, bem como aos agentes de segurança pública confrontados com viajantes resistentes, em aeroportos ou estações de ônibus e de trem, a autorizar a polícia a revistar a sua bagagem. A Suprema Corte decidiu que levar um cão farejador ao veículo de alguém (ou até a bagagem de alguém) não constitui uma "revista" e, portanto, não é passível de avaliação constitucional por violação da Quarta Emenda[22]. Se o cão alerta para a existência de drogas, então o policial tem uma causa provável para realizar a revista sem a autorização da pessoa. Naturalmente, na maioria dos casos, quando é dito a alguém que um cão farejador de drogas será trazido, o indivíduo apreendido volta atrás e "autoriza" a revista, já que se tornou evidente que a polícia está determinada a conduzir a busca, de uma maneira ou de outra.

Beijando sapos

Casos de tribunais envolvendo combate a crimes de drogas quase sempre envolvem pessoas culpadas. A polícia normalmente libera os inocentes já na rua – frequentemente sem uma notificação, citação ou mesmo um pedido de desculpas – de modo que suas histórias raramente são ouvidas no tribunal. Dificilmente alguém registra uma reclamação, porque a última coisa que as pessoas, em sua maioria, querem depois de viver um encontro assustador e incômodo com a polícia é se apresentar na delegacia onde o policial trabalha e atrair mais atenção sobre elas. Por uma boa razão, a maior parte delas – especialmente as pobres não brancas – teme perseguição, retaliação e abuso policial. Depois de ter seu carro virado do avesso por uma revista policial inútil atrás de drogas ou ser forçado a permanecer com as mãos na parede e as pernas abertas no meio-fio enquanto o policial o revista e interroga sem nenhuma razão, qual a confiança

---

[22] Ver Illinois *versus* Caballes, 543 U.S. 405 (2005) e EstadosUnidos *versus* Place, 462 U.S. 696 (1983).

que você terá nas autoridades de segurança? Você espera ser ouvido de maneira justa? Aqueles que tentam encontrar um advogado para representá-los em uma ação frequentemente aprendem que, a menos que eles tenham tido os ossos quebrados (e nenhum antecedente criminal), os advogados particulares estarão pouco interessados no caso. Muitas pessoas ficam chocadas quando descobrem que o que aconteceu a elas no meio da rua não foi, de fato, contra a lei.

O resultado inevitável é que as pessoas que acabam na frente de um juiz são normalmente culpadas de algum crime. O desfile de pessoas culpadas nas salas de audiência dos Estados Unidos dá a falsa impressão ao público – bem como aos juízes – de que quando a polícia tem uma "intuição" faz sentido deixá-la agir. Os juízes tendem a imaginar que a polícia tem um sexto sentido – ou algum tipo de treinamento especial – que a qualifica para identificar criminosos de drogas mesmo na ausência de qualquer evidência. Apesar de tudo, eles parecem estar certos na maioria do tempo, não?

A verdade, contudo, é que a maioria das pessoas paradas e revistadas na Guerra às Drogas é perfeitamente inocente de qualquer crime. A polícia não recebe nenhum treinamento que aumente a probabilidade de detectar em motoristas criminosos de drogas ao mesmo tempo que deixa o restante das pessoas em paz. Contrariamente a isso, 10 mil policiais recebem um treinamento que garante precisamente o oposto. O DEA [Drug Enforcement Agency, ou Agência de Combate às Drogas] treina os policiais a conduzir abordagens e revistas completamente desarrazoadas e discriminatórias nos Estados Unidos.

Talvez o mais conhecido desses programas de treinamento seja a Operação Pipeline. O DEA iniciou a Operação Pipeline em 1984, como parte do desenvolvimento da Guerra às Drogas do governo Reagan. O programa federal, administrado por mais de trezentas delegacias estaduais e locais, treina policiais estaduais e locais para usar paradas-pretexto de trânsito e revistas consentidas em grande escala a fim de combater as drogas. Os policiais aprendem, entre outras coisas, a usar uma infração de trânsito como pretexto para parar alguém, a alongar uma parada de trânsito rotineira e convertê-la em uma revista em busca de drogas, a obter autorização de um motorista relutante e a usar cães farejadores para obter causa provável[23]. No ano 2000, o DEA havia treinado diretamente, em 48 estados, mais de 25 mil policiais nas táticas da Pipeline e ajudado a desenvolver programas de treinamento para incontáveis delegacias municipais e estaduais.

---

[23] Ver U.S. Department of Justice, Drug Enforcement Administration, *Operations Pipeline and Convoy* (Washington, DC, s. d.). Disponível em: <www.usdoj.gov/dea/programs/ pipecon.htm>.

Nas palavras do pesquisador de direito Ricardo Bascuas: "A Operação Pipeline é exatamente o que os legisladores queriam proibir: um programa federal de buscas generalizadas que toma pessoas como alvos sem base em suspeita alguma, particularmente aqueles que pertencem a grupos desfavorecidos"[24].

O sucesso do programa exige que a polícia pare um número "assombroso" de pessoas, com direito a espingardas[25]. Essa abordagem "volumosa" da segurança pública investiga um número extraordinariamente alto de pessoas inocentes. Como um oficial da Patrulha Rodoviária da Califórnia disse: "São números absolutos [...]. Você precisa beijar um monte de sapos antes de encontrar um príncipe"[26]. Com isso, todos os anos, 10 mil motoristas são parados na beira das estradas para responder a perguntas sobre atividades imaginárias ligadas a drogas e, então, sucumbem ao pedido para que seus veículos sejam revistados – às vezes virados do avesso – em busca de drogas. A maioria dessas paradas e revistas são inúteis. Estimou-se que em 95% das paradas da Pipeline não foram encontradas drogas ilegais[27]. Um estudo descobriu que mais de 99% das paradas de trânsito feitas pelas forças-tarefa de narcóticos financiadas pelo governo federal não resultaram em abertura de processo e que 98% das revistas realizadas por forças-tarefa durante paradas de trânsito são revistas discricionárias, nas quais o policial revista o carro com a "autorização" verbal do motorista, mas não tem autoridade legal para fazer isso[28].

Os "perfis criminais" utilizados pelo DEA e por outros órgãos encarregados de realizar varreduras de drogas em rodovias, bem como em aeroportos e estações de trem, são notoriamente pouco confiáveis. Em teoria, um perfil criminal reflete a sabedoria e o julgamento coletivos dos policiais que trabalham com ações de segurança pública. Em vez de permitir a cada policial que confie em sua limitada experiência própria e em seus próprios preconceitos para detectar comportamentos suspeitos, uma técnica de perfil criminal fornece a cada policial a vantagem da

---

[24] Ricardo J. Bascuas, "Fourth Amendment Lessons from the Highway and the Subway: A Principled Approach to Suspicionless Searches", *Rutgers Law Journal*, v. 38, 2007, p. 719, 763.

[25] Estado *versus* Rutherford, 93 Ohio App.3d 586, 593-5, 639 N.E. 2d 498, 503-4, n. 3 (Ohio Ct. App. 1994).

[26] Gary Webb, "Driving While Black", *Esquire*, 1º abr. 1999, p. 122.

[27] Idem.

[28] Scott Henson, *Flawed Enforcement: Why Drug Task Force Highway Interdiction Violates Rights, Wastes Tax Dollars, and Fails to Limit the Availability of Drugs in Texas* (Austin, American Civil Liberties Union/Texas Chapter, 2004), p. 9. Disponível em: <www.aclu.org/racialjustice/racialprofiling/15897pub20040519.html>.

experiência e *expertise* coletivas. Entretanto, como o professor de direito David Cole tem observado, "na prática, o perfil criminal é uma mistura dispersa de traços e características tão amplos que ele justifica parar potencialmente qualquer um"[29]. O perfil pode incluir viajar com bagagem, viajar sem bagagem, dirigir um carro caro, dirigir um carro que precise de conserto, dirigir com placas com a licença vencida, dirigir um carro alugado, dirigir com "ocupantes incompatíveis" agindo muito calmamente, agir muito nervosamente, se vestir casualmente, se vestir com roupas e joias caras, ser o primeiro a desembarcar do avião, ser o último a desembarcar do avião, desembarcar nem no início nem no fim, pagar pela passagem em dinheiro, usar moeda de grande circulação, usar moeda de baixa circulação, viajar sozinho, viajar com um acompanhante, e assim por diante. Até mesmo se esforçar para obedecer à lei se encaixa no perfil! O perfil criminal da Patrulha Rodoviária da Flórida prevenia os soldados de suspeitarem da "obediência escrupulosa às leis de trânsito"[30]. Como Cole aponta, "esses perfis não se concentram tanto na investigação, mas em fornecer aos policiais uma desculpa pré-pronta para parar quem quer que queiram"[31].

A Suprema Corte permitiu o uso dos perfis criminais como guias para o exercício da discricionariedade policial. Embora ela tenha indicado que o mero fato de alguém se encaixar em um perfil não constitui automaticamente uma suspeita razoável apta a justificar uma parada, os tribunais costumam deferir esses perfis, e a Suprema Corte ainda não se opôs. Como um juiz disse após conduzir a revisão de uma decisão baseada em técnicas de perfil criminal: "Muitos tribunais têm aceitado o perfil, assim como as abordagens aleatórias do DEA, de forma inquestionável, mecânica e dispositiva"[32].

Vale a pena jogar

Claramente, as regras do jogo são concebidas para permitir batidas policiais repentinas em um número sem precedentes de estadunidenses em busca de infrações de drogas de menor potencial ofensivo e sem uso de violência. O

---

[29] David Cole, *No Equal Justice: Race and Class in the American Criminal Justice System* (Nova York, The New Press, 1999), p. 47.
[30] Florida Department of Highway Safety and Motor Vehicles, Office of General Counsel, *Common Characteristics of Drug Couriers* (1984), sec. I.A.4.
[31] David Cole, *No Equal Justice*, cit., p. 49.
[32] "Fluid Drug Courier Profiles See Everyone As Suspicious", *Criminal Practice Manual*, Bureau of National Affairs, v. 5, 10 jul. 1991, p. 334-5.

número anual de prisões por drogas mais do que triplicou entre 1980 e 2005, uma vez que as varreduras de drogas e as paradas e revistas sem base em suspeitas foram realizadas em números recorde[33].

Ainda assim, é justo nos perguntarmos por que a polícia optaria por prender uma parcela tão surpreendente do público estadunidense por pequenos crimes de drogas. O fato de a polícia estar juridicamente *autorizada* a realizar abordagens em atacado em busca de infrações de drogas sem o uso de violência não responde a *por que* eles optaram por fazer isso, especialmente quando a maioria dos departamentos de polícia tem crimes muito mais sérios para prevenir e solucionar. Por que a polícia priorizaria a busca por crimes de drogas? O uso abusivo de drogas não é nada novo; na verdade, vinha diminuindo, e não aumentando, quando a Guerra às Drogas começou. Então, por que tornar a perseguição às drogas uma prioridade nesse momento?

Mais uma vez, a resposta reside no desenho do sistema. Todo sistema de controle, para sobreviver, depende de vantagens tangíveis e intangíveis que são dadas aos responsáveis por sua manutenção e administração. Esse sistema não é uma exceção.

Quando a Guerra às Drogas foi declarada, o uso abusivo de drogas ilegais não era uma preocupação premente na maioria das comunidades. O anúncio de uma guerra às drogas foi, por isso, recebido com alguma confusão e resistência pelas pessoas que trabalhavam na segurança pública, bem como entre alguns comentaristas conservadores[34]. A federalização dos crimes de droga violou o princípio conservador dos direitos dos estados e do controle local, já que a criminalidade de rua era tipicamente responsabilidade das polícias locais. Muitos policiais estaduais e locais ficaram pouco satisfeitos com a tentativa do governo federal de se autoafirmar no combate à criminalidade local, e a nova Guerra às Drogas foi vista como uma distração indesejada. A participação na Guerra às Drogas exigiu o desvio de recursos de crimes mais sérios, como assassinato, estupro, roubo e agressões – os quais eram uma preocupação muito maior para a maioria das comunidades do que o uso de drogas ilícitas.

A resistência à Guerra às Drogas no interior das polícias criou um dilema para o governo Reagan. Para que a guerra funcionasse de fato – ou seja, para que ela fosse bem-sucedida em atingir seus objetivos políticos –, era necessário

---

[33] Marc Mauer e Ryan King, *25-Year Quagmire*, cit., p. 3.
[34] Katherine Beckett, *Making Crime Pay: Law and Order in Contemporary American Politics* (Nova York, Oxford University Press, 1997), p. 45; e Marc Mauer, *Race to Incarcerate*, cit., p. 49.

construir um consenso entre polícias e órgãos estaduais e locais de que a Guerra às Drogas era uma prioridade em suas cidades. A solução: dinheiro. Grandes subsídios em dinheiro foram dados às delegacias que estavam dispostas a tornar a aplicação da lei de drogas sua prioridade absoluta. O novo sistema de controle remonta, em um grau significativo, a um grande suborno oferecido pelo governo federal às polícias locais e estaduais.

Em 1988, a pedido do governo Reagan, o Congresso revisou o programa que dava auxílio financeiro à aplicação da lei criminal, renomeando-o para Edward Byrne Memorial State and Local Law Enforcement Assistance Program [Programa de Assistência à Aplicação da Lei Estadual e Local do Memorial Edward Byrne] por causa de um policial da cidade de Nova York que havia sido morto por um disparo efetuado enquanto fazia guarda na casa de uma testemunha de um caso de drogas. O programa Byrne foi concebido para incentivar os beneficiários do programa federal a lutarem na Guerra às Drogas. Milhões de dólares em auxílio federal foram oferecidos às polícias estaduais e locais que desejassem conduzir a guerra. Essa concessão federal de dinheiro resultou na proliferação de forças-tarefa de narcóticos, incluindo aquelas responsáveis pelo combate às drogas nas rodovias. No âmbito nacional, as forças-tarefa de narcóticos receberam cerca de 40% dos recursos concedidos pelo Byrne, mas em alguns estados em torno de 90% desses recursos foram direcionados para forças-tarefa especializadas em narcóticos[35]. Na verdade, é possível questionar se essas atividades de repressão especializada em drogas teriam existido em alguns estados sem o programa Byrne.

Outras formas de ajuda valiosa também foram oferecidas. O DEA ofereceu treinamento gratuito, inteligência e suporte técnico para as patrulhas rodoviárias estaduais que desejassem engajar seus policiais na repressão às drogas nas estradas. O Pentágono, por sua vez, forneceu inteligência militar e milhões de dólares em poder de fogo para os órgãos locais e estaduais que desejassem transformar a guerra retórica em guerra literal.

Quase imediatamente depois de os dólares federais começarem a fluir, os órgãos de segurança pública do país começaram a competir por recursos, equipamentos e treinamento. No fim da década de 1990, a esmagadora maioria das forças policiais estaduais e locais do país tinham se aproveitado

---

[35] U.S. Department of Justice, *Department of Justice Drug Demand Reduction Activities, Report n. 3-12* (Washington, DC, Office of the Inspector General, fev. 2003), p. 35. Disponível em: <www.usdoj.gov/oig/reports/plus/a0312>.

dos recursos recém-disponibilizados e acrescentaram um importante componente militar para reforçar suas operações de guerra contra as drogas. De acordo com o Instituto Cato, apenas em 1997 o Pentágono entregou mais de 1,2 milhão de itens de equipamento militar para departamentos de polícia locais[36]. De modo similar, o *National Journal* reportou que, entre janeiro de 1997 e outubro de 1999, o órgão processou 3,4 milhões de encomendas de equipamentos do Pentágono por mais de 11 mil delegacias de polícia locais em todos os cinquenta estados. Estavam incluídos no subsídio "253 aeronaves (incluindo aviões de seis e sete passageiros, UH-60 Blackhawk e helicópteros UH-1 Huey), 7.856 rifles M-16, 181 lançadores de granadas, 8.131 capacetes à prova de balas e 1.161 pares de óculos de visão noturna"[37]. Um chefe de polícia aposentado de New Haven, em Connecticut, disse ao *The New York Times*: "Me ofereceram tanques, bazucas, qualquer coisa que eu quisesse"[38].

TRAVANDO UMA GUERRA

Em apenas uma década, a Guerra às Drogas deixou de ser um *slogan* político e se tornou uma guerra de verdade. Agora que os departamentos de polícia tinham sido inundados repentinamente com dinheiro e equipamentos militares, eles precisavam fazer uso desses novos recursos. Conforme descrito em um relatório do Instituto Cato, unidades paramilitares (mais comumente chamadas de equipes da *Special Weapons and Tactics* [Armas e Táticas Especiais], ou Swat) foram montadas de modo veloz em praticamente todas as cidades importantes para lutar na Guerra às Drogas[39].

As equipes da Swat surgiram na década de 1960 e foram gradualmente se tornando mais comuns na década de 1970, mas até a Guerra às Drogas elas haviam sido usadas raramente, sobretudo em situações extraordinárias de emergência, como tomadas de reféns, sequestros ou fugas de prisões. Isso mudou na década de 1980, quando os órgãos locais de segurança pública repentinamente

---

[36] Radley Balko, *Overkill: The Rise of Paramilitary Police Raids in America* (Washington, DC, Cato Institute, 17 jul. 2006), p. 8.
[37] Megan Twohey, "Swats Under Fire", *National Journal*, 1º jan. 2000, p. 37; Radley Balko, *Overkill*, cit., p. 8.
[38] Timothy Egan, "Soldiers of the Drug War Remain on Duty", *The New York Times*, 1º mar. 1999.
[39] Radley Balko, *Overkill*, cit. p. 8-9.

tiveram acesso a dinheiro e equipamento militar para o propósito específico de conduzir buscas por drogas.

Hoje, o uso mais comum das equipes da Swat é o cumprimento de mandados de drogas, normalmente com invasão de domicílio forçada e sem anúncio. Na verdade, em algumas jurisdições mandados de drogas são cumpridos *somente* por equipes da Swat – independentemente da natureza do crime alegado. Conforme reportagem de 2002 do *Miami Herald*:

> A polícia diz que eles as querem [equipes da Swat] para situações envolvendo reféns ou para incidentes como o de Columbine, mas na prática as equipes são usadas principalmente para cumprir mandados de busca contra suspeitos de tráfico de drogas. Algumas dessas buscas terminaram encontrando apenas alguns gramas de cocaína ou maconha.[40]

A taxa de aumento no uso de equipes da Swat é impressionante. Em 1972, havia apenas algumas centenas de incursões paramilitares em buscas de drogas por ano nos Estados Unidos. No início da década de 1980, houve 3 mil acionamentos da Swat anuais; em 1996, 30 mil; e em 2001, 40 mil[41]. A intensificação da força militar foi dramática em cidades em todo o país. Na cidade de Minneapolis, no estado de Minnesota, por exemplo, a equipe da Swat foi deslocada para cumprimento de mandados sem bater na porta 35 vezes em 1986, mas em 1996 a mesma equipe foi deslocada para busca por drogas mais de 700 vezes[42].

Incursões por drogas conduzidas por equipes da Swat não eram abordagens educadas. Em incontáveis situações em que a polícia poderia ter facilmente apreendido alguém ou conduzido uma busca sem promover uma incursão de estilo militar, batidas policiais no interior das casas, normalmente no meio da noite, atirando granadas, gritando e apontando espingardas e rifles a todos que estivessem dentro delas, o que incluía frequentemente crianças pequenas. Nos últimos anos, dezenas de pessoas foram mortas pela polícia durante essas incursões, até mesmo avós idosos e pessoas completamente inocentes de qualquer crime. O criminólogo Peter Kraska relata que entre 1989 e 2001 pelo menos

---

[40] Scott Andron, "Swat: Coming to a Town Near You?", *Miami Herald*, 20 maio 2002.
[41] Radley Balko, *Overkill*, cit., p. 11, citando Peter Kraska, "Researching the Police-Military Blur: Lessons Learned", *Police Forum*, 14, n. 3, 2005.
[42] Radley Balko, *Overkill*, cit., p. 11, citando Britt Robson, "Friendly Fire", *Minneapolis City Pages*, 17 set. 1997.

780 casos de erros em incursões paramilitares chegaram ao grau de apelação, um aumento dramático em relação à década de 1980, quando tais casos eram raros, ou antes, quando eram inexistentes[43]. Muitos desses casos envolvem pessoas mortas em invasões malfeitas.

Alberta Spruill, uma trabalhadora urbana de 57 anos do Harlem, está entre os falecidos. Em 16 de maio de 2003, uma dezena de policiais da cidade de Nova York invadiu seu prédio cumprindo um mandado para entrar sem bater, agindo a partir da denúncia de um informante confidencial que dissera à polícia que um criminoso condenado estava vendendo drogas no sexto andar. O informante na verdade estava preso na ocasião em que disse ter comprado drogas no apartamento, e o alvo da invasão tinha sido preso quatro dias antes, mas os policiais não conferiram isso, nem mesmo perguntaram ao zelador do prédio. A única pessoa residindo no prédio era Alberta, descrita pelos amigos como uma "devota frequentadora da igreja". Antes de entrar, a polícia lançou uma bomba de efeito moral, que resultou numa explosão cegante e ensurdecedora. Alberta teve um ataque cardíaco e morreu duas horas depois. A morte foi considerada homicídio, mas ninguém foi indiciado.

Aqueles que sobrevivem a incursões da Swat geralmente ficam traumatizados pelo evento. Não muito tempo depois da morte de Spruill, a presidente do condado de Manhattan, C. Virginia Fields, realizou audiências sobre as práticas da Swat em Nova York. De acordo com o *Village Voice*:

> Dezenas de vítimas negras e latinas – enfermeiros, secretários e ex-policiais – se amontoaram nos auditórios contando suas histórias, cada uma mais terrível do que a outra. A maioria deles era incapaz de segurar as lágrimas ao descrever a polícia revirando seus lares, algemando filhos e avós, apontando armas para suas cabeças e sendo verbalmente (e com frequência fisicamente) abusiva. Em muitos casos, as vítimas não receberam acompanhamento do Departamento de Polícia de Nova York, nem mesmo para consertar portas quebradas ou arcar com outros danos materiais.[44]

Mesmo em cidades pequenas, como aquelas do condado de Dodge, no estado de Wisconsin, as equipes da Swat tratam as buscas rotineiras por

---

[43] Ibidem, p. 43 (citando a pesquisa de Peter Kraska).
[44] Ibidem, p. 49 (citando o *Village Voice*).

entorpecentes como uma importante frente de batalha da Guerra às Drogas. No condado de Dodge, a polícia invadiu o trailer de Scott Bryant em abril de 1995, após encontrar vestígios de maconha em seu lixo. Momentos depois de ter entrado no trailer, a polícia atirou em Bryant – que estava desarmado – matando-o. Seu filho de oito anos estava dormindo no quarto ao lado e assistiu à morte do pai enquanto esperava pela ambulância. O promotor teorizou que a mão do atirador havia se fechado em uma "reação física automática" quando a sua outra mão foi pegar as algemas. Um porta-voz da empresa Beretta, fabricante de armas, chamou isso de improvável, já que o gatilho de dupla ação da arma foi projetado para evitar disparos não intencionais. O xerife do condado de Dodge comparou o disparo a um acidente de caça[45].

As incursões da Swat não se limitaram a casas e prédios residenciais ou a projetos de habitação social. Colégios públicos têm sido invadidos por equipes de drogas da Swat em busca de drogas. Em novembro de 2003, por exemplo, a polícia fez uma incursão na Stratford High School, em Goose Creek, no estado da Carolina do Sul. A invasão foi gravada pelas câmeras de segurança da escola, bem como pela câmera da polícia. As fitas mostram que até estudantes de catorze anos foram deitados no chão e algemados enquanto policiais vestidos com uniformes da Swat e coletes à prova de balas apontavam armas para suas cabeças e levavam cães farejadores para rasgar suas mochilas. A ação foi desencadeada pelo diretor da escola, que suspeitava que um único estudante estivesse traficando maconha. Não foram encontradas drogas ou armas durante a invasão e nenhuma acusação foi registrada. Praticamente todos os estudantes revistados e apreendidos eram não brancos.

A transformação de "policiamento comunitário" em "policiamento militar" começou em 1981, quando o presidente Reagan convenceu o Congresso a aprovar a Lei de Cooperação Militar com a Aplicação da Lei Penal, que incentiva os militares a concederem a polícias federais, estaduais e locais o acesso a suas bases, inteligência, pesquisas, armamentos e outros equipamentos para o combate às drogas. Essa legislação esculpiu uma grande exceção

---

[45] Ibidem, p. 50; "Not All Marijuana Law Victims Are Arrested: Police Officer Who Fatally Shot Suspected Marijuana User Cleared of Criminal Charges", *NORML News*, 13 jul. 1995. Disponível em: <druglibrary.org/olsen/NORML/WEEKLY/95-07-13.html>; Timothy Lynch, *After Prohibition* (Washington, DC, Cato Institute, 2000), p. 82; e várias fontes citando "Dodge County Detective Can't Remember Fatal Shot; Unarmed Man Killed in Drug Raid at His Home", *Milwaukee Journal-Sentinel*, 29 abr. 1995, p. A1, e "The Week", *National Review*, 12 jun. 1995, p. 14.

à Lei Posse Comitatus, uma lei da época da Guerra Civil que proibia uso de policiamento militar para civis. A isso se seguiu a Diretiva de Decisões de Segurança Nacional de Reagan, que declarou as drogas uma ameaça à segurança nacional dos Estados Unidos e previu ainda mais cooperação entre polícias locais, estaduais e federais. Nos anos posteriores, os presidentes George Bush e Bill Clinton abraçaram com entusiasmo a Guerra às Drogas e aumentaram a transferência de equipamento militar, tecnologia e treinamento às polícias locais; tudo isso, é claro, era proporcional à disposição dos órgãos de priorizarem a aplicação da lei de drogas e concentrar seus recursos na apreensão de drogas ilegais.

Os programas de incentivo funcionaram. As apreensões de drogas disparavam à medida que equipes da Swat faziam varreduras em projetos habitacionais, patrulhas rodoviárias organizavam unidades de combate a drogas nas rodovias e programas de parada e revista tomavam as ruas. De maneira geral, os incentivos ofertados às polícias locais para aumentar as apreensões de drogas não foram bem publicizados, deixando as pessoas comuns concluírem com razão (mas equivocadamente) que, quando os departamentos de polícia locais reportavam que as apreensões de drogas haviam dobrado ou triplicado em um curto período de tempo, as apreensões refletiam uma onda de atividade ligada a drogas ilegais, e não aplicação de dinheiro e intensificação do esforço.

Uma exceção é a reportagem de 2001 do *Capital Times* de Madison, em Wisconsin. O *Times* relatou que 65 das 83 equipes locais da Swat no estado tinham surgido a partir de 1980 e que a explosão de equipes da Swat era atribuível ao programa de doações de armamentos do Pentágono, bem como a programas federais que deram dinheiro aos departamentos de polícia locais para o controle de drogas. O jornal explicou que, na década de 1990, os departamentos de polícia de Wisconsin receberam aproximadamente 100 mil itens de equipamento militar. E embora as unidades paramilitares fossem frequentemente justificadas aos conselhos municipais e cidadãos céticos como essenciais para combater o terrorismo ou lidar com situações envolvendo reféns, elas raramente foram empregadas com esses intuitos; em vez disso, foram enviadas para cumprir mandados comuns de busca e apreensão de drogas. Na verdade, o *Times* informou que os departamentos de polícia tiveram um incentivo extraordinário para usar seus novos equipamentos de combate às drogas: os recursos federais suplementares que os departamentos de polícia locais recebiam estavam vinculados a policiamento antidrogas. O volume dos recursos desembolsados estava ligado ao número de apreensões de drogas realizadas pela cidade ou pelo condado. Cada apreensão realizada daria, em teoria, aproximadamente 153 dólares de recursos federais e estaduais à cidade ou ao condado. O policiamento não relacionado a drogas não trazia dólares federais, nem mesmo o de crimes violentos. Assim, quando o condado de Jackson, em Wisconsin, quadruplicou suas apreensões de drogas entre 1999 e 2000, o subsídio federal ao condado também quadruplicou[46].

ACHADO NÃO É ROUBADO

Como se não bastassem os equipamentos militares grátis, os treinamentos e os incentivos em dinheiro, o governo Reagan abasteceu a força policial com outro incentivo financeiro para destinar recursos extraordinários ao combate às drogas, e não a crimes mais sérios: foi concedida aos órgãos estaduais e locais autoridade para se apropriar, para uso próprio, da vasta maioria do dinheiro e de bens que apreendessem na Guerra às Drogas. Essa mudança dramática da política deu às polícias locais e estaduais uma enorme participação na Guerra às Drogas – não em seu sucesso, mas em sua existência perpétua. O combate ao crime ganhou um interesse pecuniário não apenas sobre a propriedade perdida, mas sobre a lucratividade do próprio mercado de drogas.

As modernas leis de confisco de drogas datam da 1970, quando o Congresso aprovou a Lei de Prevenção e Controle do Abuso de Drogas. A lei incluía uma cláusula de confisco civil que autorizava o governo a confiscar drogas, equipamento de fabricação e armazenamento de drogas e meios de transporte utilizados para o tráfico. Como explicam os professores de direito Eric Blumenson e Eva Nilsen, a provisão foi justificada como um esforço para "impedir a disseminação de drogas de uma maneira que penalidades criminais não conseguiriam fazer: atingindo-a em seu fundamento econômico"[47]. Quando um narcotraficante é mandado para a cadeia, há muitos outros prontos para ocupar seu lugar e desejando fazê-lo, mas se apreendermos os meios de produção, pensaram alguns legisladores, poderemos acabar com os negócios

---

[46] Ibidem, p. 10, citando Steven Elbow, "Hooked on Swat: Fueled with Drug Enforcement Money, Military-Style Police Teams Are Exploding in the Backwoods of Wisconsin", *Madison Capital Times*, 18 ago. 2001.

[47] Eric Blumenson e Eva Nilsen, "Policing for Profit: The Drug War's Hidden Economic Agenda", *University of Chicago Law Review*, v. 65, 1998, p. 35 e 45.

do tráfico de uma vez. Ao longo dos anos, a lista de propriedades sujeitas a confisco cresceu demais, e a conexão exigida com atividades envolvendo drogas ilegais se tornou cada vez mais remota, levando a muitas modalidades de abusos. Mas foi só a partir de 1984, quando o Congresso emendou a lei federal para permitir que órgãos federais de segurança pública retivessem e usassem quaisquer rendimentos provenientes de ativos confiscados e para permitir que as polícias estaduais e federais retivessem 80% dos valores dos ativos, que uma revolução ocorreu.

De repente, os departamentos de polícia eram capazes de aumentar o tamanho de seus orçamentos substancialmente apenas tomando dinheiro, carros e casas de pessoas suspeitas de usar ou vender drogas. No momento em que as novas regras foram adotadas, as leis que disciplinavam o confisco civil eram tão desequilibradas a favor do governo que 80% dos confiscos nem foram contestados. Bens ou dinheiro poderiam ser apreendidos com base na mera suspeita de atividade envolvendo drogas ilegais, e a apreensão poderia ocorrer sem notificação ou audiência de oitiva, mediante a mera apresentação *ex parte* de uma causa provável para se crer que a propriedade estivesse de algum modo "envolvida" em um crime. A demonstração de causa provável poderia ser baseada em um ouvir-dizer, uma insinuação, ou até mesmo no pagamento de uma testemunha com interesses contrários aos do dono da propriedade. Nem o dono da propriedade nem qualquer outra pessoa precisavam ser acusados de um crime, e muito menos alguém precisava ser declarado culpado de algo. Na verdade, uma pessoa poderia ser declarada inocente de qualquer conduta criminosa e a sua propriedade poderia ainda estar sujeita a confisco. Uma vez apreendida a propriedade, seu dono não tinha direito a advogado, e o ônus de provar a "inocência" da propriedade estava com ele. Como os alvos desses procedimentos eram normalmente pessoas pobres ou com poucos recursos, elas muitas vezes não tinham condições de contratar um advogado ou arcar com custas processuais consideráveis. Como resultado, a maioria delas não contestava a ação do governo, especialmente porque o governo poderia retaliá-las abrindo novos processos criminais – com ou sem base.

Não surpreende que esse regime de confisco de drogas tenha se provado altamente lucrativo para as polícias, ao oferecer um incentivo mais do que suficiente para o engajamento na Guerra às Drogas. De acordo com um relatório encomendado pelo Departamento de Justiça, forças-tarefa financiadas pelo Byrne apreenderam, apenas entre 1988 e 1992, mais de 1 bilhão de dólares em ativos⁴⁸. De modo notável, esses números não incluem forças-tarefa de drogas financiadas pelo DEA ou por outras agências federais.

O modo como as leis de confisco de drogas operam na prática enfraquece seriamente a retórica normalmente usada para apoiar a Guerra às Drogas, principalmente a de que o alvo da guerra são os grandes "chefões" do tráfico. As leis de confisco da Guerra às Drogas são usadas frequentemente para permitir que aqueles com algum recurso comprem a própria liberdade, enquanto os usuários de drogas e pequenos traficantes com poucos recursos para negociar ficam sujeitos a longas penas de prisão. Em Massachusetts, por exemplo, uma investigação realizada por jornalistas descobriu que, em média, um "pagamento de 50 mil dólares em lucros obtidos com drogas rendeu uma redução de 6,3 anos em sentenças para traficantes", enquanto acordos de 10 mil dólares ou mais eliminaram ou reduziram, em alguns casos, acusações de tráfico em quase três quartos⁴⁹. As leis federais de confisco de drogas são uma das razões, notam Blumenson e Nilsen, "porque as prisões federais confinam muitos homens e mulheres que tiveram papéis relativamente menores nas redes de distribuição de drogas, mas poucos dos seus chefes"⁵⁰.

A EXTORSÃO

Previsivelmente, as enormes recompensas econômicas criadas pelas leis de confisco da Guerra às Drogas e do subsídio Byrne criaram uma linha muito fina entre a tomada legal e a tomada ilegal de dinheiro e bens de outras pessoas – uma linha tão fina que alguns policiais deixaram de observar completamente as formalidades dos mandados de busca, a existência de causa provável e suspeita razoável. Em Estados Unidos *versus* Reese, por exemplo, o Tribunal de Apelações do Nono Circuito descreveu uma força-tarefa completamente corrompida por sua dependência do dinheiro federal das drogas. Operando como uma unidade separada no interior do Departamento de Habitação de Oakland, a força-tarefa se comportou, nas palavras de um policial, "mais ou menos como uma matilha de lobos", dirigindo carros de polícia e pegando "qualquer coisa que víssemos nas esquinas"⁵¹. Os policiais estavam sob tremenda pressão de

---

⁴⁸ Ibidem, p. 64.
⁴⁹ Eric Blumenson e Eva Nilsen, "Policing for Profit", cit., p. 72.
⁵⁰ Ibidem, p. 71.
⁵¹ Ibidem, p. 82.

seus comandantes para manter altos os números de apreensões, e todos os policiais estavam cientes de que seus empregos dependiam da renovação do subsídio federal. O comandante da força-tarefa enfatizou que eles precisariam de estatísticas para mostrar que o dinheiro do subsídio estava sendo bem gasto e, com comentários como "Vamos sair e chutar alguns traseiros" e "Hoje todo mundo vai para a cadeia por qualquer coisa, certo?", mandou a força-tarefa sair e iniciar o turno[52].

Jornalistas e pesquisadores têm documentado vários outros exemplos em que departamentos de polícia se envolveram em extorsões, revistas ilegais e ameaças atrás de dinheiro e bens confiscáveis. Na Flórida, repórteres assistiram a quase mil gravações de paradas de trânsito e descobriram que a polícia tinha usado violações de trânsito como desculpa – ou pretexto – para confiscar "10 mil dólares de motoristas contra os quais não havia qualquer evidência de terem feito algo de errado", frequentemente pegando o dinheiro sem preencher nenhuma acusação criminal[53]. De modo similar, na Louisiana, jornalistas relataram que a polícia estadual conduziu paradas-pretexto em massa, em um esforço de apreender dinheiro, que acabou revertido para viagens dos membros do departamento para esquiar e outros usos não autorizados[54]. E na Carolina do Sul, o empregado do Departamento do Xerife de Los Angeles relatou que os agentes frequentemente plantavam drogas e falsificavam relatórios policiais a fim de forjarem causa provável para apreensões de dinheiro[55].

Muitas apreensões pequenas podem ser quase tão lucrativas quanto algumas grandes ações, além de exigirem um gasto menor de recursos investigativos. A Western Area Narcotics Task Force [Força-Tarefa de Narcóticos da Área Oeste] (Want) se tornou o foco de uma grande investigação em 1996, quando quase 66 mil dólares foram descobertos escondidos em seus quartéis-generais. A investigação revelou que a força-tarefa apreendeu valores grandes e pequenos, e então os repartiu livremente, sem ser constrangida pela exigência de relatórios ou por sua missão. Algumas apreensões foram de meros oito centavos. Outra apreensão, de 93 centavos, incitou o jornal local a observar que "novamente os policiais estavam pegando qualquer coisa que os suspeitos estivessem

---

[52] Idem.
[53] Ibidem, p. 83.
[54] Idem.
[55] Idem.

carregando, mesmo que o dinheiro no bolso não pudesse ser ligado a drogas de nenhuma maneira"[56].

Em 2000, o Congresso aprovou a Lei de Reforma do Confisco de Ativos de Cidadãos, que se destinava a tratar dos muitos dos exemplos de abuso flagrante desse recurso. Alguns dos exemplos mais amplamente citados envolviam brancos ricos cuja propriedade fora apreendida. Um caso muito célebre envolveu um milionário recluso, Donald Scott, que foi baleado e morto quando uma força-tarefa entre órgãos, supostamente em busca de uma plantação de maconha, invadiu o seu rancho de oitenta hectares em Malibu. Eles nunca encontraram um único pé de maconha durante a busca. Uma investigação posterior revelou que a principal motivação era a possibilidade de confiscar a propriedade de Scott. Se o confisco tivesse sido bem-sucedido, ele teria gerado aos órgãos de combate ao crime em torno de 5 milhões de dólares[57]. Em outro caso, William Munnerlynn teve o seu jato particular confiscado pelo DEA após usá-lo para, inadvertidamente, transportar um traficante de drogas. Embora as acusações contra ele tenham sido retiradas em menos de 72 horas, o DEA se recusou a devolver o avião. Apenas após cinco anos de disputa judicial e 10 mil dólares em custas processuais ele assegurou a devolução de seu jato. Quando foi devolvido, o avião tinha sofrido 100 mil dólares em danos[58]. Casos como esses foram atípicos, mas chamaram a atenção do Congresso.

A Lei de Reforma resultou em um número significativo de mudanças processuais, como a inversão do ônus da prova para o governo, eliminando a exigência de que o proprietário depositasse uma caução e prevendo algumas proteções minimamente sólidas para as partes inocentes que perdiam suas casas. Essas reformas, contudo, não chegaram nem perto de serem suficientes.

Provavelmente, a reforma mais significativa foi a criação de uma defesa para o "proprietário inocente". Antes da Lei de Reforma, a Suprema Corte tinha decidido que a culpa ou a inocência do proprietário era irrelevante para se estabelecer a culpa *da propriedade* – uma decisão baseada em uma ficção

---

[56] Ibidem, p. 98.
[57] Michael Fessier Jr., "Trail's End Deep in a Wild Canyon West of Malibu, a Controversial Law Brought Together a Zealous Sheriff's Deputy and an Eccentric Recluse; a Few Seconds Later, Donald Scott Was Dead", *Los Angeles Times Magazine*, 1º ago. 1993; e Office of the District Attorney of Ventura, Califórnia, "Report on the Death of Donald Scott", 30 mar. 1993. Disponível em: <www.fear.org/ chron/scott.txt>.
[58] Peter D. Lepsch, "Wanted: Civil Forfeiture Reform", *Drug Policy Letter*, 1997, p. 12.

jurídica arcaica de que um item de propriedade poderia ser "culpado" por um crime. A lei remediou essa insanidade em alguma medida, ao permitir àqueles cuja propriedade havia sido apreendida uma defesa com base na "inocência do proprietário". Contudo, a defesa fica seriamente enfraquecida pelo fato de que o ônus da prova é tão baixo – ao governo basta apenas estabelecer pela "preponderância da evidência" que a propriedade estava envolvida no cometimento de um crime de drogas. Esse padrão de prova é significativamente mais baixo do que o padrão de "evidência clara e convincente" contido em uma versão anterior da legislação, e muito mais baixo do que o padrão de "prova para além da dúvida razoável" para condenações criminais.

Uma vez que o governo atinge esse mínimo probatório, a responsabilidade é então transferida para a proprietária, que terá de provar que ela "não sabia sobre a conduta que originou o confisco" ou que ela tomou "todas as medidas que razoavelmente se poderiam esperar sob aquelas circunstâncias para encerrar tal uso da propriedade". Isso significa, por exemplo, que uma mulher que sabia que seu marido fumava maconha de vez em quando poderia ter seu carro confiscado pelo governo porque ela permitira a ele que usasse o carro. Como o "carro" era culpado de transportar alguém que infringira a lei de drogas em algum momento, a mulher poderia perder legalmente o seu único meio de transporte, mesmo que ela própria não tivesse cometido qualquer crime. Na verdade, mulheres que tinham algum tipo de relacionamento com homens acusados de crimes de drogas, normalmente maridos ou namorados, estão entre os reclamantes mais frequentes em processos de confisco[59]. Os tribunais não têm perdoado mulheres nessas circunstâncias, concluindo com frequência que "a natureza e as circunstâncias do relacionamento marital podem dar origem a uma inferência de conhecimento pelo cônjuge alegando ser proprietário inocente"[60].

Há outros problemas com esse raciocínio jurídico, como o não pouco importante fato de que o dono da propriedade não tem direito à nomeação de um advogado no processo de confisco, a menos que a pessoa em questão tenha sido acusada de um crime. A esmagadora maioria dos casos de confisco não envolve

---

[59] James Massey, Susan Miller e Anna Wilhelmi, "Civil Forfeiture of Property: The Victimization of Women as Innocent Owners and Third Parties", em Susan Miller (org.), *Crime Control and Women* (Thousand Oaks, CA, Sage Publications, 1998), p. 17.

[60] Estados Unidos *versus* One Parcel of Real Estate Located at 9818 S.W. 94 Terrace, 788 F. Supp. 561, 565 (S.D. Fla. 1992).

quaisquer acusações criminais, de modo que grande parte das pessoas que têm apreendidos dinheiro, carros ou casas precisa se autorrepresentar perante o tribunal contra o governo federal. Estranhamente, embora alguém efetivamente acusado de um crime tenha direito à nomeação de um advogado no processo de confisco civil, aqueles que, mesmo com a propriedade confiscada, não têm uma conduta que mereça processo criminal ficam por conta própria. Isso ajuda a explicar por que mais de 90% dos casos de confisco em algumas jurisdições não são contestados. A maioria das pessoas simplesmente não pode arcar com os custos consideráveis de contratar um advogado. E, ainda que o custo não seja um problema, os incentivos estão todos errados. Se a polícia apreendeu seu carro de 5 mil dólares ou pegou 500 dólares na sua casa, você estaria disposto a pagar a um advogado mais do que o valor dos bens confiscados para tentar recuperá-los? Se não foi processado criminalmente, você estaria disposto a correr o risco de que o governo decida abrir um processo criminal contra você, por lutar contra o confisco?

A maior falha da Lei de Reforma, entretanto, não tem nada a ver com o direito de alguém ao devido processo se sua propriedade tiver sido apreendida em uma investigação de drogas. Apesar de todas as regras procedimentais e proteções formais, a lei não enfrenta o problema mais sério associado às leis de confisco de drogas: a busca de lucro na aplicação da lei de drogas. Sob a nova lei, as operações para apreensão de drogas motivadas pelo desejo de confiscar dinheiro, carros, casas e outros bens continuam perfeitamente legais. Os órgãos de segurança pública ainda estão autorizados, por acordos de compartilhamento de receitas com o governo federal, a manter ativos apreendidos para seu próprio uso. Claramente, enquanto os policiais estiverem livres para apreender ativos supostamente associados a atividades ilegais de drogas – sem jamais processar alguém por um crime –, os departamentos de polícia, bem como os órgãos estaduais e federais, continuarão a ter um interesse pecuniário direto na lucratividade e longevidade da Guerra às Drogas. A estrutura básica do sistema permanece intacta.

Não quero com isso sugerir que as recompensas financeiras oferecidas pela participação policial na Guerra às Drogas são a única razão para que as autoridades de segurança pública decidam engajar-se zelosamente na guerra. Indubitavelmente, o contexto político e cultural da Guerra às Drogas – particularmente nos primeiros anos – encorajou essa postura. Quando os políticos declaram uma guerra às drogas, a polícia (nossos guerreiros domésticos) sem dúvida sente alguma pressão para conduzi-la. É de se questionar, no entanto, se a Guerra às Drogas teria sido lançada com tamanha intensidade baseada em outra coisa que não os subornos oferecidos pela cooperação da polícia.

Hoje os subornos podem não ser mais necessários. Agora que as equipes da Swat, as forças-tarefa de drogas envolvendo vários órgãos e a agenda do combate às drogas se tornaram parte regular da segurança pública federal, estadual e local, parece que a Guerra às Drogas chegou para ficar. O dinheiro do Byrne para financiar as forças-tarefa de busca por drogas tinha começado a diminuir durante o mandato do presidente Bush, mas Barack Obama, quando candidato à presidência, prometeu retomar o programa de subsídios, afirmando que é "imprescindível criar as forças-tarefa antidrogas de que nossas comunidades precisam"[61]. Depois da eleição, Obama honrou sua palavra e aumentou drasticamente o financiamento para o programa de subsídios Byrne apesar de seu aterrorizante histórico. A Lei de Recuperação Econômica de 2009 incluiu mais de 2 bilhões de dólares a mais no fundo Byrne e um aumento adicional de 600 milhões de dólares para as polícias estaduais e locais pelo país[62]. Existe relativamente pouca oposição organizada à Guerra às Drogas atualmente, e qualquer esforço dramático para reduzir a guerra pode ser condenado publicamente por se tratar de atitude "branda" com o crime. A guerra foi institucionalizada. Ela não é mais um programa especial ou um projeto politizado; é simplesmente o modo como as coisas são feitas.

Deturpação legal

Até agora, vimos que as normas jurídicas que regulamentam a Guerra às Drogas asseguram que um número extraordinário de pessoas será arrastado para dentro do sistema de justiça criminal – elas serão apreendidas por porte de drogas, frequentemente por infrações leves. Mas o que ocorre após a apreensão? Como o desenho do sistema ajuda a assegurar a criação de uma gigantesca subcasta?

A chance de alguém, uma vez apreendido, estar verdadeiramente livre do sistema de controle é baixa, em geral, nenhuma. É comum que se negue aos réus

---

[61] David Hunt, "Obama Fields Questions on Jacksonville Crime", *Florida Times-Union*, 22 set. 2008.

[62] Ver Phillip Smith, "Federal Budget: Economic Stimulus Bill Stimulates Drug War, Too", *Drug War Chronicle*, n. 573, 20 fev. 2009. Ver também Michelle Alexander, "Obama's Drug War", *The Nation*, 9 dez. 2010 (em que chama a atenção para o fato de que o pacote de estímulo econômico de 2009 incluía um aumento em doze vezes do financiamento dos programas Byrne).

uma representação jurídica adequada. Eles são ameaçados com longas penas a fim de que façam um acordo de culpabilidade e então são postos sob controle formal – na prisão ou na cadeia, ou em liberdade assistida ou condicional. A maioria dos estadunidenses provavelmente não tem ideia do quanto é comum pessoas serem condenadas sem nem mesmo terem direito a um advogado ou quantas pessoas assumem a culpa por crimes que não cometeram por medo das sentenças obrigatórias.

Dezenas de milhares de pessoas pobres vão para a cadeia a cada ano sem nem mesmo falar com um advogado, e aquelas que se encontram com um advogado por causa de um crime de drogas normalmente têm apenas alguns minutos para discutir seus casos e opções antes de tomarem uma decisão que afetará profundamente o resto de suas vidas. Como um defensor público explicou ao *Los Angeles Times*: "Eles são pastoreados como vacas [da cela até a sala de audiências], até as 3 ou 4 da manhã. Eles têm de tomar decisões que afetam o resto das suas vidas. Você pode imaginar quão estressante é isso"[63].

Há mais de quarenta anos, no julgamento do caso Gideon *versus* Wainwright, a Suprema Corte decidiu que pessoas pobres acusadas de crimes graves têm direito a um advogado. Mesmo assim, milhares de pessoas são processadas anualmente nos tribunais dos Estados Unidos sem nenhum advogado ou com um advogado que não tem o tempo, os recursos e, em alguns casos, a disposição necessários para realizar uma defesa efetiva. No caso Gideon, a Suprema Corte deixou que os governos estaduais e municipais decidissem como os serviços jurídicos seriam financiados. Contudo, no meio de uma guerra às drogas, quando os políticos competem entre si para provar quão "duros" podem ser contra o crime e os criminosos, financiar defensorias públicas e pagar advogados privados para defender acusados de crimes têm recebido baixa prioridade.

Aproximadamente 80% dos réus em processos criminais são indigentes e, por isso, incapazes de contratar um advogado[64]. Além disso, nosso sistema de defensores públicos é lamentavelmente insuficiente. O sinal mais visível da falência do sistema é a impressionante sobrecarga de casos com que os defensores lidam cotidianamente, o que impossibilita que eles forneçam uma defesa adequada a seus clientes. Às vezes os defensores têm bem mais

---

[63] John Balzar, "The System: Deals, Deadlines, Few Trials", *Los Angeles Times*, 4 set. 2006.

[64] Marc Mauer e Ryan S. King, *Schools and Prisons: Fifty Years After Brown versus Board of Education* (Washington, DC, Sentencing Project, 2004), p. 4.

de cem clientes por vez, muitos dos quais estão há décadas atrás das grades ou enfrentando prisão perpétua. É muito frequente que a qualidade do advogado indicado pelos juízes seja péssima porque as condições de trabalho e a baixa remuneração desencorajam bons profissionais a participar do sistema. E alguns estados negam a nomeação de advogados para réus pobres com base na ideia de que, de algum modo, eles deveriam ser capazes de pagar por um advogado, mesmo que mal sejam capazes de pagar pela própria comida ou pelo aluguel. Na Virgínia, por exemplo, os honorários pagos aos advogados nomeados pelos juízes para defender alguém acusado de um crime que leve a uma pena de menos de vinte anos chegam a um máximo de 428 dólares. Em Wisconsin, por ano, mais de 11 mil pessoas pobres vão para os tribunais sem contar com um advogado porque qualquer um que ganhe mais de 3 mil dólares por ano é considerado capaz de arcar com esse custo[65]. Em Lake Charles, na Louisiana, a defensoria pública tem apenas dois investigadores para os 2.500 casos criminais e 4.000 novos casos de contravenção todos os anos[66]. O Fundo de Defesa Jurídica da NAACP e o Southern Center for Human Rights em Atlanta, processaram a Gulfport, no Mississippi, alegando que a cidade opera uma "uma versão moderna da prisão do devedor" ao prender pessoas pobres que não são capazes de pagar fianças e negando a elas o direito a um advogado.

Em 2004, a American Bar Association* lançou um relatório sobre a situação da defesa dos indigentes, em que dizia que:

> Com demasiada frequência, os réus declaram-se culpados, mesmo quando são inocentes, sem realmente compreenderem seus direitos ou o que está ocorrendo. Às vezes os processos refletem pouco ou nenhum reconhecimento de que o acusado sofre de alguma doença mental ou não compreende adequadamente o inglês. O direito fundamental a um advogado, que os estadunidenses imaginam

---

[65] Laura Parker, "8 Years in a Louisiana Jail but He Never Went to Trial", *USA Today*, 29 ago. 2005.
[66] Marc Mauer e Ryan King, *Schools and Prisons*, cit., p. 4.
* A American Bar Association (ABA) é uma organização estadunidense de advogados, cuja associação é voluntária. A ABA, fundada em 1878, atua, entre outras coisas, fornecendo assistência jurídica e educação continuada a profissionais do direito e estudantes, além de fiscalizar os cursos de direito. Além disso, cabe à ABA estabelecer regulamentos de conduta ética para advogados. No Brasil, guardadas as muitas diferenças, seria o equivalente à Ordem dos Advogados do Brasil (OAB). (N. T.)

que se aplique a qualquer acusado de conduta criminosa, não existe na prática para inúmeras pessoas.[67]

Mesmo quando são processadas por crimes extremamente graves, como assassinato, as pessoas podem definhar na cadeia por anos sem conseguir um advogado, muito menos um julgamento. Um exemplo extremo é a experiência de James Thomas, um trabalhador pobre de Baton Rouge, na Louisiana, que foi processado por assassinato em 1996 e ficou oito anos e meio esperando que seu caso fosse a julgamento, o que nunca aconteceu. Sua mãe finalmente conseguiu que o caso fosse anulado, depois de juntar quinhentos dólares para contratar um advogado, que demonstrou ao tribunal que, no tempo em que Thomas ficou na cadeia aguardando o caso ir a julgamento, sua principal testemunha de defesa morreu em decorrência de uma doença no rim. Outro homem da Louisiana, Johnny Lee Ball, foi condenado por homicídio doloso e sentenciado a prisão perpétua, sem possibilidade de condicional depois de falar com um defensor público por apenas onze minutos antes do julgamento. Se os assassinos indiciados têm dificuldade em conseguir uma boa defesa, qual a probabilidade de que os pequenos traficantes de drogas sejam representados por defensores zelosos? Como David Carroll, o diretor de pesquisa da National Legal Aid & Defender Association [Associação Nacional de Assistência Jurídica e Defesa], explicou ao *USA Today*:

> Há um verdadeiro descompasso neste país entre o que as pessoas pensam que é a defesa fornecida pelo Estado aos pobres e o que ela é de fato. Eu o atribuo a programas como *Law & Order*, em que o réu diz "Eu quero um advogado" e repentinamente toda a assistência jurídica de que se precisa aparece na cela. É isso que as pessoas pensam que acontece.[68]

As crianças capturadas por esse sistema são o grupo mais vulnerável e que tem menos chance de ser representado por um advogado. Em 1967, a Suprema Corte dos Estados Unidos decidiram no caso *In re Gault* que crianças com

---

[67] American Bar Association, Standing Committee on Legal Aid and Indigent Defendants, *Gideon's Broken Promise: America's Continuing Quest for Equal Justice* (Washington, DC, American Bar Association, dez. 2004), Resumo Executivo IV; adotado pela American Bar Association House of Delegates, 9 ago. 2005. Disponível em: <www.abanet.org/leadership/2005/annual/dailyjournal/107.doc>.

[68] Laura Parker, "8 Years in a Louisiana Jail", cit.

menos de dezoito anos têm direito a assistência jurídica em qualquer processo movido contra elas. Na prática, contudo, as crianças rotineiramente "renunciam" a esse direito nos processos que envolvem jovens. Em alguns estados, como Ohio, 90% das crianças processadas pela prática de algum crime não são representados por advogados. Como um defensor público explicou, "As crianças entram com os pais, que querem tudo resolvido o mais rápido possível, e eles dizem: 'Você fez isso, confesse'. Se as pessoas fossem informadas do que poderia ser feito, elas provavelmente pediriam ajuda"[69].

Mau negócio

Quase ninguém vai a julgamento. Praticamente todos os casos criminais são resolvidos por meio da negociação de acordos – em que o réu assume a culpa em troca de alguma forma de leniência do promotor. Embora não se saiba muito a esse respeito, o promotor é o agente mais poderoso do sistema de justiça criminal. Alguém poderia pensar que os juízes são os mais poderosos, ou mesmo a polícia, mas na verdade o promotor é quem dá as cartas. É ele, mais do que qualquer outro agente da justiça criminal, quem fica com as chaves da porta da cadeia.

Depois que a polícia apreende alguém, o promotor está no controle. Poucas regras limitam o exercício da sua discricionariedade. Ele é livre para arquivar um caso por qualquer razão. O promotor também é livre para acusar o réu por mais crimes do que é possível provar, bastando que supostamente exista uma causa provável – uma prática conhecida por sobrecarga de acusações.

A prática de encorajar réus a assumirem a culpa por crimes em vez de lhes conceder o benefício de um julgamento completo sempre teve riscos e desvantagens. Nunca antes em nossa história, no entanto, tantas pessoas se sentiram compelidas a se declarar culpadas, mesmo sendo inocentes, simplesmente porque as penas para pequenas infrações sem uso de violência de que poderiam ser acusadas são inacreditavelmente severas. Quando os promotores oferecem "apenas" três anos na prisão para um crime pelo qual o detido, se fosse a julgamento, poderia pegar cinco, dez ou vinte anos – ou mesmo prisão perpétua –, apenas réus extremamente corajosos (ou tolos) recusam a oferta.

---

[69] Kim Brooks e Darlene Kamine (orgs.), *Justice Cut Short: An Assessment of Access to Counsel and Quality of Representation in Delinquency Proceedings In Ohio* (Columbus, Ohio State Bar Foundation, 2003), p. 28.

A pressão para declarações de culpa de crimes cresceu exponencialmente desde o advento da Guerra às Drogas. Em 1986, o Congresso aprovou a Lei Contra o Uso de Drogas, que previa penas mínimas obrigatórias extremamente longas para o tráfico de pequenas quantidades de drogas e posse de crack. A sentença obrigatória típica para uma primeira condenação por drogas em um tribunal federal é de cinco a dez anos. Em contraste, em outros países desenvolvidos, uma primeira infração de drogas não mereceria mais do que seis meses na cadeia, se é que haveria determinação de tempo na cadeia[70]. As legislaturas estaduais estavam ansiosas para surfarem na onda do "endurecimento", aprovando leis de drogas rigorosas, bem como a citada lei das "três infrações" prevendo prisão perpétua para aqueles condenados por um terceiro crime. Esses regimes de sentenças mínimas obrigatórias transferiram enorme quantidade de poder dos juízes aos promotores. Agora, simplesmente ao denunciar alguém por um crime com uma sentença obrigatória de dez a quinze anos ou perpétua, os promotores são capazes de forçar pessoas a se declararem culpadas para não se arriscarem a passar uma década ou mais na prisão. Os promotores admitem que cotidianamente denunciam pessoas por crimes dos quais eles tecnicamente têm causa provável, mas têm sérias dúvidas quanto à possibilidade de vitória no tribunal[71]. Eles "enchem" os réus de denúncias por crimes com penas extremamente duras para forçá-los a se declarar culpados por infrações menores e – aqui está o pulo do gato – para obter testemunho em um caso relacionado. Leis com penas altas encorajam pessoas a delatar.

O número de delações em casos de drogas subiu muito nos últimos anos, em parte porque o governo tem incentivado as pessoas a "cooperarem" com as autoridades oferecendo dinheiro, pondo-as "na folha de pagamento" e prometendo parcelas dos bens apreendidos com as drogas, mas também porque entregar coautores, amigos, familiares ou conhecidos é frequentemente a única maneira de evitar uma longa pena mínima obrigatória[72]. Na verdade, de acordo com as diretrizes federais de condenação, dar uma "ajuda substancial"

---

[70] Marc Mauer, *Race to Incarcerate*, cit., p. 35-7.
[71] Ver Angela J. Davis, *Arbitrary Justice: The Power of the American Prosecutor* (Nova York, Oxford University Press, 2007), p. 31-3.
[72] Ver Alexandra Natapoff, "Snitching: The Institutional and Communal Consequences", *University of Cincinnati Law Review*, v. 645, 2004; e Emily Jane Dodds, "I'll Make You a Deal: How Repeat Informants Are Corrupting the Criminal Justice System and What to Do About It", *William and Mary Law Review*, v. 50, 2008, p. 1.063.

é frequentemente a única maneira de os réus obterem uma sentença abaixo do mínimo obrigatório. A "ajuda" fornecida pelos delatores é sabidamente pouco confiável – estudos documentaram incontáveis informantes que fabricaram histórias sobre atividades criminosas ligadas ou não a drogas em troca de dinheiro ou de leniência em seus casos[73]. Embora essa conduta seja deplorável, não é difícil compreendê-la. Quem de nós não ficaria tentado a mentir se essa fosse a única maneira de evitar uma sentença de quarenta anos para um pequeno crime envolvendo drogas?

A pressão para a negociação de culpabilidade e assim "condenar a si mesmo" em troca de algum tipo de leniência não é um subproduto acidental do regime de condenações obrigatórias. A U.S. Sentencing Commission [Comissão de Sentenças dos Estados Unidos] notou que "o valor de uma sentença mínima obrigatória repousa não sobre a sua imposição, mas sobre seu valor como peça de barganha, já que, em troca da economia de recurso proveniente da assunção da culpa pelo réu, se faz a ele uma acusação mais leniente". Descrever sentenças mínimas obrigatórias como peças de barganha é um grande eufemismo, dado seu potencial de extrair confissões de culpa de pessoas que são inocentes.

É impossível saber com certeza quantos réus inocentes condenaram a si mesmos em processos de drogas todos os anos ao aceitarem a negociação de confissão por medo de sentenças obrigatórias ou quantos são condenados devido a informantes mentirosos ou testemunhas pagas, mas, segundo estimativas confiáveis, o número de pessoas inocentes atualmente na prisão tende a variar entre 2% e 5%[74]. Embora esses números possam soar pequenos (e provavelmente subestimados), eles se traduzem em milhares de pessoas inocentes presas, algumas das quais morrerão na prisão. Na verdade, se apenas 1% dos prisioneiros dos Estados Unidos são de fato inocentes dos crimes pelos

---

[73] Ver "Riverside Drug Cases Under Review Over Use of Secret Informant", Associated Press, 20 ago. 2004; Ruben Narvette Jr., "Blame Stretches Far and Wide in Drug Scandal", *Dallas Morning News,* 14 nov. 2003; Rob Warden, *How Snitch Testimony Sent Randy Steidl and Other Innocent Americans to Death Row* (Chicago, Northwestern University School of Law, Center for Wrongful Convictions, 2004-2005); "The Informant Trap", *National Law Journal,* 6 mar. 1995; Steven Mills e Ken Armstrong, "The Jailhouse Informant", *Chicago Tribune,* 16 nov. 1999; e Ted Rohrlich e Robert Stewart, "Jailhouse Snitches: Trading Lies for Freedom", *Los Angeles Times,* 16 abr. 1989.

[74] Ver Adam Liptak, "Consensus on Counting the Innocent: We Can't", *The New York Times,* 25 mar. 1998; e Adam Liptak, "Study Suspects Thousands of False Confessions", *The New York Times,* 19 abr. 2004.

quais foram condenados, isso significaria 10 mil pessoas inocentes atualmente definhando atrás das grades.

O verdadeiro ponto aqui, contudo, não é que pessoas inocentes estejam presas. Isso tem ocorrido desde a abertura das primeiras penitenciárias nos Estados Unidos. O ponto crítico é que milhares de pessoas são empurradas para dentro do sistema de justiça criminal todos os anos por causa da lei de drogas sem que se leve em consideração se são culpadas ou inocentes. A polícia está autorizada pelos tribunais a conduzir buscas aleatórias por drogas nas ruas e rodovias fundamentadas apenas em intuições. Casas podem ser revistadas em busca de drogas com base em uma pista dada por um informante confidencial pouco confiável que está trocando a informação por dinheiro ou pela diminuição de seu tempo de prisão. E uma vez dentro do sistema, as pessoas frequentemente têm visto negado o direito a um advogado ou a uma defesa consistente e são pressionadas a se declarar culpadas por ameaças de penas inacreditavelmente altas – penas por pequenos crimes de drogas que são mais altas do que as usadas por muitos países em condenações por homicídio. Esse é o modo como funciona a segurança pública, e ela funciona desse modo em praticamente todas as grandes cidades dos Estados Unidos.

Tempo de serviço

A chance de alguém condenado por acusações de delitos de drogas ser libertado do sistema em um tempo curto são muito pequenas, quando existem. A eliminação da discricionariedade do juízo por meio das leis de sentença obrigatória forçou os juízes a impor sentenças para crimes de drogas que normalmente são mais longas do que as que os criminosos violentos recebem. Quando os juízes têm discricionariedade, podem considerar os antecedentes do réu e determinar uma pena mais leve se as circunstâncias pessoais do réu – extrema pobreza ou experiência de abuso, por exemplo – assim permitirem. Essa flexibilidade – importante em todos os casos criminais – é especialmente relevante nos casos de drogas, já que estudos indicam que muitos réus em processos de drogas usam ou vendem drogas para financiar um vício[75]. Encaminhar um réu para tratamento, em vez de mandá-lo para a cadeia, pode muito bem ser uma escolha

---

[75] Christopher J. Mumola e Jennifer C. Karberg, *Drug Use and Dependence, State and Federal Prisoners, 2004* (Washington, DC, U.S. Department of Justice, Bureau of Justice Statistics, 2006); e Ashley Nellis, Judy Greene e Marc Mauer, *Reducing Racial Disparity in the Criminal*

mais prudente – economizando recursos do governo e possivelmente salvando essa pessoa da dependência perpétua. Do mesmo modo, impor uma sentença de prisão curta (ou não) pode aumentar as chances de que o réu tenha uma reinserção social bem-sucedida. Uma estada longa na prisão pode aumentar a probabilidade de que a ressocialização seja extremamente difícil, levando-o à recaída e a um novo aprisionamento. As leis de sentenças obrigatórias de drogas tiram dos juízes seu papel tradicional de considerar todas as circunstâncias relevantes em um esforço de fazer justiça no caso concreto.

No entanto, sentenças mínimas obrigatórias severas para infratores de drogas têm sido sistematicamente confirmadas pela Suprema Corte dos Estados Unidos. Em 1982, ela confirmou uma pena de quarenta anos de prisão por posse e tentativa de venda de trinta gramas de maconha[76]. Alguns anos depois, no julgamento do caso Harmelin *versus* Michigan, a corte confirmou uma sentença de *prisão perpétua* para um réu sem condenações anteriores que tentara vender 672 gramas de crack[77]. A corte considerou as sentenças impostas aos casos "razoavelmente proporcionais" aos crimes cometidos – e não "cruéis e incomuns", violando a Oitava Emenda. Essa decisão é digna de nota, uma vez que, antes da Lei de Reforma de Drogas [Drug Reform Act] de 1986, a sentença mais longa que o Congresso já tinha imposto pela posse de qualquer droga em qualquer quantidade era de um ano. Uma sentença de prisão perpétua para um réu primário em um caso ligado a drogas é algo inédito em todo o resto do mundo desenvolvido. Mesmo para os crimes de drogas mais graves, a maioria dos países impõe sentenças medidas em meses, não em anos. Uma condenação pela venda de um quilograma de heroína, por exemplo, rende uma sentença obrigatória de dez anos de prisão em um tribunal federal dos Estados Unidos e de seis meses na Inglaterra[78]. Notadamente, nos Estados Unidos, uma sentença perpétua é considerada perfeitamente apropriada a um réu primário num caso ligado a drogas.

A decisão mais famosa da Suprema Corte mantendo uma sentença mínima obrigatória é Lockyer *versus* Andrade[79]. Nesse caso, a corte rejeitou os recursos

---

Justice System: A Manual for Prac-titioners and Policymakers (2. ed., Washington, DC, Sentencing Project, 2008), p. 8.

[76] Hutto *versus* Davis, 454 U.S. 370 (1982).
[77] Harmelin *versus* Michigan, 501 U.S. 967 (1991).
[78] Marc Mauer, "The Hidden Problem of Time Served in Prison", *Social Research*, v. 74, n. 2, 2007, p. 701, 703.
[79] Lockyer *versus* Andrade, 538 U.S. 63 (2003).

constitucionais de sentenças de 25 anos sem condicional para um homem que furtou três tacos de golfe de uma loja, e 50 anos sem condicional para outro homem por roubar fitas de vídeo infantis de uma loja do Kmart. Essas sentenças foram impostas nos termos da controversa lei das três infrações da Califória, que prevê sentenças de 25 anos até perpétua para reincidentes condenados por um terceiro crime, não importando qual. Escrevendo em nome da maioria da corte, a ministra Sandra Day O'Connor reconheceu que as sentenças eram severas, mas concluiu que não eram excessivamente desproporcionais aos crimes e, por isso, não violavam a proibição de penas "cruéis e incomuns" da Oitava Emenda. Na divergência, o ministro David H. Souter replicou: "Se a sentença de Andrade [por furtar fitas de vídeo] não é excessivamente desproporcional, então esse princípio não tem nenhum significado". De maneira similar, o advogado de um dos réus, o professor de direito da Universidade da Carolina do Sul Erwin Chemerinsky, notou que o raciocínio da corte tornava extremamente difícil, se não impossível, recorrer de qualquer sentença para reincidentes: "Se essas sentenças não são punições cruéis e incomuns, o que seria?"[80].

Leis de sentenças obrigatórias normalmente são justificadas como necessárias para manter os "criminosos violentos" fora das ruas, embora essas penas sejam impostas com mais frequência contra pessoas que cometeram crimes ligados a drogas e aquelas culpadas de crimes não violentos. Na verdade, sob o regime das três infrações, como o da Califórnia, um "reincidente" poderia ser alguém com uma única condenação anterior, de décadas atrás. A primeira e a segunda infrações são contadas por acusações individuais, não por casos individuais, de modo que um único caso pode resultar na primeira, na segunda e até mesmo na terceira acusação. O promotor tem a discricionariedade para realizar denúncias de crimes relacionados, mas independentes, como infrações separadas. Imagine, por exemplo, um homem jovem apreendido aos dezessete anos por causa de uma briga no pátio da escola julgado e condenado como um adulto. Alguns anos depois, ele está lutando para sobreviver, sendo rotulado como um criminoso e incapaz de conseguir trabalho. Ele passa dois cheques sem fundos, desesperado por dinheiro. São três infrações: uma pela primeira briga e uma para cada cheque. Seus filhos crescerão sem um pai.

Ou imagine uma mulher lutando contra a dependência em drogas, incapaz de obter tratamento e desesperada por dinheiro para alimentar seu vício. Ela

---

[80] Anne Gearam, "Supreme Court Upholds 'Three Strikes Law'", *Associated Press*, 5 mar. 2003.

invade uma casa e furta uma televisão para vender, mas é capturada e levada presa a poucos quarteirões de distância dali. Não vai para a cadeia, mas também não recebe tratamento para drogas, e agora tem um antecedente criminal. Quando é pega com cocaína e heroína em seu bolso alguns meses depois, ela tem três infrações. Uma infração por cada droga, outra por seu crime anterior. Ela morrerá na prisão.

Esses exemplos podem soar extremos, mas a vida real pode ser ainda pior. As sentenças para cada denúncia podem correr consecutivamente, de modo que um réu tem facilmente a possibilidade de ser condenado a 50, 75, 100 anos, ou mesmo perpetuamente, com base em um único caso. Não é incomum que pessoas recebam sentenças de mais de cinquenta anos para pequenos crimes. Na verdade, de cinquenta anos a perpétua foi a sentença dada a Leandro Andrade por furtar fitas de vídeo, uma sentença mantida pela Suprema Corte.

Claramente, a maior parte dos que estão sujeitos a duras sentenças mínimas obrigatórias no sistema federal é formada por pessoas que cometeram crimes de drogas. São pequenos traficantes de drogas leves – não "chefões do tráfico". Há muitas histórias. Marcus Boyd foi preso após vender 3,9 gramas de crack a um informante que agia junto com uma força-tarefa regional de drogas. Na época em que foi preso Marcus tinha 24 anos e era viciado havia seis anos, tendo iniciado logo após a morte de sua mãe e aumentado a partir dos vinte anos. Ele encontrou o informante por meio de um amigo próximo da família, alguém em quem ele confiava. Na decisão, o juiz baseou o cálculo da quantidade de droga no testemunho do informante e de outras duas testemunhas, que afirmaram ter comprado drogas de Marcus em outras ocasiões. Como resultado, Marcus foi responsabilizado por 37,4 gramas, por causa de afirmações feitas pelo informante e por outras testemunhas. Ele foi condenado a mais de catorze anos de prisão. Seus dois filhos tinham seis e sete anos na época da sua condenação. Eles serão adultos quando o pai for libertado[81].

Weldon Angelos é outro acidente da Guerra às Drogas. Ele passará o resto da vida na prisão por três episódios de venda de maconha. Produtor musical de 24 anos, Angelos levava uma arma – que não usou nem ameaçou usar – na hora das vendas. Segundo as diretrizes federais de condenação, contudo, o juiz do caso era obrigado a impor uma sentença mínima obrigatória de 55 anos. Ao sentenciá-lo, o juiz fez constar a sua relutância em mandar o jovem homem

---

[81] Ver Families Against Mandatory Minimums, "Profiles of Injustice". Disponível em: <www.famm.org/ProfilesofInjustice/FederalProfiles/MarcusBoyd.aspx>.

para a cadeia pelo resto da vida por três episódios de venda de maconha. Ele disse: "Este tribunal acredita que sentenciar o sr. Angelos à prisão pelo resto de sua vida é injusto, cruel e até mesmo irracional"[82].

Alguns juízes federais, inclusive conservadores, abandonaram a carreira em protesto contra as leis de drogas e diretrizes de condenação federais. Face a face com aqueles cujas vidas estão na balança, eles estão muito mais perto da tragédia humana ocasionada pela Guerra às Drogas do que os legisladores que escrevem as leis de longe. O juiz Lawrence Irving, nomeado por Reagan, observou a respeito de sua aposentadoria: "Se permanecer sendo juiz, eu não tenho escolha a não ser cumprir a lei. E eu não posso, em sã consciência, continuar fazendo isso"[83]. Jack Weinstein, assim como tantos outros juízes, se recusou publicamente a receber novos casos de drogas, descrevendo "uma sensação de depressão por causa das crueldades em que tomei parte ao me conectar com a 'Guerra às Drogas'"[84]. Outro juiz nomeado por Reagan, Stanley Marshall, disse a um repórter: "Eu sempre fui considerado um juiz bastante duro, mas o fato de estar mandando tantos pequenos criminosos para a cadeia por todo esse tempo está me matando"[85]. Ele fez esse comentário após ter sentenciado a cinco anos uma mãe, em Washington, condenada por "posse" de crack encontrado pela polícia em uma caixa trancada que o filho havia escondido no sótão. Na Califórnia, repórteres descreveram um evento similar:

> O juiz distrital William W. Schwarzer, nomeado pelos republicanos, não é conhecido como um juiz brando. Assim, todos na sua sala de audiências em São Francisco assistiram em atônito silêncio a Schwarzer, conhecido por seu comportamento estoico, sufocar em lágrimas por condenar Richard Anderson, um estivador de Oakland sem antecedentes criminais, a dez anos de prisão sem condicional por algo que parecia ser um pequeno erro: ter dado carona a um traficante de drogas para um encontro com um agente disfarçado.[86]

---

[82] Marc Mauer, "Hidden Problem", cit., p. 701-2.
[83] "Criticizing Sentencing Rules, US Judge Resigns", *The New York Times*, 30 set. 1990.
[84] Joseph Treaster, "Two Federal Judges, in Protest, Refuse to Accept Drug Cases", *The New York Times*, 17 abr. 1993.
[85] Chris Carmody, "Revolt to Sentencing is Gaining Momentum", *National Law Journal*, 17 maio 1993, p. 10.
[86] Stuart Taylor Jr., "Ten Years for Two Ounces", *American Lawyer*, mar. 1990, p. 65-6.

Até mesmo o ministro da Suprema Corte Anthony Kennedy censurou as duras sentenças mínimas obrigatórias impostas aos crimes de drogas. Ele disse aos advogados reunidos em 2003 para a conferência anual da American Bar Association: "Nossos recursos estão sendo mal gastos [em prisões], nossas punições são excessivamente severas, nossas sentenças são excessivamente carregadas". Então concluiu: "Eu não posso aceitar que as sentenças mínimas obrigatórias sejam necessárias, tampouco sensatas. Em muitos casos, são simplesmente injustas"[87].

O RÓTULO DA PRISÃO

A maioria das pessoas imagina que a explosão da população prisional dos Estados Unidos durante os últimos 25 anos reflete o aumento das taxas de criminalidade. Poucos adivinhariam que nossa população prisional saltou de aproximadamente 350 mil para 2,3 milhões em um período tão curto de tempo devido a mudanças nas leis e nas políticas, e não nas taxas de criminalidade. Não houve crescimento dos crimes, houve mudanças em nossas leis – particularmente os dramáticos aumentos no tempo das sentenças de prisão – que são responsáveis pelo crescimento de nosso sistema prisional. Um estudo sugere que *todo* o aumento da população prisional de 1980 a 2001 pode ser explicado por mudanças nas políticas de condenação[88].

Como as sentenças severas são a maior causa da explosão prisional, pode-se presumir, com razão, que, se se reduzisse substancialmente o tempo de prisão das sentenças, esse novo sistema de controle seria desmantelado. Essa visão, contudo, está errada. Esse sistema depende do rótulo da prisão, não do tempo de prisão.

Uma vez rotulada como delinquente, a pessoa é introduzida em um universo paralelo no qual a discriminação, o estigma e a exclusão são perfeitamente legais, e privilégios de cidadania como votar ou participar de júri estão fora de alcance. Não importa se você passou de fato algum tempo na prisão: sua cidadania de segunda classe começa no momento em que você é rotulado como delinquente. A maioria das pessoas rotuladas como criminosos, na verdade, não foi condenada à prisão. Em 2008, havia aproximadamente 2,3 milhões de pessoas nas prisões e assombrosos 5,1 milhões de pessoas sob "supervisão correcional

---

[87] Michael Jacobson, *Downsizing Prisons: How to Reduce Crime and End Mass Incarceration* (Nova York, New York University Press, 2005), p. 215.
[88] Ver Marc Mauer, *Race to Incarcerate*, cit., p. 33 e 36-8, citando Warren Young e Mark Brown.

comunitária" – isto é, em liberdade assistida ou condicional[89]. Simplesmente reduzir o tempo de prisão não produziria grande impacto na maior parte das pessoas do sistema. É o emblema de inferioridade – o registro de delinquente – que relega as pessoas à condição de segunda classe pelo resto da vida. Como descrito no capítulo 4, para os criminosos de drogas, há pouca esperança de escapar. Proibidas por lei de obter habitações públicas, discriminadas por proprietários particulares, impossibilitadas de receber vale-alimentação, forçadas a "assinalar o quadradinho" indicando uma condenação criminal na hora de se candidatar a praticamente qualquer emprego e tendo negada licença para o exercício de várias profissões, pessoas cujo único crime é o vício em drogas ou a posse de uma pequena quantidade delas para uso recreativo se veem expulsas da sociedade e da economia – permanentemente.

Não admira, então, que a maioria dos que são rotulados como criminosos acabe voltando para a prisão. De acordo com um estudo do Bureau of Justice Statistics [Bureau de Estatísticas do Departamento de Justiça], na sua amostragem, cerca de 30% dos prisioneiros soltos foram apreendidos novamente após menos de seis meses[90]. Em três anos, quase 68% foram recapturados ao menos uma vez por um novo crime[91]. Apenas uma pequena minoria é recapturada por crimes violentos; a vasta maioria o é por crimes de propriedade e por crimes contra a ordem pública[92].

Para aqueles em liberdade assistida ou condicional, os riscos são especialmente altos. Eles estão sujeitos a vigilância e monitoramento regulares pela polícia e podem ser parados e revistados (com ou sem consentimento) por qualquer ou nenhuma razão. Como resultado, estão muito mais predispostos a serem presos (novamente) do que aqueles cujo comportamento não está sujeito a constante escrutínio pela polícia. Pessoas em liberdade assistida ou condicional estão sob risco aumentado de prisão porque sua vida é governada por regras adicionais que não se aplicam a mais ninguém. Uma miríade de restrições em sua locomoção e comportamento (tal como a proibição de se associar a outros criminosos), bem como várias exigências (como pagamento de multas e reuniões com oficiais de condicional), criam oportunidades de prisão.

---

[89] Pew Center, *One in 31*, cit.
[90] Jeremy Travis, *But They All Come Back: Facing the Challenges of Prisoner Re-entry* (Washington, DC, Urban Institute Press, 2002), p. 32, citando o Bureau of Justice Statistics.
[91] Ibidem, p. 94, citando o Bureau of Justice Statistics.
[92] Idem.

A violação dessas regras especiais pode mandar alguém de volta para a prisão imediatamente. Na verdade, isso é o que acontece grande parte do tempo.

O aumento extraordinário de entradas na prisão devido a violação de condicional se deve quase inteiramente à Guerra às Drogas. Em 1980, apenas 1% de todas as entradas na prisão estavam ligadas a violação de condicional. Vinte anos depois, mais de um terço (35%) das entradas na prisão é resultante desse tipo de infração[93]. Para dizer mais firmemente: *quase tanta gente retornou à prisão por violações de condicional em 2000 quanto deu entrada na prisão em 1980 por todos os motivos*[94]. De todos os violadores de condicional que voltaram à prisão em 2000, apenas um terço voltou por conta de nova condenação; dois terços voltaram por alguma violação técnica, como a perda de compromissos com o oficial de condicional, não conseguir manter um emprego ou não passar no teste de drogas[95]. Nesse sistema de controle, fracassar em lidar bem com a condição de exilado é tratado como um crime. Se você não consegue permanecer livre de drogas, depois de ser solto da prisão com um registro criminal – seu emblema pessoal de inferioridade –, ou se não consegue arranjar um emprego contra todas as probabilidades, ou se fica deprimido e perde uma reunião com o oficial de condicional (ou se não consegue pagar a passagem de ônibus para chegar lá), pode ser mandado de volta para a prisão – local a que a sociedade aparentemente pensa que milhões de estadunidenses pertencem.

Esse fenômeno perturbador de pessoas oscilando para dentro e fora da prisão, presas à sua condição de segunda classe, tem sido descrito por Loïc Wacquant como um "circuito fechado da marginalidade perpétua"[96]. Centenas de milhares de pessoas são libertadas da prisão todos os anos, apenas para perceberem que estão banidas da sociedade e da economia. A maioria delas retorna à prisão, às vezes pelo resto da vida. Outros são libertados novamente, apenas para perceberem que estão na mesma situação de antes, incapazes de lidar com o estigma do rótulo de prisioneiro e com sua condição permanente de pária.

Reduzir a quantidade de tempo que as pessoas passam atrás das grades – eliminando as duras sentenças mínimas obrigatórias – aliviará alguns dos sofrimentos desnecessários causados por esse sistema, mas não perturbará o

---

[93] Ibidem, p. 32.
[94] Idem.
[95] Ibidem, p. 49, citando o Bureau of Justice Statistics.
[96] Loïc Wacquant, "The New 'Peculiar Institution': On the Prison as Surrogate Ghetto", *Theoretical Criminology*, v. 4, n. 3, 2000, p. 377-89.

circuito fechado. Esses delinquentes rotulados continuarão a entrar e sair das prisões, sujeitos a vigilância perpétua pela polícia e incapazes de se integrar à sociedade e à economia. A menos que o número de pessoas que recebem o rótulo de criminosos seja drasticamente reduzido e a menos que as leis e as políticas que mantêm ex-criminosos à margem da sociedade e da economia sejam eliminadas, o sistema continuará a criar e a manter uma enorme subcasta.

3.
A COR DA JUSTIÇA

Imagine que você é Emma Faye Stewart, uma afro-americana de trinta anos, mãe solteira de duas crianças, que foi presa em uma varredura de drogas em Hearne, no Texas[1]. Todas as pessoas presas exceto uma eram afro-americanas. Você é inocente. Após uma semana na cadeia, não tem ninguém para cuidar de seus dois filhos pequenos e está impaciente para ir para casa. Seu advogado, nomeado pelo juízo, apressa-a a se declarar culpada da acusação de distribuição de drogas, dizendo que o promotor lhe ofereceu liberdade assistida. Você recusa, proclamando firmemente sua inocência. Finalmente, depois de quase um mês na cadeia, você decide se declarar culpada para poder voltar para seus filhos. Não querendo se arriscar a um julgamento que a leve a anos de prisão, você é condenada a dez anos de liberdade assistida e obrigada a pagar mil dólares de multa, bem como as custas processuais. Agora você também está marcada como uma delinquente de drogas. Não tem mais direito a vale-alimentação; pode ser discriminada em empregos; não pode votar por no mínimo doze anos; e está prestes a ser despejada da habitação pública em que vive. Uma vez que você se torne uma sem-teto, seus filhos serão tirados de você e postos para adoção.

Um juiz finalmente julga improcedentes todas as acusações contra os réus que não se declararam culpados. No julgamento, considera que toda a varredura foi baseada no testemunho de um único informante que mentiu à promotoria. Você, no entanto, ainda é uma delinquente condenada por um crime de drogas, sem-teto e desesperada para conseguir de volta a guarda de seus filhos.

---

[1] Frontline, *The Plea*, disponível em: <www.pbs.org/wgbh/pages/frontline/shows/plea/four/stewart.html>; e Angela Davis, *Arbitrary Justice*, cit., p. 50-2.

Agora se ponha no lugar de Clifford Runoalds, outro afro-americano vítima da operação de apreensão de drogas em Hearne². Você voltou à sua casa em Bryan, no Texas, para ir ao funeral da sua filha de dezoito meses. Antes de o funeral começar, a polícia aparece e algema você. Você implora aos policiais que o deixem olhar sua filha pela última vez antes de ela ser cremada. A polícia recusa. Os promotores lhe dizem que você precisa testemunhar contra um dos detidos em uma operação de apreensão de drogas recente. Você nega ter testemunhado qualquer transação de drogas; você não sabe do que eles estão falando. Como consequência de sua recusa em cooperar, é indiciado e acusado por crimes. Depois de um mês na cadeia, as acusações contra você são retiradas. Você está tecnicamente livre, mas, como resultado da sua detenção e o período na cadeia, perdeu trabalho, apartamento, mobília e carro. Sem mencionar a chance de dizer adeus a seu bebê.

Isso é a Guerra às Drogas. As histórias brutais descritas acima não são incidentes tão isolados, nem as identidades raciais de Emma Faye Stewart e Clifford Runoalds são aleatórias ou acidentais. Em cada estado da nação, os afro-americanos – especialmente nos bairros mais pobres – estão sujeitos a táticas e práticas que resultariam em indignação pública e escândalo se fossem usadas em bairros de brancos de classe média. Na Guerra às Drogas, o inimigo é definido racialmente. Os métodos de segurança pública descritos no capítulo 2 têm sido empregados quase exclusivamente em comunidades não brancas pobres, resultando em números impressionantes de afro-americanos e latinos ocupando as prisões dos Estados Unidos todos os anos. Os soldados da Guerra às Drogas nos dizem que o inimigo nessa guerra é uma coisa – as drogas – e não um grupo de pessoas, mas os fatos provam o contrário.

A Human Rights Watch [Observatório de Direitos Humanos] relatou em 2000 que, em sete estados, afro-americanos constituem entre 80% e 90% de todos os criminosos de drogas mandados à prisão³. Em pelo menos quinze estados, negros dão entrada na prisão por acusações de drogas em uma taxa que é entre 20 e 57 vezes maior do que a de homens brancos⁴. Na verdade, a taxa nacional

---

[2] American Civil Liberties Union, *Stories of Aclu Clients Swept Up in the Hearne Drug Bust of November 2000* (Washington, DC, American Civil Liberties Union, 2002). Disponível em: <www.aclu.org/DrugPolicy/DrugPolicy.cfm?ID=11160&c=80>.

[3] Human Rights Watch, *Punishment and Prejudice: Racial Disparities in the War on Drugs*, HRW Reports, v. 12, n. 2, maio 2000.

[4] Idem.

de encarceramento de afro-americanos por crimes de drogas faz a quantidade de brancos presos parecer pequena. Quando a Guerra às Drogas ganhou força total no meio da década de 1980, a entrada de afro-americanos na prisão disparou, praticamente quadruplicando em três anos e depois crescendo obstinadamente até atingir em 2000 um nível *mais de 26 vezes* maior que o de 1983[5]. O número de prisões de latinos por crimes de drogas em 2000 foi 22 vezes o número de prisões de 1983[6]. Os brancos também têm sido presos por crimes de drogas em taxas elevadas – o número de brancos presos por crimes de drogas em 2000 era oito vezes o número de 1983 –, mas seus números relativos são pequenos quando comparados aos de negros e latinos[7]. Embora os usuários e traficantes de drogas ilegais pelo país sejam, em sua maioria, brancos, três quartos de todas as pessoas presas por crimes de drogas são negras ou latinas[8]. Recentemente, as taxas de aprisionamento de negros por crimes de drogas têm diminuído de algum modo – caindo aproximadamente 25% em relação ao seu auge em meados da década de 1990 –, mas o fato de que os afro-americanos são encarcerados em taxas obscenamente desproporcionais pelo país continua válido[9].

Há, é claro, uma explicação oficial para tudo isso: as taxas de criminalidade. Essa explicação tem um apelo tremendo – antes que você conheça os fatos – porque ela é coerente com as narrativas raciais dominantes desde a época da escravidão sobre o crime e a criminalidade – e as reforça. A verdade, contudo, é que as taxas e padrões de crimes de drogas não explicam as flagrantes disparidades raciais em nosso sistema de justiça criminal. Pessoas de todas as raças usam e vendem drogas ilegais em taxas notadamente similares[10]. Se há diferenças

---

[5] Jeremy Travis, *But They All Come Back: Facing the Challenges of Prisoner Re-entry* (Washington, DC, Urban Institute Press, 2002), p. 28.

[6] Idem.

[7] Idem.

[8] Marc Mauer e Ryan S. King, *Schools and Prisons: Fifty Years After Brown versus Board of Education* (Washington, DC, Sentencing Project, 2004), p. 3.

[9] Marc Mauer, *The Changing Racial Dynamics of the War on Drugs* (Washington, DC, Sentencing Project, abr. 2009).

[10] Ver, por exemplo, U.S. Department of Health and Human Services, Substance Abuse and Mental Health Services Administration, *Summary of Findings from the 2000 National Household Survey on Drug Abuse*, série NHSDA H-13, DHHS pub. n. SMA 01-3549 (Rockville, MD, 2001), que relata que 6,4% dos brancos, 6,4% dos negros e 5,3% dos hispânicos foram usuários frequentes de drogas ilegais em 2000; *Results from the 2002 National Survey on Drug Use and Health: National Findings*, série NSDUH H-22, DHHS pub. n. SMA 03-3836 (2003), revelando que são praticamente idênticas as taxas de uso de drogas ilícitas entre brancos e negros,

significativas a serem encontradas nas pesquisas, elas frequentemente sugerem que os brancos, particularmente os jovens brancos, são mais propensos a se envolver em venda de drogas ilegais do que pessoas não brancas[11]. Um estudo publicado em 2000 pelo National Institute on Drug Abuse [Instituto Nacional de Uso Abusivo de Drogas], por exemplo, revelou que, em relação aos estudantes negros, estudantes brancos usam cocaína em taxas sete vezes maiores, crack em taxas oito vezes maiores e heroína em taxas sete vezes maiores[12]. O mesmo estudo revelou que percentuais praticamente idênticos de alunos brancos e negros de ensino médio usam maconha. A National Household Survey on Drug Abuse [Pesquisa Nacional Domiciliar sobre Abuso de Drogas] relatou em 2000 que jovens brancos entre doze e dezessete anos têm um terço a mais de chances de vender drogas do que jovens afro-americanos[13]. No mesmo ano, a

---

havendo apenas um ponto percentual de diferença entre os dois grupos; *Results from the 2007 National Survey on Drug Use and Health: National Findings*, série NSDUH H-34, DHHS pub. n. SMA 08-4343 (2007), demonstrando essencialmente os mesmos resultados; e Marc Mauer e Ryan S. King, *A 25-Year Quagmire: The War on Drugs and Its Impact on American Society* (Washington, DC, Sentencing Project, set. 2007), p. 19, que citam estudo que sugere taxas levemente mais acentuadas de uso de drogas entre afro-americanos do que entre brancos.

[11] Ver, por exemplo, Howard N. Snyder e Melissa Sickman, *Juvenile Offenders and Victims: 2006 National Report*, U.S. Department of Justice, Office of Justice Programs, Office of Juvenile Justice and Delinquency Prevention (Washington, DC, 2006), relatando que jovens brancos são mais propensos do que jovens negros a se envolver com venda ilegal de drogas.; Lloyd D. Johnson, Patrick M. O'Malley, Jerald G. Bachman e John E. Schulenberg, *Monitoring the Future, National Survey Results on Drug Use, 1975-2006*, v. 1, *Secondary School Students*, U.S. Department of Health and Human Services, National Institute on Drug Abuse, NIH pub. n. 07-6205 (Bethesda, MD, 2007), p. 32, indicando que "afro-americanos no último ano do ensino secundário têm mostrado de forma consistente taxas mais baixas de uso da maioria das drogas, tanto lícitas como ilícitas, do que brancos na mesma situação escolar"; e Lloyd D. Johnston, Patrick M. O'Malley e Jerald G. Bachman, *Monitoring the Future: National Results on Adolescent Drug Use: Overview of Key Findings 2002*, U.S. Department of Health and Human Services, National Institute on Drug Abuse, NIH pub. n. 03-5374 (Bethesda, MD, 2003), apresentando dados que mostram que adolescentes afro-americanos apresentam taxas levemente mais baixas de uso de drogas ilícitas do que suas contrapartes brancas.

[12] National Institute on Drug Abuse, *Monitoring the Future, National Survey Results on Drug Use, 1975-1999*, v. 1, *Secondary School Students* (Washington, DC, National Institute on Drug Abuse, 2000).

[13] U.S. Department of Health, *National Household Survey on Drug Abuse, 1999* (Washington, DC, Substance Abuse and Mental Health Services Administration, Office of Applied Studies, 2000), tabela G, p. 71. Disponível em: <www.samhsa.gov/statistics/statistics.html>.

Human Rights Watch relatava que afro-americanos estavam sendo apreendidos e encarcerados em taxas sem precedentes, e dados do governo revelavam que negros não estavam mais predispostos a serem culpados de crimes de droga do que brancos e que jovens brancos na verdade estavam *mais suscetíveis* do que qualquer outro grupo étnico ou racial a serem culpados de posse e venda de drogas ilegais. Qualquer noção de que o uso de drogas entre negros é mais severo ou perigoso é desmentida pelos dados; jovens brancos contabilizam em torno de três vezes mais internações de emergência em hospitais do que os afro-americanos[14].

A ideia de que são os brancos que compõem a vasta maioria dos usuários e traficantes de drogas – e podem estar bem mais suscetíveis do que outros grupos a cometer crimes de drogas – pode parecer pouco plausível para alguns, dadas as imagens midiáticas com que somos alimentados diariamente e a composição racial de nossas cadeias. Após alguma reflexão, no entanto, a prevalência do cometimento de crimes de drogas por brancos – incluindo tráfico – não deveria ser surpreendente. Afinal de contas, onde os brancos conseguem suas drogas ilegais? Será que todos eles dirigem até os guetos para comprá-las de alguém parado na esquina? Não. Estudos indicam de maneira consistente que os mercados de drogas, como a sociedade estadunidense em geral, refletem as fronteiras raciais e socioeconômicas da nação. Os brancos tendem a vender aos brancos; e os negros aos negros[15]. Estudantes universitários tendem a vender uns aos outros[16]. Brancos da zona rural, por sua vez, não fazem uma viagem especial até o centro da cidade para comprar

---

[14] Bruce Western, *Punishment and Inequality* (Nova York, Russell Sage Foundation, 2006), p. 47 [ed. port.: *Punição e desigualdade na América*, Coimbra, Almedina, 2009].

[15] Pesquisadores descobriram que usuários de drogas são mais propensos a ter como sua fonte principal de drogas alguém de sua própria raça ou origem étnica. Ver, por exemplo, K. Jack Riley, *Crack, Powder Cocaine and Heroin: Drug Purchase and Use Patterns in Six U.S. Cities* (Washington, DC, National Institute of Justice, 1997), p. 1; ver também George Rengert e James LeBeau, "The Impact of Ethnic Boundaries on the Spatial Choice of Illegal Drug Dealers", artigo apresentado no encontro anual da American Society of Criminology [Sociedade Americana de Criminologia], Atlanta, Geórgia, 13 nov. 2007 (manuscrito não publicado), que conclui que a maioria dos traficantes vende no seu próprio bairro e que uma variedade de fatores influencia a disposição de traficantes de sair de sua comunidade de origem.

[16] Ver Rafik Mohamed e Erik Fritsvold, "Damn, It Feels Good to Be a Gangsta: The Social Organization of the Illicit Drug Trade Servicing a Private College Campus", *Deviant Behavior*, v. 27, 2006, p. 97-125.

maconha. Eles a compram de alguém logo ali na estrada[17]. Estudantes de ensino médio brancos normalmente compram drogas de colegas, amigos ou parentes mais velhos brancos. Até mesmo Barry McCaffrey, ex-diretor do Departamento de Política Nacional de Controle de Drogas da Casa Branca, uma vez observou que, se seus filhos comprassem drogas, "provavelmente seria de um estudante da sua própria raça"[18]. A ideia de que o uso e as vendas de drogas acontecem majoritariamente no gueto é pura ficção. O tráfico de drogas ocorre lá, mas ocorre também em todos os outros lugares dos Estados Unidos. Não obstante, a taxa de homens negros que têm dado entrada em prisões estaduais sob acusações relacionadas a crimes de drogas é mais de treze vezes maior que a de homens brancos[19]. O racismo inerente à Guerra às Drogas é uma das principais razões por que 1 em cada 14 homens negros estava atrás das grades em 2006, em comparação com 1 em cada 106 homens brancos[20]. Para os jovens homens negros, as estatísticas são ainda piores: 1 em cada 9 homens negros entre 20 e 35 anos estava atrás das grades em 2006, e tantos mais estavam sob alguma forma de controle penal – como liberdade assistida ou condicional[21]. Essas disparidades raciais gritantes simplesmente não podem ser explicadas pelos índices de criminalidade relacionados a drogas ilícitas entre afro-americanos.

O que, então, explica as extraordinárias disparidades raciais em nosso sistema de justiça criminal? O racismo à moda antiga parece fora de questão. Hoje, políticos e policiais raramente aprovam práticas explicitamente racistas, e a maioria deles condena ferozmente discriminação racial de qualquer tipo. Quando acusados de racismo, policiais e promotores – assim como a maioria dos estadunidenses – expressam horror e indignação. Formas de discriminação racial abertas e notórias por séculos foram transformadas nas décadas de 1960

---

[17] Ver Ralph Weisheit, *Domestic Marijuana: A Neglected Industry* (Westport, CT, Greenwood, 1992); e Ralph Weisheit, David Falcone e L. Edward Wells, *Crime and Policing in Rural and Small-Town America* (Prospect Heights, IL, Waveland, 1996).

[18] Patricia Davis e Pierre Thomas, "In Affluent Suburbs, Young Users and Sellers Abound", *Washington Post*, 14 dez. 1997.

[19] Human Rights Watch, *Punishment and Prejudice*, cit.

[20] Pew Center, *One in 100: Behind Bars in America 2008* (Washington, DC, Pew Charitable Trusts, 2008). A análise de dados é baseada em estatísticas de meados de 2006, publicadas pelo Departamento de Justiça dos Estados Unidos em junho de 2007.

[21] Idem; Pew Center, *One in 31: The Long Reach of American Corrections* (Washington, DC, Pew Charitable Trusts, 2009).

e 1970 em algo antiestadunidense – uma afronta à nossa recém-conquistada ética da neutralidade racial. No início da década de 1980, dados indicavam que 90% dos brancos achavam que crianças negras e brancas deveriam frequentar as mesmas escolas, 71% discordavam da ideia de que os brancos tinham o direito de manter negros fora de seus bairros, 80% indicavam que apoiariam a candidatura de um negro para presidente e 66% se opunham a leis proibindo o casamento inter-racial[22]. Embora poucos tenham apoiado políticas específicas para promover igualdade racial ou integração (como a escolar), o mero fato de que, no início da década de 1980, a grande maioria dos brancos estava apoiando ideias antidiscriminação refletia uma profunda mudança na atitude racial. A margem de apoio a preceitos da neutralidade racial apenas cresceu desde então.

Esse clima racial dramaticamente modificado tem levado os defensores do encarceramento em massa a insistir na afirmação de que nosso sistema de justiça criminal, independentemente de seus pecados passados, é hoje em grande medida justo e não discriminatório. Eles apontam as taxas de crimes violentos nas comunidades afro-americanas como uma justificativa para o assombroso número de homens negros que estão atrás das grades. Homens negros, dizem eles, têm taxas de crimes violentos muito mais altas; é por isso que eles estão aprisionados.

Normalmente, é aí que a discussão termina.

O problema dessa análise abreviada é que crimes violentos *não* são responsáveis pelo encarceramento em massa. Como numerosos pesquisadores têm mostrado, as taxas de crimes violentos flutuaram ao longo dos anos e têm pouca relação com as de encarceramento – que subiram durante as últimas três décadas independentemente de os crimes violentos estarem aumentando ou diminuindo[23]. Hoje, as taxas de crimes violentos estão em níveis historicamente baixos, e mesmo assim as de encarceramento continuam subindo.

Condenações por assassinato tendem a receber uma tremenda atenção da mídia, que alimenta o senso comum de que os crimes violentos estão desenfreados e aumentando continuamente. Porém, as taxas de assassinatos, como as de crimes em geral, não podem explicar o crescimento do aparato penal. Condenações por homicídio respondem por uma pequena fração do crescimento da

---

[22] Howard Schuman et al., *Racial Attitudes in America: Trends and Interpretations* (Cambridge, MA, Harvard University Press, 1985).

[23] Ver, por exemplo, Marc Mauer, *Race to Incarcerate* (Nova York, The New Press, 1999), p. 28-35 e 92-112.

população prisional. No sistema federal, por exemplo, pessoas condenadas por homicídio são responsáveis por 0,4% do aumento da população das prisões federais na última década, enquanto pessoas condenadas por crimes relacionados a drogas são responsáveis por quase 61% dessa expansão[24]. No sistema estadual, menos de 3% das novas entradas em prisões estaduais envolvem pessoas condenadas por homicídio[25]. Metade dos prisioneiros estaduais está condenada por crimes violentos, mas essa estatística pode ser facilmente mal interpretada. Pessoas que cometeram crimes violentos tendem a ser condenadas a penas mais longas do que aquelas que cometeram crimes não violentos e, por essa razão, compõem uma parcela muito maior da população prisional do que comporiam se fossem libertadas mais cedo. Além disso, os dados das prisões estaduais excluem prisioneiros federais, que são em sua esmagadora maioria encarcerados por crimes não violentos. Em setembro de 2009, apenas 7,9% dos prisioneiros federais tinham sido condenados por crimes violentos[26].

Contudo, o fato mais importante a ter em mente é este: os debates sobre estatísticas prisionais ignoram o fato de que a maioria da população que está sob controle correcional hoje não está na prisão. Conforme dito anteriormente, dos 7,3 milhões de pessoas atualmente sob controle correcional, apenas 1,6 milhão está nas prisões[27]. Esse sistema de castas se estende muito além dos muros das prisões e governa milhões de pessoas que estão em liberdade assistida ou condicional, sobretudo por crimes não violentos. Eles foram varridos para dentro do sistema, rotulados como criminosos e relegados permanentemente a uma condição de segunda classe – obtendo registros de antecedentes criminais que os acompanharão pelo resto de suas vidas. Pessoas em liberdade assistida são claramente a maioria entre as que estão sob supervisão da comunidade (84%), e apenas 19% delas foram condenadas por um crime violento[28]. Os crimes mais comuns pelos quais as pessoas em liberdade assistida estão sob supervisão são os ligados a drogas[29]. Mesmo quando se limita a análise a quem foi condenado

---

[24] Idem.
[25] Katherine Beckett e Theodore Sasson, *The Politics of Injustice: Crime and Punishment in America* (Thousand Oaks, CA, Sage Publications, 2004), p. 22.
[26] Heather West e William Sobol, "Prisoners in 2009", Bureau of Justice Statistics, dez. 2010.
[27] Lauren Glaze, "Correctional Populations in the United States, 2009", Bureau of Justice Statistics, dez. 2010.
[28] Idem.
[29] Idem.

por crimes graves – excluindo-se assim crimes de baixíssimo potencial ofensivo e contravenções –, os crimes não violentos ainda predominam. Apenas cerca de um quarto dos réus por crimes considerados graves nas grandes regiões urbanas foi acusado de crimes violentos em 2006[30]. Em cidades como Chicago, as varas criminais estão obstruídas por crimes de drogas de baixo potencial ofensivo. Um estudo revelou que 72% dos casos criminais no condado de Cook (Chicago) envolviam alguma acusação de crime de drogas e 70% deles tinham acusação de posse qualificada de quarta classe (a acusação por crime grave mais leve)[31].

Não quero sugerir, com isso, que nós não devamos nos preocupar com os crimes violentos que ocorrem nas comunidades urbanas empobrecidas. Nós devemos nos importar profundamente e, conforme discutiremos no último capítulo, precisamos começar a entender as maneiras pelas quais o aprisionamento em massa aumenta – e não diminui – a violência nas comunidades urbanas. Mas, ao mesmo tempo, não devemos nos deixar enganar por aqueles que insistem em que os crimes violentos levaram ao surgimento desse sistema de controle social e racial sem precedentes. A realidade desconfortável é que apreensões e condenações por crimes de drogas – e não por crimes violentos – têm impulsionado o encarceramento em massa. Em muitos estados, incluindo Colorado e Maryland, criminosos de drogas constituem hoje a principal categoria de pessoas que dão entrada na prisão[32]. Pessoas não brancas são condenadas por crimes de drogas em taxas totalmente desproporcionais a seus crimes, fato que contribuiu enormemente para a emergência de uma gigantesca nova subcasta racial.

Esses fatos podem deixar alguns leitores ainda insatisfeitos. A ideia de que o sistema de justiça criminal discrimine de maneira tão terrível apesar de poucas pessoas expressarem ou apoiarem abertamente a discriminação racial pode

---

[30] Thomas Cohen e Tracey Kyckelhahn, "Felony Defendants in Large Urban Counties, 2006", Bureau of Justice Statistics Bulletin, maio 2010.

[31] Relatório da Illinois Disproportionate Justice Impact Study Commission, dez. 2010, disponível em: <www.centerforhealthandjustice.org/DJIS_ExecSumm _FINAL.pdf>.

[32] Mike Drause, "The Case for Further Sentencing Reform in Colorado", Independence Institute, jan. 2011, p. 3. Em 1982, autores de crimes relacionados às drogas constituíam apenas 6% do total de admissões prisionais no Colorado; hoje eles compõem 23% do total de admissões. Ver também Eric Lotke e Jason Ziedenberg, "Tipping Point: Maryland's Overuse of Incarceration and the Impact on Community Safety", Justice Policy Institute, mar. 2005, que observam que o tamanho do sistema prisional de Maryland triplicou nos últimos anos e que "essa expansão foi direcionada principalmente pelo encarceramento motivado por drogas e dependência de drogas".

parecer forçada, quando não absurda. Como a Guerra às Drogas poderia operar de maneira discriminatória, em uma escala tão grande, quando dificilmente alguém defende ou participa explicitamente de discriminação racial? Essa questão será o assunto deste capítulo. Como veremos, apesar das fanfarras e da retórica de neutralidade racial dos últimos anos, o desenho da Guerra às Drogas garante efetivamente que aqueles que são varridos para dentro da nova subcasta da nação sejam em sua maioria pretos e pardos.

Esse tipo de afirmação convida ao ceticismo. Explicações não raciais e desculpas para o encarceramento em massa de pessoas não brancas são abundantes. É próprio do caráter do novo sistema de controle que ele sempre possa ser defendido em bases não raciais, dada a raridade com que um laço racial se conecta a um caso criminal em particular. Ademais, como brancos e negros quase nunca estão situados de modo similar (dadas a segregação racial extrema em questões de moradia e as experiências de vida desiguais), tentar "controlar pela raça", em um esforço para avaliar se o encarceramento em massa de pessoas não brancas de fato tem a ver com a raça ou com alguma outra coisa – qualquer outra coisa –, é difícil. Mas não é impossível.

Uma parte do senso comum das discussões públicas a respeito da discriminação racial no sistema de justiça criminal está superada. O grande debate a respeito de se homens negros têm sido alvos do sistema de justiça criminal ou tratados de maneira injusta na Guerra às Drogas frequentemente negligencia o óbvio. O que é dolorosamente óbvio, quando se toma distância de casos individuais e políticas específicas, é que o sistema de encarceramento em massa opera com uma eficiência impressionante, varrendo pessoas não brancas para fora das ruas, trancando-as em jaulas e depois soltando-as em condição de inferioridade. Em nenhum lugar isso é mais verdadeiro do que na Guerra às Drogas.

A questão central, então, é *como* exatamente um sistema de justiça criminal neutro racialmente do ponto de vista formal obtém resultados tão discriminatórios quanto à raça? É fácil de compreender. O processo ocorre em duas etapas. O primeiro passo é conceder aos policiais e promotores uma discricionariedade extraordinária no que tange a quem parar, revistar, apreender e acusar por crimes de drogas, assegurando assim rédea solta a crenças e estereótipos raciais conscientes e inconscientes. Discricionariedade ilimitada inevitavelmente cria disparidades raciais gigantescas. E em seguida, o passo condenatório: fechar as portas dos tribunais a todas as alegações de réus e litigantes privados de que o sistema opera de maneira discriminatória. Exigir que qualquer um que queira desafiar o preconceito racial do sistema ofereça, antecipadamente, uma prova clara de que as disparidades raciais são produto de discriminação racial intencional – isto é, trabalho de um intolerante. Essa evidência quase nunca estará disponível na era da neutralidade racial. Esse aspecto simples tem ajudado a produzir um dos mais extraordinários sistemas de controle social racializado que o mundo já viu.

Separar e escolher: o papel da discricionariedade

O capítulo 2 descreveu o primeiro passo com algum detalhe, incluindo as regras jurídicas que concedem à polícia discricionariedade e autoridade para parar, interrogar e revistar qualquer um, em qualquer lugar, desde que obtenha "consentimento" do indivíduo visado. Também examinou o enquadramento jurídico que dá aos promotores uma discricionariedade extraordinária para denunciar ou não, negociar confissões ou não e encher os réus com acusações que trazem a ameaça de duras sentenças obrigatórias, a fim de forçar confissões de culpa, mesmo em casos em que os réus podem muito bem ser inocentes. Essas regras possibilitaram aos órgãos de segurança pública aumentar dramaticamente suas taxas de apreensão de drogas e condenações, mesmo em comunidades nas quais os crimes de drogas permanecem estáveis ou estão em declínio[33]. Isso, porém, não é tudo. Essas leis também garantem resultados racialmente discriminatórios.

A razão é esta: a aplicação da lei de drogas é *diferente* da aplicação da maioria dos outros tipos de leis. Quando um crime violento, um roubo ou uma invasão ocorrem, a polícia é normalmente chamada. O papel da vítima e do perpetrador são claros. Alguém é ferido ou prejudicado de algum modo e quer que o transgressor seja punido. Nos crimes de drogas, porém, nem quem compra drogas nem quem as vende tem qualquer incentivo para entrar em contato com a polícia. É uma atividade consensual. Igualmente importante, é popular. A clara maioria dos estadunidenses de todas as raças já violou leis de drogas durante a vida. Mas, devido a restrições de recursos (e as políticas da Guerra às Drogas), apenas uma pequena fração é apreendida, condenada e

---

[33] Cidades com perfis demográficos similares frequentemente têm taxas de prisão e condenação por drogas muito distintas – não por causa das disparidades nos crimes relacionados às drogas, mas, sim, devido às diferenças no montante de recursos dedicados à aplicação de leis de combate às drogas. Ryan S. King, *Disparity by Geography: The War on Drugs in America's Cities* (Washington, DC, Sentencing Project, 2008).

encarcerada. Em 2002, por exemplo, havia 19,5 milhões de usuários de drogas ilícitas, em comparação ao 1,5 milhão de apreensões de drogas e às 175 mil pessoas presas por crimes de drogas[34].

A ubiquidade da atividade de drogas ilegais, combinada com sua natureza consensual, exige uma abordagem muito mais proativa por parte das autoridades policiais do que a exigida para lidar com os crimes de rua comuns. É impossível para a polícia identificar e apreender todos os que cometem crimes de drogas. É preciso fazer escolhas estratégicas a respeito de em quem mirar e qual tática empregar. Não foram os policiais e promotores que declararam a Guerra às Drogas – alguns inicialmente até se opuseram a ela –, mas, uma vez que os incentivos financeiros para promover a guerra se tornaram atrativos demais para serem ignorados, os órgãos precisaram perguntar a si mesmos: se nós vamos participar dessa guerra, onde ela deve ser travada e quem deve ser feito prisioneiro?

A essa questão, dado o contexto político e social, não era difícil responder. Como foi discutido no capítulo 1, o governo Reagan, a fim de tornar públicas histórias de horror envolvendo usuários e traficantes de crack negros em guetos, lançou uma campanha midiática alguns anos depois de a Guerra às Drogas ter sido anunciada. Embora o crack ainda não tivesse ganhado as ruas quando essa guerra foi declarada, em 1982, seu aparecimento alguns anos depois criou a oportunidade perfeita para o governo Reagan construir apoio para sua nova guerra. O uso de drogas, antes considerado uma questão privada, de saúde pública, foi reformulado, a partir de uma retórica política e de imagens midiáticas, como uma ameaça grave à ordem nacional.

Jimmie Reeves e Richard Campbell mostram em sua pesquisa como as imagens midiáticas em torno da cocaína mudaram conforme a prática de fumar cocaína passou a ser associada a negros pobres[35]. No início da década de 1980, a típica história relacionada a cocaína estava focada em usuários recreativos brancos que cheiravam a droga em pó. Essas histórias geralmente se baseavam em fontes de notícias associadas à indústria de tratamento de usuários de drogas, como clínicas de reabilitação, e enfatizavam a possibilidade de recuperação.

---

[34] Substance Abuse and Mental Health Services Administration, *Results from the 2002 National Survey on Drug Use and Health: Detailed Tables, Prevalence Estimates, Standard Errors and Sample Sizes* (Washington, DC, Office of National Drug Control Policy, 2003), tabela 34.

[35] Jimmie Reeves e Richard Campbell, *Cracked Coverage: Television News, the Anti-Cocaine Crusade and the Reagan Legacy* (Durham, NC, Duke University Press, 1994).

Em 1985, contudo, à medida que a Guerra às Drogas avançava, esse quadro foi suplantado por um novo "paradigma de cerco", no qual os transgressores eram usuários e traficantes de crack pobres e não brancos. Os funcionários dos órgãos de segurança pública assumiram o papel de "especialistas" em drogas, enfatizando a necessidade de respostas do tipo lei e ordem – de repressão àqueles associados a drogas. Essas descobertas são condizentes com vários outros estudos, inclusive um estudo de noticiários de televisão, feito entre 1990 e 1991, que descobriu que uma narrativa de "nós contra eles" era usada nas notícias, em que "nós" eram os brancos estadunidenses de classe média e "eles" os afro-americanos e alguns brancos corrompidos[36].

O frenesi midiático inspirado pela companha governamental solidificou na imaginação pública a imagem do criminoso de drogas negro. Embora apelos explicitamente racistas tenham permanecido raros, as chamadas para a "guerra" em um momento em que a mídia estava saturada com imagens de criminosos de drogas negros deixavam poucas dúvidas a respeito de quem era o inimigo na Guerra às Drogas e exatamente qual era a aparência dele. Jerome Miller, ex--diretor executivo do National Center for Institutions and Alternatives [Centro Nacional para Instituições e Alternativas], descreveu a dinâmica deste modo:

> Há certas palavras cifradas que permitem que você nunca diga "raça", mas, ainda assim, todos compreendam o que você quer dizer, e "crime" é uma delas [...]. Então, quando falamos a respeito de aprisionar mais e mais pessoas, na verdade nós estamos falando de aprisionar mais e mais homens negros.[37]

Outro comentarista observou: "É desnecessário falar diretamente de raça [hoje] porque falar sobre crime é falar sobre raça"[38]. De fato, não muito depois de a Guerra às Drogas ter se estabelecido no discurso político e midiático, quase ninguém imaginava que criminosos de drogas pudessem ser qualquer coisa que não negros.

---

[36] David Jernigan e Lori Dorfman, "Visualizing America's Drug Problems: An Ethnographic Content Analysis of Illegal Drug Stories on the Nightly News", *Contemporary Drug Problems*, v. 23, 1996, p. 169, 188.

[37] Rick Szykowny, "No Justice, No Peace: An Interview with Jerome Miller", *Humanist*, jan.--fev. 1994, p. 9-19.

[38] Melissa Hickman Barlow, "Race and the Problem of Crime in *Time* and *Newsweek* Cover Stories, 1946 to 1995", *Social Justice*, v. 25, 1989, p. 149-83.

Em 1995 foi realizada uma pesquisa de opinião que perguntava o seguinte: "Você poderia fechar seus olhos por um tempo, imaginar um usuário de drogas e descrever essa pessoa para mim?". Os resultados chocantes foram publicados no *Journal of Alcohol and Drug Education* [Jornal de Educação em Álcool e Drogas]. Noventa e cinco por cento das pessoas que responderam imaginaram um usuário de drogas negro, enquanto apenas 5% imaginaram pessoas de outros grupos raciais[39]. Esses resultados contrastam nitidamente com a realidade dos crimes de drogas nos Estados Unidos. Afro-americanos constituíam apenas 15% dos usuários de drogas em 1995 e constituem mais ou menos a mesma porcentagem hoje. Os brancos constituíam a vasta maioria dos usuários de drogas naquela época (e hoje), mas quase ninguém pensou em uma pessoa branca quando convidado a imaginar como seria um usuário de drogas. O mesmo grupo de pessoas também imaginou negro o típico traficante de drogas.

Não há razão para acreditar que os resultados da pesquisa teriam sido muito diferentes se policiais ou promotores – em vez do público em geral – tivessem sido entrevistados. As pessoas que trabalham na aplicação das leis criminais, não menos do que o resto de nós, têm sido expostas a uma retórica política carregada racialmente e a imagens da mídia associadas à Guerra às Drogas. Na verdade, por aproximadamente três décadas, as notícias sobre quase *todos* os crimes de rua têm destacado de maneira desproporcional criminosos afro-americanos. Um estudo sugere que o roteiro das notícias de crimes é tão racializado que os espectadores imaginam um criminoso negro mesmo quando não há nenhum. Nesse estudo, 60% dos espectadores que viram uma notícia sem nenhuma imagem lembraram-se falsamente de ter visto uma, e 70% destes acreditavam que o criminoso era afro-americano[40].

Décadas de pesquisa a respeito de enviesamento cognitivo demonstram que tanto os preconceitos inconscientes quanto os conscientes levam a ações discriminatórias, mesmo quando um indivíduo não quer discriminar[41]. A citação,

---

[39] Betty Watson Burston, Dionne Jones e Pat Robertson-Saunders, "Drug Use and African Americans: Myth Versus Reality", *Journal of Alcohol and Drug Abuse*, v. 40, 1995, p. 19.

[40] Franklin D. Gilliam e Shanto Iyengar, "Prime Suspects: The Influence of Local Television News on the Viewing Public", *American Journal of Political Science*, v. 44, 2000, p. 560-73.

[41] Ver, por exemplo, Nilanjana Dasgupta, "Implicit Ingroup Favoritism, Outgroup Favoritism, and Their Behavioral Manifestations", *Social Justice Research*, v. 17, 2004, p. 143. Para uma revisão da literatura em ciência social sobre esse ponto e sua relevância para a teoria crítica racial e o direito antidiscriminatório, ver Jerry Kang, "Trojan Horses of Race", *Harvard Law Review*, v. 118, 2005, p. 1.489.

comumente atribuída a Nietzsche, de que "não há percepção imaculada" captura perfeitamente como esquemas cognitivos – estruturas de pensamento – influenciam o que nós percebemos e como as coisas que nós percebemos são interpretadas[42]. Estudos têm demonstrado que esquemas raciais operam não apenas como parte de deliberações racionais e conscientes, mas também automaticamente – sem que nos demos conta ou tenhamos intenção de proceder assim[43]. Um estudo, por exemplo, envolvia um jogo de videogame que apresentava fotografias de indivíduos brancos e negros segurando ou uma arma ou outro objeto (como uma carteira, uma lata de refrigerante ou um celular) em vários cenários diferentes. Os participantes eram orientados a decidir o mais rápido possível se deveriam ou não atirar no alvo. De maneira condizente com estudos anteriores, os participantes estavam mais predispostos a errar achando que um negro desarmado estava armado e que um branco armado estava desarmado[44]. Esse padrão de discriminação reflete processos de pensamento automáticos e inconscientes, não deliberações cuidadosas.

Mais impressionante, talvez, seja a evidência esmagadora de que as medições de preconceito implícito estão dissociadas das medições de preconceito explícito[45]. Em outras palavras, o fato de você acreditar honestamente que não tem preconceito contra afro-americanos e de até mesmo ter amigos ou parentes negros não significa que você está livre de preconceitos inconscientes. Testes de preconceito implícito podem mostrar ainda que você mantém atitudes e estereótipos negativos a respeito dos negros, mesmo que acredite

---

[42] Há certa disputa sobre Nietzsche ter realmente dito isso. Ele usou o termo "percepção imaculada" em *Assim falou Zaratustra* a fim de desacreditar as visões tradicionais do conhecimento, mas aparentemente ele não disse a frase exatamente como lhe foi atribuída. Ver Friedrich Nietzsche, *Thus Spoke Zarathustra*, edição e tradução para o inglês de Walter Kaufmann (Nova York, Viking Penguin, 1954), p. 100, 233-6 [ed. bras.: *Assim falou Zaratustra*, trad. Paulo César de Souza, São Paulo, Companhia das Letras, 2011].

[43] Ver, por exemplo, John F. Dovidio et al., "On the Nature of Prejudice: Automatic and Controlled Processes", *Journal of Experimental Social Psychology*, v. 33, 1997, p. 510, 516-7, 534.

[44] Joshua Correll et al., "The Police Officer's Dilemma: Using Ethnicity to Disambiguate Potentially Threatening Individuals", *Journal of Personality and Social Psychology*, v. 83, 2001, p. 1.314; ver também Keith Payne, "Prejudice and Perception: The Role of Automatic and Controlled Processes in Misperceiving a Weapon", *Journal of Personality and Social Psychology*, v. 81, 2001, p. 181.

[45] Ver, por exemplo, John F. Dovidio et al., "On the Nature of Prejudice", cit.; e Nilanjana Dasgupta, "Implicit Ingroup Favoritism", cit.

não os ter ou não queira tê-los[46]. No estudo descrito, por exemplo, os participantes negros mostraram uma proporção de "preconceito de atirador" similar à dos brancos[47]. De modo não surpreendente, pessoas que tinham mais preconceitos explícitos (medidos por respostas diretas a questões) contra um grupo racial tendem também a ter mais preconceitos implícitos, e vice-versa[48]. Mesmo assim, normalmente há uma correlação fraca entre graus de preconceito explícito e implícito; muitas pessoas que acham que não são preconceituosas, quando testadas, provam que têm níveis relativamente altos de preconceito[49]. Infelizmente, uma conclusão bastante consistente é que o punitivismo e a hostilidade quase sempre aumentam quando as pessoas são preparadas – mesmo que subliminarmente – com imagens ou sugestões verbais associadas a afro-americanos. Na verdade, os estudos indicam que as pessoas se tornam crescentemente duras quando um criminoso tem a pele mais escura e se encaixa melhor no perfil do "negro estereotípico"; elas são mais lenientes quando o acusado é mais claro e se parece mais com o branco estereotípico. Isso é verdade desde os jurados até os policiais e promotores[50].

Vistas como um todo, as relevantes pesquisas de psicólogos cognitivos e sociais feitas até hoje sugerem que o preconceito racial na Guerra às Drogas era *inevitável*, uma vez que um consenso público de que os crimes de drogas são

---

[46] Idem; ver também Brian Nosek, Mahzarin Banaji e Anthony Greenwald, "Harvesting Implicit Group Attitudes and Beliefs from a Demonstration Web Site", *Group Dynamics*, v. 6, 2002, p. 101.

[47] Joshua Correll et al., "Police Officer's Dilemma", cit.

[48] Brian Nosek et al., "Harvesting Implicit Group Attitudes", cit.

[49] Idem.

[50] John A. Bargh et al., "Automaticity of Social Behavior: Direct Effects of Trait Construct and Stereotype Activation on Action", *Journal of Personality and Social Psychology*, v. 71, 1996, p. 230; Franklin Gilliam e Shanto Iyengar, "Prime Suspects"; Jennifer L. Eberhardt et al., "Looking Deathworthy", *Psychological Science*, v. 17, n. 5, 2006, p. 383-6 ("Jurados são influenciados não simplesmente pelo conhecimento de que o réu é negro, mas também na medida em que o réu aparenta ser estereotipicamente negro. De fato, para os negros com [as faces mais estereotipadas], a chance de receber uma pena de morte mais do que dobrou"); Jennifer L. Eberhardt et al., "Seeing Black: Race, Crime, and Visual Processing", *Journal of Personality and Social Pscychology*, v. 87, n. 6, 2004, p. 876-93 (não apenas faces negras foram consideradas mais criminosas pelas autoridades, mas as faces negras mais estereotipadas foram consideradas as mais criminosas de todas); e Irene V. Blair, "The Influence of Afrocentric Facial Features in Criminal Sentencing", *Psychological Science*, v. 15, n. 10, 2004, p. 674-9 (concluindo que internos com características mais afrocêntricas receberam sentenças mais duras do que indivíduos com características menos afrocêntricas).

coisa de pretos e pardos foi construído pelas elites políticas e da mídia. Uma vez que a negritude e o crime, especialmente os crimes de drogas, se fundiram na consciência pública, o "criminoso negro", como denominado pela professora de direito Kathryn Russell, inevitavelmente se tornaria o principal alvo da polícia e dos tribunais[51]. Algumas discriminações são mais conscientes e deliberadas, já que muitos acreditam sincera e conscientemente que homens negros merecem investigações extra e tratamento mais severo. Entretanto, grande parte dos preconceitos raciais opera inconsciente e automaticamente – mesmo entre policiais que são genuinamente comprometidos com a igualdade de tratamento perante a lei.

Acredite-se ou não que a discriminação racial na Guerra às Drogas fosse inevitável, deveria ter sido flagrantemente óbvio nas décadas de 1980 e 1990 que havia um *risco* muito alto de discriminação racial na administração da justiça criminal, dada a maneira pela qual todos os crimes eram retratados na mídia e no discurso político. A consciência desse risco não exigia familiaridade com pesquisas de enviesamento cognitivo. Qualquer um, durante esse período, com uma televisão tinha chance de ter consciência do alcance da demonização de homens negros na Guerra às Drogas.

O risco de afro-americanos serem injustamente acusados deveria ter sido uma preocupação especial da Suprema Corte dos Estados Unidos – por excelência o ramo do governo encarregado de proteger as "minorias discretas e insulares" dos excessos da democracia majoritária e de garantir direitos constitucionais a grupos considerados impopulares ou sujeitos a preconceitos[52]. Mesmo assim, quando chegou a hora de elaborar as regras jurídicas que governariam a Guerra às Drogas, a Suprema Corte adotou regras que *maximizariam* – em vez de minimizar – a discriminação racial que provavelmente ocorreria. E depois fechou as portas dos tribunais para denúncias de enviesamento racial.

O caso Whren *versus* Estados Unidos é um bom exemplo disso. Como observado no capítulo 2, nesse caso a Suprema Corte decidiu que policiais estavam livres para usar pequenas infrações de trânsito como desculpa para parar

---

[51] Ver Kathryn Russell, *The Color of Crime* (Nova York, New York University Press, 1988), que cunha o termo *criminalblackman* – "homem criminoso negro".

[52] A noção de que a Suprema Corte deve aplicar o padrão mais alto de revisão e mostrar especial preocupação com o tratamento de minorias "discretas e insulares" – que podem não se dar bem nos processos políticos majoritários – foi primeiramente reconhecida pela Corte na famosa nota de rodapé 4 de Estados Unidos *versus* Caroline Products Co., 301 U.S. 144, n. 4, 1938.

motoristas a fim de procurar drogas – mesmo quando não houvesse nenhuma evidência de que o motorista estivesse envolvido em crimes de drogas. Se pequenas infrações de tráfego – como deixar de ligar a seta, exceder o limite de velocidade em um ou dois quilômetros por hora, deixar de seguir exatamente as faixas divisórias da via ou parar sobre a faixa de pedestres – puderem ser identificadas, a polícia fica livre para deter motoristas com o propósito de realizar uma busca aleatória por drogas. Tal conduta policial, concluiu a corte, não viola a proibição de "buscas e apreensões desarrazoadas" da Quarta Emenda[53].

Com razão, a defesa do caso Whren argumentou que a concessão aos policiais de amplo poder discricionário para investigar praticamente qualquer pessoa por crimes de drogas criava um alto risco de que a polícia exercesse sua discricionariedade de maneira racialmente discriminatória. A defesa instou a corte a proibir a polícia de parar motoristas para investigar drogas a menos que os oficiais de fato tivessem uma razão para acreditar que o motorista estivesse cometendo, ou tivesse cometido, um crime de drogas. Deixar de fazer isso, eles argumentaram, não era razoável sob a Quarta Emenda e exporia afro-americanos a um alto risco de paradas e revistas discriminatórias.

A corte não só rejeitou a tese principal da defesa – de que usar paradas de trânsito como pretexto para investigação de drogas é inconstitucional –, como decidiu que denúncias de preconceito racial não poderiam ser trazidas aos tribunais sob alegação de violação da Quarta Emenda. Em outras palavras, a corte vedou a qualquer vítima de discriminação racial pela polícia *até mesmo a alegação de preconceito racial* com base na Quarta Emenda. De acordo com a corte, para avaliar se a conduta policial é "razoável" no sentido da Quarta Emenda, é irrelevante se ela praticou ou não discriminação com base na raça ao realizar paradas de trânsito.

A corte fez uma advertência, no entanto. Indicou que vítimas de discriminação racial ainda poderiam fazer alegações com base na norma de proteção igualitária da Décima Quarta Emenda, que garante "igual tratamento perante a lei". Essa sugestão pode ter sido reconfortante para aqueles que não conhecem a jurisprudência da corte. Para quem, no entanto, já tentou provar discriminação racial nos termos da Décima Quarta Emenda, a observação da corte era uma cruel ironia. Como veremos a seguir, a Suprema Corte tornou praticamente impossível a denúncia de preconceito racial do sistema de justiça criminal com base na Décima Quarta Emenda e também

---

[53] Whren *versus* Estados Unidos, 517 U.S. 806 (1996).

tem impedido litígios fundamentados em tais denúncias com base nas leis federais de direitos civis.

Fechando as portas dos tribunais – McCleskey versus Kemp

Primeiro, falaremos das condenações. Em 1987, quando a histeria da mídia com os crimes de drogas dos negros estava no auge e os noticiários policiais estavam saturados de imagens de criminosos negros algemados em salas de audiência de tribunais, a Suprema Corte decidiu, em McCleskey *versus* Kemp, que o preconceito racial nas condenações, mesmo que demonstrado por meio de evidências estatísticas confiáveis, não poderia ser alegado com base na Décima Quarta Emenda na ausência de evidência clara de intenção consciente de discriminar. À primeira vista, o caso parecia apresentar uma oposição direta ao sistema de pena de morte da Geórgia. Uma vez publicada a opinião da corte, no entanto, ficou claro que o caso dizia respeito a muito mais do que pena de morte. A verdadeira matéria discutida era se – e em que medida – a Suprema Corte toleraria preconceito racial no sistema de justiça criminal como um todo. A resposta da corte foi de que o preconceito racial seria tolerado – em praticamente qualquer grau – contanto que ninguém o admitisse.

Warren McCleskey era um homem negro diante de uma pena de morte por ter matado um policial branco durante um assalto à mão armada na Geórgia. Defendido pelo Fundo de Educação e Defesa Jurídica da NAACP, McCleskey recorreu da sua sentença capital com base na alegação de que o sistema de pena de morte da Geórgia estava contaminado por preconceito racial e, por isso, violava a Décima Quarta e a Oitava Emendas. Para sustentar sua afirmação, ele ofereceu um estudo exaustivo de mais de 2 mil casos de homicídio na Geórgia. Conhecido como estudo Baldus – nomeado assim por causa do professor Baldus, seu principal autor –, ele descobriu que réus acusados de terem matado vítimas brancas receberam onze vezes mais sentenças de morte do que réus acusados de matarem vítimas negras. Os promotores da Geórgia apareciam como os principais culpados por essa disparidade; eles pediram pena de morte em 70% dos casos envolvendo réus negros e vítimas brancas, mas em apenas 19% dos casos envolvendo réus brancos e vítimas negras[54].

---

[54] McCleskey *versus* Kemp, 481 U.S. 279, 327 (1989), Brennan, J., *dissenting* [voto divergente].

Sensíveis ao fato de que numerosos fatores além da raça podem influenciar as tomadas de decisão por promotores, juízes e jurados, Baldus e seus colegas submeteram os dados brutos a análise estatística altamente sofisticada a fim de verificar se fatores não raciais poderiam explicar as disparidades. Mesmo após avaliarem 35 variáveis não raciais, os pesquisadores descobriram que réus acusados de terem assassinado vítimas brancas tinham probabilidade 4,3 vezes maior de receber sentença de morte do que réus acusados de matarem pessoas negras. Réus negros, como McCleskey, que mataram vítimas brancas eram, entre todos, os que tinham maiores chances de serem condenados à morte na Geórgia[55].

O caso foi acompanhado de perto por advogados criminais e de direitos civis em todo o país. A evidência estatística de discriminação que Baldus havia construído era a mais forte já apresentada a um tribunal no que diz respeito a raça e condenação criminal. Se as evidências de McCleskey não fossem suficientes para provar discriminação na ausência de algum tipo de conduta abertamente racista, o que poderia ser?

Pela margem de um voto, a corte rejeitou as alegações de McCleskey com base na Décima Quarta Emenda, insistindo em que, a menos que McCleskey pudesse provar que o promotor encarregado de seu caso tinha pedido a pena de morte por causa de sua raça ou que o júri a havia imposto por razões raciais, as evidências estatísticas de discriminação racial no sistema de pena de morte da Geórgia não provariam tratamento desigual perante a lei. A corte aceitou as evidências estatísticas como válidas, mas sustentou que, para provar a discriminação ilegal, era preciso haver evidências de preconceito racial consciente no caso de McCleskey. Na ausência de tais evidências, padrões de discriminação – mesmo padrões tão chocantes como os demonstrados pelo estudo de Baldus – não violariam a Décima Quarta Emenda.

Ao erigir um padrão tão elevado, a corte sabia perfeitamente que ele só poderia ser atingido em caso de confissão pelo promotor ou juiz de que agiram motivados por preconceito racial. A posição majoritária reconheceu abertamente que regras há muito tempo estabelecidas em geral impedem as partes de obterem os padrões e motivações da promotoria e que regras similares proíbem a introdução de evidências de deliberações do júri mesmo quando um jurado escolheu tornar as deliberações públicas[56]. A própria evidência que a corte

---

[55] Ibidem, p. 321.
[56] Ibidem, p. 296. Ironicamente, a corte expressou preocupação de que essas regras dificultassem aos *promotores de justiça* refutar a parcialidade racial. Aparentemente, o tribunal não se

requereu no caso McCleskey – evidência de preconceito deliberado – quase sempre estaria indisponível e/ou seria inadmissível devido a regras processuais que protegem jurados e promotores contra escrutínios. Esse dilema preocupava pouco a corte. Ela fechou as portas dos tribunais para alegações de preconceito racial nas decisões.

Há boas razões para acreditar que, apesar das aparências, a decisão do caso McCleskey não dizia respeito, efetivamente, somente à pena de morte; antes, a opinião da corte era movida por um desejo de proteger todo o sistema de justiça criminal de denúncias de preconceito racial. A evidência que melhor apoia esse ponto de vista pode ser encontrada no final do voto majoritário, em que a corte estabelece que a discricionariedade desempenha um papel necessário na implementação do sistema de justiça criminal e que a discriminação é um subproduto inevitável da discricionariedade. A discriminação racial, parecia sugerir a corte, era algo que simplesmente precisaria ser tolerada no sistema de justiça criminal, desde que ninguém admitisse ter sido preconceituoso.

A maioria observou que disparidades raciais significativas tinham sido encontradas em outras questões criminais, para além da pena de morte, e que o caso de McCleskey nos convocava implicitamente a questionar a integridade de todo o sistema. Nas palavras da corte:

> Levada à sua conclusão lógica, [a alegação de Warren McCleskey] põe seriamente em questão os princípios subjacentes ao nosso sistema de justiça criminal [...]. Se aceitarmos a alegação de McCleskey de que o preconceito racial tem corrompido de maneira inadmissível as decisões de condenação capital, nós poderemos rapidamente ser confrontados com alegações semelhantes em outros tipos de pena.[57]

A corte se preocupava abertamente que outros atores do sistema de justiça criminal também pudessem enfrentar escrutínio por tomadas de decisão supostamente preconceituosas caso se permitisse processar casos similares de preconceito racial no sistema. Guiada por essas preocupações, rejeitou a alegação de McCleskey de que o sistema de pena de morte da Geórgia violava a proibição pela Oitava Emenda da punição arbitrária, enquadrando como questão crítica se o estudo de Baldus demonstrava um "risco constitucionalmente inaceitável"

---

mostrou preocupado com que os réus, devido a sua decisão no caso, não fossem capazes de provar o preconceito racial por causa das mesmas regras.

[57] Ibidem, p. 314-6.

de discriminação. A resposta foi não. A corte considerou o risco de discriminação racial no sistema de condenação à morte da Geórgia "constitucionalmente aceitável". O ministro Brennan pontuou claramente em seu voto divergente que a opinião da corte "parecia sugerir medo de que se fizesse justiça demais"[58].

Triturado: condenações discriminatórias na Guerra às Drogas

A qualquer um que duvide do impacto devastador do caso McCleskey *versus* Kemp sobre os réus afro-americanos no sistema de justiça criminal, incluindo aqueles enredados pela Guerra às Drogas, basta perguntar a Edward Clary a esse respeito. Dois meses depois de seu aniversário de dezoito anos, Clary foi parado e revistado no aeroporto de Saint Louis porque ele "parecia" um traficante de drogas. Na ocasião, ele estava voltando para casa após visitar alguns amigos na Califórnia. Um deles o convencera a levar um pouco de drogas para Saint Louis. Clary nunca tinha tentado vender drogas antes, e não tinha antecedentes criminais.

Durante a revista, a polícia encontrou crack e o deteve prontamente. Ele foi julgado na Justiça Federal e condenado com base nas leis federais que punem crimes relacionados a crack cem vezes mais severamente do que crimes envolvendo cocaína em pó. Uma condenação pela venda de quinhentos gramas de cocaína em pó precipita uma sentença obrigatória de cinco anos, enquanto apenas cinco gramas de crack precipitam a mesma sentença. Como Clary tinha sido pego com mais do que cinquenta gramas de crack, o juiz acreditou que ele não tinha outra escolha a não ser sentenciá-lo – um réu primário de dezoito anos – a um mínimo de dez anos em prisão federal.

Clary, como outros réus em casos de crack, contestou a constitucionalidade dessa razão de 100 para 1. Seus advogados argumentaram que a lei é arbitrária e irracional, pois impõe penas tão expressivamente diferentes para duas formas da mesma substância. Eles também argumentaram que a lei discrimina os afro-americanos, porque a maioria dos acusados por crimes envolvendo crack na época era de negros (aproximadamente 93% dos condenados por crimes ligados a crack eram negros, 5% eram brancos), ao passo que os envolvidos com crimes ligados à cocaína eram predominantemente brancos.

Todos os tribunais federais de apelação haviam rejeitado essas alegações com o argumento de que o Congresso – certo ou errado – acreditava que o crack

---

[58] Ibidem, p. 339.

era mais perigoso para a sociedade, visão apoiada pelo testemunho de alguns "especialistas" em uso de drogas e de policiais. O fato de a maior parte das provas que demonstram *qualquer* disparidade ter sido desde então desacreditada foi considerado irrelevante; o que importava era se a lei parecia racional no momento em que foi adotada. O Congresso, concluíram os tribunais, está livre para alterar a lei se as circunstâncias tiverem mudado.

Os tribunais também tinham rejeitado alegações de que as leis de condenação por crack eram racialmente discriminatórias, em grande parte porque a decisão da Suprema Corte no caso McCleskey *versus* Kemp impedia essa conclusão. Nos anos após o julgamento do caso McCleskey, os tribunais inferiores, de maneira condizente, rejeitaram alegações de discriminação de raça no sistema de justiça criminal, considerando que disparidades raciais flagrantes não merecem escrutínio estrito na ausência de prova de discriminação racial explícita – justamente a prova que não pode ser produzida na era da neutralidade racial.

O juiz federal Clyde Cahill, do distrito oriental de Missouri, um juiz afro-americano designado para o caso de Clary, desafiou corajosamente a visão de que os tribunais são impotentes para abordar formas de discriminação racial que não sejam de hostilidade aberta. Cahill declarou que a razão de 100 para 1 violava a Décima Quarta Emenda por ser racialmente discriminatória, não obstante o caso McCleskey[59]. Embora admissões de preconceito racial ou intenções racistas não pudessem ser encontradas nos registros, o juiz Cahill considerou que a raça era inegavelmente um fator relevante para as leis e políticas de condenação por crack. Ele rastreou a história do movimento de endurecimento e concluiu que o medo, juntamente com o racismo inconsciente, tinha levado a uma mentalidade de linchamento e a um desejo de controlar a criminalidade – e aqueles considerados responsáveis por ela – a qualquer custo. Cahill reconheceu que muitas pessoas podem acreditar que não estão motivadas por atitudes discriminatórias, mas argumentou que todos nós internalizamos o medo em relação a jovens negros, um medo reforçado por imagens da mídia, que ajudou a criar uma imagem nacional do jovem negro como criminoso. "A presunção de inocência é hoje um mito jurídico", ele declarou.

A razão de 100 para 1, juntamente com as sentenças mínimas obrigatórias previstas pelo estatuto federal, criaram uma situação que fede a desumanidade e

---

[59] Estados Unidos *versus* Clary, 846 F. Supp. p. 768, 796-7 (E.D.Mo. 1994).

injustiça [...]. Se jovens brancos estivessem sendo encarcerados nas mesmas taxas que os jovens negros, o estatuto já teria sido reformado há muito tempo.

O juiz Cahill condenou Clary como se a droga que ele estava carregando fosse cocaína em pó. A sentença imposta foi de quatro anos de prisão. Clary cumpriu sua pena e foi libertado.

A promotoria apelou ao Tribunal de Apelações do Oitavo Circuito, que reverteu a decisão do juiz Cahill com votação unânime, considerando que o caso nem sequer estava encerrado. Na opinião do tribunal, não havia evidência confiável de que as punições por crack fossem motivadas por algum tipo de intolerância racial, conforme exigido pelo caso McCleskey *versus* Kemp. O tribunal devolveu o caso ao tribunal distrital para nova sentença. Clary – então casado e pai – foi mandado de volta para a prisão a fim de terminar de cumprir a sua pena de dez anos[60].

Poucos questionamentos constitucionais de esquemas, padrões ou resultados de sentença foram feitos após o caso McCleskey, já que isso se tornou claramente inútil. Em 1995 algumas almas valentes questionaram a implementação do sistema de sentenças de "duas infrações e você está fora" da Geórgia, que impõe prisão perpétua em caso de reincidência em crimes de drogas. Os promotores do distrito da Geórgia, que têm discricionariedade total para condenar os réus a penas tão duras, invocaram-no em somente 1% dos casos de réus brancos enfrentando uma segunda condenação de drogas, mas em 16% dos casos quando os réus eram negros. O resultado disso foi que 98,4% daqueles cumprindo penas perpétuas eram negros. A Suprema Corte da Geórgia decidiu, por 4 votos a 3, que a acentuada disparidade racial apresentava um caso limiar de discriminação e solicitou que os promotores oferecessem uma explicação racialmente neutra para os resultados. Em vez de oferecer uma justificativa, no entanto, o procurador-geral da Geórgia apresentou uma petição de nova audiência assinada por cada um dos 46 procuradores do estado, todos eles brancos. A petição argumentava que a decisão da corte era um erro terrível; se a decisão fosse autorizada e os promotores fossem obrigados a explicar grandes disparidades raciais como essas que estavam em causa, seria um "passo substancial na direção de invalidar" a pena de morte e "paralisaria o sistema de justiça criminal" – aparentemente porque disparidades raciais severas e inexplicáveis

---

[60] Doris Marie Provine, *Unequal Under Law: Race in the War on Drugs* (Chicago, University of Chicago Press, 2007), p. 26.

impregnaram o sistema como um todo. Treze dias depois, a Suprema Corte da Geórgia reviu a própria decisão, sustentando que o fato de 98,4% dos réus selecionados para receber condenações perpétuas por reincidência em crimes de drogas serem negros não precisava de justificação. A nova decisão da corte se baseou quase exclusivamente em McCleskey *versus* Kemp. Desde então, não houve um único questionamento ao preconceito racial das condenações com base no caso McCleskey *versus* Kemp que tenha sido bem-sucedido em qualquer lugar dos Estados Unidos.

Seguindo em frente: Armstrong *versus* Estados Unidos

Se o momento da sentença fosse o único estágio do processo da justiça criminal em que preconceitos raciais fossem autorizados a florescer, isso já seria uma tragédia de proporções gigantescas. Milhares de pessoas têm anos das suas vidas desperdiçados na prisão – anos em que, se fossem brancos, estariam livres. Alguns, como McCleskey, têm sido mortos por causa da influência da raça na administração das penas de morte. A sentença, contudo, não é o fim, mas apenas o começo. Como veremos, as regras jurídicas que orientam a acusação, como aquelas que regulam o processo decisório da sentença, maximizam, ao invés de minimizar, o preconceito racial na Guerra às Drogas. A Suprema Corte fez grandes esforços para garantir que os promotores sejam livres para exercer sua discricionariedade à vontade e fechou as portas dos tribunais para alegações de preconceito racial.

Como discutido no capítulo 2, ninguém tem mais poder no sistema de justiça criminal do que os promotores. Poucas regras limitam o exercício da discricionariedade da promotoria. O promotor é livre para arquivar um caso por qualquer razão, independentemente da solidez das provas disponíveis. O promotor também é livre para protocolar mais acusações contra um réu do que poderiam ser provadas de maneira realista em juízo, bastando para isso que seja possível argumentar em favor da existência de uma causa provável. Um bom acordo ser oferecido a um réu é algo que depende totalmente do promotor. E se o humor mudar, o promotor pode transferir réus por crimes de drogas para o sistema federal, no qual as penas são muito mais severas. Adolescentes, por sua vez, podem ser transferidos para o tribunal dos adultos, a partir do qual podem ser enviados para a prisão de adultos. Angela J. Davis, em seu reconhecido estudo *Arbitrary Justice: The Power of the American Prosecutor* [Justiça arbitrária: o poder do promotor estadunidense], observa que "a característica mais notável dessas decisões importantes, às vezes de vida ou morte, é que elas são totalmente discricionárias e praticamente irrecorríveis"[61]. A maioria das promotorias não tem qualquer manual ou guia aconselhando promotores sobre como tomar decisões discricionárias. Até mesmo o padrão de práticas para promotores da American Bar Association é puramente aspiracional; não se exige de nenhum promotor que siga os padrões ou mesmo os considere.

Christopher Lee Armstrong aprendeu do modo mais difícil que a Suprema Corte tem pouco interesse em assegurar que os promotores exerçam sua extraordinária discricionariedade de uma maneira justa e não discriminatória. Ele e cinco de seus colegas estavam hospedados em um motel em Los Angeles em abril de 1992, quando agentes federais e estaduais de uma força-tarefa conjunta de combate a crimes de drogas invadiram seu quarto e os apreenderam com base em acusações da lei federal de drogas – conspiração para distribuir mais de cinquenta gramas de crack. Os defensores públicos federais designados para o caso de Armstrong ficaram preocupados com o fato de ele e seus amigos terem algo em comum com os outros réus em crimes ligados ao crack representados por eles no ano anterior: eram todos negros. Na verdade, dos 53 casos de crack nos quais o seu gabinete havia trabalhado durante os três anos anteriores, 48 réus eram negros e 5 eram hispânicos – nenhum era branco. Os advogados de Armstrong consideraram intrigante que nenhum criminoso branco ligado ao crack houvesse sido denunciado, dado que a maioria desses criminosos é branca. Eles suspeitaram que os brancos estavam sendo enviados pelos promotores federais ao sistema estadual, em que as penalidades por crimes de drogas são muito menos severas. A única maneira de provar isso, no entanto, seria conseguir acesso aos registros dos promotores e descobrir quantos réus brancos foram transferidos para o sistema estadual e por quê. Os advogados de Armstrong entrarem com uma moção requerendo ao tribunal distrital a abertura dos arquivos das promotorias para apoiar sua alegação de denúncias seletivas, em violação à Décima Quarta Emenda.

Quase cem anos antes, em um caso chamado Yick Wo *versus* Hopkins, a Suprema Corte reconhecera que a persecução criminal racialmente seletiva violava o princípio da igualdade perante a lei. Naquele caso, decidido em 1886, a corte reverteu de forma unânime as condenações de dois homens chineses que estavam administrando lavanderias sem licença. São Francisco negava licenças a todos os candidatos chineses, mas as concedia a todos os não chineses

---

[61] Angela J. Davis, *Arbitrary Justice*, cit., p. 5.

que se candidatavam, exceto um. A polícia prendeu mais de uma centena de pessoas por manterem lavanderias sem licença, e todas elas eram chinesas. Ao reverter a condenação de Yick Wo, a Suprema Corte declarou em uma passagem amplamente citada:

> Embora a lei em si seja aparentemente justa e imparcial, se ela for aplicada e administrada por autoridades públicas com um olhar maligno e uma mão desigual, que pratiquem discriminações injustas e ilegais entre pessoas em circunstâncias similares [...], a negação de uma justiça igual ainda está entre as proibições da Constituição.[62]

Os advogados de Armstrong tentaram provar que, assim como a lei em questão no caso Yick Wo, as leis federais sobre o crack eram justas em sua face e imparciais em sua aparência, mas seletivamente aplicadas de maneira racialmente discriminatória.

Para apoiar a sua alegação de que Armstrong deveria no mínimo ter o direito a ver isso revelado, os advogados ofereceram dois depoimentos juramentados. Um foi do coordenador de uma casa de ressocialização que testemunhou que, em sua experiência tratando viciados em crack, brancos e negros traficavam e usavam drogas em proporções similares. O outro depoimento era de um advogado de defesa com extensa experiência em processos criminais. Ele testemunhou que os réus não negros eram normalmente processados na justiça estadual, em vez de na justiça federal. Provavelmente a melhor evidência em apoio às alegações de Armstrong veio do governo, que enviou uma lista de mais de 2 mil pessoas acusadas por violações da legislação federal para o crack em um período de três anos: com exceção de onze, todos os outros eram negros. Não havia brancos na lista.

O tribunal distrital decidiu que a evidência apresentada era suficiente para justificar a revelação dos dados a fim de determinar se as alegações de procedimentos seletivos eram válidas. Os promotores, contudo, se recusaram a liberar quaisquer registros e levaram a questão até a Suprema Corte dos Estados Unidos. Em maio de 1996 a Suprema Corte reverteu a decisão. Como em McCleskey, a corte não questionou a precisão da evidência apresentada, mas decidiu que, como Armstrong não conseguira identificar réus brancos em situação similar que devessem ter sido processados em tribunais federais e não o foram, ele

---

[62] Yick Wo *versus* Hopkins, 118 U.S. p. 356, 373-4 (1886).

não tinha nem mesmo o direito de obter os dados relativos à sua alegação de acusação seletiva. Sem traço de ironia, a corte requereu que Armstrong produzisse antecipadamente exatamente aquilo que ele estava tentando revelar com o seu procedimento: informações a respeito de réus brancos que deveriam ser processados nos tribunais federais. Essa informação, claro, estava sob a posse e o controle da promotoria, razão pela qual Armstrong movera a ação inicial.

Como resultado da decisão do caso Armstrong, réus que suspeitam de preconceito racial por parte das promotorias estão em um beco sem saída. Para estabelecer uma alegação de acusação seletiva, é exigido que eles ofereçam *antecipadamente* a própria evidência que normalmente só pode ser obtida por meio da abertura dos registros das promotorias. A corte justificou esse obstáculo insuperável alegando que se deve deferência ao exercício da discricionariedade da promotoria. A menos que se pudesse produzir alguma prova de preconceito intencional por parte do promotor, a corte não permitiria inquérito algum sobre as razões ou causas das aparentes disparidades raciais nas tomadas de decisão das promotorias. Novamente as portas dos tribunais foram fechadas, para todos os propósitos práticos, a alegações de preconceito racial na administração do sistema de justiça criminal.

Defender promotores de alegações de preconceito racial, e, com isso, falhar na imposição de qualquer controle efetivo no exercício de sua discricionariedade em realizar denúncias, negociar transações penais, transferir casos e sentenciar, criou um ambiente no qual preconceitos conscientes e inconscientes têm permissão para florescer. Inúmeros estudos demonstraram que, com base na raça do infrator, promotores interpretam e respondem a atividades criminais idênticas de maneiras diferentes[63]. Um estudo amplamente citado, conduzido pelo *San Jose Mercury News*, revisou 700 mil casos criminais, combinados por crime e histórico criminal do réu. As análises revelaram que, em situações semelhantes, brancos eram muito mais bem-sucedidos do que afro-americanos e latinos em negociações de transação penal; na verdade, "em praticamente todas as etapas das negociações pré-judiciais, os brancos são mais bem-sucedidos do que os não brancos"[64].

Os estudos mais abrangentes sobre preconceito racial no exercício do poder de acusação e da discricionariedade judicial envolvem o tratamento dispen-

---

[63] Ver, por exemplo, Sandra Graham e Brian Lowery, "Priming Unconscious Racial Stereotypes About Adolescent Offenders", *Law and Human Behavior*, v. 28, n. 5, 2004, p. 483-504.

[64] Christopher Schmitt, "Plea Bargaining Favors Whites, as Blacks, Hispanics Pay Price", *San Jose Mercury News*, 8 dez. 1991.

sado a jovens. Esses estudos mostraram que jovens não brancos têm maior probabilidade do que suas contrapartes brancas de serem apreendidos, detidos, formalmente acusados, transferidos para um tribunal de adultos e confinados até que se assegurem condições residenciais[65]. Um relatório de 2000 observou que, entre os jovens que nunca tinham sido mandados para uma prisão juvenil, os afro-americanos tinham probabilidade seis vezes maior do que os brancos de serem condenados à prisão por crimes *idênticos*[66]. Um estudo financiado pelo Departamento de Justiça dos Estados Unidos e várias das principais fundações do país, publicado em 2007, descobriu que o impacto de tratamento preconceituoso é ampliado a cada novo passo no interior do sistema de justiça criminal. Os jovens afro-americanos representam 16% do total de jovens, 28% do total de adolescentes apreendidos, 35% do total de jovens enviados a tribunais criminais de adultos e 58% dos jovens que dão entrada em prisões estaduais de adultos[67]. Uma das razões principais para essas disparidades são preconceitos raciais inconscientes e conscientes que afetam a tomada de decisões. No estado de Washington, por exemplo, uma revisão dos relatórios de condenação de menores concluiu que os promotores rotineiramente descreviam os delinquentes negros e brancos de modos diferentes[68]. Os negros cometeram crimes por falhas de personalidade, como o desrespeito. Os brancos o fizeram por causa de condições externas, como conflitos familiares.

O risco de que a discricionariedade das promotorias promova preconceito racial é especialmente grave no contexto de repressão às drogas, no qual comportamentos praticamente idênticos são suscetíveis a uma grande variedade de interpretações e respostas e em que as imagens da mídia e o discurso político

---

[65] Ver, por exemplo, Carl E. Pope e William Feyerherm, "Minority Status and Juvenile Justice Processing: An Assessment of the Research Literature", *Criminal Justice Abstracts*, v. 22, 1990, p. 527-42; Carl E. Pope, Rick Lovell e Heidi M. Hsia, *Disproportionate Minority Confinement: A Review of the Research Literature from 1989 Through 2001* (Washington, DC, U.S. Department of Justice, 2002); Eleanor Hinton Hoytt, Vincent Schiraldi, Brenda V. Smith e Jason Ziedenberg, *Reducing Racial Disparities in Juvenile Detention* (Baltimore, Annie E. Casey Foundation, 2002), p. 20-1.

[66] Eileen Poe-Yamagata e Michael A. Jones, *And Justice for Some: Differential Treatment of Youth of Color in the Justice System* (Washington, DC, Building Blocks for Youth, 2000).

[67] Christopher Hartney e Fabiana Silva, *And Justice for Some: Differential Treatment of Youth of Color in the Justice System* (Washington, DC, National Council on Crime and Delinquency, 2007).

[68] Ver George Bridges e Sara Steen, "Racial Disparities in Official Assessments of Juvenile Offenders: Attributional Stereotypes as Mediating Mechanisms", *American Sociological Review*, v. 63, n. 4, 1998, p. 554-70.

estão completamente racializados. Perceber um garoto como um traficante de drogas perigoso ou, em vez disso, como um bom garoto que estava apenas experimentando drogas e vendendo a alguns de seus amigos tem a ver com as formas pelas quais as informações sobre atividades ilegais ligadas a drogas são processadas e interpretadas, em um clima social em que o tráfico de drogas é racialmente definido. Como um ex-procurador de justiça explicou:

> Eu tinha um [assistente que] queria arquivar a acusação de porte de arma contra um réu [num caso em que] não existiam circunstâncias atenuantes. Eu perguntei: "Por que você quer arquivar o crime de porte?". E ele disse: "Ele é um cara rural e cresceu numa fazenda. A arma que ele levava era um rifle. Ele é um agroboy, e todos os agroboys têm rifles, então não é como se ele fosse um traficante de drogas armado". Mas ele era exatamente um traficante de drogas armado.

A decisão do caso Armstrong efetivamente protege esse tipo de decisão tendenciosa do escrutínio judicial por preconceito racial. Os promotores estão bem cientes de que o exercício de seu poder discricionário não é controlado, desde que não haja comentários explicitamente racistas, já que é quase impossível para os réus provar preconceito racial. É difícil imaginar um sistema mais bem concebido para garantir que os preconceitos e estereótipos raciais tenham caminho livre – ao mesmo tempo que aparecem na superfície como racialmente neutros – do que o inventado pela Suprema Corte dos Estados Unidos.

EM DEFESA DE JÚRIS TOTALMENTE BRANCOS: PURKETT *VERSUS* ELM

As regras que regulamentam a seleção de júris fornecem mais uma ilustração da completa abdicação da Suprema Corte em relação à sua responsabilidade de garantir igualdade perante a lei para as minorias raciais. Em 1985, no caso Batson *versus* Kentucky, a corte decidiu que a Décima Quarta Emenda proíbe promotores de discriminar com base na raça a seleção de jurados, decisão saudada como importante salvaguarda contra júris compostos apenas de brancos prendendo afro-americanos com base em preconceitos e estereótipos raciais. Antes do caso Batson, os promotores eram autorizados a vetar a presença de negros nos júris, desde que nem *sempre* fizessem isso. A Suprema Corte tinha decidido em 1965, no caso Swain *versus* Alabama, que um pedido de restabelecimento da igualdade perante a lei só poderia ocorrer se o réu pudesse provar que um promotor vetara jurados afro-americanos em todos os seus casos, independentemente do crime envolvido ou da raça do réu ou da vítima[69]. Duas décadas mais tarde, no caso Batson, a Suprema Corte mudou de posição, acenando ao recém-criado consenso público que a discriminação racial explícita é uma afronta aos valores estadunidenses. Quase imediatamente após a decisão do caso Batson, contudo, tornou-se evidente que os promotores não tinham nenhuma dificuldade em contornar a exigência formal de neutralidade racial na seleção do júri por meio de um tipo de subterfúgio que a corte viria a aceitar, quando não endossar.

A história da discriminação racial na seleção de júri remonta à escravidão. Até 1860, nenhuma pessoa negra tinha participado de um júri nos Estados Unidos. Durante a era da Reconstrução, afro-americanos começaram a servir em júris no Sul pela primeira vez. O júri formado apenas por brancos retornou prontamente, no entanto, quando conservadores do Partido Democrata buscaram "redimir" o Sul privando os negros de seus direitos de voto e de servir em júris. Em 1880, a Suprema Corte interveio, derrubando um estatuto da Virgínia Ocidental que reservava expressamente o serviço de júri a homens brancos. Citando a recém-promulgada Décima Quarta Emenda, a corte declarou que a exclusão de negros do serviço de júri era "praticamente uma etiqueta sobre eles, afixada pela lei, uma afirmação de sua inferioridade e um estímulo ao preconceito racial, o que impede [...] uma justiça igualitária"[70]. A corte perguntou:

> Como se pode querer sustentar que obrigar um homem não branco a um julgamento que põe sua vida em risco, feito por um júri composto a partir de um universo do qual o Estado excluiu expressamente todos os homens de sua raça, apenas por causa de sua cor, por mais qualificados que sejam em outros aspectos, não é negar a ele igualdade perante a lei?[71]

Apesar de tudo, a corte não ofereceu nenhuma proteção significativa contra a discriminação do júri nos anos que se seguiram. Como o professor de direito Benno Schmidt observou, desde o fim da Reconstrução até o New Deal, "a exclusão sistemática dos negros do Sul dos júris era tão clara que qualquer

---

[69] Swain *versus* Alabama, 380 U.S. 202 (1965), anulado por Batson *versus* Kentucky, 476 U.S. 79 (1986).
[70] Strauder *versus* Virgínia Ocidental, 100 U.S. 303, 308 (1880).
[71] Ibidem, p. 309.

discriminação legal nem precisava ser proclamada nos estatutos estaduais ou confessada pelas autoridades estatais"[72]. A Suprema Corte confirmou repetidas vezes condenações de réus negros por júris formados apenas por brancos em situações em que a exclusão de jurados negros era óbvia[73]. O único caso em que a corte anulou uma condenação por discriminação na seleção do júri foi no caso Neal *versus* Delaware, decidido em 1935. Uma lei estadual em Delaware restringia explicitamente o serviço do júri aos homens brancos, e "nenhum cidadão de cor jamais tinha sido convocado como jurado"[74]. A Suprema Corte de Delaware tinha rejeitado o pedido de Neal de igualdade perante a lei, considerando que "o grande corpo de homens negros que reside neste estado é completamente desqualificado [para o serviço de júri] por falta de inteligência, experiência ou integridade moral"[75]. A Suprema Corte reverteu. Claramente, o que ofendeu a Suprema Corte dos Estados Unidos não foi a exclusão de negros do serviço do júri *per se*, mas isso ter ocorrido aberta e explicitamente. Essa orientação continua em vigor hoje.

Não obstante a proibição no caso Batson de discriminação racial na seleção do júri, a Suprema Corte e os tribunais federais inferiores têm tolerado todos os exemplos, exceto os mais flagrantes, de preconceito racial na seleção do júri. O caso Miller-El *versus* Cockrell foi um deles[76]. Esse caso envolveu um manual de seleção de jurados que sancionava a seleção fundamentada na raça. A corte observou que não estava claro se a política oficial de exclusão racial ainda estava em vigor, mas a acusação excluiu de fato dez de onze jurados negros, em parte empregando uma prática incomum de "embaralhamento do júri" que reduziu o número de jurados negros[77]. A promotoria também começou a questionar os jurados de modo díspar com base na raça – práticas que pareciam relacionadas ao manual de seleção do júri. Tratou-se de um caso muito incomum. Nos casos típicos, não existem políticas oficiais autorizando a discriminação racial na seleção do júri ainda em vigor. Normalmente, a discriminação é óbvia,

---

[72] Benno C. Schmidt Jr., "Juries, Jurisdiction, and Race Discrimination: The Lost Promise of *Strauder versus West Virginia*", *Texas Law Review*, v. 61, 1983, p. 1.401.
[73] Ver, por exemplo, Smith *versus* Mississippi, 162 U.S. 592 (1896); Gibson *versus* Mississippi, 162 U.S. 565 (1896); e Brownfield *versus* Carolina do Sul, 189 U.S. 426 (1903).
[74] Neal *versus* Delaware, 103 U.S., p. 370, 397 (1880).
[75] Ibidem, p. 402-3 (citando a Suprema Corte de Delaware).
[76] Miller-El *versus* Cockrell, 537 U.S., p. 322, 333-4 (2003).
[77] Ibidem, p. 334-5.

ainda que não declarada, e a exclusão sistemática de jurados negros continua em grande parte inabalada por meio do emprego da exclusão peremptória.

As exclusões peremptórias são controversas há muito tempo. Tanto os promotores quanto os advogados de defesa têm permissão para excluir "peremptoriamente" jurados de que eles não gostem – isto é, pessoas que eles acreditam que não responderão favoravelmente às evidências ou às testemunhas que eles pretendem apresentar no julgamento. Na teoria, as exclusões peremptórias permitem aumentar a justiça do processo, eliminando jurados que possam ser tendenciosos, mas cujos preconceitos não são passíveis de ser demonstrados de maneira convincente a um juiz. Na prática, contudo, os questionamentos peremptórios são notoriamente discriminatórios. Os advogados normalmente têm pouca informação sobre os potenciais jurados, de modo que sua decisão de eliminar jurados tende a estar baseada em nada além de estereótipos, preconceitos e palpites. Conseguir um júri só com brancos, ou quase só com brancos, é fácil na maioria das jurisdições, porque relativamente poucas minorias raciais estão incluídas no rol do júri. Os jurados em potencial normalmente são chamados para servir com base na lista dos eleitores registrados ou em listas do Departamento de Veículos Automotores – fontes que contêm de modo desproporcional menos pessoas não brancas, porque essas pessoas são significativamente menos propensas a possuir carros ou a se registrar para votar. Para piorar as coisas, 31 estados e o governo federal subscrevem a prática de exclusão perpétua de criminosos dos júris. *Como resultado, em torno de 30% dos homens negros estão automaticamente banidos do serviço de júri por toda a vida*[78]. Consequentemente, não mais do que um punhado de exclusões é necessário em muitos casos para eliminar todos ou quase todos os jurados negros. A prática de excluir sistematicamente jurados negros não foi interrompida pelo caso Batson; a única coisa que mudou é que os promotores passaram a ter de apresentar uma desculpa racialmente neutra para as exclusões – uma tarefa extremamente fácil.

Na verdade, um estudo abrangente analisou todas as decisões publicadas que envolvem questionamentos ao caso Batson entre 1986 e 1992 e concluiu que os promotores quase nunca eram malsucedidos ao elaborar explicações racialmente neutras aceitáveis para justificar a exclusão de jurados negros[79]. Os tribunais

---

[78] Brian Kalt, "The Exclusion of Felons from Jury Service", *American University Law Review*, v. 53, 2003, p. 65, 67.

[79] Michael J. Raphael e Edward J. Ungvarsky, "Excuses, Excuses: Neutral Explanations Under Batson versus Kentucky", *University of Michigan Journal of Law Reform*, v. 27, 1993, p. 229, 236.

aceitam explicações de que os jurados são jovens demais, velhos demais, conservadores demais, liberais demais, muito à vontade, pouco à vontade. O modo de se vestir é uma das razões favoritas; jurados têm sido excluídos por usar chapéus ou óculos. Mesmo explicações que podem ser correlacionadas à raça – como falta de educação, desemprego, pobreza, ser solteiro, morar no mesmo bairro que o réu ou envolvimento anterior com o sistema de justiça criminal – foram consideradas perfeitamente aceitáveis, e não pretextos para excluir afro-americanos de júris. Como a professora Sheri Lynn Johnson observou certa vez: "Se existirem promotores que [...] não conseguem criar uma razão 'racialmente neutra' para discriminar com base na raça, isso significa que o exame da ordem está fácil demais"[80].

Dado quão flagrantemente os promotores estavam violando a proibição do caso Batson de discriminar na seleção do júri, era razoável esperar que, se fosse apresentado um caso particularmente repugnante, a Suprema Corte se dispusesse a pôr fim a práticas que ridicularizam o princípio da não discriminação. É verdade que a corte não tinha se disponibilizado a aceitar provas estatísticas de discriminação racial em condenações no caso McCleskey, que repreendera as preocupações de preconceito racial nas paradas policiais discricionárias no caso Whren e que concedera imunidade aos promotores para decidirem quais acusações fazer no caso Armstrong, mas ela iria tão longe a ponto de autorizar os promotores a oferecer desculpas descaradamente absurdas, mesmo ridículas, para excluir negros do júri? A resposta dada foi sim.

No caso Purkett *versus* Elm, em 1995, a Suprema Corte decidiu que qualquer razão racialmente neutra, não importa quão tola, ridícula ou supersticiosa ela seja, é suficiente para satisfazer o ônus que o promotor tem de provar que um padrão de exclusão de um grupo racial particular na verdade não é baseado na raça. Nesse caso, o promotor ofereceu a seguinte explicação para justificar a exclusão de jurados negros:

> Eu excluí o [jurado] número 22 por causa de seu cabelo longo. Ele tinha cabelos longos e encaracolados. Ele tinha o cabelo mais comprido do que qualquer um no rol, de longe. Ele pareceu não ser um bom jurado por aquele fato [...]. Além disso, ele tinha um bigode e um cavanhaque. E o jurado número 24 também tinha um bigode e um cavanhaque. E eu não gosto da aparência

---

[80] Sheri Lynn Johnson, "The Language and Culture (Not to Say Race) of Peremptory Challenges", *William and Mary Law Review*, v. 35, 1993, p. 21 e 59.

deles, da maneira como cortam os cabelos, os dois. E os bigodes e as barbas parecem suspeitos para mim.[81]

O Tribunal de Apelações do Oitavo Circuito decidiu que essa explicação era insuficiente para a exclusão pelo promotor dos jurados negros e deveria ter sido rejeitada pelo tribunal de primeira instância porque cabelos longos e pelos faciais não estão plausivelmente relacionados à capacidade de alguém atuar como jurado. O tribunal de apelação explicou:

> Quando a acusação exclui um jurado em potencial que é membro do mesmo grupo racial que o réu unicamente com base em fatores que são obviamente irrelevantes para a questão de se essa pessoa está qualificada para atuar como jurado no caso particular, a Promotoria deve pelo menos articular alguma razão racialmente neutra plausível para acreditar que esses fatores vão de alguma maneira afetar a habilidade da pessoa de desempenhar suas tarefas como jurado.[82]

A Suprema Corte dos Estados Unidos reverteu, afirmando que, quando um padrão de exclusões raciais é identificado pela defesa, o promotor não precisa fornecer "uma explicação que seja persuasiva, ou mesmo plausível"[83]. Uma vez oferecida a razão, o juiz de primeira instância pode escolher acreditar (ou não acreditar) em quaisquer razões "tolas ou supersticiosas" oferecidas pelos promotores a fim de explicar um padrão de exclusões que parece baseado na raça[84]. A corte enviou uma mensagem clara de que tribunais de apelação estão totalmente livres para aceitar as razões oferecidas por promotores para excluir potenciais jurados negros – não importa quão irracionais ou absurdas elas possam ser.

A OCUPAÇÃO: POLICIANDO O INIMIGO

Os olhos cegos das cortes em relação à discriminação racial no sistema de justiça criminal têm sido especialmente problemáticos no que diz respeito ao policiamento. O preconceito racial é mais agudo no ponto de entrada do

---

[81] Purkett *versus* Elm, 514 U.S., p. 765, 771, n. 4 (1995), Stevens, J., *dissenting and quoting prosecutor* [voto divergente, citando manifestação do promotor].
[82] Ibidem, p. 767.
[83] Ibidem, p. 768.
[84] Idem.

sistema por duas razões: discricionariedade e autorização. Embora, como grupo, os promotores sejam aqueles que detêm maior poder no sistema de justiça criminal, a polícia tem a maior discricionariedade – amplificada na aplicação da lei de drogas. E sem o conhecimento do público em geral, a Suprema Corte autorizou a discriminação racial no policiamento, em vez de adotar regras legais que a proíbam.

A discricionariedade policial com viés racial é fundamental para entender como a esmagadora maioria das pessoas varridas para o sistema de justiça criminal na Guerra às Drogas pode ser preta ou parda, mesmo que a polícia negue categoricamente que se utilize de perfilamento racial. Na Guerra às Drogas, a polícia tem discricionariedade em relação a quem mirar (quais indivíduos), bem como onde mirar (quais bairros e comunidades). Como mencionado anteriormente, ao menos 10% dos estadunidenses violam a lei de drogas todos os anos, e pessoas de todas as raças se envolvem em atividades ligadas a drogas ilegais em taxas similares. Com uma população tão extraordinariamente grande de criminosos a escolher, é preciso que se tomem decisões a respeito de quem deve ser o alvo e onde a Guerra às Drogas deve ser travada.

Desde o início, a Guerra às Drogas poderia ter sido travada principalmente em subúrbios predominantemente brancos ou em *campi* universitários. As equipes da Swat poderiam ter saltado de rapel de helicópteros em ricos condomínios fechados e invadido as casas de jogadores de lacrosse de ensino médio conhecidos por sediar festas com cocaína e ecstasy depois das partidas. A polícia poderia ter confiscado televisões, móveis e dinheiro de casas de fraternidades com base em uma dica anônima de que alguns baseados ou um estoque de cocaína poderiam ser encontrados escondidos na gaveta da cômoda de alguém. As donas de casa suburbanas poderiam ter sido colocadas sob vigilância e submetidas a operações secretas destinadas a flagrá-las violando as leis que regulam o uso e a venda de receitas para a compra de "estimulantes". Tudo isso poderia ter acontecido como uma rotina nas comunidades brancas, mas não aconteceu.

Em vez disso, quando a polícia sai para procurar drogas, ela procura na "comunidade". Táticas que seriam suicídio político em um condomínio de luxo de brancos não são nem dignas de notícia em comunidades de pretos e pardos pobres. Enquanto as prisões em massa se concentrarem em áreas urbanas empobrecidas, os chefes de polícia têm poucas razões para temer uma reação política, não importa quão agressivos e militaristas sejam os esforços. E enquanto o número de prisões por drogas aumentar ou, pelo menos, permanecer elevado, os dólares federais continuarão a fluir e a encher os cofres do departamento de polícia. Como disse um ex-promotor: "É muito mais fácil ir para, por assim dizer, a 'comunidade' e lá escolher alguém do que investir seus recursos em uma operação secreta em um grupo onde provavelmente há pessoas politicamente poderosas"[85].

A hipersegregação dos negros pobres nos guetos tornou o cerco mais fácil. Confinados a essas áreas e sem poder político, os negros pobres são alvos convenientes. O livro *American Apartheid*, de Douglas Massey e Nancy Denton, documenta como guetos racialmente segregados foram criados de propósito por uma política federal, e não por forças impessoais do mercado ou escolhas privadas sobre onde morar[86]. O duradouro isolamento racial dos pobres do gueto tornou-os vulneráveis como ninguém mais na Guerra às Drogas. O que acontece com eles não afeta diretamente os – e é escassamente observado pelos – privilegiados além das paredes invisíveis do gueto. É por isso que é aqui, nos guetos racialmente segregados, onde a Guerra à Pobreza foi abandonada e as fábricas desapareceram, que a Guerra às Drogas tem sido travada com maior ferocidade. Equipes da Swat são implantadas aqui; as operações com policiais disfarçados de vendedores de drogas são concentradas aqui; as invasões a prédios residenciais ocorrem aqui; as operações de parada e revista são feitas aqui. A juventude preta e parda é alvo principal. Não é raro que um jovem adolescente negro que vive em um gueto seja parado, interrogado e revistado numerosas vezes no curso de um mês, ou mesmo de uma única semana, muitas vezes por unidades paramilitares. Estudos de perfilamento racial costumam relatar o número total de pessoas paradas e revistadas, segundo a raça. Esses estudos levaram alguns especialistas em policiamento a concluir que o perfilamento racial é na verdade "pior" nas comunidades brancas, porque as disparidades raciais nas taxas de paradas e revistas são muito maiores lá. O que esses estudos não revelam, contudo, é a frequência com que um indivíduo qualquer tem a probabilidade de ser parado em bairros específicos, racialmente definidos.

A natureza militarizada da segurança pública nos guetos inspirou artistas de *rap* e jovens negros a se referir à presença da polícia nas comunidades negras como "A Ocupação". Nesses territórios ocupados, muitos jovens negros

---

[85] Ver Lynn Lu, "Prosecutorial Discretion and Racial Disparities in Sentencing: Some Views of Former U.S. Attorneys", *Federal Sentencing Reporter*, v. 19, fev. 2007, p. 192.
[86] Douglas S. Massey e Nancy A. Denton, *American Apartheid: Segregation and the Making of the Underclass* (Cambridge, MA, Harvard University Press, 1993), p. 2.

automaticamente "assumem a posição" quando uma viatura para perto deles, sabendo muito bem que eles serão detidos e revistados, não importa o que aconteça. Essa dinâmica muitas vezes surpreende aqueles que passaram pouco tempo nos guetos. Craig Futterman, professor de direito na Universidade de Chicago, relata que seus alunos frequentemente expressam choque e consternação quando se aventuram pela primeira vez nessas comunidades e testemunham a distância entre os princípios jurídicos abstratos e a prática real. Uma estudante relatou, após seu passeio com a polícia de Chicago:

> A cada vez que nós entrávamos em um conjunto habitacional público e parávamos o carro, os jovens negros na área, quase como em um reflexo, colocavam suas mãos contra o carro e afastavam as pernas para serem revistados. E os policiais os revistavam. Os policiais então voltavam para o carro e paravam em outro conjunto habitacional, e isso acontecia novamente. Isso se repetiu durante o dia todo. Eu não podia acreditar. Isso não tinha nada a ver com o que tínhamos aprendido na faculdade de direito. Mas isso parecia muito normal – para a polícia e para os rapazes.

Numerosos acadêmicos (e muitos agentes de segurança pública) tentam justificar a concentração de recursos para o combate às drogas nos guetos alegando que é mais fácil para a polícia combater atividades de drogas ilegais lá. A teoria é de que os usuários de drogas negros e latinos têm mais probabilidade do que os usuários brancos de obterem drogas ilegais em espaços públicos que são visíveis para a polícia, e por isso é mais eficiente e conveniente para a polícia concentrar seus esforços nos mercados de drogas a céu aberto nos guetos. Os sociólogos têm sido os principais defensores dessa linha de raciocínio, ressaltando que o acesso diferencial ao espaço privado influencia a probabilidade de que comportamentos criminosos sejam detectados. Como as pessoas pobres não têm acesso ao espaço privado (muitas vezes compartilhando pequenos apartamentos com vários familiares ou parentes), sua atividade criminosa tem maior probabilidade de ocorrer ao ar livre. Concentrar os esforços de segurança pública em locais onde a atividade ligada a drogas será detectada mais facilmente é visto como uma necessidade organizacional racialmente neutra. Esse argumento é frequentemente apoiado por alegações de que a maioria das queixas de cidadãos sobre atividades ligadas a drogas ilegais vem das áreas de gueto e que a violência associada à venda de drogas ocorre no centro das cidades. Esses fatos, afirmam os defensores da Guerra às Drogas, tornam a decisão de travá-la quase exclusivamente em comunidades pobres não brancas uma escolha fácil e lógica.

Essa linha de raciocínio é mais frágil do que parece à primeira vista. Muitos agentes de segurança pública reconhecem que a demanda por drogas ilegais é tão grande – e as fontes alternativas de renda tão escassas nos guetos – que "se você tira um traficante de drogas da rua, ele será substituído em uma hora". Muitos também admitem que uma consequência previsível de desbaratar um ponto de drogas é uma onda de violência, já que outros começam a lutar pelo controle do mercado previamente estabilizado[87]. Essas realidades sugerem – se as últimas duas décadas de guerras intermináveis não o fizeram – que a Guerra às Drogas está fadada ao fracasso. Muitos também questionam a legitimidade da "conveniência" como uma desculpa para a prisão em massa de homens pretos e pardos nos guetos.

Mesmo deixando de lado tais preocupações, porém, pesquisas recentes indicam que as suposições básicas sobre as quais as justificativas da Guerra às Drogas normalmente repousam estão simplesmente erradas. A sabedoria popular – de que a tática de "endurecimento" é uma necessidade lamentável em comunidades não brancas pobres e que a eficiência exige que a Guerra às Drogas seja travada nos bairros mais vulneráveis – acaba sendo, como muitos suspeitam há tempos, nada mais do que uma propaganda de guerra, e não uma política sólida.

Sabedoria (im)popular

Em 2002, uma equipe de pesquisadores da Universidade de Washington decidiu levar a sério as justificativas da Guerra às Drogas, submetendo os argumentos a testes empíricos, em um grande estudo sobre a aplicação da lei de drogas em uma cidade racialmente misturada – Seattle[88]. O estudo descobriu que, ao contrário do "senso comum", as altas taxas de detenção de afro-americanos no combate às drogas não poderiam ser explicadas por taxas de criminalidade; tampouco poderiam ser explicadas por outras desculpas-padrão, como facilidade e eficiência do policiamento dos mercados de drogas a céu aberto, reclamações

---

[87] Para uma discussão dos possíveis efeitos da substituição, ver Robert MacCoun e Peter Reuter, *Drug War Heresies: Learning from Other Vices, Times, and Places* (Nova York, Cambridge University Press, 2001).

[88] Ver Katherine Beckett et al., "Drug Use, Drug Possession Arrests, and the Question of Race: Lessons from Seattle", *Social Problems*, v. 52, n. 3, 2005, p. 419-41; e Katherine Beckett, Kris Nyrop e Lori Pfingst, "Race, Drugs and Policing: Understanding Disparities in Drug Delivery Arrests", *Criminology*, v. 44, n. 1, 2006, p. 105.

de cidadãos ou violência relacionada a drogas. O estudo também desmentiu a suposição de que os traficantes de drogas brancos trabalhem no interior de prédios, o que tornaria sua atividade criminosa mais difícil de ser detectada.

Os autores descobriram que o que estava guiando a tomada de decisões discricionárias do Departamento de Polícia de Seattle eram estereótipos falsos – e não fatos – a respeito do mercado de crack, dos traficantes de crack e bebês do crack. Os fatos eram os seguintes: os moradores de Seattle eram muito mais propensos a relatar suspeitas de atividades ligadas a narcóticos em residências – e não ao ar livre –, mas a polícia dedicava seus recursos a mercados de drogas ao ar livre e ao distrito com *menor* probabilidade de ser identificado como local de suspeita de atividades ligadas a drogas, se tomarmos como base as denúncias de cidadãos. Na verdade, embora centenas de transações de drogas ao ar livre tenham sido registradas em áreas predominantemente brancas de Seattle, a polícia concentrou seus esforços de fiscalização em um mercado de drogas no centro da cidade, onde a frequência das transações era muito inferior. Nos mercados de drogas inter-raciais ao ar livre, os traficantes negros tinham probabilidade muito maior de serem presos do que os brancos, mesmo que os traficantes brancos estivessem presentes e visíveis. E o departamento se concentrou esmagadoramente no crack – a única droga em Seattle com maior probabilidade de ser vendida a afro-americanos – apesar de os registros hospitalares indicarem que as mortes por overdose de heroína eram muito mais numerosas do que todas as mortes por overdose de crack e cocaína em pó combinadas. A polícia local reconheceu que nenhum nível significativo de violência estava associado ao crack em Seattle e que outras drogas estavam causando mais hospitalizações, mas defendeu firmemente que suas decisões de mobilização não eram discriminatórias.

Os autores do estudo concluíram, com base em sua revisão bibliográfica e na análise dos dados empíricos, que as decisões do Departamento de Polícia de Seattle de focar tanto no crack, com a quase exclusão de outras drogas, e de concentrar seus esforços nos mercados de drogas ao ar livre nas áreas do centro, não nos mercados situados dentro de edifícios ou em comunidades predominantemente brancas, refletia "uma concepção racializada do problema da droga"[89]. Como os autores sustentam:

> O foco [do Departamento de Polícia de Seattle] em indivíduos negros e latinos e na droga mais fortemente associada à "negritude" sugere que as políticas e práti-

---

[89] Katherine Beckett et al., "Drug Use", cit., p. 436.

cas de segurança pública são baseadas na suposição de que o problema da droga é, na verdade, um problema negro e latino, e que o crack, a droga mais fortemente associada a negros urbanos, é "a pior".⁹⁰

Esse roteiro cultural racializado a respeito de quem – e o que – constitui o problema da droga torna invisível a atividade ilegal de drogas pelos brancos. "Os brancos", observam os autores do estudo, "simplesmente não são vistos como criminosos de drogas pelos policiais de Seattle"⁹¹.

ESPERANÇA VAZIA

Seria possível imaginar que os fatos descritos acima fornecessem fundamentos para uma ação judicial contra as táticas usadas na Guerra às Drogas pelo Departamento de Polícia de Seattle, por violação à norma de proteção igualitária perante a lei da Décima Quarta Emenda e a exigência de uma reforma. Afinal, obter uma reforma por meio da Câmara Municipal ou da Assembleia Legislativa do Estado pode parecer improvável, pois "criminosos" negros são talvez a minoria mais desprezada da população estadunidense. Poucos políticos agarrarão a oportunidade de apoiar negros rotulados de criminosos. Consequentemente, um processo judicial pode parecer a melhor opção. O propósito de nossa Constituição – especialmente da garantia de igualdade perante a lei da Décima Quarta Emenda – é proteger os direitos das minorias mesmo quando, ou especialmente quando, elas são impopulares. Assim, advogados afro-americanos não deveriam poder mover uma ação judicial bem-sucedida que exigisse o fim dessas práticas discriminatórias ou contestar suas prisões ligadas a drogas com base no fato de que essas práticas de segurança pública são corrompidas porque se movem por critérios raciais? A resposta é sim, eles deveriam, mas não, eles provavelmente não podem.

Como o estudioso da área jurídica David Cole observou: "A corte impôs barreiras quase intransponíveis a pessoas movendo ações contra a discriminação racial em todas as etapas do sistema de justiça criminal"⁹². As barreiras são tão difíceis de transpor que poucos processos são iniciados, não obstante

---

⁹⁰ Idem.
⁹¹ Idem.
⁹² David Cole, *No Equal Justice: Race and Class in the American Criminal Justice System* (Nova York, The New Press, 1999), p. 161.

as chocantes e indefensáveis disparidades raciais. Obstáculos processuais, como "a necessidade de capacidade postulatória", tornaram praticamente impossível tentar reformar os órgãos de segurança pública por meio de processo judicial, mesmo quando as políticas ou práticas em questão são ilegais ou claramente discriminatórias.

A tentativa de Adolph Lyons de banir o uso de chaves de braço letais pelo Departamento de Polícia de Los Angeles (LAPD) é um bom exemplo. Lyons, um homem negro de 24 anos, estava dirigindo seu carro em Los Angeles, numa manhã, quando foi parado por quatro policiais militares por causa de uma luz traseira queimada. Com armas em punho, a polícia ordenou que Lyons saísse do carro. Ele obedeceu. Os policiais disseram para ele encostar a cabeça no carro, abrir as pernas e colocar as mãos na cabeça. Novamente, Lyons fez o que lhe mandaram. Depois que os policiais completaram a revista, Lyons abaixou as mãos, o que levou um policial a colocá-las de volta na cabeça. Quando Lyons reclamou que as chaves do carro que ele estava segurando estavam lhe causando dor, o policial começou a estrangulá-lo com uma chave de braço. Ele perdeu a consciência e desmaiou. Quando acordou, "estava cuspindo sangue e terra, tinha urinado e defecado, e tinha sofrido lesões permanentes na laringe"[93]. Os policiais emitiram uma multa pela luz traseira queimada e o soltaram.

Lyons processou a cidade de Los Angeles por violação de seus direitos constitucionais e buscou, como um remédio, a proibição do uso futuro de chaves de braço. No momento em que seu caso chegou à Suprema Corte, dezesseis pessoas tinham sido mortas pelo uso por parte da polícia de chaves de braço; doze delas eram homens negros. A Suprema Corte rejeitou o caso, contudo, decidindo que Lyons não tinha "capacidade postulatória" para pedir um mandado de injunção contra a prática mortal. Para ter capacidade postulatória, a corte considerou que Lyons teria de mostrar que era muito provável que ele estivesse sujeito a levar uma chave de braço novamente.

Lyons argumentou que, como homem negro, ele tinha boas razões para temer ser parado pela polícia por causa de uma pequena infração de trânsito e tomar uma chave de braço outra vez. Ele não fizera nada para provocar o golpe; ao contrário, ele tinha obedecido às instruções e cooperado plenamente. Por que ele não acreditaria que corria o risco de ser parado e estrangulado de novo? A corte, contudo, decidiu que, para ter capacidade postulatória,

---

[93] Ibidem, p. 162.

Lyons teria não apenas de alegar que seria abordado novamente pela polícia, mas também fazer a inacreditável afirmação de que (1) os policiais em Los Angeles sempre estrangulam qualquer cidadão que abordam, não importa se pretendem prendê-lo, emitir uma citação ou interrogá-lo, ou (2) que a cidade ordenou ou autorizou que a polícia agisse dessa maneira.[94]

Lyons não alegou discriminação racial, mas, se ele o tivesse feito, essa afirmação quase certamente teria saído perdedora também. A decisão da corte no caso Lyons tornou extremamente difícil contestar a sistemática discriminação racial na aplicação da lei penal e obter reformas significativas nas políticas. Por exemplo, os afro-americanos em Seattle que quisessem acabar com as táticas discriminatórias do Departamento de Polícia de Seattle por meio de litígio teriam de provar que planejam violar a lei de drogas e que muito provavelmente seriam racialmente discriminados pelos policiais de Seattle envolvidos no combate às drogas, para então terem capacidade postulatória a fim de pedir a reforma – isto é, apenas para entrarem no tribunal.

Vale ressaltar que o precedente do caso Lyons não se aplica a ações judiciais por danos. Porém, qualquer sugestão de que os litigantes não precisam se preocupar com a reforma das políticas porque eles podem sempre pleitear danos seria falsa – particularmente no que se refere a casos de discriminação racial. Por quê? Nem o estado nem a polícia estadual podem ser processados por danos. Em uma série de casos, a Suprema Corte decidiu que o estado e seus departamentos são imunes a ações federais por danos com base na Décima Primeira Emenda à Constituição (a menos que consintam), e o estado também não pode ser processado por danos por violações constitucionais na justiça estadual[95]. Os departamentos de polícia municipais, como o LAPD, normalmente também não estão enquadrados nos limites. A corte decidiu que um departamento municipal de polícia não pode ser processado por danos, a menos que se identifique uma política ou um costume autorizando a prática ilegal[96]. A maioria das cidades, é claro, não tem políticas que autorizem especificamente condutas ilegais (em particular a discriminação racial), e o "costume" é notoriamente difícil de se provar. Consequentemente, processar

---

[94] Cidade de Los Angeles *versus* Lyons, 461 U.S. 95, 105 (1983).
[95] Quern *versus* Jordan, 440 U.S. 332 (1979); e Will *versus* Michigan Department of State Police, 491 U.S. 58 (1989).
[96] Monell *versus* Department of Social Services, 436 U.S. 658 (1978).

um departamento de polícia municipal por danos geralmente não é uma opção. No entanto, mesmo que todos esses obstáculos pudessem de alguma forma ser superados, seria ainda preciso provar uma afirmação de discriminação racial. Como vimos, para ter reconhecida uma violação do princípio da igualdade perante a lei, é preciso que se prove discriminação *intencional* – preconceito racial consciente. Policiais raramente admitem ter agido por razões raciais, deixando a maioria das vítimas de policiamento discriminatório sem ninguém para processar e sem uma alegação que possa ser provada em um tribunal. Mas mesmo que um demandante consiga superar todos esses obstáculos processuais e prove que um policial deliberadamente exerceu seu poder de discricionariedade com base na raça, isso talvez ainda não seja suficiente.

A RAÇA COMO UM FATOR

O pequeno segredo sujo do policiamento é que a Suprema Corte concedeu de fato licença para a polícia discriminar. Esse fato não é anunciado pelos departamentos de polícia, porque os policiais sabem que o público não responderia bem a isso na era da neutralidade racial. É o tipo de coisa que é melhor não dizer. Advogados de direitos civis – incluindo aqueles que lidam com casos de perfilamento racial – têm sido cúmplices nesse silêncio, temendo que qualquer reconhecimento de que o policiamento baseado em raça é autorizado por lei legitimaria na cabeça do público a própria prática que eles esperam erradicar.

A verdade, no entanto, é a seguinte: em outras fases do processo da justiça criminal, a corte indicou que o preconceito racial explícito necessariamente desencadeia uma investigação rigorosa – uma concessão que não tem sido onerosa, já que poucos encarregados da aplicação da lei penal hoje são tolos o bastante para admitir preconceito racial abertamente. Mas a Suprema Corte indicou que, no policiamento, a raça pode ser usada como um fator na tomada de decisões discricionárias. No caso Estados Unidos *versus* Brignoni-Ponce, a corte concluiu que a norma de proteção igualitária perante a lei da Décima Quarta Emenda permitia que a polícia usasse raça como um fator na tomada de decisões a respeito de quais motoristas parar e revistar. Nesse caso, a corte concluiu que a polícia poderia levar em conta a aparência de mexicano de alguém para fundamentar suspeita razoável de que um veículo talvez contivesse imigrantes ilegais. A corte afirmou que "a probabilidade de que qualquer pessoa de ascendência mexicana seja estrangeira é alta o suficiente para tornar a aparência mexicana um fator relevante"[97]. Alguns comentadores argumentaram que o caso Brignoni-Ponce pode estar limitado ao contexto da imigração; a corte poderia não aplicar o mesmo princípio à política de repressão às drogas. Não é óbvio qual seria a base racional para limitar a discriminação por parte da polícia à imigração. A probabilidade de que uma pessoa de ascendência mexicana seja um "estrangeiro" não poderia ser significativamente mais alta do que a probabilidade de qualquer pessoa negra aleatória ser um criminoso de drogas.

A bênção silenciosa da corte em relação às paradas de trânsito baseadas na raça levou a um discurso público algo orwelliano sobre o uso de perfilamento racial. Os departamentos de polícia e as patrulhas frequentemente declaram: "Nós não recorremos ao perfilamento racial", embora seus oficiais usem rotineiramente a raça como fator quando tomam decisões sobre quem parar e revistar. A justificativa para o eufemismo implícito – "nós não fazemos perfilamento racial; nós só paramos pessoas com base na raça" – pode ser explicada em parte pela jurisprudência da Suprema Corte. Como ela autorizou a polícia a usar a raça como fator para tomar decisões sobre quem parar e revistar, os departamentos de polícia acreditam que o perfilamento racial só se configura quando a raça é o único fator. Assim, se a raça é um fator, mas não o único, então ela não conta muito como um fator.

O absurdo dessa lógica é evidenciado pelo fato de que a polícia quase nunca para alguém apenas por causa da raça. Um jovem negro vestindo calças largas, de pé na frente de sua escola e cercado por um grupo de amigos negros vestidos da mesma forma, pode ser parado e revistado porque a polícia acredita que ele "parece" um traficante. Claramente, a raça não é a única razão para essa conclusão. Gênero, idade, vestimenta e localização têm sua influência. A polícia provavelmente ignoraria um negro de 85 anos de idade, de pé no mesmo local, cercado por um grupo de mulheres negras idosas.

O problema é que, embora raramente seja a única razão para uma parada ou revista, a raça é frequentemente uma razão *determinante*. Um jovem branco vestido calças folgadas, em pé na frente de sua escola e cercado por seus amigos, pode muito bem ser ignorado pelos policiais. Talvez nunca lhes ocorresse que um grupo de crianças brancas pudesse estar vendendo drogas na frente da escola. Situações semelhantes são inevitavelmente tratadas de formas diferentes

---

[97] Ver Estados Unidos *versus* Brignoni-Ponce, 422 U.S. 873 (1975); e Estados Unidos *versus* Martinez-Fuerte, 428 U.S. 543 (1976).

quando a polícia tem permissão para confiar em estereótipos raciais ao tomar decisões discricionárias.

Tão importante quanto, no entanto, é o fato de que o teste do fator único ignora as maneiras pelas quais fatores aparentemente neutros quanto à raça – como a localização – operam de modo altamente discriminatório. Alguns agentes de segurança afirmam que parariam e revistariam garotos brancos usando calças largas no gueto (isso seria suspeito) – mas acontece que eles raramente estão lá. Submeter alguém a paradas e revistas porque vive em gueto de "alta criminalidade" não pode ser considerado verdadeiramente neutro em relação a raça, já que o próprio gueto foi construído para conter e controlar grupos de pessoas definidos racialmente[98]. Mesmo fatores aparentemente neutros quanto à raça, como "antecedentes criminais", não o são verdadeiramente. Um garoto negro preso duas vezes por posse de maconha pode não ser um criminoso mais reincidente do que o garoto branco que mora numa fraternidade e fuma maconha regularmente em seu dormitório. Por causa de sua raça e de seu confinamento a um gueto racialmente segregado, porém, o garoto negro tem uma ficha criminal, enquanto o garoto branco da fraternidade, por causa de sua raça e de seu relativo privilégio, não a tem. Assim, quando os promotores decidem acusar negros reincidentes de todos os crimes possíveis ou quando a polícia persegue ex-criminosos e os submete a buscas e revistas regulares, alegando que faz sentido "observar criminosos de perto", eles frequentemente estão exacerbando disparidades raciais criadas pela decisão discricionária de travar a Guerra às Drogas quase exclusivamente nas comunidades pobres de não brancos.

Defender-se de acusações de preconceito racial no policiamento é fácil. Como a raça nunca é a única razão para uma parada ou revista, qualquer policial educado até o sexto ano será capaz de citar múltiplas razões não raciais para interpelar alguém, incluindo vários dos chamados "indicadores" de tráfico de drogas discutidos no capítulo 2, como parecer nervoso demais ou calmo demais. Os policiais (assim como os promotores) são bastante capazes de oferecer razões racialmente neutras para ações em desfavor de afro-americanos. Assim como os promotores que afirmam excluir jurados negros não por causa de sua raça, mas de seu estilo de cabelo, os policiais têm seu próprio estoque de desculpas, como: "Meritíssimo, nós não o paramos porque ele é negro; nós o paramos porque ele não deu seta na hora certa" ou "não foi só porque ele era negro; foi também porque ele parecia nervoso quando viu o carro de

---

[98] Ver Douglas S. Massey e Nancy A. Denton, *American Apartheid*, cit.

polícia". Os juízes são tão relutantes em adivinhar as segundas intenções dos policiais quanto o são em adivinhar as segundas intenções de promotores. Desde que os policiais se abstenham de pronunciar epítetos raciais e desde que mostrem o bom senso de não dizer "a única razão por que o parei é o fato de ele ser negro", os tribunais costumam fechar os olhos para os padrões de discriminação da polícia.

Estudos de perfilamento racial demonstraram que a polícia, de fato, exerce de maneira altamente discriminatória sua discricionariedade em relação a quem parar e investigar na Guerra às Drogas[99]. A polícia não discrimina apenas ao determinar onde a guerra será travada, mas também em seus julgamentos a respeito de quem mirar fora das paredes invisíveis do gueto.

O mais famoso desses estudos foi conduzido em Nova Jersey e Maryland na década de 1990. As alegações de discriminação racial em operações antidrogas financiadas pelo governo federal resultaram em inúmeras pesquisas e dados abrangentes que demonstram um padrão drástico de viés racial em paradas e revistas feitas pelas patrulhas rodoviárias. Esses programas antidrogas foram criados pelo DEA como parte do programa conhecido como Operação Pipeline, financiado pelo governo federal.

Em Nova Jersey, os dados mostraram que, embora apenas 15% de todos os motoristas na rodovia de Nova Jersey fizessem parte de minorias raciais, 42% de todas as paradas e 73% de todas as apreensões envolveram motoristas negros – ainda que negros e brancos tenham violado leis de trânsito em taxas praticamente iguais. Se as paradas por radar eram relativamente coerentes com a porcentagem de infratores membros de minorias, as discricionárias, feitas por policiais envolvidos em operações antidrogas, pararam duas vezes mais membros de minorias do que brancos[100]. Um estudo conduzido posteriormente pela Procuradoria-Geral de Nova Jersey descobriu que as revistas nas rodovias eram ainda mais discriminatórias do que as simples paradas – 77% de todas as revistas consentidas foram de minorias. Os estudos de Maryland produziram resultados similares: afro-americanos constituíam apenas 17% dos condutores ao longo de um trecho da [rodovia] l-95 próximo a Baltimore, mas eles correspondiam a 70% daqueles que foram parados e revistados. Apenas 21% de todos os condutores que transitavam por aquele trecho da rodovia eram membros de

---

[99] Para uma criteriosa visão geral desses estudos, ver David Harris, *Profiles in Injustice: Why Racial Profiling Cannot Work* (Nova York, The New Press, 2002).
[100] Estado *versus* Soto, 324 N.J. Super. 66, 69-77, 83-5, 734 A.2d 350, 352-6, 360 (1996).

minorias raciais (latinos, asiáticos e afro-americanos), mas mesmo assim esses grupos constituíam quase 80% dos que foram parados e revistados[101].

O que mais surpreendeu muitos analistas foi que, em ambos os estudos, os brancos na verdade eram mais propensos do que os não brancos a estar carregando drogas ilegais ou contrabando em seus veículos. Na verdade, em Nova Jersey, os brancos eram quase duas vezes mais propensos a serem pegos com drogas ilegais ou contrabando do que os afro-americanos, e cinco vezes mais propensos a serem pegos com contrabando do que latinos[102]. Embora os brancos fossem mais propensos a ser culpados de carregar drogas, eles estavam muito menos suscetíveis a ser vistos como suspeitos, o que resultava em relativamente poucas paradas, revistas e apreensões de brancos. O ex-procurador-geral de Nova Jersey chamou esse fenômeno de "ciclo ilógico do perfilamento racial". Os policiais, explicou ele, normalmente apontam para a composição racial de nossas cadeias e penitenciárias como uma justificativa para mirarem minorias raciais, mas a evidência empírica na verdade sugere que a conclusão oposta é mais justa. O encarceramento desproporcional de pessoas não brancas era, em parte, um produto do perfilamento racial – e não uma justificação para isso.

Nos anos após a divulgação dos dados de Nova Jersey e Maryland, dezenas de outros estudos de perfilamento racial foram realizados. Uma breve amostra:

- No condado de Volusia, na Flórida, um repórter obteve 148 horas de vídeo documentando mais de mil paradas rodoviárias conduzidas por policiais estaduais. Apenas 5% dos motoristas da estrada eram afro-americanos ou latinos, mas mais de 80% das pessoas paradas e revistadas eram membros de minorias[103].
- Em Illinois, a polícia estadual iniciou um programa antidrogas, conhecido como Operação Valkyrie, que mirava motoristas latinos. Embora esse grupo constituísse menos de 8% da população e fizesse menos de 3% das viagens em veículos particulares nesse estado, eles perfaziam aproximadamente 30% dos motoristas parados por policiais da força antidrogas devido a

---

[101] David Harris, *Profiles in Injustice*, cit., p. 80.
[102] Idem.
[103] Jeff Brazil e Steve Berry, "Color of Drivers Is Key to Stops on I-95 Videos", *Orlando Sentinel*, 23 ago. 1992; e David Harris, "Driving While Black and All Other Traffic Offenses: The Supreme Court and Pretextual Traffic Stops", *Journal of Criminal Law and Criminology*, v. 87, 1997, p. 544 e 561-2.

infrações discricionárias, como deixar de sinalizar uma troca de pista[104]. Os latinos, contudo, tinham probabilidade menor do que os brancos de estar carregando contrabando em seu carro.

- Um estudo de perfilamento racial realizado em Oakland, na Califórnia, em 2001, mostrou que afro-americanos tinham quase duas vezes mais chances do que os brancos de serem parados e três vezes mais chances de serem revistados[105].

Paradas de pedestres, também, têm sido objeto de estudo e controvérsia. O Departamento de Polícia de Nova York divulgou estatísticas em fevereiro de 2007 mostrando que, no ano anterior, seus funcionários pararam a surpreendente quantidade de 508.540 pessoas – uma média de 1.393 por dia – que estavam andando pela rua, talvez a caminho do metrô, da mercearia ou do ponto de ônibus. Com regularidade, as paradas incluíam revistas em busca de drogas ilegais ou armas – buscas que frequentemente exigiam que as pessoas se deitassem de bruços no chão ou ficassem com braços e pernas abertas contra uma parede enquanto os policiais tateavam agressivamente todo o seu corpo e pedestres ficavam olhando ou passavam reto. A vasta maioria das pessoas paradas e revistadas pertencia a minorias raciais, e mais da metade era afro-americana[106].

O Departamento de Polícia de Nova York começou a coletar dados sobre paradas de pedestres depois de Amadou Diallo, um imigrante africano, morrer com uma saraivada de tiros disparados pela polícia em frente a sua própria casa, em fevereiro de 1999. Diallo foi seguido até seu prédio por quatro policiais – membros da Unidade de Crimes de Rua – que o consideraram suspeito e quiseram interrogá-lo. Eles mandaram que parasse, mas, de acordo com os policiais, Diallo não respondeu imediatamente. Ele seguiu andando até seu prédio, abriu a porta e pegou a carteira – provavelmente para mostrar sua identificação. Os policiais disseram ter pensado que a carteira fosse uma arma e atiraram 41 vezes nele. Amadou Diallo morreu aos 22 anos. Ele estava desarmado e não tinha antecedentes criminais.

---

[104] Aclu, *Driving While Black: Racial Profiling on our Nation's Highways* (Nova York, American Civil Liberties Union, 1999) p. 3, 27-8.

[105] Aclu of Northern California, "Oakland Police Department Announces Results of Racial Profiling Data Collection Program Praised by Aclu", comunicado de imprensa, 11 maio 2001. Disponível em: <www.aclunc.org/news/press_releases/oakland_police_department_annouces_results_of_racial_profiling_data_collection program praised by_aclu.shtml>.

[106] Al Baker e Emily Vasquez, "Number of People Stopped by Police Soars in New York", *The New York Times*, 3 fev. 2007.

O assassinato de Diallo provocou protestos enormes, que resultaram em uma série de estudos encomendados pela Procuradoria-Geral de Nova York. O primeiro estudo descobriu que os afro-americanos eram parados com uma frequência seis vezes maior do que os brancos e que as paradas de afro-americanos tinham probabilidade menor de resultar em detenção do que as paradas de brancos – presumivelmente porque os negros eram menos propensos a ser encontrados com drogas ou bens contrabandeados[107]. Embora o Departamento de Polícia de Nova York tentasse justificar as paradas argumentando que elas haviam sido concebidas para retirar armas das ruas, a Unidade de Crimes de Rua – grupo de policiais supostamente treinados para identificar bandidos armados – encontrou armas em apenas 2,5% de todas as paradas[108].

Em vez de reduzir o uso da tática de parada e revista após a morte a tiros de Diallo e a divulgação desses dados perturbadores, o Departamento de Polícia de Nova York *aumentou* drasticamente o número de paradas de pedestres e continuou a revistar afro-americanos em taxas flagrantemente desproporcionais. O Departamento de Polícia de Nova York parou cinco vezes mais pessoas em 2005 do que em 2002 – a esmagadora maioria das quais eram afro-americanos ou latinos[109]. Em 2008, o Departamento de Polícia de Nova York parou 545 mil pessoas em um único ano, e 80% delas eram afro-americanos e latinos. Os brancos constituíam apenas 8% dos revistados pelo Departamento de Polícia de Nova York, enquanto os afro-americanos somaram 85% de todas as revistas[110]. Uma reportagem feita pelo *The New York Times* revelou que a maior concentração de paradas na cidade era em uma área de aproximadamente oito quarteirões em Brownsville, no Brooklyn, que era predominantemente negra. Os residentes de lá foram parados em taxas treze vezes superiores à média da cidade[111].

Embora o Departamento de Polícia de Nova York frequentemente tente justificar as operações de parada e revista nas comunidades não brancas pobres

---

[107] Office of the Attorney General of New York State, *Report on the New York City Police Department's "Stop & Frisk" Practices* (Nova York, Office of the Attorney General of New York State, 1999), p. 95, 111, 121 e 126.

[108] Ibidem, p. 117, n. 23.

[109] Al Baker e Emily Vasquez, "Number of People Stopped by Police Soars", cit.

[110] Center for Constitutional Rights, "Racial Disparity in NYPD Stops-and-Frisks: Preliminary Report on UF-250 Data from June 2005 through June 2008", 15 jan. 2009. Disponível em: <ccrjustice.org/files/Report_CCR_NYPD_Stop_and_Frisk_0.pdf>.

[111] Al Baker e Ray Rivera, "Study Finds Tens of Thousands of Street Stops by N.Y. Police Unjustified", *The New York Times*, 26 out. 2010.

alegando que tal tática é necessária para tirar armas das ruas, menos de 1% das paradas (0,15%) resultou na apreensão de armas, e armas e outros produtos contrabandeados foram apreendidos com menor frequência em paradas de afro-americanos e latinos do que nas de brancos[112]. Como observou Darius Charney, advogado do Center for Constitutional Rights [Centro pelos Direitos Constitucionais], esses estudos "confirmam o que nós temos dito há dez ou onze anos, ou seja, que os critérios para paradas e revistas estão ligados à raça, e não ao crime"[113].

Em última instância, essas operações de parada e revista representam muito mais do que rituais humilhantes e degradantes para os jovens não brancos, que devem erguer os braços e abrir as pernas, sempre de maneira cuidadosa a fim de não fazer um movimento ou gesto brusco que possa justificar o uso de força brutal – e mesmo letal. Como acontecia nos dias em que se esperava que os negros saíssem da calçada e olhassem para baixo quando uma mulher branca passasse, os jovens negros conhecem o procedimento a ser adotado quando veem a polícia cruzar a rua em sua direção; é um ritual de dominação e submissão executado centenas de milhares de vezes por ano. No entanto, é mais do que isso. Esses encontros rotineiros frequentemente servem de porta de entrada para o sistema de justiça criminal. O Departamento de Polícia de Nova York fez 50.300 apreensões de maconha apenas em 2010, a maioria entre jovens não brancos. Como observou um relatório, essas apreensões de maconha oferecem "oportunidades de treinamento" para policiais novatos, que podem praticar com crianças do gueto e receber pelas horas extras[114]. Essas apreensões servem também a outro propósito: "são a maneira mais eficaz para o Departamento de Polícia de Nova York coletar impressões digitais, fotografias e outras informações sobre jovens que ainda não entraram na base de dados criminais"[115]. Uma mera prisão por porte de maconha pode aparecer em bancos de dados criminais como "prisão por drogas" sem que se especifiquem a substância ou a acusação, e sem que se esclareça sequer se a pessoa foi condenada. Esses bancos de dados

---

[112] Idem.
[113] Idem.
[114] Harry G. Levine e Loren Siegel, "$75 Million a Year: The Cost of New York City's Marijuana Possession Arrests", e o apêndice "Human Costs of Marijuana Possession Arrests", Drug Policy Alliance, 15 mar. 2011. Disponível em: <www.drugpolicy.org/ sites/default/files/%2475%20 Million%20A%20Year.pdf>.
[115] Idem.

são então usados pela polícia e por promotores, bem como por empregadores e agentes dos programas governamentais de habitação – um registro eletrônico que vai assombrar muitas pessoas pelo resto da vida. Mais de 353 mil pessoas foram detidas pelo Departamento de Polícia de Nova York entre 1997 e 2006 pelo mero porte de pequenas quantidades de maconha, em taxas cinco vezes maiores para negros do que para brancos[116].

Em Los Angeles, paradas em massa de jovens homens e rapazes afro-americanos resultaram na criação de um banco de dados que contém nome, endereço e outras informações biográficas da esmagadora maioria dos jovens negros da cidade. O Departamento de Polícia de Los Angeles justificou esse banco de dados como uma ferramenta para rastrear gangues ou atividades "relacionadas a gangues". No entanto, o critério de inclusão no banco de dados era notoriamente vago e discriminatório. Ter um parente ou amigo em uma gangue e usar jeans largos já seria o suficiente para que um jovem fosse incluído no que a Aclu chama de "lista negra". Em Denver, exibir dois atributos de uma lista – que inclui usar gírias, "roupas de uma determinada cor", *pagers*, penteados ou joias – dá a qualquer jovem o direito de ser inserido na base de dados sobre gangues da polícia local. Em 1992, o ativismo civil levou a uma investigação que revelou que oito em cada dez pessoas não brancas em toda a cidade estavam em uma lista de suspeitos de serem criminosos[117].

O FIM DE UMA ERA

A litigância estratégica que varreu a nação na década de 1990 desafiando as práticas racialmente discriminatórias praticamente desapareceu. Histórias de pessoas sendo paradas e revistadas no caminho para a igreja, o trabalho ou a escola desapareceram dos noticiários policiais. Isso não se deu porque o problema foi solucionado ou porque a experiência de ser parado, interrogado e revistado com base na raça se tornou menos humilhante, alienante ou desmoralizante com o passar do tempo. As ações judiciais desapareceram porque, em um caso pouco noticiado chamado Alexander *versus* Sandoval, decidido em

---

[116] Ver Harry G. Levine e Deborah Peterson Small, *Marijuana Arrest Crusade: Racial Bias and Police Policy in New York City, 1997-2007* (Nova York, New York Civil Liberties Union, 2008), p. 4.

[117] Ryan Pintado-Vertner e Jeff Chang, "The War on Youth", *Colorlines*, v. 2, n. 4, 1999-2000, p. 36.

2001, a Suprema Corte eliminou a última via disponível para se judicializar a discriminação racial no sistema de justiça criminal[118].

O caso Sandoval não era, de cara, nem mesmo relativo à justiça criminal. Tratava-se de uma ação contestando a decisão do Departamento de Segurança Pública do Alabama de aplicar provas para a concessão de carteiras de motorista apenas em inglês. Os demandantes argumentavam que a política do departamento violava o Título VI da Lei de Direitos Civis de 1964 e suas regras de implementação, porque tinha o efeito de submeter aqueles que não falam inglês a discriminação com base em sua nacionalidade. A Suprema Corte não entrou no mérito do caso, afirmando, em vez disso, que os demandantes não tinham nem mesmo o direito de entrar com o processo. Ela concluiu que o Título VI não prevê o "direito privado de ação" a cidadãos comuns ou grupos de direitos civis, o que significa que as vítimas de discriminação já não podem judicializar a aplicação da lei.

A decisão do caso Sandoval praticamente eliminou a judicialização do perfilamento racial em todo o país. Quase todos os casos que alegavam perfilamento racial na aplicação da lei de drogas foram apresentados com base no Título VI da Lei de Direitos Civis de 1964 e suas regras de implementação. O Título VI proíbe programas ou atividades financiadas pelo governo federal de discriminar com base na raça, e os regulamentos empregam um "teste de impacto desigual" para a discriminação – o que significa que os demandantes poderiam vencer com alegações de discriminação racial sem ter que provar intenção discriminatória. De acordo com os regulamentos, um programa ou atividade de segurança pública financiada pelo governo federal é ilegal se tiver um impacto racialmente discriminatório e se esse impacto não puder ser justificado por necessidades da própria aplicação da lei. Como quase todos os órgãos de segurança pública envolvidos na Guerra às Drogas recebem financiamento federal e como as táticas na Guerra às Drogas – como paradas-pretexto e revistas consentidas – têm impacto gravemente discriminatório e são em grande medida ineficazes, os demandantes foram capazes de argumentar de maneira persuasiva que as táticas não poderiam ser justificadas por necessidades da aplicação da lei.

Em 1999, por exemplo, a Aclu do Norte da Califórnia entrou com uma ação coletiva contra a Patrulha Rodoviária da Califórnia (CHP), alegando que seu programa de repressão às drogas nas rodovias violava o Título VI

---

[118] Alexander *versus* Sandoval, 532 U.S. 275 (2001).

da Lei de Direitos Civis porque se baseava fortemente em paradas-pretexto discricionárias e revistas consentidas empregadas de forma esmagadora contra motoristas afro-americanos e latinos. Durante o curso do processo, a CHP produziu dados que mostraram que, na comparação com os brancos, os afro-americanos tinham o dobro da probabilidade, e os latinos o triplo de serem parados e revistados por policiais. Os dados mostraram ainda que as revistas consentidas eram ineficazes: apenas uma pequena porcentagem das revistas discriminatórias resultou na descoberta de drogas ou outros produtos contrabandeados, apesar de milhares de motoristas pretos e pardos, como resultado de pequenas infrações de trânsito, terem sido expostos a interrogatórios, revistas e apreensões sem nenhuma base. O CHP assinou um termo de ajustamento de conduta que prevê uma moratória de três anos sobre as revistas consentidas e as paradas-pretexto em todo o estado, bem como a coleta de dados abrangentes sobre raça e etnia dos motoristas parados e revistados pela polícia, de modo que seria possível determinar se as práticas discriminatórias persistiam. Resultados similares foram obtidos em Nova Jersey, como efeito de um processo histórico movido contra a Polícia Estadual de Nova Jersey. Depois do caso Sandoval, litigantes privados não podem mais invocar o Título VI para embasar esses casos. Somente o governo federal pode judicializar a aplicação das disposições antidiscriminatórias do Título VI – algo que ele não tem nem a inclinação nem a capacidade de fazer na maioria dos casos de uso de perfilamento racial, devido a seus recursos limitados e à relutância institucional em antagonizar com as polícias locais. Desde que a Guerra às Drogas começou, demandantes privados representados por organizações como a Aclu estiveram na linha de frente da batalha judicial contra o perfilamento racial. Esses dias, no entanto, chegaram ao fim. Os casos de perfilamento racial que varreram a nação na década de 1990 podem muito bem ter sido a última onda de judicialização contra o preconceito racial no sistema de justiça criminal em muito tempo.

Agora a Suprema Corte fechou as portas dos tribunais para alegações de preconceito racial em todas as fases dos processos da justiça criminal, das paradas e revistas às transações penais e sentenças. O sistema de encarceramento em massa está agora, para todos os efeitos práticos, completamente protegido das acusações de preconceito racial. Continuam as disparidades raciais assombrosas, mas raramente se tornam notícia. Um desdobramento recente que se tornou notícia foi a decisão do presidente Barack Obama de sancionar uma legislação reduzindo a disparidade de 100 para 1 nas condenações por crack em relação às por cocaína em pó para 18 para 1, um pequeno passo na direção certa[119]. Sob a nova lei, são necessários 28 gramas de crack para uma sentença mínima obrigatória de cinco anos, ao passo que é preciso vender 500 gramas de cocaína em pó para a mesma sentença. Não deveria haver disparidade – a razão deveria ser de 1 para 1. Essa disparidade, porém, é apenas a ponta do iceberg. Conforme observado no capítulo 2, esse sistema depende principalmente do rótulo da prisão, e não do tempo na prisão. O que mais importa é quem é varrido para dentro desse sistema de controle e, em seguida, introduzido em uma subcasta. As decisões adotadas pela Suprema Corte garantem que aqueles que são trancafiados no interior ou para fora da sociedade devido à Guerra às Drogas sejam esmagadoramente pretos e pardos.

---

[119] A Lei da Sentença Justa [Fair Sentencing Act] foi sancionada pelo presidente Obama em 3 de agosto de 2010. O projeto de lei originalmente apresentado no Senado teria eliminado por completo a disparidade entre as punições para envolvimento com crack e cocaína previstas em lei federal. Durante a tramitação do projeto no Senado, porém, um acordo foi firmado com os membros republicanos do Comitê Judiciário do Senado para simplesmente reduzir a disparidade a 18 para 1. Ver Peter Baker, "Obama Signs Law Narrowing Cocaine Sentencing Disparities", *The New York Times*, 3 ago. 2010. Disponível em: <thecaucus.blogs.nytimes.com/2010/08/03/obama-signs-law-narrowing-cocaine-sentencing-disparities/>. Ver também Nicole Porter e Valerie Wright, "Cracked Justice", Sentencing Project, mar. 2011 (documentando a persistência da disparidade crack *versus* cocaína nas punições em inúmeros estados).

4.
A MÃO CRUEL

Uma mão pesada e cruel foi colocada sobre nós. Como povo, sentimos que não estamos somente profundamente feridos, mas muito mal compreendidos. Nossos compatriotas brancos não nos conhecem. Eles são estranhos ao nosso caráter, ignorantes de nossa capacidade, alheios à nossa história e progresso, e mal informados quanto aos princípios e ideias que nos controlam e guiam como povo. A grande massa de cidadãos estadunidenses estima-nos como sendo um povo sem caráter e sem propósito; e, por isso, levantamos a cabeça contra a influência devastadora do desprezo e do desdém de uma nação.[1]

Frederick Douglass, em declaração em nome dos delegados da National Colored Convention realizada em Rochester, em Nova York, em julho de 1853.

Quando Frederick Douglass e outros delegados da National Colored Convention se reuniram em Rochester, no estado de Nova York, no verão de 1853, para discutir a condição, o status e o futuro dos "de cor" (como eles eram chamados na época), eles denunciaram o estigma da raça – a condenação e o desprezo lançados sobre eles, sem nenhuma razão a não ser a cor de sua pele. A maioria dos delegados era formada por escravos libertados, embora os mais novos possam ter nascido livres. A emancipação no Norte estava completa, mas a liberdade permaneceu enganosa. Os negros estavam finalmente livres do controle formal de seus donos, mas eles não eram cidadãos de pleno direito – não podiam votar, estavam sujeitos a discriminação legal e, a qualquer momento, fazendeiros do Sul poderiam capturá-los na rua e levá-los de volta ao regime de escravidão. Embora a escravidão tivesse sido abolida no Norte, todos os negros ainda eram tratados como escravos – pelo direito – e não poderiam servir como testemunhas ou apresentar provas no tribunal. Assim, se um fazendeiro do Sul lhe dissesse que você era um escravo, você o era – a menos que uma pessoa

---

[1] Procedimentos da Colored National Convention, ocorrida em Rochester, entre 6 e 8 de julho de 1853 (Rochester, Frederick Douglass's Paper, 1853), p. 16.

branca intercedesse em um tribunal em seu nome e testemunhasse que você era legitimamente livre. A escravidão podia ter morrido, mas, para milhares de negros, seu emblema estava vivo.

Hoje, um criminoso libertado da prisão dificilmente tem mais direitos, e provavelmente obtém menos respeito, do que um escravo libertado ou uma pessoa negra vivendo "livre" no Mississippi no auge do regime Jim Crow. Aqueles libertos da prisão sob liberdade condicional podem ser parados e revistados pela polícia por qualquer razão – ou sem nenhuma razão – e levados de volta à prisão devido a ínfimas infrações, como deixar de participar de uma reunião com um oficial de liberdade condicional. Mesmo quando libertado do controle formal do sistema, o estigma da criminalidade persiste. A supervisão da polícia, o monitoramento e o assédio são fatos da vida não apenas de todos aqueles rotulados como criminosos, mas de todos os que se "parecem" com criminosos. Os linchamentos por multidões podem ter desaparecido há muito tempo, mas a ameaça de violência policial está sempre presente. Um movimento errado ou um gesto repentino podem significar enorme retaliação da polícia. Uma carteira poderia ser confundida com uma arma. As placas de "apenas brancos" podem ter desaparecido, mas novas placas foram colocadas – avisos em vagas de empregos, contratos de aluguel, solicitações de empréstimos, formulários de benefícios da assistência social e pedidos de habilitação informam ao público em geral que "delinquentes" não são bem-vindos. Um registro criminal hoje autoriza exatamente as formas de discriminação que supúnhamos ter deixado para trás – discriminação em emprego, habitação, educação, benefícios assistenciais e serviço de júri. Àqueles rotulados como criminosos pode ser negado até mesmo o direito de votar.

Os criminosos, afinal, são o único grupo social nos Estados Unidos que temos permissão para odiar. Nos Estados Unidos "racialmente neutros" os criminosos são os novos bodes expiatórios. A eles não se concede nenhum respeito e pouca preocupação moral. Como as "pessoas de cor" nos anos após a emancipação, os criminosos de hoje são considerados pessoas sem caráter e sem propósito, merecedores de nosso desprezo e desdém coletivos. Quando dizemos que alguém foi "tratado como um criminoso", o que queremos dizer é que foi tratado como menos do que humano, como uma criatura vergonhosa. Centenas de anos atrás, nossa nação colocou aqueles considerados menos do que humanos em grilhões; menos de cem anos atrás, nós os relegamos ao outro lado da cidade; hoje nós os colocamos em jaulas. E, uma vez libertados, eles descobrem que uma mão pesada e cruel foi posta sobre eles.

Admirável mundo novo

Alguém poderia imaginar que um réu em um processo criminal, quando apresentado ao juiz – ou ao se encontrar com seu advogado pela primeira vez –, seria informado das consequências da suspensão do processo mediante admissão de culpa ou de uma condenação. Ele seria informado de que, se assumisse a culpa por um crime, seria considerado "inapto" para o serviço do júri e automaticamente excluído de júris pelo resto da sua vida[2]. Ele também deveria ser informado de que poderia ter seu direito a voto negado. Em um país que prega as virtudes da democracia, seria razoável supor que a destituição de direitos políticos básicos seria tratada pelos juízes e outros funcionários dos tribunais como uma questão muito séria. Nem tanto. Quando um réu assume a culpa por um crime de drogas de baixo potencial ofensivo, provavelmente ninguém lhe dirá que ele pode perder permanentemente seu direito a voto, bem como seu direito de fazer parte de um júri – dois dos direitos mais fundamentais em qualquer democracia moderna.

Também lhe será dito pouco ou nada sobre o universo paralelo no qual está prestes a entrar, que promete uma forma de punição frequentemente mais difícil de suportar do que a prisão: uma vida inteira de vergonha, desprezo, desdém e exclusão. Nesse mundo oculto a discriminação é perfeitamente legal. Como observou Jeremy Travis: "Neste admirável mundo novo, a punição pelo crime já não é suficiente; a dívida da pessoa com a sociedade nunca é paga"[3]. Outros comentadores comparam o rótulo da prisão à "marca de Caim" e caracterizam a natureza perpétua da sanção como um "exílio interno"[4]. Uma miríade de leis, regras e regulamentações opera para discriminar os ex-criminosos e efetivamente impedir sua reintegração à sociedade e à economia. Essas restrições equivalem a uma forma de "morte cívica" e mandam a mensagem inequívoca de que "eles" não fazem mais parte de "nós".

Uma vez que alguém seja rotulado como delinquente, o emblema de inferioridade permanece com a pessoa pelo resto da vida, relegando-a a uma condição

---

[2] Aproximadamente 30% dos homens afro-americanos são banidos pelo resto da vida do serviço do júri porque são criminosos. Ver Brian Kalt, "The Exclusion of Felons from Jury Service", *American University Law Review*, v. 53, 2003, p. 65.

[3] Jeremy Travis, *But They All Come Back: Facing the Challenges of Prisoner Re-entry* (Washington, DC, Urban Institute Press, 2002), p. 73.

[4] Webb Hubbell, "The Mark of Cain", *San Francisco Chronicle*, 10 jun. 2001; Nora Demleitner, "Preventing Internal Exile: The Need for Restrictions on Collateral Sentencing and Consequences", *Stanford Law and Policy Review*, v. 11, n. 1, 1999, p. 153-63.

permanente de segunda classe. Considere, por exemplo, a dura realidade enfrentada por um criminoso primário que se declara culpado do crime de posse de maconha. Mesmo que o réu consiga evitar passar um tempo na prisão aceitando uma "generosa" transação, ele pode descobrir que a punição que o espera do lado de fora do tribunal é muito mais grave e debilitante do que a que ele poderia ter encontrado na prisão. Uma força-tarefa da American Bar Association descreveu desta maneira a triste realidade enfrentada por um pequeno criminoso de drogas:

> [O] criminoso pode ser condenado a um período de liberdade assistida, a prestar serviço comunitário e a arcar com as custas judiciais. Sem seu conhecimento, e talvez de qualquer outro ator no processo, como resultado de sua condenação o criminoso pode tornar-se inabilitado para receber muitos benefícios de assistência social e saúde financiados pelo governo federal, vale-alimentação, habitação pública e assistência educacional federal. Sua carteira de motorista pode ser automaticamente suspensa, e ele pode deixar de estar qualificado para certas licenças profissionais e de emprego. Se for condenado por outro crime, poderá estar sujeito à prisão como reincidente. Ele não será autorizado a se alistar nas Forças Armadas, ou possuir uma arma de fogo, ou obter uma habilitação de segurança federal. Se for um cidadão estadunidense, ele pode perder o direito de votar; se não for, ele se torna imediatamente sujeito a deportação.[5]

Apesar do impacto brutal e debilitante desses "efeitos colaterais" na vida de ex-infratores, os tribunais geralmente têm se recusado a concluir que, para fins constitucionais, tais sanções são realmente "punições". Como resultado, os juízes não são obrigados a informar aos réus de processos criminais alguns dos direitos mais importantes que perdem quando se declaram culpados de um crime. Na verdade, juízes, promotores e advogados de defesa podem nem sequer estar cientes de toda a gama de efeitos colaterais de uma condenação criminal. No entanto, essas penalidades civis, embora não consideradas punição por nossos tribunais, muitas vezes tornam praticamente impossível a ex-infratores integrarem a sociedade e a economia após sua libertação. Longe de serem colaterais, essas sanções podem ser o aspecto mais danoso e doloroso de

---

[5] Marc Mauer e Meda Chesney-Lind (orgs.), *Invisible Punishment: The Collateral Consequences of Mass Imprisonment* (Nova York, The New Press, 2002), p. 5, citando American Bar Association, Task Force on Collateral Sanctions, *Introduction, Proposed Standards on Collateral Sanctions and Administrative Disqualification of Convicted Persons*, rascunho, 18 jan. 2002.

uma condenação criminal. Coletivamente, mandam uma forte mensagem de que, agora que você foi rotulado, ninguém mais o quer. Você não é mais parte de "nós", os merecedores. Proibidos de dirigir, arranjar emprego, encontrar moradia ou mesmo se habilitar para receber benefícios públicos, muitos ex-infratores perdem seus filhos, sua dignidade e, eventualmente, sua liberdade – retornando à prisão depois de não conseguirem cumprir regras que parecem irremediavelmente erguidas contra eles.

Hoje, o fluxo de entrada nas prisões e saída de lá por parte de afro-americanos não é nada surpreendente, dada a forte mensagem a eles enviada de que não são bem-vindos na sociedade. Nas palavras de Frederick Douglass:

> Os homens são constituídos de tal forma que eles derivam as suas convicções a respeito de suas próprias possibilidades em larga medida da impressão formada pelos outros a seu respeito. Se nada é esperado de um povo, será difícil para esse povo contradizer essa expectativa.[6]

Há mais de cem anos, um argumento similar foi usado por uma mulher que contemplava sua eventual libertação em uma sociedade que tinha construído um regime legal novo em folha para mantê-la excluída, cinquenta anos após o fim do Jim Crow. Ela disse:

> Agora eu estou na prisão. A sociedade me chutou para fora. Eles dizem: "Ok, os elementos criminosos, nós não os queremos na sociedade, vamos colocá-los nas prisões". Ok, mas e quando eu sair, o que você faz? O que você faz com todos esses milhões de pessoas que estiveram na prisão e foram libertadas? Quero dizer, você as aceita de volta? Ou você as mantém como marginais? E se você as mantém como marginais, como você espera que elas ajam?[7]

Surpreendentemente, a esmagadora maioria dos ex-infratores luta com vigor para agir dentro das regras e ter sucesso em uma sociedade aparentemente empenhada em excluí-los. Como seus antepassados, eles fazem o melhor que podem para sobreviver, e até mesmo prosperar – contra tudo e contra todos.

---

[6] Frederick Douglass, "What Negroes Want", em Philip S. Foner (org.), *The Life and Writings of Frederick Douglass* (Nova York, International, 1955), v. 4, p. 159-60.

[7] Jeff Manza e Christopher Uggen, *Locked Out: Felon Disenfranchisement and American Democracy* (Nova York, Oxford University Press, 2006), p. 152.

Não há lugar como o lar

A primeira pergunta que passa pela cabeça de muitos prisioneiros libertados quando dão seus primeiros passos fora dos portões da prisão é onde eles vão dormir naquela noite. Alguns deles têm famílias que os aguardam ansiosamente – famílias que estão dispostas a deixar seu parente recém-libertado dormir no sofá, no chão ou numa cama extra por tempo indeterminado. A maioria, no entanto, precisa desesperadamente encontrar um lugar para viver – se não imediatamente, ao menos em breve. Depois de vários dias, semanas ou meses dormindo no porão de sua tia ou no sofá de um amigo, chega um momento em que você precisa se virar sozinho. Descobrir como exatamente fazer isso não é uma tarefa fácil se sua ficha de antecedentes opera para impedi-lo de obter auxílio para habitação pública. Como um jovem com uma condenação criminal explicou, exasperado: "Eu me candidatei para a Section 8*. Eles me perguntaram se eu tinha antecedentes. Eu disse 'sim' [...]. Eles disseram, 'Bem, então essa vaga não é para você'"[8].

Esse rapaz tinha acabado de dar com a cara na porta pela primeira vez depois de sair da prisão. A discriminação no setor habitacional com pessoas rotuladas como criminosas (bem como contra suspeitas de ser "criminosas") é perfeitamente legal. Durante o Jim Crow, era legal negar habitação com base na raça, por meio de acordos restritivos e outras práticas excludentes. Hoje, a discriminação contra criminosos, suspeitos de crimes e suas famílias é rotina tanto entre agentes públicos quanto entre proprietários privados. Em vez de cláusulas racialmente restritivas, nós temos contratos de aluguel restritivos excluindo os novos "indesejáveis".

A Lei Contra o Uso de Drogas de 1988, aprovada pelo Congresso como parte da Guerra às Drogas, exigia aplicação estrita das normas de locação e o despejo de inquilinos de moradias públicas que se envolvessem em atividades criminosas. A lei concedeu aos órgãos de habitação pública a autoridade de usar as leis de locação para despejar qualquer inquilino, membro da família ou convidado envolvido em atividade criminosa nas instalações de moradias públicas ou perto delas. Em 1996, o presidente Clinton, numa tentativa de

---

* Section 8, a Seção 8 da Lei de Moradia de 1937, é o nome pelo qual se conhece o texto legal que prevê as condições de auxílio à moradia pelo Estado. (N. T.)

[8] Human Rights Watch, *No Second Chance: People with Criminal Records Denied Access to Housing* (Nova York, Human Rights Watch, 2006), p. ix.

reforçar suas credenciais de "endurecimento com o crime", declarou que os órgãos de habitação pública não deveriam exercer qualquer discricionariedade quando um inquilino ou convidado se envolvesse em atividades criminosas, principalmente quando relacionadas a drogas. Em seu discurso sobre o estado da União de 1996, ele propôs a legislação de "*One Strike and You're Out*" [uma infração e você está fora], que fortaleceu as regras de despejo e recomendou de forma veemente que os criminosos fossem automaticamente excluídos da habitação pública com base em seus antecedentes criminais. Mais tarde ele declarou: "Se alguém viola a lei, não terá mais a oportunidade de uma casa pelo sistema de habitação pública, uma infração e você está fora. Essa deveria ser a lei por toda parte nos Estados Unidos"[9]. Em sua forma final, essa lei, junto com a Lei de Responsabilidade de Trabalho e Habitação de Qualidade de 1998, não apenas autorizou os órgãos de habitação pública a excluir automaticamente (e despejar) criminosos de drogas e de outros tipos, mas também permitiu barrar candidatos que esses órgãos *acreditassem* estar fazendo uso de drogas ilegais ou abusando de álcool – independentemente de terem sido condenados por crimes ou não. Pode-se recorrer dessas decisões, mas os recursos raramente são bem-sucedidos sem um advogado – um luxo que a maioria dos candidatos a uma habitação pública não pode pagar.

Em resposta à nova legislação e ao estímulo dado pelo presidente Clinton, o Departamento de Desenvolvimento Urbano e Habitacional (HUD) elaborou diretrizes para pressionar os órgãos de habitação pública a "despejar traficantes e outros criminosos" e "mapear inquilinos com antecedentes criminais"[10]. O "Guia da Primeira Infração" do HUD exorta os órgãos de habitação a "tirar o máximo de proveito de sua autoridade para usar rigorosos procedimentos de triagem e despejo". Ele também incentiva as autoridades de habitação não apenas a examinar os antecedentes criminais de todos os candidatos, como a elaborar seus próprios critérios de exclusão. O guia observa que as avaliações e o financiamento dos órgãos estão vinculados a quanto estiverem "adotando

---

[9] Bill Clinton, "Remarks by the President at One Strike Symposium", White House, Office of the Press Secretary, 28 mar. 1996. Disponível em: <clinton6.nara.gov/1996/03/1996-03-28-president-remarks-at-one-strike-symposium.html>.

[10] Memorando do presidente Clinton para a Secretaria do Departamento de Desenvolvimento Urbano e Habitacional (HUD Secretary) sobre as "Diretrizes do 'uma infração e você está fora'" ["'One Strike and You're Out' Guidelines"], 28 mar. 1996. Disponível em: <clinton6.nara.gov/1996/03/1996-03-28-memo-on-one-strike-and-you're-out-guidelines.html>; e Bill Clinton, "Remarks by the President at One Strike Symposium", cit.

e implementando rastreio efetivo dos candidatos", um sinal claro de que os órgãos podem ser penalizados por não limpar a casa[11].

Em todos os lugares dos Estados Unidos, os órgãos de habitação pública têm adotado critérios de exclusão que negam elegibilidade mesmo a candidatos com antecedentes muito leves. A repressão inspirada pela Guerra às Drogas resultou em um punitivismo sem precedentes, pois os oficiais começaram a exercer a sua discricionariedade para negar acesso a moradias públicas para pessoas pobres por praticamente qualquer crime. "Quase qualquer infração serve, mesmo que ela tenha pouca relação com a probabilidade de o candidato ser um bom inquilino"[12].

As consequências para as famílias podem ser devastadoras. Sem moradia, as pessoas podem perder seus filhos. Tome-se como exemplo o afro-americano de 42 anos que pleiteou habitação pública para si e para seus três filhos que viviam com ele à época[13]. Ele recebeu resposta negativa por causa de uma acusação anterior de porte de drogas, a qual ele havia confessado e pela qual ele passara trinta dias na cadeia. É claro que a probabilidade de ele ter sido condenado por porte de drogas teria sido extremamente baixa se ele fosse branco. Mas, como afro-americano, ele não foi apenas alvo da Guerra às Drogas, mas também teve seu acesso a habitação negado por causa de sua condenação. Uma vez que lhe negaram habitação, ele perdeu a guarda dos filhos e está desabrigado. Em muitas noites ele dorme ao relento nas ruas. Uma punição de fato severa para um pequeno crime de drogas – especialmente para seus filhos, que são inocentes de qualquer crime.

Surpreendentemente, de acordo com a legislação atual, uma condenação efetiva ou a descoberta de uma violação formal não são necessárias para desencadear uma exclusão. Os funcionários dos órgãos de habitação pública podem rejeitar candidatos simplesmente com base em prisões, não importando se elas resultaram em condenações ou penas. Como os afro-americanos e os latinos são alvos da polícia na Guerra às Drogas, é muito mais provável que eles sejam presos por pequenos crimes não violentos. Consequentemente, as políticas do HUD de exclusão do auxílio à habitação com base em prisões e condenações garantem resultados altamente discriminatórios.

---

[11] U.S. Department of Housing and Urban Development, informe PIH 96-16 (HA), 29 abr. 1996, e o anexo com as diretrizes do "one strike", HUD, "'One Strike and You're Out' Screening and Eviction Guidelines for Public Housing Authorities," 12 abr. 1996.

[12] Human Rights Watch, *No Second Chance*, cit.

[13] Ibidem, p. vi.

Talvez nenhum aspecto do regime regulatório do HUD seja tão controverso, contudo, quanto a cláusula de "inexigibilidade de culpa" contida em todo contrato de habitação pública. Inquilinos de habitação pública são obrigados a fazer muito mais do que simplesmente pagar o aluguel em dia, não produzir barulho e cuidar para que as casas sejam mantidas em boas condições. A política de "uma infração e você está fora" determina que, se o inquilino, ou qualquer membro de sua família, ou qualquer hóspede seu, se envolver em alguma atividade criminosa, ligada a drogas ou não, dentro ou fora das instalações, a locação será encerrada. Antes da adoção dessa política, entendia-se geralmente que um inquilino não poderia ser despejado a menos que tivesse algum conhecimento ou participação em supostas atividades criminosas. Assim, no caso Rucker *versus* Davis, o Tribunal de Apelações do Nono Circuito anulou a cláusula de "inexigibilidade de culpa", estabelecendo que a expulsão de inquilinos inocentes – que não estavam sendo acusados ou não estavam nem mesmo cientes da suposta atividade criminosa – violava a legislação vigente[14].

A Suprema Corte dos Estados Unidos reverteu a decisão[15]. A corte decidiu em 2002 que, de acordo com a legislação federal, os inquilinos de habitações públicas poderiam ser despejados independentemente de conhecerem ou terem participado das atividades criminosas alegadas. De acordo com a corte, William Lee e Barbara Hill foram corretamente despejados depois que seus netos foram acusados de fumar maconha em um estacionamento perto de ondem moravam. Herman Walker também foi devidamente despejado depois que a polícia encontrou cocaína com seu cuidador. E Perlie Rucker foi justamente despejada após a prisão de sua filha por porte de cocaína a poucos quarteirões de casa. A corte decidiu que esses inquilinos poderiam ser civilmente responsáveis pelo comportamento não violento de seus filhos e cuidadores. Eles poderiam ser jogados para fora das habitações públicas sem ter culpa de nada.

Em resumo, políticas que excluem ou despejam pessoas que estejam de algum modo associadas a atividades criminosas podem parecer uma abordagem razoável para lidar com crimes nas habitações públicas, principalmente quando o crime está fora de controle. Tempos de desespero exigem medidas desesperadas, costuma-se dizer. O problema, contudo, é duplo: essas famílias vulneráveis não têm para onde ir, e o impacto é inevitavelmente discriminatório. Aqueles que não são pobres e que não dependem de assistência pública de

---

[14] Rucker *versus* Davis, 237 F.3d 1113 (9º Cir., 2001).
[15] Department of Housing and Urban Development *versus* Rucker, 535 U.S. 125 (2002).

moradia não precisam temer a possibilidade de, se seu filho, filha, cuidador ou parente for pego com maconha na escola ou furtando algo de uma farmácia, ser repentinamente despejados – e se tornar sem-teto. Mas para inúmeras pessoas pobres – particularmente as minorias raciais que dependem de modo desproporcional da assistência pública – essa possibilidade está muito próxima. Como resultado, muitas famílias relutam em permitir que seus parentes – sobretudo aqueles que acabaram de sair da prisão – permaneçam com eles, mesmo que temporariamente.

Ninguém sabe exatamente quantas pessoas são excluídas da habitação pública por causa de antecedentes criminais, ou mesmo o número de pessoas com antecedentes criminais que estariam inelegíveis caso se candidatassem. Não existem dados nacionais disponíveis sobre o assunto. Sabemos, no entanto, que cerca de 65 milhões de pessoas têm antecedentes criminais, incluindo dezenas de milhões de estadunidenses que foram presos, mas nunca condenados por qualquer crime, ou condenados apenas por pequenos delitos, e eles também são rotineiramente excluídos da habitação pública. O que acontece com essas pessoas que foram impedidas de receber auxílio de moradia ou foram despejadas de suas casas? Um estudo realizado pelo McCormick Institute of Public Affairs [Instituto McCormick de Assuntos Públicos] descobriu que quase um quarto dos hóspedes em abrigos para sem-teto havia sido preso no ano anterior – pessoas que não puderam encontrar um lugar para morar depois de libertadas dos muros da prisão.

Da mesma forma, um estudo da Califórnia relatou que entre 30% e 50% dos indivíduos sob supervisão de condicional em São Francisco e Los Angeles eram sem-teto[16]. O acesso a uma moradia decente, estável e acessível é um direito humano básico, e também aumenta substancialmente a probabilidade de uma pessoa com antecedentes criminais obter e manter um emprego e permanecer longe de drogas e de crimes. Uma pesquisa conduzida pela Companhia de Apoio à Habitação do Estado de Nova York mostra que a taxa de ocupação de prisões estaduais e de cadeias municipais caiu em 74% e 40%, respectivamente, quando pessoas com antecedentes criminais receberam apoio de moradia[17].

---

[16] California Department of Corrections, *Preventing Parolee Failure Program: An Evaluation* (Sacramento, California Department of Corrections, 1997), disponível em: <www.ncjrs.gov/App/publications/Abstract.aspx?id=180542>.

[17] Dennis Culhane et al., *The New York/New York Agreement Cost Study: The Impact of Supportive Housing on Services Use for Homeless Mentally Ill Individuals* (Nova York, Corporation for Supportive Housing, 2001), p. 4.

Os prisioneiros que voltam para "casa" são tipicamente os mais pobres dos pobres, que não têm condições de pagar por uma moradia privada e habitualmente veem negados os seus pedidos de auxílio para habitação – o tipo de assistência que poderia proporcionar um pouco da estabilidade tão necessária em sua vida. Para eles, "voltar para casa" é mais uma figura de linguagem do que uma opção realista. Mais de 650 mil pessoas são libertadas da prisão a cada ano e, para muitos, encontrar um novo lar parece quase impossível, não apenas no curto prazo, mas pelo resto de suas vidas. Como uma mãe afro-americana de 41 anos observou depois de ter tido recusado seu pedido de habitação por causa de uma única prisão ocorrida quatro anos antes: "Estou tentando fazer a coisa certa. Eu mereço uma chance. Mesmo se eu fosse a pior criminosa, eu mereceria uma chance. Todo mundo merece uma chance"[18].

Encaixotados

Além de ter que encontrar onde dormir, nada traz mais preocupação para pessoas que estão saindo da prisão do que encontrar um trabalho. De fato, um estudo do Vera Institute descobriu que, no primeiro mês após ficarem livres da prisão, as pessoas estavam bem mais preocupadas em encontrar trabalho do que com qualquer outra coisa[19]. Algumas das pressões para arrumar trabalho vêm diretamente do sistema de justiça criminal. De acordo com um levantamento dos órgãos estaduais de liberdade condicional, 40 das 51 jurisdições pesquisadas (os cinquenta estados e o Distrito de Colúmbia) exigiam que aqueles em liberdade condicional "mantivessem um emprego remunerado"[20]. Não fazê-lo poderia significar mais tempo na prisão.

Para além da necessidade de cumprir as condições da liberdade condicional, o emprego satisfaz uma necessidade humana mais básica – a necessidade fundamental de ser autossuficiente, de contribuir, de sustentar uma família e de agregar valor à sociedade em geral. Encontrar um emprego permite que se estabeleça um papel positivo na comunidade, se desenvolva uma autoimagem saudável e se mantenha distância de influências negativas e oportunidades

---

[18] Human Rights Watch, *No Second Chance,* cit., p. i.
[19] Martha Nelson, Perry Dees e Charlotte Allen, *The First Month Out: Post-Incarceration Experiences in New York City* (Nova York, Vera Institute of Justice, 1999).
[20] Edward Rhine, William Smith e Ronald Jackson, *Paroling Authorities: Recent History and Current Practice* (Laurel, MD, American Correctional Association, 1991).

de comportamento ilegal. Em muitos países ao redor do mundo, o trabalho é considerado tão fundamental para a existência humana que é visto como um direito humano básico. A privação do trabalho, particularmente entre os homens, está fortemente associada à depressão e à violência.

Obter um emprego depois de ser libertado da prisão não é pouca coisa. "Eu vi a discriminação e experimentei isso de verdade quando você tem que marcar o quadradinho", diz Susan Burton, uma ex-detenta que dedicou sua vida a fornecer às mulheres liberadas da prisão o apoio necessário para se restabelecerem como força de trabalho. O "quadradinho" a que se refere é aquele que os candidatos precisam assinalar nos formulários para emprego respondendo "sim" ou "não" quanto a terem sido condenados por algum crime. "Não é só [nos pedidos de] trabalho", explica Burton. "É em habitação. É na candidatura para uma vaga escolar. É em pedidos de benefícios assistenciais. É onde quer que você esteja."[21]

Quase todos os estados permitem que empregadores privados discriminem com base em condenações criminais anteriores. Na verdade, na maioria dos estados, os empregadores podem negar empregos até mesmo a pessoas que foram presas, mas jamais condenadas por qualquer crime. Apenas dez estados proíbem todos os empregadores e conselhos profissionais de considerar meras apreensões, e três estados proíbem que alguns empregadores e conselhos profissionais o façam[22]. Os empregadores de um número crescente de profissões são proibidos por órgãos estatais [*state licensing agencies*] de contratar pessoas que tenham sido condenadas por um dos crimes de uma lista enorme, mesmo condenações sem relação com o trabalho ou a licença solicitada[23].

O resultado dessas leis discriminatórias é que praticamente todo pedido de emprego, mesmo para cuidador de cães, motorista de ônibus, caixa do Burger King ou contabilista, exige que ex-infratores "assinalem o quadradinho". A maioria deles tem dificuldade até para conseguir uma entrevista de emprego depois de preencher a ficha, porque a maior parte dos empregadores não está disposta a considerar a contratação de um criminoso autoidentificado. Uma pesquisa mostrou que, embora 90% dos empregadores dissessem que estavam dispostos a considerar o preenchimento de vagas de emprego com um

---

[21] Gene Johnson, "'Ban the Box' Movement Gains Steam", *Wave Newspapers*, New America Media, 15 ago. 2006.
[22] Legal Action Center, *After Prison: Roadblocks to Re-entry, a Report on State Legal Barriers Facing People with Criminal Records* (Nova York, Legal Action Center, 2004), p. 10.
[23] Idem.

beneficiário de assistência social, apenas 40% estavam dispostos a pensar em escolher um ex-infrator[24]. Da mesma forma, uma enquete realizada em 2002 com 122 empregadores da Califórnia revelou que, embora a maioria dos empregadores considerasse contratar alguém condenado por uma contravenção, o número caía drasticamente quando se tratava de dar emprego àqueles condenados por crimes. Menos de um quarto dos empregadores estava disposto a empregar alguém condenado por um crime relacionado a drogas. O número despencava para 7% quando o crime era contra a propriedade e para menos de 1% quando se tratava de crime violento[25]. Mesmo aqueles que esperam ser trabalhadores autônomos –como barbeiro, manicure, jardineiro ou advogado – podem descobrir que lhes são negadas licenças profissionais por causa de prisões ou condenações passadas, ainda que suas infrações não tenham nada a ver com a habilidade requerida para executar bem a profissão escolhida.

Para a maioria das pessoas que saem da prisão, uma condenação criminal significa um ponto a mais em seu perfil já problemático. Cerca de 70% dos infratores e ex-infratores são desistentes do ensino médio e, de acordo com pelo menos um estudo, cerca de metade é analfabeta funcional[26]. Muitos infratores são levados para a prisão em idade precoce, rotulados como criminosos na adolescência e depois transportados de suas escolas municipais subfinanciadas e caindo aos pedaços até prisões de alta tecnologia novas em folha. As comunidades e escolas das quais eles vêm falharam em formá-los como força de trabalho, e, uma vez que foram rotulados como criminosos, suas perspectivas de trabalho serão para sempre sombrias.

Some-se aos seus problemas o "desajustamento espacial" entre o local onde residem e o das oportunidades de emprego[27]. A disposição para contratar

---

[24] Harry Holzer, Steven Raphael e Michael Stoll, "Will Employers Hire Ex-Offenders? Employer Preferences, Background Checks and Their Determinants", em Mary Pattillo, David Weiman e Bruce Western (orgs.), *The Impact of Incarceration on Families and Communities* (Nova York, Russell Sage Foundation, 2002).

[25] Employers Group Research Services, "Employment of Ex-Offenders: A Survey of Employers' Policies and Practices" (São Francisco, SF Works, 12 abr. 2002).

[26] Jeremy Travis, Amy Solomon e Michelle Waul, *From Prison to Home: The Dimensions and Consequences of Prisoner Re-entry* (Washington, DC, Urban Institute, 2001); e Amy Hirsch et al., *Every Door Closed: Barriers Facing Parents with Criminal Records* (Washington, DC, Center for Law and Social Policy and Community Legal Services, 2002).

[27] Keith Ihlanfeldt e David Sjoquist, "The Spatial Mismatch Hypothesis: A Review of Recent Studies and Their Implications for Welfare Reform", *Housing Policy Debate*, v. 9, n. 4, 1998,

ex-infratores é maior na construção ou nas indústrias de manufatura – que requerem pouco contato com o cliente – e menor no comércio varejista e em outras empresas do setor de serviços[28]. Empregos na manufatura, contudo, quase desapareceram dos centros urbanos nos últimos trinta anos. Não muito tempo atrás, homens jovens não qualificados podiam encontrar empregos decentes e bem remunerados em grandes fábricas na maioria das principais cidades do Norte. Hoje, devido à globalização e à desindustrialização, isso não ocorre mais. É possível encontrar emprego nos subúrbios – principalmente no setor de serviços –, mas emprego para homens não qualificados e com condenações criminais, embora difícil de encontrar em qualquer lugar, é especialmente raro de achar perto da casa deles.

Um ex-infrator cuja carteira de motorista foi suspensa ou que não tem acesso a um carro muitas vezes enfrenta barreiras quase insuperáveis para encontrar trabalho. Pode ser bem viável dirigir até os subúrbios para retirar ou entregar fichas de candidatura de emprego, participar de entrevistas e procurar trabalho, se você tem uma carteira de motorista e acesso a um veículo, mas tentar fazer isso de ônibus é algo completamente diferente. Um homem negro desempregado da zona sul de Chicago explica: "Na maioria das vezes [...] os lugares são muito longe e você precisa de transporte, e eu não tenho nenhum direito agora. Se tivesse algum, eu provavelmente conseguiria um [trabalho]. Se eu tivesse um carro e fosse ao subúrbio, porque não há nenhum na cidade"[29]. E aqueles que de fato conseguem trabalho nos subúrbios têm dificuldade em mantê-lo sem um transporte confiável e por um valor acessível.

Murray McNair, um afro-americano de 22 anos, retornou a Newark, em Nova Jersey, depois de ter sido preso por crimes de drogas. Ele compartilha um pequeno apartamento com sua namorada grávida, sua irmã e seus dois filhos. Por meio de um programa de qualificação profissional financiado pelo governo federal e operado pelas Goodwill Industries, McNair conseguiu um emprego que paga 9 dólares por hora em um armazém a 32 quilômetros – ou

---

p. 849; e Michael Stoll, Harry Holzer e Keith Ihlanfeldt, "Within Cities and Suburbs: Employment Decentralization, Neighborhood Composition, and Employment Opportunities for White and Minority Workers", *Journal of Policy Analysis and Management*, 2000.

[28] Harry Holzer et al., "Employer Demand for Ex-Offenders: Recent Evidence from Los Angeles", mar. 2003, manuscrito não publicado.

[29] William Julius Wilson, *When Work Disappears: The World of the New Urban Poor* (Nova York, Vintage, 1997).

dois ônibus e uma corrida de táxi – de distância. "Eu sei que vai ser difícil", disse ele a um repórter do *The New York Times*. "Mas eu não posso mais ficar pensando em mim mesmo"[30].

As probabilidades de McNair, ou qualquer ex-infrator em uma situação semelhante, ter sucesso nessas circunstâncias são pequenas. Se você ganha 9 dólares por hora, mas gasta 20 dólares ou mais para ir e voltar do trabalho todos os dias, como conseguirá pagar aluguel, comprar comida e ajudar a sustentar sua família em crescimento? Um homem negro desempregado de 36 anos saiu de seu trabalho no subúrbio por causa do problema do transporte. "Eu estava gastando mais dinheiro para chegar ao trabalho do que eu ganhava trabalhando."[31]

A CAIXA-PRETA

Ex-infratores negros são os candidatos mais severamente desfavorecidos no mercado de trabalho moderno. Embora todos os candidatos a emprego – independentemente da raça – sejam prejudicados por antecedentes criminais, o mal não é sentido da mesma forma por todos. Os afro-americanos não só têm muito mais probabilidade de serem rotulados como criminosos, como também são mais afetados pelo estigma de um antecedente criminal. Homens negros condenados por crimes de rua estão menos propensos a receber ofertas de trabalho do que qualquer outro grupo demográfico, e os empregadores dos subúrbios são os mais relutantes em contratá-los[32].

O sociólogo Devah Pager explica que quem foi mandado para a prisão "é rotulado institucionalmente como uma classe particular de indivíduos", com grandes implicações para o seu lugar e condição na sociedade[33]. A "credencial negativa" associada a antecedentes criminais representa um mecanismo singular de estratificação patrocinada pelo Estado. Como diz Pager, "é o Estado que certifica indivíduos particulares de forma a qualificá-los para a discriminação

---

[30] Andrew Jacobs, "Crime-Ridden Newark Tries Getting Jobs for Ex-Convicts, but Finds Success Elusive", *The New York Times*, 27 abr. 2008.
[31] William Julius Wilson, *When Work Disappears*, cit., p. 41.
[32] Harry Holzer e Robert LaLonde, "Job Stability and Job Change Among Young Unskilled Workers", em David Card e Rebecca Blank (orgs.), *Finding Jobs: Work and Welfare Reform* (Nova York, Russell Sage Foundation, 2000); ver também Joleen Kirshenman e Kathryn Neckerman, "We'd Love to Hire Them But...", em Christopher Jencks e Paul Peterson (orgs.), *The Urban Underclass* (Washington, DC, Brookings Institution Press, 1991).
[33] Ibidem, p. 942.

e a exclusão social". O "status oficial" dessa credencial negativa a diferencia de outras fontes de estigma social, conferindo legitimidade a seu uso como motivo de discriminação. Há quatro décadas, os empregadores eram livres para discriminar explicitamente com base na raça; hoje os empregadores se sentem livres para discriminar quem carrega o rótulo da prisão – ou seja, aqueles rotulados pelo Estado como criminosos. O resultado é um sistema de estratificação baseado na "certificação oficial do caráter e da competência do indivíduo" – uma forma de marca indelével por parte do governo[34].

Dado o nível incrivelmente elevado da discriminação sofrida pelos homens negros no mercado de trabalho e dadas as barreiras estruturais à empregabilidade na nova economia, não deveria surpreender que uma enorme porcentagem dos homens afro-americanos esteja desempregada. Quase um terço dos jovens negros nos Estados Unidos hoje está sem trabalho[35]. A taxa de desemprego para jovens negros do sexo masculino que abandonaram os estudos, incluindo os encarcerados, é de 65%[36].

Nos últimos anos, em um esforço para lidar com o desemprego desenfreado entre os homens negros rotulados de criminosos, ativistas preocupados com a questão lançaram campanhas chamadas Acabem com os Quadradinhos. Essas campanhas têm sido bem-sucedidas em cidades como São Francisco, onde a All of Us or None [Todos nós ou nenhum de nós], uma organização não governamental dedicada a eliminar a discriminação contra ex-criminosos, convenceu o Conselho de Supervisores da cidade a aprovar uma resolução destinada a eliminar a discriminação contra pessoas com antecedentes criminais nas contratações para empregos. A nova política de São Francisco, em vigor desde junho de 2006, visa a evitar a discriminação com base em antecedentes criminais, removendo o quadradinho de histórico criminal do formulário inicial. As condenações passadas de um indivíduo ainda serão consideradas, mas apenas em uma fase posterior do processo de contratação, quando o candidato já tiver sido identificado como um sério concorrente ao cargo. A única exceção são os empregos para os quais as leis estaduais ou municipais expressamente proíbem pessoas com condenações específicas. Esses candidatos ainda serão obrigados a apresentar um informativo com seu histórico de condenações no

---

[34] Ibidem, p. 962.
[35] Bruce Western, *Punishment and Inequality in America* (Nova York, Russell Sage Foundation, 2006), p. 90.
[36] Ibidem, p. 91.

início do processo de contratação. No entanto, diferentemente de uma portaria semelhante adotada em Boston, essa política se aplica apenas a empregos públicos, não valendo para fornecedores privados que fazem negócios com a cidade ou o condado de São Francisco.

Embora essas iniciativas de base e propostas de políticas sejam grandes conquistas, elas levantam questões sobre qual é o melhor modo de abordar as formas complexas e interligadas de discriminação vividas pelos ex-infratores negros. Alguns estudiosos acreditam, com base nos dados disponíveis, que os homens negros podem sofrer mais – e não menos – discriminação quando informações específicas sobre histórico criminal não estão disponíveis[37]. Como a associação entre raça e criminalidade é muito difundida, empregadores podem usar métodos menos apurados e discriminatórios para eliminar aqueles que são percebidos como possíveis criminosos. Pressuposições populares, mas errôneas, de que alguém é um criminoso – estabelecidas a partir de raça, ser beneficiário de assistência social, ter baixa escolaridade e lacunas no histórico de trabalho – poderiam ser usadas por empregadores quando não há no formulário um quadradinho para identificar criminosos. Essa preocupação é respaldada por trabalhos etnográficos que sugerem que empregadores têm mais medo de que homens negros sejam violentos do que outros grupos de candidatos e agem segundo esses medos quando tomam decisões de contratação. Sem ter como confirmar a informação no próprio formulário de pedido de emprego, os empregadores podem (consciente ou inconscientemente) tratar todos os homens negros como se tivessem antecedentes criminais, colocando todos (ou a maioria deles) na mesma posição dos ex-criminosos negros. Essa pesquisa sugere que acabar com o quadradinho não é o suficiente. Nós precisamos também nos livrar da mentalidade que coloca homens negros "no quadradinho". Esse desafio não é pequeno.

Um estudo recente do National Employment Law Project (NELP) [Projeto Jurídico para o Emprego Nacional] sugere que muitos empregadores se recusam a considerar pessoas com antecedentes criminais para uma ampla gama de trabalhos, apesar de a Equal Employment Opportunity Commission (EEOC)

---

[37] Ver Devah Pager, *Marked: Race, Crime and Finding Work in an Era of Mass Incarceration* (University of Chicago Press, 2007), p. 157; Steven Raphael, "Should Criminal History Records Be Universally Available?" (artigo de resposta), em Greg Pogarsky, "Criminal Records, Employment and Recidivism", *Criminology & Public Policy*, v. 5, n. 3, ago. 2006, p. 479-521; e Shawn Bushway, "Labor Market Effects of Permitting Employer Access to Criminal History Records", *Journal of Contemporary Criminal Justice*, v. 20, 2004, p. 276-91.

[Comissão para Iguais Oportunidades de Emprego] ter orientado os empregadores quanto à ilegalidade do veto total. Em 1987, a EEOC publicou diretrizes para mostrar aos empregadores que a discriminação contra pessoas com antecedentes criminais é permitida se – e somente se – os empregadores considerarem a natureza e a gravidade da infração ou das infrações, o tempo que se passou desde a condenação e/ou o cumprimento da sentença, e a natureza do cargo. De acordo com o órgão, uma barreira absoluta ao emprego fundamentada em condenações prévias – sem levar em consideração esses fatores – viola o Título VII da Lei de Direitos Civis, se tiver como resultado a produção de disparidades raciais.

As diretrizes da EEOC não têm força de lei, mas os juízes frequentemente as utilizam quando avaliam se houve discriminação, e a EEOC tem o poder de processar empregadores que infringem o Título VII. Aparentemente poucos empregadores foram dissuadidos. Em um estudo sobre o site Craiglist.com, que opera em mais de quatrocentas áreas geográficas, o NELP descobriu que os empregadores infringem flagrantemente as diretrizes da EEOC. Centenas de anúncios impediam a consideração de indivíduos com histórico de condenações criminais[38]. Por exemplo:

> "Nenhuma prisão ou condenação de qualquer tipo nos últimos sete anos. Sem prisões ou condenações por crimes de rua de qualquer tipo por toda a vida."
> (Anúncio de vaga para eletricista, 29 de setembro de 2010, OMNI Empresa de Serviços de Energia)
>
> "Estamos procurando pessoas... sem antecedentes/ histórico criminal."
> (Anúncio de vaga para trabalhador de armazém ou entregadores, 2 de setembro de 2010, CORT Aluguel de Mobílias)
>
> "Todos os candidatos serão verificados eletronicamente e devem apresentar um histórico limpo (sem antecedentes)."
> (Anúncio de vaga para trabalhos em manufatura, 5 de outubro de 2010, Carlisle Recrutamento – empresa de recrutamento na área de Chicago)
>
> "Para estar apto a ser um motorista do fedex, você deve ter o seguinte: Ficha de antecedentes limpa, sem contravenções, sem crimes."

---

[38] Michelle Natividad Rodriguez e Maurice Emsellem, *65 Million "Need Not Apply": The Case for Reforming Criminal Background Checks for Employment* (Nova York, National Employment Law Project, 2011). Disponível em: <www.nelp.org/page/-/65_Million_Need_Not_Apply.pdf?nocdn=1>.

(Anúncio de vagas para mecânico de veículos a diesel/ entregador, 24 de setembro de 2010, contratante para o grupo FedEx)

"Não se candidatar com qualquer contravenção/ crime."
(Anúncio de vaga para técnico de venda de material hidráulico, 10 de fevereiro de 2010, Empresa de Serviços Luskin-Clark)

"Requisitos mínimos para consideração de emprego, sem exceções!: sem contravenções e/ou crimes de qualquer tipo na ficha."
(Anúncio de vaga em armazém e manufatura, 18 de fevereiro de 2010, Perimeter Recrutamento – empresa de recrutamento operando em Atlanta)

Embora cada um desses anúncios viole a proibição da EEOC quanto a interdições gerais de contratação, os empregadores e suas agências de recrutamento de pessoal rotineiramente limitam o grupo de candidatos qualificados àqueles sem antecedentes, impedindo assim milhões de pessoas até mesmo de ter uma oportunidade de serem entrevistadas para vagas: encontram-se excluídas da economia formal, e ninguém que tenha antecedentes tem mais dificuldade em ser contratado do que os homens negros.

A prisão de devedores

Os poucos sortudos que conseguem um emprego decente – um que pague um salário digno e que esteja a uma distância razoável de onde moram – muitas vezes descobrem que o sistema está estruturado de forma que eles não conseguem sobreviver no interior da economia formal. Ao serem libertadas da prisão, as pessoas costumam estar carregadas de grandes dívidas nas costas – grilhões financeiros que as impedem de lutar para construir uma nova vida. Nesse sistema de controle, assim como no que prevaleceu durante o Jim Crow, a "dívida com a sociedade" muitas vezes reflete o custo da prisão.

Por todo o país, os prisioneiros recém-libertos são obrigados a fazer pagamentos a uma série de órgãos, inclusive a departamentos de liberdade assistida, tribunais e serviços de apoio a crianças. Em algumas jurisdições, ex-infratores são cobrados por testes de drogas e até mesmo pelo tratamento medicamentoso que devem receber como condição para obter a liberdade condicional. Esses honorários, custas e multas são em geral bastante novos – criados por leis dos últimos vinte anos – e estão associados a uma ampla gama de infrações. Cada estado tem suas próprias regras e regulamentações sobre essas imposições. A Flórida, por exemplo, desde 1996, acrescentou mais de vinte novas categorias de obrigações financeiras para réus criminais, eliminando a maioria das isenções para aqueles que não podem pagar[39].

Exemplos de taxas de serviço pré-condenação impostas hoje nos Estados Unidos incluem: taxas de ingresso na prisão cobradas no momento da apreensão, diárias de prisão arbitradas para cobrir o custo da prisão preventiva, taxas de pedido de defensor público cobradas quando alguém solicita um advogado nomeado pelo juízo e taxa de caução da investigação, imposta quando o tribunal determina que é provável que o acusado seja levado a julgamento. Taxas pós-condenação incluem: taxas de relatório pré-sentença, taxas de ressarcimento de defensor público e taxas cobradas de pessoas condenadas colocadas em programas de liberação para trabalho ou prisão domiciliar. Após a libertação, outras taxas podem aparecer, inclusive taxas de serviço de liberdade assistida ou condicional. Em geral, elas são cobradas mensalmente durante o período de supervisão[40]. Em Ohio, por exemplo, um tribunal pode ordenar que os reeducandos paguem uma taxa mensal de supervisão de 50 dólares como condição para obter liberdade assistida. A falta de pagamento pode justificar sanções de controle comunitário adicionais ou modificação na sentença do infrator[41].

Muitos estados utilizam "penalizações por pobreza" – acumulando taxas adicionais por atraso, taxas de plano de pagamento e juros quando os indivíduos não são capazes de pagar o valor total de suas dívidas de uma vez, o que com frequência enriquece, no processo, agentes de cobrança privados. Algumas das taxas de cobrança são exorbitantes. A do Alabama é de 30%, e a Flórida permite que agentes de cobrança particulares adotem uma sobretaxa de 40% para dívidas atrasadas[42].

Dois terços das pessoas detidas nas prisões relatam rendimentos anuais inferiores a 12 mil dólares antes da prisão. Previsivelmente, a maioria dos ex-infratores encontra-se incapaz de pagar as várias taxas, custas e multas associa-

---

[39] Rebekah Diller, *The Hidden Costs of Florida's Criminal Justice Fees* (Nova York, Brennan Center for Justice, 2010).

[40] Kirsten Livingston, "Making the Bad Guy Pay: Growing Use of Cost Shifting as Economic Sanction", em Tara Herivel e Paul Wright (orgs.), *Prison Profiteers: Who Makes Money from Mass Incarceration* (Nova York, The New Press, 2007), p. 61 [ed. bras.: *Quem lucra com as prisões: o negócio do grande encarceramento*, trad. Lívia Maria Silva Macedo et al., Rio de Janeiro, Revan, 2013].

[41] Ibidem, p. 69, citando Ohio Rev. Code Ann. Sec. 2951.021 e Ohio Rev. Code Sec. 2951.021.

[42] Alicia Bannon, Mitali Nagrecha e Rebekah Diller, *Criminal Justice Debt: A Barrier to Re-entry* (Nova York, Brennan Center for Justice, 2010).

das ao seu encarceramento, bem como suas dívidas de pensão alimentícia (que continuam a se acumular enquanto a pessoa está encarcerada). Como resultado, muitos ex-infratores têm seus salários confiscados. A legislação federal prevê que uma autoridade de auxílio à criança possa confiscar até 65% do salário de um indivíduo para pensão alimentícia. Além disso, na maioria dos estados, os oficiais de liberdade assistida podem exigir que um indivíduo destine 35% de sua renda ao pagamento de multas, taxas, sobretaxas e restituições cobradas por vários órgãos[43]. Consequentemente, um ex-detento que vive no nível da pobreza ou abaixo dele pode ser cobrado por quatro ou cinco órgãos de uma só vez e obrigado a entregar 100% de seus ganhos. Como observou com sobriedade o editorial do *The New York Times*: "As pessoas que se veem nessa situação impossível estão menos propensas a procurar um emprego formal, o que as torna ainda mais suscetíveis à reincidência em crimes"[44].

Façam ou não a escolha racional de participar da economia informal (em vez de ter até 100% de seus salários confiscados), os ex-infratores ainda podem voltar à prisão por não cumprirem a parte financeira de suas exigências para supervisão da liberdade assistida. Embora em todos os estados a "prisão de devedores" seja ilegal, muitos deles usam a ameaça de revogação da liberdade assistida ou da condicional como ferramenta de cobrança de dívidas. Na verdade, em algumas jurisdições, os indivíduos podem "escolher" ir para a prisão como forma de reduzir seus encargos, uma prática que tem sido denunciada como inconstitucional[45]. Além dessa insanidade, muitos estados suspendem o direito de dirigir de pessoas que atrasam pagamentos, prática que frequentemente promove a perda de empregos (quando as pessoas ainda os têm) e cria mais uma oportunidade para as pessoas pararem na prisão, por dirigirem com habilitação suspensa[46]. Nesse regime, muitos são jogados de volta à prisão simplesmente porque – sem ter onde morar e sem emprego decente – não conseguiram pagar milhares de dólares em taxas relacionadas à prisão, multas e pensão alimentícia.

Alguns infratores, como Ora Lee Hurley, ficam presos apenas por deverem taxas e multas de prisão. Hurley, em 2006, era uma prisioneira do Gateway

---

[43] Rachel L. McLean e Michael D. Thompson, *Repaying Debts* (Nova York, Council of State Governments Justice Center, 2007).
[44] "Out of Prison and Deep in Debt", *The New York Times*, 6 out. 2007, editorial.
[45] Alicia Bannon, Mitali Nagrecha e Rebekah Diller, *Criminal Justice Debt*, cit.
[46] Idem.

Diversion Center [Centro de Reeducação Gateway] de Atlanta. Ela havia sido presa por dever uma multa de 705 dólares. Como parte do programa de reeducação, Hurley teve permissão para trabalhar durante o dia e retornar ao centro à noite. "Ela trabalhava cinco dias por semana, em tempo integral, em um restaurante onde ganhava 6 dólares e 50 centavos por hora e, descontados os impostos, conseguia cerca de 700 dólares por mês."[47] A estada no centro de reeducação custava em torno de 600 dólares, e o seu transporte custava 52 dólares mensais. Diversos outros gastos, incluindo roupas, sapatos e itens pessoais, como pasta de dente, rapidamente acabavam com o que lhe restava. O advogado de Hurley denunciou a armadilha em que ela havia sido colocada: "Trata-se de uma situação em que se essa mulher fosse capaz de preencher um cheque no valor da multa, ela não estaria lá. Mas como ela não pode, permanece sob custódia. É simples assim"[48]. Apesar de ela ter trabalhado em tempo integral enquanto estava sob custódia, a maior parte de sua renda destinava-se a reembolsar o programa de reeducação, e não a quitar a dívida que a punha naquela situação.

Essa dura realidade remonta aos dias posteriores à Guerra Civil, quando ex-escravos e seus descendentes eram presos por pequenas infrações, multados com valores pesados e, então, aprisionados até que pudessem pagar suas dívidas. O único meio de pagar as dívidas era trabalhando em *plantations* ou fazendas – conhecidas como campos penais de trabalho forçado – ou em prisões que tinham sido convertidas em fazendas de trabalho. Recebendo quase nada, os condenados eram efetivamente escravizados perpetuamente, uma vez que eram incapazes de ganhar o suficiente para pagar suas dívidas.

Hoje, muitos reclusos trabalham na prisão, geralmente ganhando bem menos do que o salário mínimo – muitas vezes, menos de 3 dólares por hora, às vezes 25 centavos. A suas contas são ainda "somadas" várias outras despesas relacionadas a seu encarceramento, o que torna impossível para eles economizar o dinheiro que de outro modo lhes permitiria quitar suas dívidas ou ajudá-los a fazer uma transição bem-sucedida quando libertos da prisão. Normalmente os prisioneiros são libertados apenas com a roupa do corpo e uma ninharia em ajuda de custo. É comum que o valor nem dê para cobrir o custo de uma passagem de ônibus para casa.

---

[47] Kirsten Livingston, "Making the Bad Guy Pay", cit., p. 55.
[48] Idem.

Que comam brioches!

Eis então você, um prisioneiro recém-libertado – sem-teto, desempregado e carregando uma montanha de dívidas. Como consegue se alimentar? Como cuida de seus filhos? Não há uma resposta clara para essa pergunta, mas uma coisa é certa: não conte com o governo para qualquer ajuda. Não lhe negarão apenas habitação, mas também comida.

A legislação de reforma assistencial assinada pelo presidente Bill Clinton em 1996 acabou com os direitos individuais a assistência social e fez repasses em bloco aos estados. O Temporary Assistance for Needy Family Program (TANF) [Programa de Assistência Temporária para Famílias Necessitadas] impõe um limite de cinco anos ao longo da vida para recebimento de benefícios e exige que os cadastrados, inclusive os que têm filhos pequenos e não têm acesso a creches, trabalhem para recebê-los. Em abstrato, um limite de cinco anos pode parecer razoável. Mas considere isto: quando alguém é rotulado como criminoso, forçado a "preencher o quadradinho" nas candidaturas de emprego e habitação e sobrecarregado por milhares de dólares em dívidas, é possível que essa pessoa viva à beira da pobreza extrema por mais de cinco anos e, portanto, precise de vale-alimentação para si e para a sua família? Até 1996, havia um entendimento básico de que as mães pobres que criavam filhos deveriam ter um nível mínimo de assistência que incluísse alimentação e abrigo.

O limite de cinco anos, no entanto, não é a pior característica dessa legislação. A lei também exige que os estados impeçam permanentemente indivíduos com condenações por crimes relacionados a drogas de receber assistência pública financiada pelo governo federal. O estatuto contém uma cláusula de saída, mas desde 2010 apenas treze estados e o distrito de Colúmbia optaram por abandoná-lo completamente. A maioria dos estados optou por sair parcialmente, oferecendo exceções para pessoas em tratamentos de drogas, por exemplo[49]. No entanto, continua a ser verdade que milhares de pessoas com condenações por crimes de drogas mais graves nos Estados Unidos tornam-se inabilitadas para o programa de vale-alimentação pelo resto da vida, incluindo mulheres grávidas, pessoas em tratamento ou recuperação de drogas e pessoas com HIV/Aids – simplesmente porque já foram pegas com drogas.

---

[49] Ver Legal Action Center, "Opting Out of Federal Ban on Food Stamps and TANF: Summary of State Laws". Disponível em: <www.lac.org/toolkits/TANF/TANF.htm>.

A MINORIA SILENCIOSA

Se acorrentar os prisioneiros a uma vida de dívidas e autorizar discriminação contra eles em empregos, habitação, educação e benefícios públicos não for o suficiente para enviar a mensagem de que eles não são queridos nem sequer considerados cidadãos de pleno direito, retirar o direito a voto daqueles rotulados como criminosos certamente o é.

Quarenta e oito estados e o distrito de Colúmbia proíbem os internos do sistema prisional de votar enquanto estiverem encarcerados por algum crime. Somente dois estados – Maine e Vermont – permitem que os internos votem. A vasta maioria dos estados continua a impedir o direito de votar quando os prisioneiros estão em liberdade condicional. Mesmo depois que o prazo da punição expira, alguns estados negam esse direito por um período que vai de alguns anos até o resto da vida[50].

Isso está longe de ser a regra em outros países – na Alemanha, por exemplo, permite-se (e até se encoraja) que os prisioneiros votem. Na verdade, cerca de metade dos países europeus permite que todas as pessoas encarceradas votem, enquanto outros desabilitam de participar das eleições apenas um pequeno número de prisioneiros[51]. Os prisioneiros votam nas suas instalações penitenciárias ou por meio de alguma versão da cédula de voto em trânsito em sua cidade de residência anterior. Quase todos os países que impõem restrições ao voto na prisão estão na Europa oriental, parte do antigo bloco comunista[52].

Nenhum outro país priva de tantos direitos as pessoas libertadas da prisão de uma maneira mesmo remotamente parecida com os Estados Unidos. De fato, o Comitê de Direitos Humanos das Nações Unidas acusou as políticas de restrição de direitos dos Estados Unidos de serem discriminatórias e de violarem o direito internacional. Nos poucos países europeus que permitem limitação de direitos pós-aprisionamento, a sanção é muito restritivamente adaptada e o número de pessoas atingidas é de dezenas ou centenas[53]. Nos Estados Unidos, ao contrário, a privação do direito de votar após a libertação é automática, sem propósito legítimo, e afeta milhões.

---

[50] Ryan S. King, *Felony Disenfranchisement Laws in the United States* (Washington, DC, Sentencing Project, 2008).

[51] Laleh Ispahani, *Out of Step with the World: An Analysis of Felony Disenfranchisement in the U.S. and Other Democracies* (Nova York, American Civil Liberties Union, 2006), p. 4.

[52] Idem.

[53] Ibidem, p. 6.

Mesmo aqueles prisioneiros tecnicamente aptos a votar com frequência permanecem privados desse direito por toda a vida. Cada estado desenvolveu seu próprio processo para restabelecer o direito de voto aos ex-infratores. Normalmente, o processo de reabilitação é um labirinto burocrático que requer o pagamento de multas ou custas judiciais. O processo é tão incômodo, confuso e oneroso que muitos ex-infratores que são teoricamente aptos a votar nunca conseguem obter seu direito ao voto[54]. Em grande parte dos Estados Unidos, é necessário que os ex-infratores paguem multas e custas judiciais e enviem documentos a vários órgãos, em um esforço para recuperar um direito que nunca deveria ter sido tirado deles em uma democracia. Esses campos minados burocráticos são o equivalente moderno das taxas para votação e dos testes de alfabetização – regras "racialmente neutras" destinadas a tornar o direito a voto uma impossibilidade prática para um grupo definido em grande parte pela raça.

A mensagem transmitida por leis de restrição de direitos de criminosos, políticas e procedimentos burocráticos não passa em branco para aqueles que, como Clinton Drake, são efetivamente impedidos de votar por toda a vida[55]. Drake, um afro-americano de 55 anos, de Montgomery, no Alabama, foi preso em 1988 por posse de maconha. Cinco anos depois, ele foi preso novamente, dessa vez por ter em torno de 10 dólares da droga consigo. Enfrentando um julgamento que poderia lhe custar dez ou vinte anos na prisão por ser reincidente, Drake, um veterano do Vietnã e, naquele momento, cozinheiro em uma base local da força aérea, aceitou o conselho de seu defensor público e concordou com uma transação penal. Segundo o acordo, ele teria de passar "apenas" cinco anos atrás das grades. Cinco anos por cinco baseados.

Uma vez libertado, Drake descobriu que estava proibido por lei de votar até que pagasse 900 dólares em custas judiciais – tarefa impossível, porque ele estava desempregado e os trabalhos que ele poderia de fato arrumar ofereceriam salários tão baixos que ele nunca conseguiria acumular centenas de dólares em poupança. Para todos os efeitos práticos, ele nunca seria capaz de votar novamente. Pouco antes da eleição presidencial de 2004 ele disse desesperado:

---

[54] Ver Laleh Ispahani e Nick Williams, *Purged!* (Nova York, American Civil Liberties Union, 2004); e Alec Ewald, *A Crazy Quilt of Tiny Pieces: State and Local Administration of American Criminal Disenfranchisement Law* (Washington, DC, Sentencing Project, 2005).

[55] Sasha Abramsky, *Conned: How Millions Went to Prison, Lost the Vote, and Helped Send George W. Bush to the White House* (Nova York, The New Press, 2006), p. 224.

Eu coloquei minha vida em risco por este país. Para mim, não votar não é certo; isso me causou muita frustração, muita raiva. Meu filho está no Iraque. No Exército, como eu. Meu filho mais velho lutou no primeiro conflito no Golfo Pérsico. Ele era fuzileiro naval. É o meu caçula que está lá agora. Mas eu não posso votar. Eles dizem que eu devo 900 dólares em multas. Para mim, isso é uma taxa para votação. Você tem que pagar para votar. É uma "restituição", dizem eles. Eu saí em liberdade condicional em 13 de outubro de 1999, mas até agora eu não tenho permissão para votar. A última vez que votei foi em 1988. Bush contra Dukakis. Bush ganhou. Eu votei no Dukakis. Se dependesse de mim, eu votaria desta vez para tirar seu filho também. Eu tenho um monte de amigos que estão na mesma situação que eu, não podem votar. Um monte de caras que fizeram o mesmo que eu fiz. Só maconha. Eles tratam a maconha no Alabama como se você tivesse cometido traição ou algo assim. Eu estava na marcha pelo direito ao voto em Selma em 1965. Eu tinha quinze anos. Com dezoito eu estava no Vietnã lutando por meu país. E agora? Estou desempregado e eles não me deixam nem votar.[56]

O voto de Drake, juntamente com os votos de milhões de outras pessoas rotuladas criminosas, poderia ter feito uma diferença real em 2004. Não há dúvida de que seus votos teriam mudado as coisas em 2000. Após a eleição, foi amplamente divulgado que se os 600 mil ex-criminosos que cumpriram as suas sentenças na Flórida tivessem sido autorizados a votar, Al Gore, não George W. Bush, teria sido eleito presidente dos Estados Unidos[57].

Quatro anos mais tarde, no Sul, funcionários da Justiça Eleitoral encontraram dezenas de ex-infratores que estavam relutantes em se registrar para votar, mesmo sendo tecnicamente aptos, porque tinham medo de qualquer contato com as autoridades governamentais. Muitos beneficiários de assistência social estavam preocupados de que qualquer coisinha que fizessem pudesse chamar a atenção para eles e pusesse em risco seus vales-alimentação. Outros haviam sido informados por oficiais de liberdade condicional ou assistida de que não poderiam votar, e, embora isso não fosse verdade, eles acreditaram nisso – e a notícia se espalhou como fogo em um rastilho de pólvora. "Quanto tempo acha que precisa para a notícia de que você não pode votar se espalhar?", perguntou

---

[56] Idem.
[57] Gail Russell Chaddock, "U.S. Notches World's Highest Incarceration Rate", *Christian Science Monitor*, 18 ago. 2003.

um ex-infrator. "Há anos e anos as pessoas lhe dizem que você não pode votar. Você vive numa favela, você não conta."[58]

Mesmo aqueles que sabiam que eram elegíveis para se registrar se preocupavam que, ao fazer isso, pudessem de alguma maneira atrair atenção para si – talvez até levá-los de volta à cadeia. Embora para alguns isso possa parecer paranoia, muitos negros sulistas têm lembranças vívidas das duras consequências que atingiram seus pais e avós quando tentaram votar desafiando as taxas para votação, os testes de alfabetização e outros dispositivos adotados para suprimir o voto negro. Muitos foram aterrorizados pela Ku Klux Klan. Hoje, ex-criminosos vivem com medo constante de uma forma diferente de repressão racial – perfilamento racial, brutalidade policial e revogação da condicional. Um jornalista investigativo descreveu a situação desta maneira:

> Em sua esmagadora maioria, os negros [no Mississippi] estão com medo de qualquer forma de contato com as autoridades que eles considerem estar procurando desculpas para mandá-los de volta ao cárcere. Nos bairros vizinhos, os netos dos pioneiros dos direitos civis da década de 1950 estavam com tanto medo de votar, por causa das prisões e ameaças de prisão, quanto seus avós estavam há meio século devido às ameaças de linchamentos por multidões.[59]

Nshombi Lambright, da Aclu de Jackson, concorda. "As pessoas nem estão tentando recuperar seu direito a voto", ela disse. "É difícil conseguir que eles tentem se registrar. Eles estão aterrorizados. Eles têm tanto medo de voltar para a cadeia que nem sequer tentarão."[60]

Pesquisas indicam que um grande número de eleições teria sido diferente se criminosos tivessem sido autorizados a votar, incluindo ao menos sete disputas pelo cargo de senador entre 1980 e 2000[61]. Sem dúvida, o impacto em eleições majoritárias seria maior se fossem levadas em conta todas as pessoas dissuadidas ou impedidas de votar. Mas, como os ex-criminosos se apressarão em enfatizar, não são apenas as "grandes" eleições que importam. Um deles disse o seguinte:

---

[58] Sasha Abramsky, *Conned*, cit., p. 207.
[59] Ibidem, p. 207-8.
[60] Idem.
[61] Christopher Uggen e Jeff Manza, "Democratic Contraction? Political Consequences of Felon Disenfranchisement in the United States", *American Sociological Review*, v. 67, 2002, p. 777.

> Eu não tenho direito de votar no referendo escolar que [...] afetará meus filhos. Eu não tenho direito de votar em como os meus impostos serão gastos ou usados, ainda que eu tenha de pagá-los sendo um criminoso ou não, você entende? Então, basicamente, eu perdi toda a voz ou o controle sobre o meu governo [...]. Eu fico louco por não poder dizer nada, já que eu não tenho voz.[62]

Aqueles que têm seu direito a voto restabelecido muitas vezes descrevem um sentimento de aprovação, até mesmo de orgulho. "Eu tenho uma voz agora", disse Willa Womack, uma mulher afro-americana de 44 anos que tinha sido encarcerada por acusação de drogas. "Agora posso decidir quem será o meu governador, quem será o meu presidente. Eu tenho um voto agora. Sinto-me alguém. É um sentimento de alívio de onde saí – de que eu sou de fato alguém."[63]

Os párias

Para os estadunidenses que *não* foram capturados por esse sistema de controle, pode ser difícil imaginar como seria a vida se a discriminação contra você fosse perfeitamente legal – se você não fosse autorizado a participar do sistema político e não estivesse nem mesmo apto a receber vale-alimentação ou assistência social e pudesse ter seu direito a auxílio habitação negado. Por piores que sejam essas formas de discriminação, muitos ex-criminosos dirão que os mecanismos formais de exclusão não são o pior. A vergonha e o estigma que seguem você pelo resto da vida – isso é o pior. Não é apenas a negativa de trabalho, mas perceber o olhar no rosto de um potencial empregador quando aquele "quadradinho" tiver sido marcado – a maneira como ele repentinamente se recusa a olhar nos seus olhos. Não é só a negativa de seu pedido de habitação, mas a vergonha de ser um homem-feito que tem de implorar à avó para ter um lugar onde dormir à noite. Não é simplesmente a negativa de direito a voto, mas a vergonha que se sente quando um colega de trabalho inocentemente pergunta: "em quem você vai votar na terça?".

Não é necessário ter sido formalmente condenado por um tribunal para estar sujeito a essa vergonha e a esse estigma. Desde que você se "pareça" com um criminoso, será tratado com iguais suspeita e desprezo, não apenas pela polícia, por seguranças ou por bedéis na sua escola, mas também pela mulher

---

[62] Idem, *Locked Out*, cit., p. 137.
[63] Sasha Abramsky, *Conned*, cit., p. 206-7.

que atravessa a rua para desviar de você e pelos empregados da loja que o seguem pelos corredores, ansiosos para pegá-lo no ato de ser um "negro criminoso" – a figura arquetípica que justifica o novo Jim Crow[64].

Praticamente do berço à sepultura, homens negros em guetos urbanos são tratados como criminosos atuais ou futuros. Pode-se aprender a lidar com o estigma da criminalidade, mas o rótulo da prisão, tal qual o estigma da raça, não é algo de que um homem negro do gueto possa escapar completamente. Para aqueles recém-libertos da prisão, a dor é particularmente aguda. Como Dorsey Nunn, um ex-infrator e cofundador da All of Us or None, disse uma vez:

> O maior obstáculo que você tem que superar quando sai dos muros da prisão é a vergonha – essa vergonha, esse estigma, esse rótulo, essa coisa que você usa em torno do seu pescoço dizendo "Eu sou um criminoso". É como um jugo em volta do pescoço, que vai arrastá-lo para o chão e até matá-lo se você deixar.

Muitos ex-infratores vivenciam uma angústia existencial associada à exclusão social permanente. Henry, um jovem afro-americano condenado por crime, explica: "[É como se] por ter violado a lei, você fosse ruim. Você violou a lei e *bang!* – não é mais parte de nós"[65]. Esse sentimento é compartilhado por uma mulher, atualmente encarcerada, que descreveu a sua experiência desta maneira:

> Quando eu sair daqui, será muito difícil para mim, no sentido de que eu sou uma criminosa. De que eu sempre serei uma criminosa [...], para mim, sair daqui, isso afetará meu emprego, afetará minha educação [...], a guarda [de meus filhos], isso pode afetar a pensão alimentícia, pode afetar cada lugar – família, amigos, habitação [...]. Pessoas que são condenadas por crimes de drogas não podem mais nem mesmo conseguir habitação [...]. Sim, eu cumpri meu tempo de prisão. Por quanto tempo vocês vão me punir como resultado disso? E não só no papel, eu só terei mais dez meses no papel quando sair daqui, isso é tudo que eu tenho de liberdade condicional. Mas, a condicional não vai ser nada. É a moradia, é o restabelecimento do crédito [...]. Quero dizer, até mesmo para ir à escola, para lidar com os colegas do meu filho – e eu não sou uma agressora sexual –, mas tudo que é necessário é que um pai diga: "Ela não é uma criminosa? Eu não quero meu filho perto dela".[66]

---

[64] Ver Kathryn Russell-Brown, *The Color of Crime: Racial Hoaxes*, cit.
[65] Jeff Manza e Christopher Uggen, *Locked Out*, cit., p. 154.
[66] Ibidem, p. 152.

A permanência do exílio social é muitas vezes a coisa mais difícil de ser enfrentada. Para muitos, parece inconcebível que, por um pequeno crime, você possa estar sujeito a discriminação, desprezo e exclusão pelo resto de sua vida. A Human Rights Watch, em seu relatório que documenta as experiências da subcasta estadunidense, conta a história de uma mulher afro-americana de 57 anos que teve negado o aluguel de uma moradia por um proprietário que a havia financiado junto ao governo federal devido a uma condenação por um crime de baixo potencial ofensivo que ela nem mesmo sabia que estava na sua ficha de antecedentes. Depois de ter sua reconsideração recusada, ela, em dolorosa exasperação, perguntou a seu assistente social: "Eu serei uma criminosa pelo resto da vida?"[67].

Hoje, quando alguém é condenado por um crime, sua "dívida com a sociedade" nunca é paga. A "mão cruel" de que Frederick Douglass falava há mais de 150 anos apareceu novamente. Nesse novo sistema de controle, como no anterior, muitos negros "levantam a cabeça contra a influência destrutiva do desprezo e do desdém de uma nação". Willie Johnson, um afro-americano de 43 anos recentemente libertado da prisão em Ohio, explicou isso desta forma:

> Minha condenação criminal é como um castigo mental, por causa de todos os obstáculos [...]. Toda vez que eu me candidato [a um emprego] – três empresas já chegaram a me contratar e disseram para ir trabalhar no dia seguinte. Mas então, na véspera, eles ligam e me dizem para não ir – porque eu cometi um crime. E é isso que é devastador, porque você pensa que está prestes a ir para o trabalho e eles o chamam e dizem que por causa do seu crime nós não podemos contratar [você]. Eu passei por isso pelo menos uma dúzia de vezes. Em duas delas eu fiquei muito deprimido e triste porque não podia cuidar de mim mesmo como um homem. Era como se eu quisesse desistir – porque na sociedade ninguém quer nos dar uma mão. Agora sou considerado um sem-teto. Nunca tinha sido um sem-teto até sair da penitenciária, mas agora eu sei o que é ser um sem-teto. Se não fosse pela minha família, eu estaria nas ruas, dormindo no frio [...]. Nós [os homens negros] temos três infrações contra nós: 1) porque somos negros e 2) porque somos homens negros, e a infração final é um crime. Essas são as três maiores infrações que um homem negro tem contra ele neste país. Eu tenho amigos que não cometeram nenhum crime – e têm dificuldades para conseguir emprego. Mas se um homem negro não pode

---

[67] Human Rights Watch, *No Second Chance*, cit., p. 79.

arranjar um emprego para tomar conta de si mesmo – ele tem vergonha porque não pode tomar conta de seus filhos.[68]

De maneira nada surpreendente, para muitos homens negros, a dor e a depressão dão lugar à raiva. Um pastor negro em Waterloo, no Mississipi, explicou sua indignação com o destino que se abateu sobre os afro-americanos na era pós-direitos civis. "É uma confusão", disse ele com raiva:

"Criminoso" é a nova palavra começada com N. Eles não precisam mais te chamar de *nigger* [preto]. Eles apenas dizem que você é um criminoso. Em todos os guetos você vê números alarmantes de jovens com condenações criminais. Uma vez que você tem esse carimbo de criminoso, sua esperança de conseguir um emprego ou qualquer tipo de integração à sociedade começa a desaparecer. O linchamento de hoje é uma acusação criminal. O linchamento de hoje é o encarceramento. As multidões de linchadores de hoje são profissionais. Eles têm um distintivo; eles têm um diploma de direito. Um crime é uma maneira moderna de dizer "Eu vou te enforcar e te queimar". Uma vez chamado pela palavra que começa com C, você estará na fogueira.[69]

De maneira notável, não é incomum atualmente ouvir especialistas da mídia, políticos, críticos sociais e celebridades – em especial Bill Cosby – queixarem-se de que o maior problema dos negros de hoje é que eles "não têm vergonha". Muitos temem que o tempo na prisão tenha se tornado um emblema de honra em algumas comunidades – "um rito de passagem" é a expressão mais usada na imprensa. Outros afirmam que os moradores dos bairros do centro da cidade não compartilham mais do mesmo sistema de valores que o restante da sociedade e por isso não são estigmatizados pela criminalidade. No entanto, como diz Donald Braman, autor de *Doing Time on the Outside* [Passando um tempo do lado de fora]: "Não dá para não supor que a maioria dos participantes desses debates teve pouco contato direto com as famílias e comunidades sobre as quais estão discutindo"[70].

---

[68] Willie Thompson em entrevista a Guylando A. M. Moreno, em março de 2008, em Cincinnati, Ohio.
[69] Sasha Abramsky, *Conned*, cit., p. 140.
[70] Donald Braman, *Doing Time on the Outside: Incarceration and Family Life in Urban America* (Ann Arbor, University of Michigan Press, 2004), p. 219.

Durante um período de quatro anos, Braman conduziu um grande estudo etnográfico sobre famílias afetadas pelo encarceramento em massa em Washington, uma cidade onde três em cada quatro jovens negros podem esperar passar algum tempo atrás das grades[71]. Ele descobriu que, ao contrário da crença popular, jovens rotulados como criminosos e suas famílias são profundamente feridos e estigmatizados por seu status: "Eles não são desavergonhados; eles sentem o estigma que acompanha não apenas o encarceramento, mas todos os outros estereótipos que vêm com ele – a falta de pai, a pobreza e, muitas vezes, apesar de toda a intenção de agir de outra maneira, a diminuição do amor". Os resultados da pesquisa de Braman foram amplamente corroborados por estudos semelhantes em outros lugares nos Estados Unidos[72].

Esses trabalhos indicam que o maior problema que a comunidade negra pode enfrentar hoje não é a "falta de vergonha", mas, sim, o severo isolamento, a desconfiança e a alienação criados pelo encarceramento em massa. Durante o Jim Crow, os negros eram duramente estigmatizados e segregados com base na raça, mas nas suas próprias comunidades eles podiam encontrar apoio, solidariedade e aceitação – amor. Hoje, quando aqueles rotulados como criminosos retornam às suas comunidades, eles frequentemente são confrontados com desprezo e desdém, não apenas por parte de empregadores, assistentes sociais e funcionários do departamento de habitação, mas também de seus vizinhos, professores e até membros de suas próprias famílias. Isso ocorre mesmo quando eles foram presos por infrações menores, como a posse ou venda de pequenas quantidades de drogas. Na adolescência, jovens negros do sexo masculino frequentemente ouvem "você não vale nada" ou "você vai terminar na cadeia, igualzinho ao seu pai" – uma sugestão não tão sutil de que um defeito vergonhoso está profundamente arraigado no interior deles, um traço hereditário talvez, parte de sua constituição genética. "Você é um criminoso, nada além de um criminoso. Você é um criminoso mau."[73]

A raiva e a frustração direcionadas aos jovens negros que voltam para casa da prisão é compreensível, uma vez que eles estão retornando a comu-

---

[71] Ibidem, p. 3, citando dados do Departamento de Correições de Washington, DC (2000).

[72] Ver Todd R. Clear, *Imprisoning Communities: How Mass Incarceration Makes Disadvantaged Neighborhoods Worse* (Nova York, Oxford University Press, 2007), p. 121-48.

[73] Ver, por exemplo, Steve Liss, *No Place for Children: Voices from Juvenile Detention* (Austin, University of Texas Press, 2005). As histórias incluem jovens descrevendo o abuso verbal que sofreram de seus pais.

nidades que são feridas pelo desemprego e pelo crime e que precisam desesperadamente de seus jovens para ter empregos e manter suas famílias, em vez de desperdiçá-los em celas de prisão. Embora haja um reconhecimento generalizado de que a Guerra às Drogas é racista e que os políticos se recusaram a investir em empregos e escolas em suas comunidades, os pais dos infratores e ex-infratores ainda sentem uma vergonha intensa – vergonha de que os seus filhos tenham entrado para o crime, apesar da óbvia falta de alternativas. Constance, mãe de um adolescente encarcerado, descreveu sua angústia desta maneira:

> Independentemente de saber o que fez por seu filho, isso sempre volta e você se sente como "Bem, talvez eu tenha feito algo de errado. Talvez eu tenha estragado tudo. Você sabe, talvez se eu tivesse agido de outra maneira, isso não teria acontecido assim".

Depois da prisão de seu filho, ela não conseguiu conversar sobre o assunto com seus amigos e parentes e manteve privado o sofrimento da família. Constance não está sozinha.

ESTRANHO SILÊNCIO

A pesquisa etnográfica de David Braman mostra que o encarceramento em massa, longe de reduzir o estigma associado à criminalidade, cria um profundo silêncio nas comunidades não brancas, enraizado na vergonha. O encarceramento é considerado tão vergonhoso que muitas pessoas evitam falar sobre isso, mesmo com seus familiares. Alguns, como Constance, ficam em silêncio porque se culpam pelo destino dos filhos e acreditam que os outros os culpam também. Há os que estão em silêncio porque creem que ocultar a verdade protegerá amigos e familiares – por exemplo: "Eu não sei o que [o seu encarceramento] faria com sua tia. Ela tem uma imagem tão boa dele". Outros afirmam que a criminalidade de um ente querido é um assunto privado, familiar: "Os assuntos de alguém não são assunto de ninguém"[74].

Por incrível que possa parecer, mesmo em comunidades devastadas pelo encarceramento em massa, muitas pessoas que estão lutando para lidar com o estigma da prisão não têm ideia de que seus vizinhos estão lutando com o mesmo

---

[74] David Braman, *Doing Time on the Outside*, cit., p. 171.

pesar, vergonha e isolamento. Braman relatou que "quando perguntei aos participantes [do estudo] se eles sabiam de outras pessoas na vizinhança [na mesma situação], muitos tinham conhecimento de uma ou duas das dezenas de famílias no quarteirão que tinham membros encarcerados, mas não se sentiam confortáveis conversando com os outros"[75]. Esse tipo de fenômeno tem sido descrito no meio da psicologia como *ignorância pluralística*, em que pessoas avaliam mal a norma. Um exemplo pode ser encontrado em estudos sobre calouros universitários que superestimam o quanto outros calouros bebem[76]. Quando se trata de famílias de prisioneiros, no entanto, a subestimação da extensão do encarceramento em sua comunidade exacerba seu senso de isolamento ao fazer com que o aprisionamento de membros de sua família pareça mais anormal do que é de fato.

Mesmo na igreja, um lugar onde muitas pessoas procuram conforto em tempos de dor e tristeza, famílias de prisioneiros muitas vezes mantêm em segredo a prisão de filhos ou parentes. Como se nota na resposta de uma mulher quando questionada se poderia contar com o apoio dos membros da igreja: "Igreja? Eu não ousaria dizer nada a ninguém na igreja"[77]. Longe de serem espaços de conforto ou refúgio, as igrejas podem antes se tornar um lugar onde julgamento, vergonha e desprezo são sentidos mais agudamente. Os cultos nas igrejas negras frequentemente contêm uma forte mistura de preocupação com os menos favorecidos e apelo à responsabilidade pessoal. Como Cathy Cohen observou, pastores e membros de congregações negras ajudaram a desenvolver o que ela chama de "uma imagem idílica construída do 'bom cristão negro'"[78]. As igrejas negras, nessa narrativa cultural, são lugares onde os negros "de bem" da comunidade podem ser encontrados. Se o aprisionamento de um filho ou parente (ou o da própria pessoa) é vivido como um fracasso pessoal – um fracasso de responsabilidade pessoal –, a igreja, em vez de confortar, pode se tornar uma fonte a mais de dor.

Aqueles que tiveram experiências positivas de aceitação e simpatia depois de revelar a condição de alguém amado (ou sua própria condição) relatam que

---

[75] Ibidem, p. 219, nota 2.
[76] Ver Deborah A. Prentice e Dale T. Miller, "Pluralistic Ignorance and Alcohol Use on Campus: Some Consequences of Misperceiving the Social Norm", *Journal of Personality and Social Psychology*, v. 64, n. 2, 1993, p. 243-56.
[77] David Braman, *Doing Time on the Outside*, cit., p. 216.
[78] Cathy Cohen, *The Boundaries of Blackness: AIDS and the Breakdown of Black Politics* (Chicago, University of Chicago Press, 1999), p. 287.

são mais capazes de lidar com a situação. No entanto, mesmo depois dessas experiências positivas, a maioria dos membros da família continua empenhada em manter um controle rigoroso de quem sabe e quem não sabe a respeito da situação de seu ente querido. De acordo com Braman, nenhum dos membros das famílias de seus estudos "tinha 'saído do armário' completamente para seus familiares menos próximos, na igreja e no trabalho"[79].

Passagem (Redux)

Mentir sobre membros da família que estejam presos é outra estratégia de enfrentamento comum – uma forma de passagem. Assim como os negros de pele clara durante a era do Jim Crow às vezes cortavam relações com amigos e família em um esforço de "se passar" por branco e desfrutar da mobilidade ascendente e do privilégio associados à branquitude, hoje muitos familiares de prisioneiros mentem e tentam esconder a condição de seus parentes em um esforço para mitigar o estigma da criminalidade. Isso acontece no ambiente de trabalho – situações de emprego em que membros da família interagem com pessoas que eles acreditam que não conseguiriam entender o que eles estão enfrentando.

Ruth, uma mulher cujo irmão mais novo está encarcerado, diz que nunca discutirá a situação de seu irmão com seus colegas de trabalho ou com seu supervisor, apesar de compartilharem informações sobre a própria vida. "Você sabe, eu converso [com meu supervisor] sobre muita coisa, mas não sobre isso. Isso é demais. Isso definitivamente fez... Bem, era mais difícil falar com ele sobre isso. Ele quer saber como meu irmão está. E eu simplesmente não posso contar para ele. O que ele sabe sobre a prisão?"[80] Quando lhe pediram para explicar por que seus colegas brancos e seu supervisor teriam dificuldade para entender o encarceramento de seu irmão, Ruth explicou que não era apenas o encarceramento, mas "tudo" – tudo relacionado a raça. Como exemplo, ela mencionou as noites em que trabalha até tarde:

> Eu digo ao meu chefe o tempo todo: "Se quer que eu pegue um táxi, vá lá embaixo e chame um para mim. Eu não vou descer e ficar vinte minutos esperando por um carro que vai passar direto por mim e parar para pegar você" [...]. Ele

---

[79] David Braman, *Doing Time on the Outside*, cit., p. 174.
[80] Ibidem, p. 184.

é branco e, veja, ele não percebe a diferença porque é de Seattle, no estado de Washington. Ele me olha estranho, tipo, "Do que você está falando?".[81]

Muitos ex-infratores e muitas famílias de prisioneiros estão tentando desesperadamente ser percebidos como parte da moderna classe ascendente, mesmo que sua renda não os inclua nela. Ex-criminosos mentem (recusando-se a preencher o quadradinho nos formulários de emprego) e membros da família mentem por omissão ou desorientação porque estão dolorosamente conscientes dos estereótipos historicamente intransigentes sobre famílias criminosas e disfuncionais que permeiam não apenas discussões públicas sobre o centro da cidade, mas a comunidade negra em geral. Essa consciência pode levá-los, para além da vergonha, a uma situação de ódio a si mesmos.

A mãe de um adolescente encarcerado descreveu desta maneira o ódio de si que ela percebe na comunidade negra:

> Durante toda a vida ensinaram-lhe que você não é uma pessoa digna ou que algo está errado com você. Então, você não tem respeito por si mesmo. Veja, as pessoas que não são brancas – nem todas, mas muitas delas – têm baixa autoestima, porque fomos marcados. Nós nos odiamos, você sabe. Fomos programados para achar que há algo de errado conosco. Nós nos odiamos.[82]

Esse ódio de si mesmo, ela explicou, não afeta apenas os garotos que se veem metidos em problemas e cumprem as expectativas negativas das pessoas de sua comunidade e fora dela. O ódio de si mesmo é também parte da razão pela qual as pessoas na vizinhança dela não falam umas com as outras a respeito do impacto do encarceramento em sua família e em sua vida. Em seu bairro composto quase só por negros, ela se preocupa com o que os vizinhos pensariam a seu respeito se revelasse que seu filho foi rotulado como um criminoso: "É difícil, porque, como eu digo [...], nós fomos rotulados ao longo da vida como pessoas más"[83].

O silêncio que esse estigma gera entre familiares, vizinhos, amigos, parentes, colegas de trabalho e desconhecidos é talvez o mais doloroso – ainda que menos reconhecido – aspecto do novo sistema de controle. O antropólogo Gerald Sider escreveu certa vez: "Não podemos ter uma compreensão significativa de

---

[81] Ibidem, p. 185.
[82] Ibidem, p. 186.
[83] Idem.

nenhuma cultura a menos que também conheçamos os silêncios que foram institucionalmente criados e garantidos junto com ela"[84]. Em nenhum lugar essa observação é mais relevante na sociedade estadunidense de hoje do que em uma análise da cultura do encarceramento em massa.

Descrições do silêncio que paira sobre o encarceramento em massa são raras porque as pessoas – sejam elas cientistas sociais, juízes, políticos ou repórteres – normalmente estão mais interessadas na fala, nos atos e acontecimentos do que no campo negativo do silêncio e do estranhamento que se esconde abaixo da superfície. Mas, como Braman aponta corretamente, aqueles que vivem nas sombras desse silêncio são desvalorizados como seres humanos:

> Há uma repressão do eu experimentada por essas famílias em seu silêncio. O afastamento de uma mãe ou esposa de amizades na igreja e no trabalho, as palavras não faladas entre amigos, o silêncio duradouro das crianças que guardam o que para elas são informações profundas e poderosas – todos são indicadores que revelam os efeitos sociais do encarceramento. À medida que as relações entre amigos e familiares se tornam tensas ou falsas, não só a compreensão das pessoas entre si diminui, mas, como as pessoas são sociais, elas próprias são diminuídas também.[85]

O dano causado por esse silêncio social é mais do que interpessoal. O silêncio – impulsionado pelo estigma e pelo medo da vergonha – resulta na repressão do pensamento público, na negação coletiva da experiência vivida. Como diz Braman:

> Ao afastar da visão pública as lutas que essas famílias enfrentam nos atos mais simples e fundamentais – viver juntos e cuidar uns dos outros –, esse amplo silêncio social faz parecer que [as famílias dos guetos] simplesmente "são assim": destruídas, sem valor, irreparáveis.[86]

Isso também torna quase impossível a cura comunitária e a ação política coletiva.

---

[84] Gerald Sider, "Against Experience: The Struggles for History, Tradition, and Hope Among a Native American People", em Gerald Sider e Gavin Smith (orgs.), *Between History and Histories* (Toronto, University of Toronto Press, 1997), p. 74-5.
[85] David Braman, *Doing Time on the Outside*, cit., p. 220.
[86] Idem.

Amor GANGSTA*

Para alguns, a noção de que as comunidades negras são severamente estigmatizadas e envergonhadas pela criminalidade é contraintuitiva: se o encarceramento em muitas áreas urbanas é a norma estatística, por que não é a norma social também? É verdade que o encarceramento se tornou "normal" nas comunidades dos guetos. Nas principais cidades dos Estados Unidos, a maioria dos jovens negros está sob controle do sistema de justiça criminal ou carimbada com fichas de antecedentes criminais. Mas só porque o rótulo da prisão se tornou normal não significa que ele é geralmente visto como aceitável. Pessoas pobres não brancas, assim como outros estadunidenses – na verdade como quase todos no mundo –, querem ruas seguras, comunidades pacíficas, famílias saudáveis, bons empregos e oportunidades significativas de contribuir com a sociedade. A noção de que as famílias do gueto não querem, de fato, essas coisas e, em vez disso, estão perfeitamente satisfeitas em viver em comunidades assoladas pelo crime, sem sentir vergonha ou pesar pelo destino de seus rapazes, é simplesmente racista. É impossível imaginar que nós acreditaríamos em algo assim sobre os brancos.

A resposta previsível é: e quanto à cultura do *gangsta rap* e à cultura da violência, que têm sido abraçadas por tantos jovens negros? Não há alguma verdade na ideia de que a cultura negra se deteriorou nos últimos anos, conforme refletido nos jovens parados em esquinas com calças caindo até o meio da bunda e *rappers* alardeando que vão bater nas suas vadias e indo para a cadeia? Não há nenhuma razão para se perguntar se a comunidade negra, até certo ponto, perdeu sua bússola moral?

A resposta fácil é dizer que sim e apontar o dedo para aqueles que estão se comportando mal. Esse é o caminho mais percorrido, e ele não tem feito muita diferença. A mídia incensa Bill Cosby e outras figuras quando eles dão sermões severos ao público negro sobre homens negros não serem bons pais e não levarem vidas respeitáveis. Eles agem como se o público negro não tivesse ouvido essa mensagem muitas vezes antes de seus pastores, dos membros de sua família e de políticos que falam sobre a necessidade de mais "responsabilidade pessoal". Muitos parecem genuinamente surpresos de que os negros na plateia aplaudam essas mensagens. Para eles, é algo aparentemente novo que pessoas negras pensem que os homens deveriam ser bons pais e ajudar a sustentar as suas famílias.

---

* Espécie de identidade cultural que correlaciona negritude, ostentação e criminalidade – similar à ideia de "vida loka" no Brasil. (N. T.)

A resposta mais difícil – e a mais corajosa – é dizer sim, sim, nós deveríamos nos preocupar com o comportamento dos homens presos nos guetos, mas o profundo fracasso em matéria de moralidade é nosso. O economista Glenn Loury questionou uma vez:

> Estamos dispostos a nos colocar como uma sociedade que cria condições criminogênicas para alguns de seus membros e, em seguida, age impondo rituais punitivos contra eles como se estivéssemos envolvidos em alguma forma terrível de sacrifício humano?

Uma pergunta similar pode ser feita a respeito da incitação de vergonha naqueles que estão presos nos guetos: estamos dispostos a demonizar os membros de uma população, declarar uma guerra contra eles e depois ficar a certa distância apedrejando-os, envergonhando-os e desprezando-os por não se comportarem como cidadãos-modelo, enquanto estão sob ataque?

Sobre isso, é útil dar um passo atrás e colocar o comportamento dos jovens negros que parecem abraçar a "cultura *gangsta*" em uma perspectiva adequada. Não há absolutamente nada de anormal ou surpreendente em um grupo gravemente estigmatizado que abraça o seu estigma. Psicólogos têm observado há muito tempo que, quando um grupo se sente irremediavelmente estigmatizado, uma poderosa estratégia de enfrentamento – muitas vezes a única via aparente para a autoestima – está em abraçar a identidade estigmatizada. Por isso, o "*black is beautiful*" * e o "orgulho gay" – lemas e hinos dos movimentos políticos que visavam a acabar não só com a discriminação legal, mas com o estigma que a justificava. De fato, o ato de abraçar o estigma nunca é apenas uma manobra psicológica; é um ato político – de resistência e desafio em uma sociedade que busca diminuir um grupo com base em um traço inalterável. Como um ativista gay disse uma vez: "Somente abraçando completamente o estigma é que se pode neutralizar as feridas e rir delas"[87].

---

* *Black is beautiful* (o negro é lindo) foi um movimento originado nos anos 1960 que buscava afirmar padrões culturais, estéticos e éticos da negritude. A valorização do corpo negro e da pele escura, do cabelo *black*, da música, das roupas e do "estilo" negro, traçada por esse movimento foi fundamental na formação de uma identidade racial não submissa aos parâmetros da branquitude e, por isso, muito importante na luta antirracista. O movimento teve repercussão em muitas partes do mundo, inclusive no Brasil de meados dos anos 1970. (N. T.)

[87] James Thomas Sears, *Growing Up Gay in the South: Race, Gender, and Journeys of the Spirit* (Nova York, Routledge, 1991), p. 257.

Para aqueles jovens negros constantemente seguidos pela polícia e envergonhados por professores, parentes e desconhecidos, abraçar o estigma da criminalidade é um ato de revolta – uma tentativa de esculpir uma identidade positiva em uma sociedade que lhes oferece pouco mais do que desprezo e vigilância constante. Ronny, um afro-americano de dezesseis anos, em liberdade assistida por uma infração ligada a drogas, explica desta forma:

> Minha avó continua me perguntando quando eu vou ser preso de novo. Ela acha que só porque eu fui antes, vou novamente [...]. Na minha escola, meus professores falam sobre chamar a polícia de novo para me levar [...]. [O] policial continua me revistando. Ele está sempre no parque se certificando de que eu não estou envolvido em problemas novamente [...]. O meu F. A. [fiscal da assistida] está sempre batendo na minha porta e falando merda pra mim [...]. Mesmo no BYA [a organização local de desenvolvimento juvenil], os funcionários me tratam como se eu fosse um fodido [...]. Essa merda nunca muda. Não importa aonde eu vá, sou visto como um criminoso. Eu apenas digo: se você vai me tratar como um criminoso, então vou te tratar como se eu fosse um, entendeu? Vou fazer você tremer para que possa dizer que há uma razão para me chamar de criminoso [...]. Eu cresci sabendo que tinha que mostrar para esses [adultos que criminalizam os jovens] babacas que eu não ia mexer nas merdas deles. Eu comecei a agir como um bandido mesmo que eu não fosse um [...]. Uma parte disso era eu tentando ser duro, e outra parte eram eles me tratando como criminoso.[88]

O problema, claro, é que assumir a criminalidade – como resposta natural ao estigma – é inerentemente autossabotador e destrutivo. Enquanto o "*black is beautiful*" é um antídoto poderoso à lógica do Jim Crow, e o "orgulho gay" é um lema libertador para aqueles que desafiam a homofobia, o corolário natural para os jovens presos no gueto na era do encarceramento em massa é algo semelhante ao "amor *gangsta*". Enquanto raça e orientação sexual são aspectos perfeitamente apropriados da identidade de alguém a serem assumidos, a criminalidade, por si só, com certeza não é. A Guerra às Drogas exacerbou muito os problemas associados ao uso de drogas, em vez de resolvê-los, mas o fato é que a violência associada ao comércio de drogas ilegais não é algo a ser comemorado. O crime negro mutila a comunidade negra e não favorece o indivíduo que o comete.

---

[88] Victor M. Rios, "The Hyper-Criminalization of Black and Latino Male Youth in the Era of Mass Incarceration", manuscrito inédito cedido à autora.

Portanto, aqui está o paradoxo e a dificuldade dos jovens negros rotulados como criminosos. Uma guerra foi declarada contra eles, e eles têm sido perseguidos por se envolverem precisamente nos mesmos crimes que são em grande medida ignorados nas comunidades brancas de classe média e alta – posse e venda de drogas ilegais. Para aqueles que residem em guetos, os empregos são escassos – e muitas vezes inexistentes. As escolas ali localizadas se assemelham mais a prisões do que a espaços de aprendizagem, criatividade ou desenvolvimento moral. E como a Guerra às Drogas já vem sendo travada há décadas, os pais das crianças de hoje também já foram alvos da Guerra às Drogas. Como resultado, muitos pais estão na prisão, e aqueles que estão "livres" dela carregam seu rótulo. Eles muitas vezes são incapazes de sustentar – ou contribuir de maneira significativa com – uma família. Alguma dúvida, então, de que muitos jovens abraçam sua identidade estigmatizada como meio de sobrevivência nesse novo sistema de castas? Deveríamos ficar chocados quando eles se voltam para gangues ou companheiros presos em busca de apoio, quando nenhuma estrutura viável de apoio familiar existe? Afinal, em muitos aspectos, eles simplesmente estão fazendo o que os negros fizeram durante a era do Jim Crow – estão se dirigindo uns aos outros em busca de apoio e consolo em uma sociedade que os despreza.

No entanto, quando esses jovens fazem o que todos os grupos severamente estigmatizados fazem – tentar lidar com a sua situação voltando-se uns para os outros e abraçando seu estigma num esforço desesperado para recuperar um pouco de autoestima –, nós, como sociedade, lançamos mais vergonha e desprezo sobre eles. Nós lhes dizemos que seus amigos não são "bons", que eles "não valem nada", que estão "desperdiçando suas vidas" e que "não passam de criminosos". Condenamos suas calças largas (uma tendência de moda que imita calças usadas nas prisões) e um tipo de música que glorifica a vida que muitos sentem não poder evitar. Quando nos cansamos de humilhá-los, cruzamos os braços e lhe damos as costas enquanto eles são levados para a cadeia.

O ESPETÁCULO DO MENESTREL

Nada do que se disse acima deve ser interpretado como uma desculpa para a violência, a decadência ou a misoginia que permeiam o que veio a ser conhecido como a cultura *gangsta*. As imagens e mensagens são extremamente prejudiciais. Em uma noite normal, basta zapear por alguns minutos pelos canais de televisão durante o horário nobre para tropeçar em imagens da cultura *gangsta* na televisão. As imagens são tão familiares que nenhuma descrição é necessária. Muitas vezes essas imagens emanam da BET* ou de *reality shows* de temática negra e, portanto, são consideradas expressões "autênticas" de atitudes, cultura e costumes negros.

Novamente, porém, é útil colocar a mercantilização da cultura *gangsta* em perspectiva adequada. O pior do *gangsta rap* e outras formas de *blaxploitation* (como em *Flavor of Love*** do VH1) é melhor entendido como um espetáculo de menestrel dos dias modernos, só que televisionado 24 horas por dia para uma audiência mundial. É uma exibição com fins lucrativos dos piores estereótipos raciais e imagens associadas à era do encarceramento em massa – uma era em que os negros são criminalizados e retratados como descontrolados, desavergonhados, violentos, hipersexualizados e geralmente indignos.

Como os espetáculos de menestrel das épocas da escravidão e do Jim Crow, as exibições de hoje são geralmente concebidas para plateias brancas. A maioria dos consumidores de *gangsta rap* são adolescentes suburbanos brancos. O VH1 teve seus maiores índices de audiência da história na primeira temporada de *Flavor of Love* – índices impulsionados por grandes audiências brancas. A MTV expandiu a sua oferta de *reality show*s com temas negros na esperança de atrair a mesma multidão. Os lucros a serem extraídos a partir de estigmas raciais são consideráveis, e o fato de os negros – assim como os brancos – tratarem a opressão racial como uma mercadoria para consumo não é surpreendente. É uma forma familiar de cumplicidade negra com os sistemas racializados de controle.

Muitas pessoas não sabem que, embora os espetáculos de menestréis tenham sido claramente concebidos para satisfazer o racismo branco e para fazer os brancos se sentirem confortáveis – na verdade, entretidos – com a opressão racial, os afro-americanos formavam uma parte grande do público dos menestréis negros. Na verdade, iam em número tão grande em algumas áreas que os donos de teatros tinham que relaxar as regras de segregação de clientes negros e restringi-las a algumas áreas do teatro[89].

Há muito historiadores debatem por que os negros assistiriam a espetáculos de menestrel se as imagens e o conteúdo eram tão descaradamente racistas. Os menestréis projetavam uma imagem altamente romantizada e exagerada da vida

---

* Black Entertainment Television, uma emissora a cabo estadunidense voltada à cultura negra e amplamente acusada de exibir programação racista. (N. T.)

** Um *reality show* repleto de estereótipos sobre a cultura negra, em que várias mulheres competem para se casar com um *rapper*. (N. T.)

[89] Robert Toll, *Blacking Up: The Minstrel Show in Nineteenth-Century America* (Nova York, Oxford University Press, 1974), p. 227.

dos negros nas plantações como escravos alegres, simples, sorrindo e sempre prontos para cantar, dançar e a agradar a seus senhores. Alguns sugerem que, talvez, os negros se vissem na piada, rindo dos personagens caricatos a partir de um senso de "reconhecimento de grupo"[90]. Argumenta-se também que talvez eles sentissem alguma conexão com elementos da cultura africana que tinham sido suprimidos e condenados por tanto tempo, mas que de repente estavam visíveis no palco, ainda que em uma forma racista e exagerada[91]. Inegavelmente, porém, um grande atrativo para o público negro era simplesmente ver colegas afro-americanos no palco. Os menestréis negros eram em grande medida vistos como celebridades, ganhando mais dinheiro e conquistando mais fama do que qualquer afro-americano antes deles[92]. A arte do menestrel negro era a primeira grande oportunidade para que os afro-americanos entrassem no mundo do espetáculo. Até certo ponto, portanto, o menestrel negro – por mais degradante que fosse sua arte – representava sucesso.

Parece possível que um dia os historiadores voltem seu olhar para trás sobre as imagens de homens negros nos vídeos de *gangsta rap* com uma curiosidade similar. Por que esses jovens, alvos de uma brutal guerra às drogas declarada contra eles, faziam um show – um espetáculo – que romantizava e glorificava sua criminalização? Por que esses jovens endossariam abertamente e perpetuariam os próprios estereótipos que são invocados para justificar seu status de segunda classe, sua exclusão da sociedade? As respostas, talvez descubram os historiadores, não são tão diferentes das respostas ao enigma dos menestréis.

É importante lembrar, entretanto, que muitos artistas de *hip-hop* de hoje não abraçam nem perpetuam os piores estereótipos raciais associados ao encarceramento em massa. Artistas como Common, por exemplo, articulam uma crítica acentuada à política e à cultura estadunidense e rejeitam a misoginia e a violência pregadas por *gangsta rappers*. E, embora o *rap* seja muitas vezes associado à "vida *gangsta*" na imprensa hegemônica, as origens da cultura do *rap* e do *hip-hop* não estão enraizadas em ideologias criminosas. Quando o *rap* nasceu, suas primeiras estrelas não estavam cantando sobre a vida *gangsta*, mas sobre "My Adidas" [Meu Adidas] e bons tempos na quebrada em músicas

---

[90] Ibidem, p. 258.
[91] Mel Watkins, *On the Real Side: Laughing, Lying and Signifying: The Underground Tradition of African-American Humor that Transformed American Culture, from Slavery to Richard Pryor* (Nova York, Simon & Schuster, 1994), p. 124-9.
[92] Idem; ver também Robert Toll, *Blacking Up*, cit., p. 226.

como "Rapper's Delight". O *rap* mudou depois que a Guerra às Drogas acelerou sua marcha e milhares de jovens negros foram subitamente varridos das ruas para as prisões. A violência urbana explodiu nessas comunidades, não apenas por causa da nova droga – o crack –, mas por causa da enorme repressão, que remodelou radicalmente o curso tradicional da vida dos jovens negros. Quando uma onda de punitivismo, estigma e desespero arrebentou sobre as comunidades pobres não brancas, aqueles que eram demonizados – não apenas na imprensa hegemônica, mas muitas vezes em suas próprias comunidades – fizeram o que todos os grupos estigmatizados fazem: lutaram para preservar uma identidade positiva ao assumir o seu estigma. O *gangsta rap* – apesar de poder equivaler a pouco mais do que um espetáculo de menestrel quando aparece hoje na MTV – tem suas raízes na luta por uma identidade positiva entre os excluídos.

O ANTÍDOTO

É difícil olhar para fotos de pessoas negras se apresentando em espetáculos de menestrel durante a era do Jim Crow. É quase inacreditável que um dia os negros realmente cobrissem o rosto com tinta preta, pintassem a boca com tinta branca desenhando um sorriso exagerado de palhaço e subissem ao palco para o entretenimento e o deleite de plateias brancas, que eram divertidas pela visão de um homem negro retratando alegremente os piores estereótipos raciais que justificavam a escravidão e mais tarde o Jim Crow. As imagens são tão dolorosas que podem causar uma reação visceral. O dano causado pela cumplicidade do menestrel com o regime do Jim Crow era considerável. Mesmo assim, nós odiamos o menestrel? Nós o desprezamos? Ou nós o entendemos como uma expressão infeliz dos tempos?

A maioria das pessoas de qualquer raça provavelmente condenaria o espetáculo de menestrel, mas não condenaria o menestrel como pessoa. Pena, mais do que desprezo, parece a resposta provável. Por quê? Retrospectivamente, podemos ver o menestrel em seu contexto social. Ao fazer palhaçadas e agir como um idiota diante do público branco, ele estava espelhando para esse público a vergonha e o desprezo projetados sobre ele. Ele pode ter levado uma vida decente dessa maneira – pode até ter sido tratado como uma celebridade –, mas, a certa distância, podemos ver o vazio, a dor.

Quando o sistema de encarceramento em massa desmoronar (e se a história servir de guia, isso acontecerá), os historiadores, sem dúvida, olharão para trás e ficarão admirados que um sistema tão extraordinariamente abrangente de controle social racializado tenha existido nos Estados Unidos. Quão fascinante, eles provavelmente dirão, que uma guerra às drogas tenha sido travada quase exclusivamente contra pessoas pobres não brancas – pessoas já presas em guetos, sem empregos e escolas decentes. Eles eram capturados aos milhões, atirados em prisões e, quando libertados, eram estigmatizados por toda a vida, tinham negado seu direito de voto e eram introduzidos em um mundo de discriminação. Juridicamente impedidas de conseguir emprego, habitação e benefícios assistenciais – e sobrecarregadas com milhares de dólares em dívidas –, essas pessoas eram envergonhadas e condenadas por não conseguir manter suas famílias unidas. Eram castigadas por sucumbir à depressão e à raiva e culpadas por ir parar na prisão. Os historiadores provavelmente se perguntarão como é que conseguíamos descrever o novo sistema de castas como um sistema de controle do crime, quando seria difícil imaginar um sistema tão bem concebido para criar – em vez de prevenir – crimes.

Nada disso quer sugerir que aqueles que transgridem a lei não têm qualquer responsabilidade por sua conduta ou que existem apenas como "produtos do seu ambiente". Negar a agência individual dos envolvidos no sistema – sua capacidade de superar desafios aparentemente impossíveis – seria negar um elemento essencial da sua humanidade. Nós, como seres humanos, não somos simples organismos ou animais respondendo a estímulos. Nós temos um eu superior, uma capacidade de transcendência.

No entanto, nossa capacidade de exercer o livre-arbítrio e superar os obstáculos mais extraordinários não torna as condições em que vivemos irrelevantes. A maioria de nós luta e muitas vezes falha ao enfrentar os maiores desafios de nossas vidas. Mesmo os desafios menores – abandonar um mau hábito ou aderir a uma dieta – muitas vezes se revelam muito difíceis, até para aqueles de nós que são relativamente privilegiados e têm uma rotina confortável.

Na verdade, o que é mais notável sobre as centenas de milhares de pessoas que voltam das prisões para suas comunidades a cada ano não é quantas fracassam, mas quantas conseguem de alguma forma sobreviver e manter-se fora da prisão, mesmo contra todas as probabilidades. Considerando o desenho desse novo sistema de controle, é supreendente que tantas pessoas rotuladas como criminosas ainda consigam alimentar e cuidar de seus filhos, manter casamentos, obter empregos e abrir negócios. Talvez as mais heroicas sejam aquelas que, após a libertação, lançam organizações por justiça social, denunciam a discriminação que ex-infratores enfrentam e fornecem o apoio de que necessitam desesperadamente os que acabaram de sair da prisão.

Esses heróis passam em grande parte despercebidos por políticos que preferem culpar aqueles que falham, em vez de louvar com admiração e respeito todos aqueles que de alguma maneira conseguem sobreviver, apesar dos obstáculos aparentemente intransponíveis.

Como sociedade, nossa decisão de distribuir culpa e desprezo àqueles que lutam e fracassam em um sistema projetado para mantê-los excluídos diz muito mais sobre nós mesmos do que sobre eles.

Existe um outro caminho. Em vez de promover a humilhação e condenação de um grupo já profundamente estigmatizado, nós, coletivamente, podemos abraçá-los – não necessariamente seu comportamento, mas eles, sua humanidade. Como se diz: "Você deve odiar o crime, mas amar o criminoso". Isso não é mera platitude. É um dever para a libertação. Se tivéssemos realmente aprendido a demonstrar amor, cuidado, compaixão e preocupação para além das divisões raciais durante o Movimento dos Direitos Civis – em vez de nos tornarmos indiferentes à raça –, o encarceramento em massa não existiria hoje.

5.
O NOVO JIM CROW

Não era a manhã de um domingo qualquer quando o candidato à Presidência Barack Obama subiu ao púlpito da Igreja Apostólica de Deus em Chicago. Era "Dia dos Pais". Centenas de fiéis entusiasmados lotavam os bancos de uma igreja de ampla maioria negra, ansiosos para ouvir o que o primeiro candidato democrata negro à Presidência dos Estados Unidos tinha a dizer.

A mensagem era familiar: os homens negros deveriam ser pais melhores. Muitos estavam ausentes de seus lares. Para aqueles na plateia, o discurso de Obama era uma canção velha entoada por um grande novo intérprete. Sua mensagem de responsabilidade pessoal, particularmente no que se refere à paternidade, era tudo menos nova. Ela tinha sido dada inúmeras vezes por pastores negros em igrejas de todo o país. A mensagem também tinha sido enunciada em palco nacional por celebridades como Bill Cosby e Sidney Poitier. E também, com grande paixão, por Louis Farrakhan, que mais de uma década antes convocara 1 milhão de negros para Washington, para um dia de "expiação" e compromisso com suas famílias e comunidades.

Os principais meios de comunicação, no entanto, trataram o evento como uma grande notícia, e muitos especialistas pareceram surpresos com o fato de que os fiéis negros realmente aplaudissem a mensagem. Para eles, era notável que os negros assentissem com a cabeça em aprovação quando Obama disse:

> Se formos honestos com nós mesmos, admitiremos que muitos pais estão ausentes – estão fazendo falta em muitas vidas e em muitos lares. Muitos pais desapareceram em combate. Muitos pais desertaram. Eles abandonaram suas responsabilidades. Eles estão agindo como garotos, não como homens. E os fundamentos de nossas famílias estão mais frágeis por causa disso. Você e eu sabemos que isso

é verdade em todos os lugares, mas em nenhum lugar isso é mais verdadeiro do que na comunidade afro-americana.

A mídia não perguntou – e Obama não contou – onde os pais ausentes poderiam ser encontrados.

No dia seguinte, o sociólogo Michael Eric Dyson publicou uma crítica ao discurso de Obama na revista *Time*. Ele ressaltou que o estereótipo de homens negros que são pais ruins pode muito bem ser falso. Uma pesquisa da psicóloga social Rebekah Levine Coley, do Boston College, descobriu que os pais negros que não vivem em casa são mais propensos a se manter em contato com os filhos do que os pais de qualquer outro grupo étnico ou racial. Dyson repreendeu Obama por evocar um estereótipo negro para obter ganhos políticos, enfatizando que "suas palavras podem ter sido ditas a pessoas negras, mas elas foram direcionadas aos brancos que ainda estão indecisos a respeito de quem levar para a Casa Branca"[1]. A crítica de Dyson era justa, mas, como outros comentaristas da mídia, ele permaneceu em silêncio sobre onde todos os pais negros ausentes poderiam ser encontrados. Identificou inúmeros problemas sociais que afligem as famílias negras, como altos níveis de desemprego, práticas discriminatórias de hipoteca e o esvaziamento dos programas de educação para a primeira infância. Nenhuma palavra foi dita a respeito de prisões.

O discurso público sobre "pais negros ausentes" é muito parecido com o debate sobre a falta de homens negros elegíveis para o casamento. A maioria das mulheres negras está solteira hoje, incluindo 70% das mulheres negras que trabalham fora[2]. "Para onde foram todos os homens negros?" é um refrão comum ouvido entre as mulheres negras frustradas em seus esforços para encontrar um parceiro de vida.

A sensação de que os homens negros desapareceram tem base na realidade. O Departamento de Censo dos Estados Unidos relatou que em 2002 havia quase 3 milhões de mulheres adultas negras a mais do que homens nas comunidades negras dos Estados Unidos, uma diferença de 26% entre os gêneros[3]. Em muitas

---

[1] Michael Eric Dyson, "Obama's Rebuke of Absentee Black Fathers", *Time*, 19 jun. 2008.
[2] Sam Roberts, "51% of Women Now Living with a Spouse", *The New York Times*, 16 jan. 2007.
[3] Ver Jonathan Tilove, "Where Have All the Men Gone? Black Gender Gap Is Widening", *Seattle Times*, 5 maio 2005; e "Where Have All the Black Men Gone?", *Star-Ledger*, Newark, 8 maio 2005.

áreas urbanas, a diferença é muito pior, chegando a mais de 37% em lugares como a cidade de Nova York. A disparidade comparada para brancos nos Estados Unidos é de 8%[4]. Embora 1 milhão de homens negros estejam nas prisões, o reconhecimento do papel do sistema de justiça criminal no "desaparecimento" de homens negros é surpreendentemente raro. Mesmo na mídia negra – que geralmente está mais disposta a levantar e responder questões relacionadas à justiça criminal – faz-se um estranho silêncio sobre o assunto[5].

A revista *Ebony*, por exemplo, publicou um artigo em dezembro de 2006 intitulado "Where Have the Black Men Gone?" [Para onde foram os homens negros?]. O autor fez a pergunta recorrente, mas nunca respondeu a ela[6]. Ele sugeriu que encontraremos nossos homens negros quando redescobrirmos Deus, a família e o autorrespeito. Uma abordagem mais cínica foi adotada por Tyra Banks, a célebre apresentadora de *talk show*, que dedicou um programa em maio de 2008 à popular pergunta "Para onde foram todos os bons homens negros?". Ela se perguntou em voz alta se as mulheres negras são incapazes de encontrar "bons homens negros" porque muitos deles são gays ou namoram mulheres brancas. Nenhuma menção foi feita à Guerra às Drogas ou ao encarceramento em massa.

O fato de que Barack Obama possa fazer um discurso no Dia dos Pais dedicado ao tema dos pais que "desertaram" sem nunca reconhecer que a maioria dos jovens negros em muitas grandes áreas urbanas está sob o controle do sistema de justiça penal é perturbador, para dizer o mínimo. O que é mais problemático, no entanto, é que quase ninguém na mídia percebeu o lapso. Não se pode esperar uma análise séria de Tyra Banks, mas não devemos esperar um pouco mais do *The New York Times* ou da CNN? Centenas de milhares de homens negros são incapazes de ser bons pais para seus filhos, não por falta de compromisso ou desejo, mas porque estão depositados em prisões, trancados em jaulas. Eles não abandonaram suas famílias voluntariamente. Eles foram levados embora algemados, muitas vezes devido a um enorme programa federal conhecido como Guerra às Drogas.

Mais adultos afro-americanos estão sob o controle correcional hoje – na prisão, em liberdade condicional ou assistida – do que estavam escravizados

---

[4] Idem.
[5] Ver Salim Muwakkil, "Black Men: Missing", *In These Times*, 16 jun. 2005.
[6] G. Garvin, "Where Have the Black Men Gone?", *Ebony*, dez. 2006.

em 1850, uma década antes de a Guerra Civil começar[7]. O encarceramento em massa de pessoas não brancas é grande parte da razão para uma criança negra nascida hoje ter menos chances de ser criada por ambos os pais do que uma criança nascida durante a escravidão[8]. A ausência de pais negros nas famílias estadunidenses não é simplesmente uma questão de preguiça, imaturidade ou muito tempo gasto assistindo ao *SportsCenter*. Milhares de homens negros desapareceram em prisões, trancafiados por crimes de drogas que são amplamente ignorados quando cometidos por brancos.

O relógio do progresso racial nos Estados Unidos foi atrasado, embora quase ninguém pareça notar. Todos os olhares estão fixados em pessoas como Barack Obama e Oprah Winfrey, que desafiaram as probabilidades e alcançaram poder, fama e fortuna. Para aqueles deixados para trás, especialmente aqueles no interior dos muros das prisões, a celebração do triunfo racial nos Estados Unidos deve parecer um pouco prematura. Mais homens negros estão aprisionados hoje do que em qualquer outro momento da história da nação. Mais jovens estão privados de direitos atualmente do que em 1870, o ano em que a Décima Quinta emenda foi ratificada, proibindo leis que neguem explicitamente o direito a voto com base na raça[9]. Os jovens negros de hoje podem estar tão suscetíveis de sofrer discriminação no emprego, na habitação, nos benefícios públicos e no serviço do júri quanto os homens negros estavam na era do Jim Crow – discriminação que é perfeitamente legal, porque está baseada em registros criminais.

Esse é o novo normal, o novo equilíbrio racial.

O lançamento da Guerra às Drogas e a construção inicial do novo sistema exigiram o dispêndio de uma enorme iniciativa política e de recursos. Campanhas de mídia foram travadas, políticos criticaram os juízes "brandos" e decretaram duras leis de condenação, pessoas pobres não brancas foram vilipendiadas. O sistema, no entanto, requer agora pouca manutenção ou justificação.

---

[7] Um a cada onze adultos negros estava sob supervisão correcional no fim de 2007, ou aproximadamente 2,4 milhões de pessoas. Ver Pew Center, *One in 31: The Long Reach of American Corrections* (Washington, DC, Pew Charitable Trusts, 2009). De acordo com o censo de 1850, aproximadamente 1,7 milhão de adultos (com quinze anos de idade ou mais) eram escravos.

[8] Ver Andrew J. Cherlin, *Marriage, Divorce, Remarriage* (ed. rev., Cambridge, MA, Harvard University Press, 1992), p. 110.

[9] Ver Glenn C. Loury, *Race, Incarceration, and American Values* (Cambridge, MA, MIT Press, 2008), comentário de Pam Karlan.

Na verdade, se você é branco e de classe média, pode nem mesmo perceber que a Guerra às Drogas ainda está em curso. A maioria dos estudantes de ensino médio e universitários de hoje não tem nenhuma lembrança do frenesi político e da mídia em torno da Guerra às Drogas em seus primeiros anos. Eles eram crianças quando a guerra foi declarada ou nem sequer haviam nascido. O crack já era; o terrorismo é a nova questão.

Hoje, a fanfarra política e a veemente retórica racial a respeito do crime e das drogas já não são mais necessárias. O encarceramento em massa foi normalizado e todos os estereótipos e suposições raciais que deram origem ao sistema são agora abraçados (ou pelo menos internalizados) por pessoas de todas as cores, de todas as trajetórias de vida e por cada um dos principais partidos políticos. Nós podemos nos perguntar em voz alta "para onde os homens negros foram?", mas no fundo já sabemos. É simplesmente admitido como normal que, em cidades como Baltimore e Chicago, a grande maioria dos jovens homens negros esteja atualmente sob o controle do sistema de justiça criminal ou rotulados como criminosos pelo resto da vida. Essa circunstância extraordinária – inaudita no resto do mundo – é tratada aqui nos Estados Unidos como um fato básico da vida, tão normal quanto o eram os bebedouros separados há apenas meio século.

Estados de negação

A afirmação de que realmente sabemos para onde todos os homens negros foram pode inspirar dúvidas consideráveis. Se sabemos, por que fingimos ignorar? Será que a maioria das pessoas realmente não sabe? É possível que a perseguição, o aprisionamento e a exclusão de homens negros em massa do corpo político tenha ocorrido de maneira despercebida? A resposta é sim e não.

Muito tem sido escrito sobre as maneiras pelas quais as pessoas conseguem negar, mesmo para si mesmas, que atrocidades extraordinárias, opressão racial e outras formas de sofrimento humano ocorreram e estão ocorrendo. O criminólogo Stanley Cohen escreveu aquele que é talvez o livro mais importante sobre o assunto: *States of Denial* [Estados de negação]. O livro examina como indivíduos e instituições – vítimas, perpetradores e espectadores –, apesar de negarem, sabem da ocorrência de atos opressivos. Eles veem apenas o que querem ver e usam antolhos para evitar enxergar o resto. Isso é verdade para a escravidão, o genocídio, a tortura e todas as formas de opressão sistêmica.

Cohen enfatiza que a negação, embora deplorável, é complicada. Não é simplesmente uma questão de recusa ao reconhecimento de uma verdade óbvia, embora desconfortável. Muitas pessoas "sabem" e "não sabem" ao mesmo tempo a verdade sobre o sofrimento humano. Em suas palavras, "A negação não pode ser nem uma questão de contar a verdade, nem a de intencionalmente contar uma mentira. Parece haver estados mentais, ou mesmo culturas inteiras, nos quais sabemos e não sabemos ao mesmo tempo"[10].

Hoje, a maioria dos estadunidenses sabe e não sabe a verdade sobre o encarceramento em massa. Por mais de três décadas, imagens de homens negros algemados têm sido um tema regular dos noticiários policiais. Nós sabemos que um grande número deles está trancado em jaulas. Na verdade, é precisamente porque sabemos que as pessoas pretas e pardas estão muito mais propensas a serem aprisionadas que nós, como nação, não nos importamos muito com isso. Dizemos a nós mesmos que eles "merecem" seu destino, mesmo sabendo – e não sabendo – que os brancos estão igualmente propensos a cometer muitos crimes, especialmente crimes de drogas. Nós sabemos que as pessoas libertadas da prisão enfrentam discriminação, desprezo e exclusão pelo resto da vida e, ainda assim, afirmamos não saber que existe uma subcasta. Sabemos e não sabemos ao mesmo tempo.

Após alguma reflexão, é relativamente fácil entender como os estadunidenses podem negar os males do encarceramento em massa. A negação é facilitada pela persistente segregação racial na habitação e nas escolas, pela demagogia política, pelas imagens midiáticas racializadas e pela facilidade de alterar nossa percepção de realidade apenas mudando o canal da televisão. Há poucas razões para duvidar do "senso comum" predominante de que os homens pretos e pardos tenham sido aprisionados em massa apenas em resposta a taxas de criminalidade quando tomamos como fontes de informação somente os meios de comunicação tradicionais. Em muitos aspectos, a realidade do encarceramento em massa é mais fácil de evitar do que as injustiças e sofrimentos associados à escravidão e ao Jim Crow. Aqueles que estão confinados nas prisões estão fora da visão e da mente. Uma vez libertados, eles são geralmente confinados em guetos. A maioria dos estadunidenses só fica "sabendo" dos ciclos de pessoas entrando e saindo das prisões por meio de dramas de ficção policial, vídeos musicais, *gangsta rap* e relatos "verdadeiros" de experiências no gueto exibidos nos noticiários policiais. Essas narrativas racializadas tendem a confirmar e reforçar o

---

[10] Stanley Cohen, *States of Denial: Knowing About Atrocities and Suffering* (Cambridge, UK, Polity, 2001), p. 4-5.

consenso público predominante de que não precisamos nos preocupar com "essas pessoas": tiveram o que mereceram.

Dentre todas as razões que fazem com que não saibamos a verdade sobre o encarceramento em massa, entretanto, uma se destaca: um profundo mal-entendido sobre como a opressão racial realmente funciona. Se alguém de outro país (ou outro planeta) visitasse os Estados Unidos e perguntasse: o sistema de justiça criminal estadunidense é algum tipo de ferramenta de controle racial? A maioria dos estadunidenses negaria rapidamente. Numerosas razões de por que não é esse o caso saltariam à mente. Seria dito ao visitante que as taxas de criminalidade, a cultura negra, ou as escolas ruins eram as culpadas. "O sistema não é administrado por um bando de racistas", explicaria o apologista. "Ele é administrado por pessoas que estão tentando combater o crime." Essa resposta é previsível porque a maioria das pessoas supõe que o racismo e os sistemas raciais em geral são fundamentalmente uma questão de atitude. Como o encarceramento em massa é oficialmente indiferente à raça, parece inconcebível que o sistema possa funcionar como um sistema de castas raciais. A crença generalizada e equivocada de que o *animus* racial é necessário para a criação e a manutenção de sistemas racializados de controle social é a razão mais importante para que, como nação, permaneçamos em profunda negação.

O mal-entendido não é surpreendente. Como sociedade, nossa compreensão coletiva do racismo tem sido poderosamente influenciada pelas imagens chocantes da era do Jim Crow e pela luta por direitos civis. Quando pensamos em racismo, pensamos no governador Wallace, do Alabama, bloqueando a porta das escolas; pensamos em mangueiras de água, linchamentos, epítetos raciais e placas de "apenas brancos". Essas imagens facilitam o esquecimento de que muitas pessoas brancas maravilhosas, de bom coração, generosas com os outros, respeitosas com seus vizinhos, e até gentis com suas empregadas negras, jardineiros ou engraxates – e que lhes desejavam o bem –, foram às urnas e votaram a favor da segregação racial mesmo assim. Muitos brancos que apoiavam o Jim Crow justificavam isso com motivos paternalistas, acreditando de fato estarem fazendo um favor aos negros ou crendo que ainda não era o momento "certo" para a igualdade. As imagens perturbadoras da era do Jim Crow também facilitam o esquecimento de que muitos afro-americanos eram cúmplices do sistema Jim Crow, beneficiando-se dele direta ou indiretamente, ou mantendo as suas objeções caladas por medo da repercussão. Nossa compreensão do racismo é, portanto, moldada pelas expressões mais extremas do fanatismo individual, não pelo modo como ele funciona naturalmente, quase invisivelmente (e às vezes com intenções de fato benignas), quando está mergulhado na estrutura de um sistema social.

A infeliz realidade que devemos enfrentar é que o racismo se manifesta não apenas nas atitudes e estereótipos individuais, mas também na estrutura básica da sociedade. Os acadêmicos desenvolveram teorias complicadas e jargões obscuros em um esforço para descrever o que agora é denominado *racismo estrutural*, mas o conceito é bastante simples. A teórica Iris Marion Young, baseando-se na famosa metáfora da "gaiola", explica-o deste modo: caso se pense em racismo considerando apenas uma das barras da gaiola, ou uma forma de desvantagem, é difícil entender como e por que o pássaro está preso. Somente um grande número de barras dispostas de determinada forma, ligadas entre si, serve para trancar o pássaro e assegurar que ele não escape[11].

O que é particularmente importante ter em mente é que qualquer barra da gaiola pode ou não ser especificamente desenvolvida com a finalidade de aprisionar o pássaro, mas ainda opera (com as outras barras) para restringir sua liberdade. Da mesma forma, nem todos os aspectos de um sistema de castas raciais precisam ser desenvolvidos com o propósito específico de controlar os negros para que ele possa operar (junto com outras leis, instituições e práticas) para prendê-los na parte inferior de uma hierarquia racial. No sistema de encarceramento em massa, uma grande variedade de leis, instituições e práticas – que vão desde perfilamento racial até políticas de condenação preconceituosas, cassação de direitos políticos e discriminação legalizada nas vagas de emprego – prende os afro-americanos em uma gaiola virtual (e literal).

Felizmente, como Marilyn Frye observou, toda gaiola tem uma porta e toda gaiola pode ser quebrada ou enferrujar[12]. O que é mais preocupante no novo sistema de castas raciais, no entanto, é que ele pode se revelar mais durável do que seus antecessores. Como esse novo sistema não é explicitamente baseado na raça, é mais fácil defendê-lo em bases aparentemente neutras. E, embora todos os métodos de controle anteriores tenham culpado a vítima de uma maneira ou de outra, o sistema atual convida os observadores a imaginar que aqueles que estão presos no sistema eram livres para evitar seu status de segunda classe ou seu banimento da sociedade simplesmente escolhendo não

---

[11] Iris Marion Young, *Inclusion and Democracy* (Nova York, Oxford University Press, 2000), p. 92-9.

[12] Marilyn Frye, "Oppression", em *The Politics of Reality* (Trumansburg, NY, Crossing Press, 1983).

cometer crimes. É muito mais conveniente imaginar que a maioria dos homens afro-americanos nas áreas urbanas escolheu livremente uma vida no crime do que aceitar a possibilidade real de que suas vidas foram estruturadas de uma forma que praticamente garantiu sua admissão precoce em um sistema do qual eles nunca podem escapar. A maior parte das pessoas está disposta a reconhecer a existência da gaiola, mas insiste que a porta foi deixada aberta.

Uma forma de entender nosso atual sistema de encarceramento em massa é pensar nele como uma gaiola com a porta trancada. Ele é um conjunto de arranjos estruturais que bloqueiam um grupo racialmente distinto em uma posição política, social e econômica subordinada, criando efetivamente uma cidadania de segunda classe. Os que estão aprisionados no interior do sistema não são meramente desfavorecidos, no sentido de que eles estão competindo em um campo de jogo desigual ou enfrentam obstáculos adicionais para atingirem sucesso político ou econômico. Em vez disso, o próprio sistema é estruturado para bloqueá-los em uma posição subordinada.

Como isso funciona

O modo preciso como o sistema de encarceramento em massa trabalha para aprisionar os afro-americanos em uma gaiola virtual (e literal) pode ser compreendido mais claramente se olharmos para o sistema como um todo. Nos capítulos anteriores, consideramos várias barras da gaiola isoladamente. Aqui, juntaremos as peças, daremos um passo para trás e veremos a gaiola inteira. Somente quando vemos a gaiola a distância podemos nos libertar do labirinto de racionalizações que são oferecidas para cada fio e ver como todo o aparelho opera a fim de manter os afro-americanos perpetuamente presos.

É assim, em resumo, que o sistema funciona: a Guerra às Drogas é o veículo através do qual um número extraordinário de homens negros é forçado a entrar na gaiola. O aprisionamento ocorre em três fases distintas, as quais foram exploradas anteriormente, mas uma breve revisão pode ser útil aqui. O primeiro estágio é o cerco. Um vasto número de pessoas é varrido para o sistema de justiça criminal pela polícia, que conduz operações de busca de drogas principalmente em comunidades pobres não brancas. Eles são recompensados em dinheiro – por meio de leis de confisco de drogas e de programas federais de subsídio – para perseguir o maior número possível de pessoas e operam sem restrições por regras constitucionais de procedimento que antes eram consideradas invioláveis. A polícia pode parar, interrogar e revistar qualquer um que escolha a fim de realizar busca de drogas, desde que obtenha "consentimento". Como não há uma checagem significativa do exercício da discricionariedade policial, os preconceitos raciais estão liberados. Na verdade, à polícia é permitido basear-se na raça como um fator para selecionar quem parar e revistar (mesmo que não brancos não sejam mais propensos do que os brancos a serem culpados de crimes de drogas) – garantindo efetivamente que aqueles que são varridos para dentro do sistema sejam principalmente pretos e pardos.

A condenação marca o início da segunda fase: o período de controle formal. Depois de apreendidos, os réus geralmente têm negada uma representação efetiva por advogado e são pressionados a se confessar culpados, independentemente de o serem. Os promotores estão livres para "encher" os réus de denúncias extras, e suas decisões não podem ser contestadas sob a alegação de preconceito racial. Uma vez condenados, devido às severas leis da Guerra às Drogas, os criminosos de drogas dos Estados Unidos passam mais tempo sob o controle formal do sistema de justiça criminal – na prisão, em liberdade condicional ou assistida – do que os criminosos de drogas de qualquer outro lugar do mundo. Enquanto estiver sob o controle formal, uma pessoa tem praticamente todos os aspectos de sua vida regulados e monitorados pelo sistema, e qualquer forma de resistência ou desobediência está sujeita a rápida sanção. Esse período de controle pode durar a vida toda, mesmo para aqueles condenados por crimes não violentos e de baixíssima gravidade, mas a vasta maioria das pessoas varridas para dentro do sistema é finalmente libertada. Elas são transferidas das celas da prisão para uma gaiola invisível muito maior.

A fase final foi chamada por alguns ativistas de período de punição invisível[13]. Cunhada pela primeira vez por Jeremy Travis, essa nomenclatura pretende descrever o conjunto único de sanções criminais impostas aos indivíduos depois de saírem dos muros das prisões, uma forma de punição que opera em grande parte ao largo da visão do público e que produz efeitos fora do quadro tradicional de condenação. Essas sanções são impostas por lei e não por decisão de um juiz, mesmo que muitas vezes tenham um impacto maior

---

[13] Ver Marc Mauer e Meda Chesney-Lind (orgs.), *Invisible Punishment: The Collateral Consequences of Mass Imprisonment* (Nova York, The New Press, 2002); e Jeremy Travis, *But They All Come Back: Facing the Challenges of Prisoner Re-entry* (Washington, DC, Urban Institute Press, 2005).

sobre o curso da vida de alguém do que os anos realmente passados atrás das grades. Essas leis operam coletivamente para garantir que a grande maioria dos criminosos condenados nunca se integre à sociedade branca tradicional. Eles serão discriminados legalmente pelo resto de suas vidas – vendo lhe serem negados emprego, moradia, educação e assistência social. Incapaz de superar esses obstáculos, a maioria acabará retornando à prisão e depois será libertada novamente, capturada em circuito fechado de marginalidade perpétua.

Nos últimos anos, militantes e políticos têm reivindicado que se dediquem mais recursos ao problema da "ressocialização", em vista do número sem precedentes de pessoas que são libertadas da prisão e retornam a suas comunidades a cada ano. Embora a terminologia seja bem-intencionada, ela falha totalmente em transmitir a gravidade da situação que os prisioneiros enfrentam após sua libertação. Os que foram condenados por delitos graves quase nunca conseguem realmente retornar à sociedade que habitavam antes de sua condenação. Em vez disso, adentram uma sociedade separada, um mundo escondido do olhar público, governado por um conjunto de regras e leis opressivo e discriminatório, que não se aplica a mais ninguém além deles. Tornam-se membros de uma subcasta – uma enorme população predominantemente preta e parda a quem, por causa da Guerra às Drogas, são negados direitos básicos e os privilégios da cidadania estadunidense e a quem é permanentemente conferido um status inferior. Essa é a fase final, e não há volta.

Nada de novo?

Há quem possa argumentar que, por mais perturbador que pareça esse sistema, não existe nada de particularmente novo no encarceramento em massa. Ele é simplesmente uma continuação de guerras às drogas passadas e de práticas policiais e judiciais preconceituosas. O preconceito racial em nosso sistema de justiça criminal é só um velho problema que piorou, e a excomunhão social dos "criminosos" tem uma longa história, não é uma invenção recente. Há algum mérito nesse argumento.

A raça sempre influenciou a administração da justiça nos Estados Unidos. Desde o dia em que a primeira prisão foi inaugurada, os não brancos têm sido desproporcionalmente representados atrás das grades. Na verdade, a primeira pessoa a dar entrada em uma penitenciária estadunidense foi um "negro de pele clara em excelente estado de saúde", descrito por um observador como "alguém que nasceu de uma raça degradada e deprimida e nunca experimentou nada além de indiferença e aspereza"[14]. Práticas policiais preconceituosas também não são propriamente novas, são um tema recorrente da experiência afro-americana desde que os negros eram alvo da polícia como suspeitos de serem escravos fugitivos. E cada guerra às drogas que já foi travada nos Estados Unidos – inclusive a proibição do álcool – foi maculada ou motivada por preconceitos raciais[15]. Mesmo as penas pós-condenação têm uma longa história. As colônias dos Estados Unidos aprovaram leis proibindo criminosos de ter uma ampla variedade de empregos e benefícios, dissolvendo automaticamente seu casamento e negando-lhes o direito de assumir contratos. Essas legislaturas estavam seguindo uma longa tradição, que data da Grécia antiga, de tratar criminosos como menos do que cidadãos. Apesar de muitas sanções colaterais terem sido revogadas no final da década de 1970, é possível argumentar que a Guerra às Drogas simplesmente reavivou e expandiu uma tradição que tem raízes antigas, uma tradição independente do legado da escravidão estadunidense.

Tendo em vista essa história e considerando a falta de originalidade em muitas das táticas e práticas empregadas na era do encarceramento em massa, há boas razões para crer que a última Guerra às Drogas é apenas mais uma guerra às drogas corrompida por preconceitos raciais e étnicos. Mas essa visão é correta apenas até certo ponto.

No passado, o sistema de justiça criminal, por mais punitivo que possa ter sido durante várias guerras ao crime e às drogas, afetou apenas uma porcentagem relativamente pequena da população. Como as penas civis e as sanções impostas a ex-criminosos aplicavam-se apenas a alguns, elas nunca operavam como um sistema abrangente de controle sobre qualquer população definida racial ou etnicamente. As minorias raciais eram sobrerrepresentadas entre os infratores de então e prévios, mas, como sociólogos têm observado, até meados da década de 1980, o sistema de justiça criminal era uma questão marginal para as comunidades não brancas. Embora homens jovens pertencentes a minorias e com pouca escolaridade sempre tenham tido índices de encarceramento

---

[14] Negley K. Teeters e John D. Shearer, *The Prison at Philadelphia, Cherry Hill: The Separate System of Prison Discipline, 1829-1913* (Nova York, Columbia University Press, 1957), p. 84.

[15] Ver David Musto, *The American Disease: Origins of Narcotics Control* (3. ed., Nova York, Oxford University Press, 1999), p. 4, 7, 43-4 e 219-20, que descreve o papel do preconceito racial no início da Guerra às Drogas; e Doris Marie Provine, *Unequal Under Law: Race in the War on Drugs* (Chicago, University of Chicago Press, 2007), p. 37-90, que descreve o viés racial na proibição de álcool, bem como em outras guerras às drogas.

relativamente altos, "antes da década de 1980 o sistema penal não era uma presença dominante nos bairros desfavorecidos"[16].

Hoje, a Guerra às Drogas deu origem a um sistema de encarceramento em massa que governa não apenas uma pequena fração de uma minoria racial ou étnica, mas comunidades inteiras. Nos guetos, quase todos estão direta ou indiretamente sujeitos ao novo sistema de castas. O sistema serve para redefinir os termos da relação dos pobres não brancos e suas comunidades com a sociedade branca hegemônica, assegurando seu status subordinado e marginal. As sanções criminais e civis que antes eram reservadas a uma minúscula minoria são agora usadas para controlar e oprimir uma maioria racialmente definida em muitas comunidades, e a maneira sistemática como o controle é levado a cabo reflete não apenas uma diferença de escala. A natureza do sistema de justiça criminal mudou. Já não se trata sobretudo de prevenção e punição da criminalidade, mas, sim, de gestão e controle dos despossuídos. As guerras às drogas anteriores estavam subordinadas aos sistemas de castas prevalecentes. Desta vez, a Guerra às Drogas é o sistema de controle.

Se você tem dúvidas de que seja mesmo assim, considere o efeito da Guerra às Drogas nos locais específicos onde ela está sendo travada. Pegue Chicago, no estado de Illinois, por exemplo. Chicago é, em grande medida, considerada uma das cidades mais diversificadas e vibrantes dos Estados Unidos. Vangloria-se de ter tido prefeitos negros, chefes de polícia negros, legisladores negros, e é o lar do primeiro presidente negro da nação. Tem uma economia próspera, uma comunidade latina crescente e uma substancial classe média negra. Contudo, como a Chicago Urban League [Liga Urbana de Chicago] relatou em 2002, há outra história a ser contada[17].

Se Martin Luther King Jr. retornasse milagrosamente a Chicago, cerca de quarenta anos depois de levar seu Movimento pela Liberdade à cidade, ficaria triste ao descobrir que as mesmas questões nas quais ele originalmente se concentrou ainda produzem padrões rígidos de desigualdade racial, segregação e pobreza. Também ficaria impressionado com a importância expressivamente elevada de uma determinada força institucional na perpetuação e no aprofundamento desses padrões: o sistema de justiça criminal. Nas poucas décadas desde a morte

---

[16] Mary Pattillo, David F. Weiman e Bruce Western, *Imprisoning America: The Social Effect of Mass Incarceration* (Nova York, Russell Sage Foundation, 2004), p. 2.

[17] Paul Street, *The Vicious Circle: Race, Prison, Jobs, and Community in Chicago, Illinois, and the Nation* (Chicago, Chicago Urban League, Department of Research and Planning, 2002).

de King, um novo regime de encarceramento em massa cheio de disparidades raciais surgiu em Chicago e se tornou o principal mecanismo de opressão racial e negação de igualdade de oportunidades.

Em Chicago, como no resto do país, a Guerra às Drogas é o motor do encarceramento em massa, bem como a principal causa de disparidades raciais no sistema de justiça criminal e na população de ex-infratores. Cerca de 90% das pessoas sentenciadas a prisão por delitos de drogas em Illinois são afro-americanas[18]. Os criminosos de drogas brancos raramente são presos e, quando são, eles são tratados de modo mais favorável em quase todos as fases do processo da justiça criminal, incluindo os acordos de transação penal e as sentenças[19]. Os brancos estão consideravelmente mais propensos a evitar prisões e acusações por crimes, mesmo quando são reincidentes[20]. Criminosos negros, em contrapartida, são geralmente rotulados como criminosos e libertados no interior de uma subcasta racial permanente.

A população total de homens negros em Chicago com registro criminal (incluindo tanto os atuais quanto os antigos infratores) é equivalente a 55% da população negra adulta masculina e à surpreendente taxa de 80% da força de trabalho masculina negra na área de Chicago[21]. Esse quadro impressionante reflete o aumento dramático no número e na raça daqueles mandados para a prisão por crimes de drogas. Somente na região de Chicago, o número anual de condenados por crimes de drogas aumentou quase 2.000%, tendo passado de 469 em 1985 para 8.755 em 2005[22]. Esse quadro, é claro, não inclui aqueles milhares que conseguem evitar a prisão, mas são detidos, condenados e sentenciados à cadeia ou à liberdade assistida. Eles, também, têm antecedentes criminais que os acompanharão pelo resto da vida. Mais de 70% de todos os casos criminais na área de Chicago envolvem acusação de porte de drogas de classe D, a acusação criminal por crime de menor potencial ofensivo existente[23]. Aqueles que vão para a prisão encontram pouca liberdade após sua liberação.

---

[18] Paul Street, *The Vicious Circle*, cit., p. 3.
[19] Alden Loury, "Black Offenders Face Stiffest Drug Sentences", *Chicago Reporter*, 12 set. 2007.
[20] Idem.
[21] Paul Street, *The Vicious Circle*, cit., p. 15.
[22] Donald G. Lubin et al., *Chicago Metropolis 2020: 2006 Crime and Justice Index* (Washington, DC, Pew Center, 2006), p. 5. Disponível em: <www.pewcenteronthestates.org/report_detail.aspx?id=33022>.
[23] Relatório da Comissão de Estudos do Impacto da Justiça Desigual de Illinois, dez. 2010. Disponível em: <www.centerforhealthandjustice.org/DJIS_ExecSumm_FINAL.pdf>.

Quando as pessoas são libertadas das prisões de Illinois, elas recebem o ínfimo valor de 10 dólares e uma passagem de ônibus para qualquer lugar dos Estados Unidos. A maioria retorna a bairros pobres na área de Chicago, trazendo poucos recursos e enfrentando o estigma de seus antecedentes criminais[24]. Em Chicago, como na maioria das cidades do país, ex-criminosos são proibidos ou têm o acesso severamente restringido a empregos em um grande número de profissões, categorias e áreas profissionais por estatutos, regras e práticas de licenciamento que discriminam potenciais empregados com antecedentes criminais. De acordo com um estudo realizado pela Faculdade de Direito da DePaul University em 2000, das então 98 ocupações que exigiam licença em Illinois, 57 impunham condições especiais e/ou restrições aos candidatos com antecedentes criminais[25]. Mesmo quando a lei não os proíbe de realizar trabalhos específicos, os ex-infratores em Chicago acham extraordinariamente difícil encontrar empregadores que os contratem, independentemente da natureza de suas condenações. Eles também têm negados habitação pública e benefícios assistenciais, e acham cada vez mais árduo conseguir estudar, sobretudo agora que o financiamento para a educação pública tem sido duramente atingido pela explosão dos orçamentos prisionais.

O impacto do novo sistema de castas é mais trágico entre os jovens. Em Chicago (como em outras cidades estadunidenses), os jovens negros são mais propensos a ir para a prisão do que para a faculdade[26]. Em junho de 2001, havia cerca de 20 mil homens negros a mais no sistema prisional estadual de Illinois do que matriculados nas universidades públicas do estado[27]. Na verdade, naquele ano havia mais homens negros nas instalações correcionais do estado *só por acusações ligadas a drogas* do que o número total de homens negros matriculados em programas de graduação em universidades estaduais[28]. Para tratar da crise com um foco mais nítido, considere-se o seguinte: em 1999, apenas 992 homens negros receberam um diploma de bacharelado nas universidades estaduais de Illinois, enquanto aproximadamente 7 mil homens negros foram libertados do sistema prisional estadual no ano seguinte apenas por delitos de drogas[29]. Os

---

[24] Donald G. Lubin et al., *Chicago Metropolis 2020*, p. 37.
[25] Ibidem, p. 35.
[26] Ibidem, p. 3; ver também Bruce Western, *Punishment and Inequality in America* (Nova York, Russell Sage Foundation, 2006), p. 12.
[27] Paul Street, *The Vicious Circle*, cit., p. 3.
[28] Idem.
[29] Idem.

jovens que vão à prisão em vez de à faculdade enfrentam uma vida inteira de portas fechadas, discriminação e ostracismo. Sua situação não é a que ouvimos nos noticiários policiais, contudo. Infelizmente, como os sistemas de castas raciais que o precederam, o sistema de encarceramento em massa agora parece, para a maioria, normal e natural, uma necessidade lamentável.

Mapeando os paralelos

Aqueles que estão no ciclo de entrada e saída das prisões de Illinois hoje são membros da nova subcasta racial dos Estados Unidos. O país quase sempre teve uma subcasta racial – um grupo definido inteiramente ou em grande parte pela raça que é permanentemente trancado, pelas leis, pelos costumes e pelas práticas, para fora da sociedade branca dominante. As razões e justificativas mudam ao longo do tempo, à medida que cada novo sistema de castas reflete e se adapta às mudanças do contexto social, político e econômico. O que é mais impressionante sobre o desenho do atual sistema de castas, porém, é o quanto ele se assemelha ao seu antecessor. Há importantes diferenças entre o encarceramento em massa e o Jim Crow, certamente – muitas das quais serão discutidas adiante –, mas, quando nos afastamos um pouco e vemos o sistema como um todo, há uma profunda sensação de *déjà-vu*. Há um estigma e uma vergonha familiares. Há um sistema de controle elaborado, com exclusão de direitos políticos e discriminação legalizada em todos os domínios importantes da vida econômica e social. E há a produção de significados e fronteiras raciais.

Muitos desses paralelos foram discutidos em detalhes nos capítulos anteriores. Outros ainda não foram explorados. Abaixo estão algumas das semelhanças mais óbvias entre o Jim Crow e o encarceramento em massa, seguidos por uma discussão de alguns paralelos que não foram examinados até agora. Comecemos pelos paralelos históricos.

Paralelos históricos. O Jim Crow e o encarceramento em massa têm origens políticas similares. Como descrito no capítulo 1, ambos os sistemas de castas nasceram, em parte, devido ao desejo das elites brancas de explorar ressentimentos, vulnerabilidades e preconceitos raciais dos brancos pobres e da classe trabalhadora para obter ganhos políticos ou econômicos. As leis de segregação foram propostas como parte de um esforço deliberado e estratégico para desviar da elite branca a raiva e a hostilidade que se dirigiam a ela e direcioná-las aos afro-americanos. O nascimento do encarceramento em massa pode ser atribuído a uma dinâmica política semelhante. Os conservadores nas décadas de 1970 e

1980 tentaram apelar para os preconceitos raciais e vulnerabilidades econômicas dos pobres e operários brancos por meio de uma retórica racialmente codificada sobre o crime e o sistema de assistência social. Em ambos os casos, os oportunistas raciais ofereciam poucas, quando muito, reformas econômicas para lidar com as ansiedades econômicas legítimas dos brancos pobres e da classe trabalhadora, propondo, em vez disso, a repressão contra os "outros" racialmente definidos. Nos primeiros anos do Jim Crow, as elites brancas conservadoras competiam entre si para aprovar as legislações cada vez mais rigorosas e opressivas do Jim Crow. Um século mais tarde, políticos nos primeiros anos da Guerra às Drogas competiam entre si para provar quem conseguia ser mais duro com o crime e aprovar legislações de drogas cada vez mais severas – um esforço maldisfarçado para atrair brancos pobres e da classe trabalhadora, que, novamente, provaram estar dispostos a renunciar a reformas econômicas e estruturais em troca de um aparente esforço para colocar os negros de volta "em seu lugar"[30].

Discriminação legal. O paralelo mais óbvio entre o Jim Crow e o encarceramento em massa é a discriminação legalizada. Durante o Mês da História Negra*, os norte-americanos se congratulam por terem acabado com a discriminação contra os afro-americanos em termos de emprego, habitação, benefícios públicos e acomodações públicas. Os alunos das escolas infantis se perguntam em voz alta como a discriminação pode já ter sido algo legal em nosso grandioso país. Raramente lhes dizem que ela *continua* legalizada. Muitas das formas de discriminação que relegaram os afro-americanos a uma casta inferior durante o Jim Crow continuam a ser aplicadas a enormes segmentos da população negra hoje – desde que primeiro eles sejam rotulados como criminosos. Se isso acontece quando eles atingem a idade de 21 anos (como acontece a muitos deles), estarão sujeitos a discriminação legalizada por toda a sua vida adulta. As formas de discriminação que se aplicam aos ex-criminosos de drogas, descritas com algum detalhe no capítulo 4, significam que, uma vez que os prisioneiros são libertados, entram num universo social paralelo – como o Jim Crow – em que a discriminação em quase todos os aspectos da vida

---

[30] Ver, neste volume, capítulo 1, p. 94, que descreve a opinião segundo a qual a simpatia existente pelo presidente Ronald Reagan derivava primariamente da "tensão emocional daqueles que temiam ou se ressentiam dos negros, e que esperavam que Reagan de algum modo os mantivesse 'em seu devido lugar' ou ao menos ecoasse sua raiva e frustração".

* Celebrado anualmente em fevereiro nos Estados Unidos e no Canadá e em outubro na Inglaterra, o Mês da História Negra foi criado para rememorar a história e as experiências dos negros. (N. T.)

social, política e econômica é perfeitamente legal. A grande maioria dos homens negros em cidades em todo o país está mais uma vez sujeita a discriminação legalizada que os impede efetivamente de uma integração plena na sociedade branca hegemônica. O encarceramento em massa anulou muitos dos ganhos do Movimento dos Direitos Civis, colocando milhões de negros de volta a uma posição que lembra o Jim Crow.

Perda de direitos políticos. Durante a era do Jim Crow, os afro-americanos tinham negado o direito a voto por meio de taxas de votação, testes de alfabetização, cláusulas de descendência e leis de restrição de direitos políticos de criminosos, embora a Décima Quinta Emenda à Constituição dos Estados Unidos preveja especificamente que "o direito dos cidadãos dos Estados Unidos a votar não será negado [...] por razões de raça, cor ou condição prévia de servidão". Formalmente, os dispositivos racialmente neutros foram adotados para alcançar o objetivo de um eleitorado totalmente branco sem violar os termos da Décima Quinta Emenda e funcionaram muito bem. Como os afro-americanos eram pobres, frequentemente não podiam pagar as taxas de votação. E como tinham seu acesso à educação negado, não conseguiam passar nos testes de alfabetização. As cláusulas de descendência permitiam que os brancos votassem mesmo que não pudessem cumprir os requisitos, desde que seus antepassados pudessem votar. Finalmente, como os negros eram desproporcionalmente acusados de crimes – na verdade, alguns crimes eram especificamente tipificados com o objetivo de eliminar os negros do eleitorado –, as leis de restrição de direitos a criminosos efetivamente suprimiam o voto negro também[31].

Depois do colapso do Jim Crow, todos os dispositivos racialmente neutros de exclusão dos negros do eleitorado foram eliminados por meio de ações judiciais ou de leis, exceto as leis de restrição de direitos de criminosos. Alguns tribunais entenderam que essas leis "perderam sua marca discriminatória" porque foram alteradas desde o colapso do Jim Crow. Outros tribunais permitiram que as leis se mantivessem porque o preconceito racial aberto está ausente do registro legislativo[32]. O fracasso de nosso sistema jurídico em

---

[31] Para uma excelente discussão sobre a história das leis de restrição de voto a criminosos, bem como seus impactos nos dias atuais, ver Jeff Manza e Christopher Uggen, *Locked Out: Felon Disenfranchisement and American Democracy* (Nova York, Oxford University Press, 2006).

[32] Cotton *versus* Fordice, 157 F.3d 388, 391 (5º Cir. 1998); ver também Martine J. Price, Nota e comentário: "Addressing Ex-Felon Disenfranchisement: Legislation v. Litigation", *Brooklyn Journal of Law and Policy*, v. 11, 2002, p. 369, 382-3.

erradicar todas as táticas adotadas durante a era do Jim Crow para suprimir o voto negro tem implicações importantes hoje. Leis de restrição de direitos de criminosos são mais eficazes na eliminação de eleitores negros na era do encarceramento em massa do que foram durante o Jim Crow. Menos de duas décadas após o início da Guerra às Drogas, nacionalmente 1 a cada 7 homens negros perdeu seu direito de voto e, nos estados com maior taxa de restrição de direito ao voto de afro-americanos, 1 a cada 4[33]. Esses números podem subestimar o impacto da restrição de direito ao voto, porque não levam em conta os milhões de ex-criminosos que não podem votar em estados que exigem que eles paguem multas ou taxas antes de seu direito poder ser restaurado – a nova taxa de votação. Como a estudiosa do direito Pamela Karlan observou, "a privação de direitos de criminosos dizimou o potencial eleitorado negro"[34].

É digno de nota, no entanto, que a exclusão dos eleitores negros das cabines de votação não é a única maneira pela qual o poder político negro foi suprimido. Outra dimensão da privação de direitos políticos ecoa não tanto o Jim Crow mas a escravidão. Sobre a regra de domicílios atual, o Departamento de Censo conta indivíduos encarcerados como residentes da jurisdição na qual estão presos. Como a construção da maioria das novas prisões ocorre em áreas rurais predominantemente brancas, as comunidades brancas se beneficiam de uma população total inflada à custa das comunidades urbanas esmagadoramente minoritárias das quais os prisioneiros vêm[35]. Isso tem enormes consequências para os processos de redefinição dos distritos. As comunidades rurais brancas que abrigam prisões acabam com um número maior de pessoas nas legislaturas estaduais que as representam, enquanto as comunidades pobres não brancas perdem representantes porque parece que sua população está declinando. Essa política é uma reminiscência perturbadora da cláusula dos três quintos da Constituição original, que aumentou a influência política dos estados escravocratas ao incluir 60% dos escravos na base populacional usada para calcular os assentos no Congresso e os votos nas eleições, ainda que eles não pudessem votar.

---

[33] Ver Jamie Fellner e Marc Mauer, *Losing the Vote: The Impact of Felony Disenfranchisement Laws in the United States* (Washington, DC, Sentencing Project, 1998).

[34] Glenn C. Loury, *Race, Incarceration, and American Values*, cit., p. 48.

[35] Ver Eric Lotke e Peter Wagner, "Prisoners of the Census: Electoral and Financial Consequences of Counting Prisoners Where They Go, Not Where They Come From", *Pace Law Review*, v. 24, 2004, p. 587. Disponível em: <www.prisonpolicy.org/pace.pdf>.

Exclusão de júris. Outro paralelo claro entre o encarceramento em massa e o Jim Crow é a exclusão sistemática dos negros dos júris. Uma marca registrada da era Jim Crow eram os júris totalmente brancos processando réus negros no Sul. Embora a exclusão dos jurados com base na raça seja ilegal desde 1880, do ponto de vista prático, a remoção de possíveis jurados negros por meio de exclusões peremptórias baseadas nesse critério foi sancionada pela Suprema Corte até 1985, quando ela decidiu, no caso Batson *versus* Kentucky, que as exclusões baseadas na raça violavam a norma de proteção igualitária perante a lei da Décima Quarta Emenda[36]. Hoje os réus enfrentam uma situação muito semelhante à que enfrentaram há um século. Como descrito no capítulo 3, de fato existe uma proibição formal contra exclusões peremptórias fundamentadas na raça. Do ponto de vista prático, contudo, a corte tem tolerado a exclusão sistemática de negros dos júris ao autorizar os tribunais inferiores a aceitarem justificativas "tolas" e até mesmo "supersticiosas" para a exclusão de jurados negros[37]. Para piorar as coisas, uma grande porcentagem de homens negros (cerca de 30%) está automaticamente excluída do serviço do júri porque eles foram rotulados como criminosos[38]. O efeito combinado de exclusões peremptórias com base na raça e da exclusão automática de criminosos de júris tem colocado os réus negros em um lugar familiar – agrilhoados em uma sala de audiências em frente ao júri composto só por brancos.

Fechando as portas do tribunal. Os paralelos entre o encarceramento em massa e o Jim Crow estendem-se até a Suprema Corte dos Estados Unidos. Ao longo dos anos, essa corte seguiu um padrão bastante consistente de resposta aos sistemas de castas raciais, primeiro os protegendo e mais tarde, após mudanças dramáticas no clima político e social, desmantelando esses sistemas de controle e alguns de seus vestígios. No caso Dred Scott *versus* Stanford, a Suprema Corte imunizou a instituição da escravidão de contestação legal, alegando que os afro-americanos não eram cidadãos, e em Plessy *versus* Ferguson, estabeleceu a doutrina do "separados mas iguais" – uma ficção legal que protegia o sistema Jim Crow de escrutínio judicial por preconceito racial.

Atualmente, o caso McCleskey *versus* Kemp e seu resultado servem à mesma função que os casos Dred Scott e Plessy. No caso McCleskey, a Suprema

---

[36] Ver Batson *versus* Kentucky 476 U.S. 79 (1986), discutido no capítulo 3, p. 184 deste volume.
[37] Ver Purkett *versus* Elm, 514 U.S. 765 discutido no capítulo 3, p. 188 deste volume.
[38] Brian Kalt, "The Exclusion of Felons from Jury Service", *American University Law Review*, v. 53, 2003, p. 65.

Corte demonstrou que está mais uma vez em modo de proteção – firmemente comprometida com o sistema de controle vigente. Como o capítulo 3 demonstrou, a corte fechou as portas dos tribunais para alegações de preconceito racial em todas as fases do processo da justiça criminal, das paradas e revistas à negociação de acordos de transação penal e sentenças. O encarceramento em massa está agora fora do alcance de processos judiciais que aleguem preconceito racial, assim como seus predecessores estavam em seu tempo. O novo sistema de castas raciais opera sem os impedimentos da Décima Quarta Emenda e da legislação federal de direitos civis – leis projetadas para derrubar sistemas de controle anteriores. A famosa proclamação de 1857 da Suprema Corte – "[o homem negro] não tem direitos que o homem branco seja obrigado a respeitar" – continua sendo verdadeira em um nível significativo, desde que o homem negro em questão tenha sido rotulado como criminoso[39].

Segregação racial. Embora os paralelos listados acima sejam suficientes para dar a qualquer um certa dimensão da questão, há uma série de outras semelhanças menos óbvias entre o encarceramento em massa e o Jim Crow que não foram exploradas nos capítulos anteriores. A criação e manutenção da segregação racial é um exemplo. Como sabemos, as leis do Jim Crow determinavam a segregação residencial, e os negros eram relegados às piores partes da cidade. As estradas literalmente terminavam na fronteira de muitos bairros negros, mudando do asfalto para a terra batida. Água, sistemas de esgoto e outros serviços públicos disponíveis nas áreas brancas da cidade frequentemente não se estendiam às áreas negras. A extrema pobreza que atormentava os negros devido a seu status de inferioridade legalmente sancionado era em grande parte invisível aos brancos – desde que os brancos permanecessem em seus próprios bairros, o que eles estavam inclinados a fazer. A segregação racial tornou a experiência negra em grande medida invisível aos brancos, que passavam a ter maior facilidade para manter estereótipos raciais a respeito dos valores e da cultura dos negros. Isso também tornava mais fácil negar ou ignorar seu sofrimento.

O encarceramento em massa funciona de modo semelhante. Ele consegue a segregação racial ao separar da sociedade os prisioneiros – a maioria dos quais são pretos e pardos. Eles são mantidos atrás das grades, normalmente a mais de 150 km de casa[40]. Mesmo as prisões – seus edifícios – raramente são vistas por muitos estadunidenses, já que costumam estar localizadas longe dos

---

[39] Ver Dred Scott *versus* Sandford, 60 U.S. (How. 19) 393 (1857).
[40] Jeremy Travis, *But They All Come Back*, cit., p. 132.

centros populacionais. Embora os municípios rurais contenham apenas 20% da população estadunidense, 60% das construções de novas prisões se situam neles[41]. Os prisioneiros estão, portanto, escondidos da visão do público – fora do campo de visão, fora da mente. Em certo sentido, o encarceramento é uma forma muito mais extrema de segregação física e residencial do que a promovida pelo Jim Crow. Em vez de simplesmente remover os negros para o outro lado da cidade ou encurralá-los em guetos, o encarceramento em massa os deixa trancados em jaulas. Grades e paredes mantêm centenas de milhares de pessoas pretas e pardas longe da sociedade – uma forma de *apartheid* diferente das que o mundo já viu.

Contudo, as prisões não são o único veículo de segregação racial. A segregação também é criada e perpetuada pela enchente de prisioneiros que retornam aos guetos a cada ano. Como a Guerra às Drogas tem sido travada quase exclusivamente em comunidades pobres não brancas, quando os criminosos de drogas são liberados, eles geralmente são devolvidos aos guetos racialmente segregados – os lugares que eles chamam de lar. Em muitas cidades, o fenômeno da ressocialização é altamente concentrado em um pequeno número de bairros. De acordo com um estudo, durante um período de doze anos, o número de prisioneiros que retornam para casa em áreas centrais de regiões metropolitanas populosas triplicou[42]. Os efeitos são sentidos em todo o país. Em entrevistas com cem residentes de duas comunidades em Tallahassee, na Flórida, pesquisadores descobriram que quase todos eles tinham vivido ou viveriam a experiência do retorno da prisão de um membro de sua família[43]. De modo semelhante, um levantamento de famílias que vivem no Conjunto Habitacional Robert Taylor em Chicago descobriu que a maioria dos residentes tinha um parente na prisão ou aguardava seu retorno nos dois anos seguintes[44]. Setenta por cento do total de homens entre 18 e 45 anos do bairro empobrecido e esmagadoramente

---

[41] Peter Wagner, "Prisoners of the Census"; para mais informação, ver: <www.prisonersofthecensus.org>.

[42] Jeremy Travis, *But They All Come Back*, cit., p. 281, que cita James Lynch e William Sabol, *Prisoner Reentry in Perspective*, Crime Policy Report, v. 3 (Washington, DC, Urban Institute, 2001).

[43] Dina R. Rose, Todd R. Clear e Judith A. Ryder, *Drugs, Incarcerations, and Neighborhood Life: The Impact of Reintegrating Offenders into the Community* (Washington, DC, U.S. Department of Justice, National Institute of Justice, 2002).

[44] Sudhir Alladi Venkatesh, *The Robert Taylor Homes Relocation Study* (Nova York, Center for Urban Research and Policy, Columbia University, 2002).

negro de North Lawndale, na zona oeste de Chicago, são ex-criminosos, marcados por toda a vida com um registro criminal[45]. A maioria (60%) foi encarcerada por delitos de drogas[46]. Esses bairros são um campo minado para pessoas em liberdade condicional, já que uma das principais condições de manutenção da liberdade condicional é a promessa de não associação com criminosos. Como Paula Wolff, executiva sênior da Chicago Metropolis 2020, observa, nesses bairros de gueto "é difícil para uma pessoa em liberdade condicional caminhar até a loja da esquina para comprar uma caixa de leite sem estar sujeita a uma violação da condicional"[47].

Em contraste, os brancos – mesmo os brancos pobres – são muito menos propensos a serem presos por crimes de drogas. E quando são libertados da prisão, eles raramente se encontram nos guetos. Os brancos pobres têm uma vida muito diferente da dos pobres não brancos nos Estados Unidos. Como os brancos não sofrem segregação racial, os brancos pobres não são relegados a áreas de pobreza intensa definidas racialmente. Em Nova York, um estudo descobriu que 70% dos negros e latinos pobres da cidade vivem em bairros de alta pobreza, enquanto 70% dos brancos pobres vivem em bairros sem pobreza – comunidades que dispõem de recursos significativos, o que inclui empregos, escolas, bancos e supermercados[48]. Em todo o país, quase 7 a cada 8 pessoas vivendo em áreas urbanas de alta pobreza são membros de algum grupo minoritário[49].

O encarceramento em massa, assim, perpetua e aprofunda padrões preexistentes de segregação e isolamento racial, não apenas removendo pessoas não brancas da sociedade e pondo-as em prisões, mas jogando-as de volta em guetos após sua libertação. Se tivessem recebido uma chance na vida e não sido rotulados como bandidos, jovens não brancos que poderiam ter escapado de suas comunidades no gueto – ou ajudado a transformá-las –, em vez disso se

---

[45] Paul Street, *The Vicious Circle*, cit., p. 16.
[46] Ibidem, p. 17.
[47] Palestra proferida por Paula Wolff no Almoço Anual do Fundo Appleverd para a Justiça e Conselho dos Advogados de Chicago, 7 out. 2008. Disponível em: <www.chicagometropolis 2020.org/10_25.htm>.
[48] Katherine Beckett e Theodore Sasson, *The Politics of Injustice: Crime and Punishment in America* (Thousand Oaks, CA, Sage Publications, 2004), p. 36, citando Mercer Sullivan, *Getting Paid: Youth Crime and Work in the Inner City* (Nova York, Cornell University Press, 1989).
[49] Idem.

encontram presos num circuito fechado de marginalidade perpétua, circulando entre o gueto e a prisão[50].

Os guetos racialmente segregados e atingidos pela pobreza presentes nas áreas centrais das grandes cidades em todo o país não existiriam hoje se não fossem as políticas governamentais racialmente preconceituosas nunca de fato reparadas[51]. Assim, todos os anos, centenas de milhares de pessoas pobres não brancas que foram alvo da Guerra às Drogas são forçadas a voltar a essas comunidades racialmente segregadas – bairros ainda mutilados pelo legado de um sistema de controle anterior. Do ponto de vista prático, elas não têm outra escolha. Dessa forma, o encarceramento em massa, assim como fazia seu predecessor, o Jim Crow, cria e mantém a segregação racial.

A produção simbólica da raça. Pode-se argumentar que o paralelo mais importante entre o encarceramento em massa e o Jim Crow é que ambos serviram para definir o significado da raça nos Estados Unidos. De fato, uma função primária de qualquer sistema de castas raciais é definir o significado da raça em seu tempo. A escravidão definiu o que significava ser negro (um escravo), e o Jim Crow definiu o que significava ser negro (um cidadão de segunda classe). Hoje, o encarceramento em massa define o significado da negritude nos Estados Unidos: pessoas negras, especialmente os homens, são criminosos. Isso é o que significa ser negro.

A tentação aqui é de insistir que os homens negros "escolhem" ser criminosos. O sistema não os torna criminosos, pelo menos não da maneira como a escravidão os tornava escravos negros ou o Jim Crow os tornava cidadãos de segunda classe. O mito da escolha é sedutor, mas devemos resistir a ele. Os afro-americanos não estão significativamente mais propensos do que os brancos a usar ou vender drogas proibidas, mas eles são *tornados* criminosos em taxas muito superiores por exatamente as mesmas condutas. Na verdade, estudos sugerem que profissionais brancos podem ser o grupo de maior probabilidade de se envolver com drogas ilegais durante a vida, mesmo que seja o de menor probabilidade de ser transformado em criminoso[52]. A prevalência

---

[50] Loïc Wacquant, "The New 'Peculiar Institution': On the Prison as Surrogate Ghetto", *Theoretical Criminology* 4, n. 3, 2000, p. 377-89.

[51] Ver, por exemplo, Douglas Massey e Nancy Denton, *American Apartheid: Segregation and the Making of the Underclass* (Cambridge, MA, Harvard University Press, 1993).

[52] Brancos estão muito mais propensos que afro-americanos a completar o ensino superior, e pessoas com ensino superior completo têm mais probabilidade de ter experimentado drogas

de atividades ilegais de drogas entre todos os grupos raciais e étnicos cria uma situação na qual, devido aos limitados recursos destinados ao policiamento e a restrições políticas, algumas pessoas sejam transformadas em criminosos e outras não. A Guerra às Drogas tem transformado negros em criminosos em um nível tal que isso termina por diminuir seu efeito sobre outros grupos raciais e étnicos, especialmente os brancos. E o processo de transformá-los em criminosos produz estigma racial.

Todos os sistemas de castas nos Estados Unidos produziram estigma racial. O encarceramento em massa não é uma exceção. O estigma racial é produzido quando se define negativamente o que significa ser negro. O estigma da raça era uma vez a vergonha do escravo; depois era a vergonha do cidadão de segunda classe; hoje o estigma da raça é a vergonha do criminoso. Como descrito no capítulo 4, muitos ex-infratores descrevem uma angústia existencial associada a seu status de pária social, angústia que lança uma sombra sobre cada aspecto de sua identidade e experiência social. A vergonha e o estigma não se limitam ao indivíduo, estendem-se aos membros da família e aos amigos – mesmo comunidades inteiras são estigmatizadas pela presença de pessoas rotuladas como criminosos. Aqueles estigmatizados muitas vezes adotam estratégias afro-americanas de enfrentamento anteriormente empregadas na era do Jim Crow, inclusive mentindo a respeito de seu próprio histórico criminal ou o status de familiares em uma tentativa de "se passar" por alguém que seria bem-vindo à sociedade.

O ponto crítico aqui é que, para os homens negros, o estigma de ser um "criminoso" na era do encarceramento em massa é fundamentalmente um estigma *racial*. Isso não quer dizer que o estigma esteja ausente para os criminosos brancos. Ele está presente e é poderoso. No entanto, o ponto é que o estigma da criminalidade para infratores brancos é diferente – é um estigma não racial.

Um experimento pode nos ajudar a ilustrar como e por que isso se aplica. Diga o seguinte a quase qualquer pessoa e observe sua reação: "Nós realmente precisamos fazer alguma coisa sobre o problema da criminalidade branca".

---

ilícitas durante sua vida quando comparadas a adultos que não têm o ensino médio . Ver U.S. Department of Health and Human Services, Substance Abuse and Mental Health Services Administration, *Findings from the 2000 National Household Survey on Drug Abuse* (Rockville, MD, 2001). Adultos que não completaram o ensino médio são desproporcionalmente afro-americanos.

O riso é uma resposta provável. A expressão *criminalidade branca* é sem sentido na era do encarceramento em massa, a não ser que estejamos nos referindo aos crimes de colarinho branco, caso em que a expressão é compreendida como referente aos tipos de crimes que os brancos aparentemente respeitáveis cometem no conforto de seus escritórios extravagantes. Como *criminalidade branca* não tem significado social, a expressão *criminoso branco* também é desconcertante. Nessa formulação, *branco* parece qualificar o termo *criminoso* – como se disséssemos "ele é um criminoso, mas não *aquele* tipo de criminoso". Ou: ele não é um criminoso *de verdade* – isto é, não o que nós entendemos por *criminoso* hoje.

Na era do encarceramento em massa, o significado de criminoso em nossa consciência coletiva se confunde com o significado de negro, por isso *criminoso branco* é embaraçoso, enquanto *criminoso negro* é quase redundante. Lembre-se do estudo discutido no capítulo 3, que revelou que quando os entrevistados foram convidados a imaginar um criminoso de drogas, quase todos descreveram um negro. Esse fenômeno ajuda a explicar por que as pesquisas indicam que os ex-criminosos brancos podem de fato ter menos dificuldades em conseguir um emprego do que afro-americanos *sem* antecedentes criminais[53]. Ser negro é ser considerado um criminoso, e ser um criminoso negro é ser considerado desprezível – um pária social. Ser um criminoso branco não é fácil, de jeito nenhum, mas um criminoso branco não é um pária *racial*, embora ele possa enfrentar muitas formas de exclusão social e econômica. A branquitude mitiga o crime, enquanto a negritude define o criminoso.

Como vimos nos capítulos anteriores, a confusão da negritude com o crime não ocorreu naturalmente. Ela foi construída pelas elites políticas e midiáticas como parte de um amplo projeto conhecido como Guerra às Drogas. Essa confusão serviu para fornecer uma porta de saída legítima para a expressão do ressentimento e do *animus* antinegros – uma válvula de escape conveniente agora que as formas explícitas de preconceito racial estão estritamente condenadas. Na era da neutralidade racial, já não é permitido odiar negros, mas podemos odiar criminosos. Na verdade, nós somos encorajados a fazer isso. Como aponta o escritor John Edgar Wideman, "é respeitável atacar e difamar criminosos, defender que eles sejam trancafiados e a chave seja jogada fora. Não é racista ser contra o crime, mesmo que o criminoso

---

[53] Devah Pager, *Marked: Race, Crime, and Finding Work in an Era of Mass Incarceration* (Chicago, University of Chicago Press, 2007), p. 90-1 e 146-7.

arquetípico da mídia e da imaginação pública quase sempre tenha o rosto de Willie Horton*"⁵⁴.

É precisamente porque o nosso sistema de justiça criminal fornece um veículo para a expressão do sentimento consciente ou inconsciente antinegros que o rótulo da prisão é vivido como um estigma racial. O estigma existe independentemente de alguém ter sido ou não formalmente rotulado como criminoso, em outro paralelo com o Jim Crow. Assim como os afro-americanos do Norte foram estigmatizados pelo sistema Jim Crow, mesmo que não estivessem sujeitos ao seu controle formal, os homens negros de hoje são estigmatizados pelo encarceramento em massa – e a construção social do "homem criminoso negro" –, tenham eles ido para a prisão ou não. Aos que foram rotulados, a etiqueta serve para intensificar e aprofundar o estigma racial, na medida em que são constantemente lembrados, em quase qualquer contato que têm com órgãos públicos, bem como com empregadores privados e locadores, de que eles são os novos "intocáveis".

Dessa forma, o estigma da raça tornou-se o estigma da criminalidade. Em todo o sistema de justiça criminal, e em nossas escolas e espaços públicos, jovem + negro + homem é a equação da suspeita razoável, que justifica detenção, interrogatório, revista e apreensão de milhares de afro-americanos a cada ano, bem como sua exclusão de oportunidades de emprego, habitação e educação. Uma vez que são vistos como criminosos, os jovens negros enfrentam severa discriminação para arrumar emprego e também são "expulsos" das escolas por meio de políticas disciplinares racialmente preconceituosas⁵⁵.

Para a juventude negra, a experiência de ser "tornado negro" muitas vezes começa com a primeira abordagem policial, o interrogatório, a revista e a detenção. A experiência traz um significado social – *é isso que significa ser negro*. A história da "primeira vez" de alguém pode ser repetida para família ou amigos, mas, para a juventude do gueto, quase ninguém acredita que a primeira vez será a última. A experiência é entendida como definidora dos termos de relacionamento de alguém não apenas com o Estado, mas com a sociedade em geral.

---

* Em 1986, William R. "Willie" Horton obteve um indulto de fim de semana de uma penitenciária em Massachusetts, onde cumpria pena de prisão perpétua por assassinato. Além de não retornar à prisão, Horton cometeu os crimes de roubo e estupro. (N. T.)
54 John Edgar Wideman, "Doing Time, Marking Race", *The Nation*, 30 out. 1995.
55 Ver Julia Cass e Connie Curry, *America's Cradle to Prison Pipeline* (Nova York, Children's Defense Fund, 2007).

Essa realidade pode ser frustrante para aqueles que se esforçam para ajudar a juventude do gueto a "transformar a vida". James Forman Jr., o cofundador de uma escola See Forever para jovens infratores em Washington, tocou nesse ponto ao descrever como paradas e revistas aleatórias e degradantes de jovens do gueto "informam às crianças que elas são párias, que não importa quão duro estudem, elas continuarão sendo suspeitos em potencial". Um aluno queixou-se para ele: "Nós podemos ser perfeitos, perfeitos, fazer tudo certo e ainda assim ser tratados como cachorros. Não, pior do que cachorros, porque criminosos são tratados pior do que cachorros". Outro estudante perguntou-lhe claramente: "Como você pode nos dizer que somos capazes de ser qualquer coisa se nos tratam como se não fôssemos nada?"[56].

O processo de marcar os jovens negros como criminosos é essencial para o funcionamento do encarceramento em massa como sistema de castas raciais. Para que o sistema seja bem-sucedido – isto é, para que atinja os objetivos políticos descritos no capítulo 1 –, os negros devem ser rotulados como criminosos antes mesmo de estarem formalmente sujeitos a controle. O rótulo é essencial, pois formas explícitas de exclusão racial são não apenas proibidas, mas amplamente condenadas. Assim, os jovens negros devem ser tornados – rotulados como – criminosos. Esse processo é, em grande medida, o processo de "tornar-se" negro. Como explica Wideman, quando "ser um homem não branco de certa classe econômica e meio social é equivalente, aos olhos do público, a ser um criminoso", ser processado pelo sistema de justiça criminal equivale a tornar-se negro e "puxar um tempo" atrás das grades é também uma "marcação racial"[57]. No seu núcleo, então, o encarceramento em massa, assim como o Jim Crow, é uma "instituição de produção da raça". Ela serve para definir o significado da raça nos Estados Unidos.

Os limites da analogia

Dizer que o encarceramento em massa é o novo Jim Crow pode dar espaço a uma interpretação equivocada. Mesmo que haja diferenças importantes, os paralelos entre os dois sistemas de controle são impressionantes, para dizer o mínimo – em ambos, encontramos o oportunismo racial dos políticos, a

---

[56] James Forman Jr., "Children, Cops and Citizenship: Why Conservatives Should Oppose Racial Profiling", em Marc Mauer e Meda Chesney-Lind (orgs.), *Invisible Punishment*, cit., p. 159.

[57] John Edgar Wideman, "Doing Time, Marking Race", cit.

discriminação legalizada, a restrição de direitos políticos, a exclusão dos negros de júris, a estigmatização, o fechamento das portas dos tribunais, a segregação racial e a produção simbólica da raça. Assim como o Jim Crow, como sistema de controle racial, era significativamente diferente da escravidão, o encarceramento em massa é diferente de seu antecessor. Na verdade, se alguém elaborasse uma lista das diferenças entre a escravidão e o Jim Crow, ela poderia muito bem ser mais longa do que a lista de semelhanças. O mesmo vale para o Jim Crow e o encarceramento em massa. Cada sistema de controle foi único – bem adaptado às circunstâncias de seu tempo. Se não conseguirmos identificar as diferenças, teremos nossa capacidade de enfrentar os desafios criados pelo momento atual prejudicada. Ao mesmo tempo, porém, devemos ter cuidado para não presumir que existam diferenças quando não existem, nem superestimar as que existem. Algumas diferenças podem parecer grandes na superfície, mas numa análise detalhada se mostram menos significativas.

Um exemplo de uma diferença que é menos importante do que poderia parecer inicialmente é o "fato" de que o Jim Crow era explicitamente baseado na raça, ao passo que o encarceramento em massa não o é. Essa declaração a princípio parece evidente, mas está em parte equivocada. Embora seja comum pensar no Jim Crow como um sistema explicitamente baseado na raça, na verdade algumas de suas políticas-chave eram oficialmente indiferentes a ela. Conforme observado anteriormente, as taxas de votação, os testes de alfabetização e as leis de restrição de direitos políticos de criminosos eram todas práticas formalmente neutras do ponto de vista racial que eram empregadas para evitar a proibição à discriminação racial no direito ao voto prevista pela Décima Quinta Emenda. Essas leis operavam para criar um eleitorado totalmente branco, porque excluíam os afro-americanos de direitos políticos, mas geralmente não eram aplicadas aos brancos. Os funcionários da Justiça Eleitoral tinham a discricionariedade de cobrar uma taxa eleitoral ou de administrar um teste de alfabetização, e eles a exerciam de maneira racialmente discriminatória. Leis que não diziam nada sobre raça operavam dessa maneira porque era concedida uma enorme discricionariedade àqueles encarregados de aplicá-las, e eles a exerciam de maneira altamente discriminatória.

O mesmo é verdade para a Guerra às Drogas. As leis que proíbem o uso e a venda de drogas são neutras racialmente na letra, mas elas são aplicadas de forma muito discriminatória. A decisão de travar a Guerra às Drogas principalmente em comunidades pretas e pardas, em vez de nas brancas, e de mirar os afro-americanos, mas não os brancos, nas rodovias e estações de trem teve precisamente o mesmo efeito que os testes de alfabetização em uma era anterior. Um sistema de leis racialmente neutro em sua aparência tem operado para criar um sistema de castas raciais.

Outras diferenças entre o Jim Crow e o encarceramento em massa são, na verdade, mais significativas do que podem parecer à primeira vista. Um exemplo refere-se ao papel do estigma racial em nossa sociedade. Como discutido no capítulo 4, durante o Jim Crow, o estigma racial contribuiu para a solidariedade racial na comunidade negra. No entanto, o estigma racial de hoje – isto é, o da criminalidade negra – colocou a comunidade negra contra si própria, destruiu redes de apoio mútuo e criou um silêncio a respeito do novo sistema de castas raciais entre muitas das pessoas mais afetadas por ele[58]. As implicações dessa diferença são profundas. O estigma racial hoje torna a ação coletiva extremamente difícil – às vezes, impossível –, ao passo que o estigma racial durante o Jim Crow continha as sementes da revolta.

Estão descritas abaixo algumas das outras diferenças importantes entre o Jim Crow e o encarceramento em massa. É impossível listar aqui todas as diferenças. Em vez disso, vamos nos concentrar em algumas das principais distinções que são mais frequentemente citadas na defesa do encarceramento em massa, incluindo a ausência de hostilidade racial aberta, a inclusão de brancos no sistema de controle e o apoio dos afro-americanos a algumas políticas de "endurecimento penal" e táticas da Guerra às Drogas.

Ausência de hostilidade racial. Primeiro, vamos considerar a ausência de hostilidade racial aberta entre os políticos que apoiam leis de drogas severas e os policiais e outros profissionais encarregados de aplicá-las. Tal ausência é uma diferença significativa em relação ao Jim Crow, mas ela pode ser superestimada. O encarceramento em massa, assim como o Jim Crow, nasceu do oportunismo racial – um esforço das elites brancas para explorar as hostilidades, ressentimentos e inseguranças raciais dos brancos pobres e da classe trabalhadora. Além disso, a hostilidade racial e a violência racial não desapareceram completamente, uma vez que queixas de insultos raciais e brutalidade por parte da polícia e de carcereiros são bastante comuns. Alguns estudiosos e comentaristas têm apontado que a violência racial anteriormente associada aos senhores de escravos da Ku Klux Klan foi substituída, em certa medida, pela violência perpetrada pelo Estado. A violência racial foi racionalizada, legitimada e canalizada por meio do nosso sistema de justiça criminal. Ela se

---

[58] Ver discussão sobre estigma no capítulo 4 deste volume.

expressa na violência policial, no confinamento em solitárias e na imposição arbitrária e discriminatória da pena de morte[59].

Contudo, mesmo se admitirmos que alguns afro-americanos possam temer a polícia hoje tanto quanto seus avós temiam a Ku Klux Klan (já que uma carteira pode ser confundida com uma arma) e que o sistema penal pode ser tão brutal quanto o Jim Crow (ou a escravidão) em muitos aspectos, a ausência de hostilidade racial no discurso público e o declínio acentuado da violência de grupos paraestatais não são pouca coisa. Também é significativo que as placas de "apenas brancos" tenham desaparecido e que crianças de todas as cores possam beber água dos mesmos bebedouros, nadar nas mesmas piscinas e brincar nos mesmos parquinhos. As crianças negras de hoje podem até mesmo sonhar em ser presidente dos Estados Unidos.

Aqueles que afirmam que o encarceramento em massa é "exatamente igual" ao Jim Crow cometem um grave equívoco. As coisas mudaram. O fato de que uma clara maioria de estadunidenses estivesse dizendo a pesquisadores no início da década de 1980 – quando a Guerra às Drogas estava começando – que se opunha à discriminação racial em quase todas as suas formas não deve ser descartado levianamente[60]. Alguns entrevistados podem ter dito aos pesquisadores o que eles consideravam apropriado, e não aquilo em que realmente acreditavam, mas não há razão para supor que a maioria deles estivesse mentindo. É mais provável que a maioria dos estadunidenses no início da década de 1980 tenha chegado a rejeitar o pensamento e os valores segregacionistas, e não só que não quisesse ser vista como racista, eles não queriam *ser* racistas.

Essa diferença de atitude política tem implicações fundamentais para os esforços de reforma. As afirmações de que o encarceramento em massa é análogo ao Jim Crow encontrarão ouvidos surdos e alienarão potenciais aliados se os militantes não conseguirem deixar claro que a afirmação *não* pretende sugerir que os defensores do sistema atual são racistas do modo como os estadunidenses compreendem esse termo. A raça desempenha um papel importante – na verdade um papel definidor – no sistema atual, mas não por causa do que é comumente entendido como a antiquada intolerância hostil.

---

[59] Ver, por exemplo, Charles Ogletree e Austin Sarat (orgs.), *From Lynch Mobs to the Killing State: Race and the Death Penalty in America* (Nova York, New York University Press, 2006); e Joy James, *The New Abolitionists: (Neo) Slave Narratives and Contemporary Prison Writings* (Nova York, State University of New York Press, 2005).

[60] Ver discussão sobre dados de pesquisa no capítulo 3 deste volume.

Esse sistema de controle depende muito mais da *indiferença racial* (definida como falta de compaixão e preocupação com as raças e grupos raciais) do que da hostilidade racial – característica que ele de fato compartilha com seus antecessores.

Todos os sistemas de castas raciais, e não apenas o encarceramento em massa, se apoiaram na indiferença racial. Como mencionado antes, muitos brancos durante a era do Jim Crow acreditavam com sinceridade que os afro-americanos eram intelectual e moralmente inferiores. Eles não desejavam nenhum mal aos negros, mas estavam convencidos de que a segregação era um sistema sensível para administrar uma sociedade composta por pessoas fundamentalmente diferentes e desiguais. A sinceridade das crenças raciais de muitas pessoas é o que levou Martin Luther King Jr. a declarar: "Nada no mundo é mais perigoso do que a ignorância sincera e a estupidez conscienciosa". A noção de que os sistemas de castas raciais são necessariamente baseados no desejo de prejudicar outros grupos raciais e de que a hostilidade racial é a essência do racismo é fundamentalmente equivocada. Mesmo a escravidão não está de acordo com essa compreensão limitada do racismo e das castas raciais. A maioria dos fazendeiros apoiou a instituição da escravidão negra não por causa de algum desejo sádico de prejudicar os negros, mas sim porque eles queriam enriquecer, e a escravidão negra era o meio mais eficiente para esse fim. Em geral, os fazendeiros eram indiferentes ao sofrimento causado pela escravidão. Eram motivados pela ganância. A preocupação com o papel da hostilidade racial em sistemas de castas anteriores pode nos cegar para as maneiras pelas quais cada um desses sistemas, incluindo o encarceramento em massa, foi apoiado pela indiferença racial – a falta de preocupação e de compaixão por pessoas de outras raças.

As vítimas brancas das castas raciais. Passemos agora a outra importante diferença entre o encarceramento em massa e o Jim Crow: o dano direto causado aos brancos pelo atual sistema de castas. Os brancos nunca tiveram de se sentar na parte de trás do ônibus durante o Jim Crow, mas hoje um homem branco pode ir para a prisão por um crime de drogas e compartilhar a cela com um homem negro. O dano direto causado aos brancos pelo encarceramento em massa parece distingui-lo do Jim Crow. Contudo, como muitas das outras diferenças, esta exige alguma qualificação. Alguns brancos foram diretamente prejudicados pelo Jim Crow. Por exemplo, uma mulher branca que se apaixonasse por um homem negro e esperasse passar o resto de sua vida com ele teria sido diretamente prejudicada por leis antimestiçagem. As leis deveriam beneficiá-la – protegê-la da influência corruptora do homem negro e a "tragédia" dos filhos mulatos –, mas ela foi, no entanto, diretamente prejudicada.

Ainda assim, parece óbvio que o encarceramento em massa prejudica diretamente muito mais brancos do que o Jim Crow jamais fez. Para alguns, esse fato por si só pode ser razão suficiente para se rejeitar a analogia. Um "sistema de castas raciais inter-racial" pode parecer um oximoro. Que tipo de sistema de castas raciais coloca pessoas brancas sob seu controle? A resposta: um sistema de castas raciais da era da neutralidade racial.

Se 100% das pessoas presas e condenadas por delitos de drogas fossem afro-americanas, a situação provocaria indignação entre a maioria dos estadunidenses que se consideram não racistas e que sabem muito bem que latinos, asiáticos e brancos também cometem crimes de drogas. Nós, como nação, parecemos confortáveis com o fato de que 90% das pessoas presas e condenadas por delitos de drogas em alguns estados são afro-americanas, mas se a cifra fosse de 100%, o véu da neutralidade racial estaria perdido. Nós não poderíamos mais contar histórias a nós mesmos sobre por que 90% poderia ser um número razoável. Nem poderíamos continuar supondo que existem boas razões para as disparidades raciais extremas na Guerra às Drogas, mesmo que não sejamos capazes de pensar nessas razões por nós mesmos. Em suma, a inclusão de alguns brancos no sistema de controle é essencial para preservar a imagem de um sistema de justiça criminal racialmente neutro e manter nossa autoimagem de seres justos e imparciais. Como a maioria dos estadunidenses, inclusive aqueles que trabalham com o combate à criminalidade, quer acreditar que não é racista, o sofrimento na Guerra às Drogas cruza a linha da cor.

É claro que o fato de brancos serem prejudicados pela Guerra às Drogas não significa que eles sejam os verdadeiros alvos, o inimigo eleito. Os males sofridos pelas pessoas brancas na Guerra às Drogas são muito parecidos com os que os civis iraquianos sofrem nas ações militares dos Estados Unidos mirando supostos terroristas ou insurgentes. Em qualquer guerra uma enorme quantidade de danos colaterais é inevitável. Pessoas pretas e pardas são os principais alvos dessa guerra; pessoas brancas são os danos colaterais.

Dizer que os brancos são danos colaterais pode parecer insensibilidade, mas reflete uma realidade particular. O encarceramento em massa, como sabemos, não existiria hoje se não fosse a racialização do crime no discurso político e midiático. A Guerra às Drogas foi declarada como parte de um estratagema político para capitalizar o ressentimento racial contra os afro-americanos, e o governo Reagan utilizou o surgimento do crack e a violência ligada a ele como uma oportunidade para construir um consenso público racializado em apoio a uma guerra total – um consenso que, é quase certo, não teria se formado se os principais usuários e traficantes de crack fossem brancos.

O economista Glenn Loury fez essa observação em seu livro *The Anatomy of Racial Inequality* [A anatomia da desigualdade racial]. Ele pontuou que é quase impossível imaginar algo remotamente similar ao encarceramento em massa acontecendo com jovens brancos. Podemos imaginar um sistema que aplicaria as leis de combate às drogas quase exclusivamente entre jovens brancos e ignorasse a maior parte dos crimes de drogas cometidos por negros? Podemos imaginar uma larga maioria de homens brancos jovens sendo perseguidos por pequenos crimes de drogas, postos sob o controle do sistema de justiça criminal, rotulados como criminosos e sujeitados a uma vida inteira de discriminação, desprezo e exclusão? Podemos imaginar isso acontecendo enquanto a maior parte dos homens negros conseguia empregos decentes ou ia para a faculdade? Não, nós não podemos. Se algo desse tipo acontecesse, "ocasionaria uma profunda reflexão sobre o que estava dando errado, não apenas com ELES, mas CONOSCO"[61]. O pensamento de que os homens brancos estavam simplesmente colhendo o que semearam jamais seria admitido. A criminalização dos brancos nos perturbaria até o âmago. Assim, as questões críticas são: "O que nos perturba? O que é dissonante? O que parece anômalo? O que contraria as expectativas?"[62]. Ou indo direto ao ponto: *com quem nos importamos?*

Uma resposta à última pergunta pode ser encontrada ao considerarmos a maneira drasticamente diferente com que nós, como nação, respondemos ao problema da embriaguez ao volante em meados da década de 1980, em comparação ao do crack. Durante a década de 1980, ao mesmo tempo que as manchetes sobre o crack começavam a se espalhar, um movimento popular de base ampla estava em curso com o objetivo de resolver o problema frequente e às vezes fatal da condução em estado de embriaguez. Ao contrário da Guerra às Drogas, iniciada pelas elites políticas muito antes de as pessoas comuns identificarem-na como uma questão de extraordinária preocupação, o movimento para reprimir os motoristas bêbados foi de baixo para cima, liderado principalmente por mães cujas famílias foram destruídas por mortes causadas pela condução em estado de embriaguez.

---

[61] Glenn C. Loury, *The Anatomy of Racial Inequality* (Cambridge, MA, Harvard University Press, 2003), p. 82.
[62] Ibidem, p. 82-3.

A cobertura midiática do movimento atingiu seu pico em 1988, quando um motorista bêbado viajando na contramão de uma estrada interestadual do Kentucky causou uma colisão frontal com um ônibus escolar. Vinte e sete pessoas morreram e dezenas ficaram feridas no incêndio que se seguiu. O trágico acidente, conhecido como o desastre do ônibus de Carrollton foi um dos piores da história dos Estados Unidos. No rescaldo, vários pais se envolveram ativamente no Mothers Against Drunk Driving (MADD) [Mães Contra a Embriaguez ao Volante], e um deles se tornou seu presidente nacional. Ao longo da década de 1980, dirigir bêbado era um assunto constante na mídia, e a expressão *designated driver* [motorista da vez] se tornou parte do léxico estadunidense.

No final da década, os motoristas bêbados eram responsáveis por aproximadamente 22 mil mortes por ano, enquanto as mortes anuais relacionadas ao álcool estavam perto de 100 mil. Em contrapartida, durante o mesmo período, não houve estatísticas sobre o crack, muito menos de mortes relacionadas a ele. Na verdade, o número de mortes ligadas a *todas as drogas ilegais combinadas* era minúsculo em comparação ao de mortes causadas por motoristas bêbados. O total de todos os óbitos relacionados a drogas devido a AIDS, overdose ou violência associada ao tráfico foi estimado em 21 mil por ano – menos do que o número de mortes causadas diretamente por motoristas bêbados e uma pequena fração daquelas relacionadas ao álcool que ocorreram naquele ano[63].

Em resposta à crescente preocupação – alimentada por grupos como o MADD e pela cobertura da mídia da combinação fatal entre álcool e direção –, a maioria dos estados adotou leis mais duras para punir a embriaguez ao volante. Vários deles contam hoje com sentenças obrigatórias para esse tipo de infração – normalmente dois dias na cadeia para a primeira infração e dez dias para a segunda[64]. A posse de uma quantidade minúscula de crack, por outro lado, leva a uma sentença mínima obrigatória de cinco anos em uma prisão federal.

A diferença gritante entre as sentenças cumpridas por motoristas bêbados e criminosos de drogas revela muito a respeito de quem é visto como descartável – alguém que pode ser expurgado do corpo político – e quem não é. Motoristas bêbados são predominantemente brancos e do sexo masculino.

---

[63] Craig Reinarman, "The Crack Attack: America's Latest Drug Scare, 1986-1992", em *Images of Issues: Typifying Contemporary Social Problems* (Nova York, Aldine De Gruyter, 1995), p. 162.

[64] Marc Mauer, *Race to Incarcerate* (ed. rev., Nova York, The New Press, 2006), p. 150.

Homens brancos representavam 78% das prisões por essa infração em 1990, quando novas sentenças mínimas obrigatórias foram adotadas para lidar com a questão da embriaguez ao volante[65]. Eles geralmente são acusados de contravenções e normalmente recebem sentenças de multa, suspensão da habilitação e serviços comunitários. Embora dirigir embriagado acarrete um risco muito maior de morte violenta do que o uso de drogas ilegais, a resposta social aos motoristas bêbados geralmente enfatiza manter a pessoa funcional e na sociedade, tentando responder ao comportamento perigoso por meio de tratamento e aconselhamento[66]. As pessoas acusadas de delitos de drogas, porém, são majoritariamente pobres e não brancas. Elas geralmente são acusadas de crimes e condenadas à prisão.

Outra pista de que o encarceramento em massa como o conhecemos não existiria a não ser pela raça do inimigo imaginado pode ser encontrada na história da aplicação da lei de drogas nos Estados Unidos. O historiador de Yale David Musto e outros pesquisadores documentaram um padrão perturbador, embora não surpreendente: a punição se torna mais severa quando o uso de drogas está associado a pessoas não brancas e se suaviza quando o uso de drogas está associado a pessoas brancas[67]. A história da política a respeito da maconha é um bom exemplo. No início da década de 1900, a maconha era percebida – com ou sem razão – como uma droga usada por negros e descendentes de mexicanos, o que levou à Lei Boggs, da década de 1950, que penalizava o réu primário com uma sentença de dois a cinco anos de prisão pelo porte de maconha[68]. Nos anos 1960, porém, quando a maconha se associou à classe média branca e a estudantes da faculdade, comissões foram imediatamente criadas para estudar se a maconha era realmente tão prejudicial como se pensava. Na década de 1970, a Lei de Prevenção e Controle do Abuso de Drogas diferenciava a maconha de outros narcóticos e diminuía as penas federais[69]. A mesma droga que tinha sido considerada temível vinte anos antes, quando era associada a afro-americanos e latinos, foi remodelada como uma droga relativamente inofensiva uma vez associada aos brancos.

---

[65] Ibidem, p. 151
[66] Idem.
[67] Ver David Musto, *The American Disease*, cit., p. 4, 7, 43-4 e 219-20; e Doris Marie Provine, *Unequal Under Law*, cit., p. 37-90.
[68] Eric Schlosser, "Reefer Madness", *Atlantic Monthly*, ago. 1994, p. 49.
[69] Marc Mauer, *Race to Incarcerate*, cit., p. 149.

Tendo em vista o tratamento que a nação tem dispensado aos motoristas bêbados, predominantemente brancos, e aos criminosos de drogas, é extremamente difícil imaginar que os Estados Unidos teriam declarado guerra total aos criminosos de drogas se o inimigo tivesse sido definido na imaginação pública como branco. Foi a fusão entre negritude e crime na mídia e no discurso político que tornou possível a Guerra às Drogas e a expansão súbita e maciça de nosso sistema prisional. Os "criminosos" de drogas brancos são danos colaterais na Guerra às Drogas porque eles estão sendo prejudicados por uma guerra declarada contra os negros. Embora essa circunstância seja terrivelmente infeliz para eles, ela cria oportunidades importantes para um movimento de resistência multirracial, de baixo para cima, em que pessoas de todas as raças possam fazer reivindicações claras. Pela primeira vez na história de nossa nação, talvez se torne evidente de uma vez por toda para os brancos de que forma eles também podem ser prejudicados pelo racismo contra os negros – um fato que, até agora, muitos têm tido dificuldade de captar.

O apoio negro a políticas de "endurecimento" penal. Outra diferença notável entre o Jim Crow e o encarceramento em massa é que muitos afro-americanos parecem apoiar o atual sistema de controle, enquanto a maioria acredita que o mesmo não poderia ser dito a respeito do Jim Crow. Em defesa do encarceramento em massa, argumenta-se com frequência que os afro-americanos querem mais polícia e mais prisões porque o crime causa muitos danos aos guetos. Esses defensores dizem que é errado caracterizar as táticas do encarceramento em massa – como a concentração das ações policiais nas comunidades pobres não brancas, os programas de parada e revista que se proliferaram por todo o país, o despejo de criminosos de drogas e de suas famílias das moradias públicas e as operações de varredura de drogas nos bairros de gueto – como racialmente discriminatórias, porque esses programas e políticas têm sido adotados em benefício das comunidades afro-americanas e são apoiados por muitos habitantes dos guetos[70]. Ignorar o crime desenfreado nos guetos é que seria racialmente discriminatório, dizem eles. Responder vigorosamente a isso não o é.

Esse argumento, na superfície, parece relativamente simples, mas na verdade existem muitas camadas nele, algumas das quais são bastante problemáticas. Para começar, o argumento implica que os afro-americanos preferem políticas

---

[70] A versão mais convincente desse argumento foi apresentada por Randall Kennedy em *Race, Crime and the Law* (Nova York, Vintage Books, 1997).

duras de justiça criminal a outras formas de intervenção governamental, como a criação de empregos, desenvolvimento econômico, reforma educacional e programas de justiça restaurativa como soluções de longo prazo a problemas associados ao crime. Não há evidências que apoiem essa afirmação; pelo contrário, as pesquisas mostram de maneira consistente que os afro-americanos costumam ser menos favoráveis a políticas duras de justiça criminal do que os brancos, embora os negros estejam muitos mais propensos a serem vítimas de crimes[71]. Esse padrão é particularmente notável porque pessoas menos instruídas tendem a ser mais punitivistas, e os negros, na média, têm o grau de escolaridade menor do que os brancos[72].

A noção de que os afro-americanos apoiam abordagens mais "severas" ao crime é complicada ainda mais pelo fato de "crime" não ser uma categoria genérica. Existem muitos tipos diferentes deles, e os crimes violentos tendem a provocar a resposta mais visceral e punitiva. No entanto, como vimos no capítulo 2, a Guerra às Drogas não tem como objetivo erradicar os traficantes de drogas mais violentos ou os chamados chefões. A grande maioria das pessoas presas por crimes de drogas *não* é acusada de crimes graves, e a maioria das pessoas em prisões estaduais com acusações relativas a drogas não tem histórico de violência ou de atividade significativa de venda. Os "chefões" muitas vezes são capazes de comprar sua liberdade em troca do confisco de seus bens, dedurando outros traficantes ou se tornando informantes pagos do governo. Assim, à medida que alguns afro-americanos apoiam políticas duras contra agressores violentos, não se pode dizer que apoiem a Guerra às Drogas, que tem sido travada principalmente contra os pequenos infratores não violentos em comunidades pobres não brancas.

A única coisa que fica clara a partir dos levantamentos de dados e de pesquisa etnográfica é que os afro-americanos nos guetos experimentam uma intensa "frustração dupla" em relação ao crime e ao policiamento. Como Glenn Loury explicou há mais de uma década, quando os índices de crimes violentos estavam nas manchetes: "Os jovens negros que causam estragos no gueto ainda

---

[71] Tracy Meares, "Charting Race and Class Differences in Attitudes Toward Drug Legalization and Law Enforcement: Lessons for Federal Criminal Law", *Buffalo Criminal Law Review*, v. 1, 1997, p. 137; Stephen Bennett e Alfred Tuchfarber, "The Social Structural Sources of Cleavage on Law and Order Policies", *American Journal of Political Science*, v. 19, 1975, p. 419-38; e Sandra Browning e Ligun Cao, "The Impact of Race on Criminal Justice Ideology", *Justice Quarterly*, v. 9, dez. 1992, p. 685-99.

[72] Tracy Meares, "Charting Race and Class Differences", cit., p. 157.

são a 'nossa juventude' aos olhos de muitas pessoas negras pobres ou da classe trabalhadora que às vezes são suas vítimas"[73]. Na comunidade negra há uma percepção generalizada de que os jovens negros do gueto têm poucas opções realistas, se é que têm alguma, e, desse modo, traficar drogas pode ser uma tentação irresistível. A juventude branca suburbana pode traficar drogas para seus amigos e conhecidos como uma forma de recreação e de obter dinheiro extra, mas, para a juventude do gueto, vender drogas – embora raramente seja lucrativo – é muitas vezes um meio de sobrevivência, uma forma de ajudar a alimentar e vestir a si mesmo e a sua família. O fato de que essa "carreira" leve quase inevitavelmente à cadeia é amiúde entendido como um fato infeliz da vida, uma parte do que significa ser pobre e negro nos Estados Unidos.

As mulheres, em particular, expressam visões complicadas e conflitantes a respeito do crime, porque elas amam seus filhos, maridos e parceiros e compreendem sua situação de membros atuais e futuros da subcasta racial. Ao mesmo tempo, porém, elas abominam as gangues e a violência associada à vida no centro da cidade. Um comentarista explicou:

> As mulheres afro-americanas nos bairros pobres estão divididas. Elas se preocupam que seus filhos jovens se envolvam com gangues. Elas se preocupam que seus filhos possivelmente vendam ou usem drogas. Elas se preocupam que seus filhos sejam pegos no fogo cruzado de gangues em guerra [...]. Essas mães querem um policiamento melhor. No entanto, elas entendem que um aumento nos níveis de policiamento provavelmente selaria seus filhos com uma condenação criminal – uma marca que pode determinar sua marginalização econômica e social.[74]

Dado o dilema enfrentado pelas comunidades negras pobres, é impreciso dizer que os negros "apoiam" o encarceramento em massa ou a adoção de políticas de "endurecimento" penal. O fato de algumas pessoas negras apoiarem respostas duras ao crime é melhor compreendido como uma forma de *cumplicidade* com o encarceramento em massa – e não um apoio a ele. Essa cumplicidade é perfeitamente compreensível, pois a ameaça representada pelo crime – particularmente os crimes violentos – é real, não imaginária. Embora os afro-americanos não se envolvam em crimes de drogas em taxas significativamente mais altas do que os brancos, os homens negros têm de fato taxas mais altas de crimes violentos,

---

[73] Glenn Loury, "Listen to the Black Community", *Public Interest*, 22 set. 1994, p. 35.
[74] Tracy Meares, "Charting Race and Class Differences", cit., p. 160-1.

e os crimes violentos estão concentrados nos guetos. Estudos têm demonstrado que o desemprego – e não a raça ou a cultura negra – explica as altas taxas de crimes violentos nas comunidades negras pobres. Quando os pesquisadores controlam o desemprego, as diferenças entre os índices de crimes violentos entre jovens negros e brancos desaparecem[75]. Independentemente disso, a realidade dos negros pobres presos nos guetos permanece a mesma: eles precisam viver em um estado perpétuo de insegurança e medo. É perfeitamente compreensível, portanto, que alguns afro-americanos sejam cúmplices do sistema de encarceramento em massa, mesmo que eles se oponham, por questão de política social, à criação de guetos racialmente isolados e à subsequente transferência da juventude negra de escolas subfinanciadas e desintegradas para prisões de alta tecnologia novinhas em folha. Na era do encarceramento em massa, os afro-americanos pobres não têm a opção de boas escolas, investimento comunitário e treinamento profissional. Em vez disso, oferecem a eles polícia e prisões. Se a única opção ofertada aos negros é o crime desenfreado ou mais prisões, a resposta previsível (e compreensível) será "mais prisões".

A situação em que os afro-americanos se encontram hoje não é completamente diferente da situação que viveram durante o Jim Crow. Por mais opressivo que fosse, o Jim Crow ofereceu uma medida de segurança para os negros que estivessem dispostos a jogar de acordo com as regras. Aqueles que burlavam as regras ou resistiam a elas se arriscavam ao terror da Ku Klux Klan. A cooperação com o sistema do Jim Crow muitas vezes parecia muito mais apta a aumentar ou manter a segurança de alguém do que qualquer outra alternativa. Essa realidade ajuda a explicar por que líderes afro-americanos como Booker T. Washington instigavam os negros a se concentrarem em melhorar a si mesmos em vez de desafiar a discriminação racial. É por isso também que o Movimento dos Direitos Civis inicialmente encontrou significativa resistência entre alguns afro-americanos no Sul. Os defensores dos direitos civis argumentavam arduamente que a fonte do perigo experimentado pelos negros era a mentalidade e a ideologia que haviam dado origem ao Jim Crow. É claro que eles estavam certos. Mas é compreensível que alguns negros acreditassem que sua segurança imediata poderia estar mais garantida pela cooperação com o sistema de castas corrente. O fato de, durante o Jim Crow, os negros muitas vezes terem sido cúmplices do sistema de controle não significa que eles apoiassem a opressão racial.

---

[75] Ver William Julius Wilson, *When Work Disappears: The World of the New Urban Poor* (Nova York, Vintage Books, 1997), p. 22, citando o estudo de Delbert Elliott.

As discordâncias dentro da comunidade afro-americana a respeito de qual a melhor maneira de responder a sistemas de controle – e até mesmo acerca do que é e do que não é discriminatório – têm uma longa história. A noção de que as pessoas negras sempre foram unidas em oposição aos sistemas de castas estadunidenses é puro mito. Logo após a escravidão, por exemplo, havia alguns afro-americanos que apoiavam a restrição de direitos políticos porque acreditavam que os negros poderiam não estar "prontos" para votar. Argumentava-se que ex-escravos eram analfabetos demais para exercer o voto de maneira responsável e estavam mal preparados para os deveres de cargos públicos. Esse sentimento podia ser encontrado até mesmo entre políticos negros como Isaiah T. Montgomery, que, em 1890, afirmou que se deveria negar o direito de voto aos negros, porque tal direito só deveria se estender aos homens alfabetizados. Na mesma linha, um debate feroz foi travado entre Booker T. Washington e W. E. B. Du Bois sobre se – e em que medida – o preconceito racial e a discriminação eram responsáveis pela situação de sofrimento dos negros e deveriam ser combatidos. Du Bois elogiou e apoiou a ênfase de Washington nos valores da "austeridade, paciência e treinamento industrial para as massas", mas discordou fortemente de sua aceitação pública da segregação, da restrição de direitos e da discriminação legalizada. Na opinião de Du Bois, as declarações públicas de Washington, em que sustentava que o baixo nível de educação e as escolhas ruins eram responsáveis pela situação dos ex-escravos, ignoravam os danos causados pelas castas e ameaçavam conferir razão a todo o sistema. Nas palavras de Du Bois:

> A impressão deixada pela propaganda do sr. Washington é, primeiro, que o Sul está justificado em sua atitude atual em relação ao negro por causa da degradação do negro; segundo, que a causa principal do fracasso do negro em ascender mais rapidamente é a sua educação errada no passado; e, terceiro, que a sua ascensão futura depende principalmente de seus próprios esforços. Cada uma dessas proposições é uma perigosa meia-verdade [...]. A doutrina [de Washington] tendeu a fazer com que os brancos, do Norte e do Sul, deslocassem a carga do problema do negro para os ombros do negro e se afastassem como espectadores críticos bastante pessimistas, quando na verdade o fardo pertence à nação, e as mãos de nenhum de nós estarão limpas se não dobrarmos nossas energias para corrigir esses grandes erros.[76]

---

[76] W. E. B. Du Bois, *The Souls of Black Folk* (1903; Nova York, Bantam, 1989).

Hoje, um debate semelhante se inflama nas comunidades negras sobre as causas subjacentes do encarceramento em massa. Enquanto alguns argumentam que o sistema deve ser atribuído principalmente ao preconceito racial e à discriminação, outros afirmam que isso ocorre devido à educação deficiente, aos desvios morais e à falta de austeridade e perseverança entre os pobres das cidades. Assim como os ex-escravos eram vistos (mesmo entre alguns afro-americanos) como indignos de cidadania plena devido à sua falta de educação e de boa moral, hoje argumentos semelhantes podem ser ouvidos de negros de todos os espectros políticos, que acreditam que os esforços de reforma devem ter como foco o aperfeiçoamento moral e a educação para os habitantes dos guetos, em vez de desafiar o sistema de encarceramento em massa em si.

Pesquisadores, ativistas e membros da comunidade que argumentam que o aperfeiçoamento moral e a educação são a melhor solução para a criminalidade negra e o fenômeno do encarceramento em massa têm sido influenciados pelo que Evelyn Brooks Higginbotham chamou de "política de respeitabilidade" – uma política que nasceu no século XIX e amadureceu na era do Jim Crow[77]. Essa estratégia política baseia-se na noção de que o objetivo da igualdade racial só pode ser alcançado se os negros forem capazes de provar com sucesso aos brancos que merecem igualdade de tratamento, dignidade e respeito. Os defensores da política de respeitabilidade acreditam que os afro-americanos, se esperam ser aceitos pelos brancos, devem conduzir-se de uma forma que suscite respeito e simpatia em vez de medo e raiva das outras raças. Eles devem demonstrar por meio de palavras e atitudes sua habilidade de viver de acordo com – e aspirar aos – mesmos códigos morais que a classe média branca, até quando eles estão sofrendo discriminação erroneamente[78]. A teoria básica subjacente a essa estratégia é que os estadunidenses brancos abandonarão práticas discriminatórias se e quando se tornar evidente que os negros não são inferiores, afinal.

A estratégia da respeitabilidade fazia sentido para muitos reformadores negros durante a era do Jim Crow, já que, como os afro-americanos não votavam, não podiam mudar a política e viviam sob a constante ameaça da Ku Klux Klan. Naquela época, a única coisa que os negros podiam controlar

---

[77] Ver Evelyn Brooks Higginbotham, *Righteous Discontent: The Women's Movement in the Black Baptist Church, 1880-1920* (Cambridge, MA, Harvard University Press, 1994), p. 188.

[78] Idem. Ver também Karen Ferguson, *Black Politics in New Deal Atlanta* (Chapel Hill, University of North Carolina Press, 2002), p. 5-11; e Randall Kennedy, *Race, Crime and the Law* (Nova York, Vintage Books, 1997), p. 17.

era seu próprio comportamento. Muitos acreditavam simplesmente que não tinham escolha, nenhuma opção realista, a não ser cooperar com o sistema de castas enquanto se conduziam de maneira tão digna e respeitável que acabaria se tornando óbvio para os brancos que sua intolerância estava fora de lugar.

Essa estratégia funcionou até certo ponto para um segmento da comunidade afro-americana, particularmente para aqueles que tinham acesso à educação e eram relativamente privilegiados. Mas um segmento muito maior – aqueles sem instrução e demasiadamente pobres – se viu incapaz de, como disse um historiador, "se adequar aos papéis de gênero, ao comportamento público e à atividade econômica considerados legítimos pela burguesia estadunidense, mas que as leis do Jim Crow procuravam evitar que os negros conseguissem alcançar"[79]. Em muitos casos, a elite negra relativamente privilegiada se voltou contra os negros pobres da cidade, condenando-os e distanciando-se deles, ao mesmo tempo que se apresentavam como porta-vozes legítimos dos desfavorecidos. Era um padrão que se repetiria nas cidades de todo o país, à medida que as comunidades negras se viam envolvidas em conflitos profundos sobre objetivos e estratégias perseguidas pela elite negra. O que aconteceu em Atlanta no início do New Deal é um exemplo disso.

Durante o Jim Crow, todos os negros de Atlanta foram reunidos em um mesmo território pelo sistema de castas raciais, mas havia um grupo significativo de afro-americanos bem-educados que tinha influência nos corredores do poder. Numerosas faculdades negras estavam localizadas em Atlanta, e a cidade era o lar da maior população de afro-americanos com ensino universitário do Sul. Membros desse grupo relativamente elitizado acreditavam que podiam provar sua respeitabilidade aos norte-americanos brancos e muitas vezes culpavam os negros menos instruídos por sabotarem sua busca por igualdade racial, especialmente quando cometiam crimes ou não se adequavam às normas de vestimenta, higiene e comportamento dos brancos de classe média. Na visão dessas elites negras, um "complexo de pobreza" atormentava os negros pobres, o que os tornava politicamente apáticos e satisfeitos com as condições de vida degradadas, amontoadas e sujas[80]. Por décadas, as elites negras se envolveram em esforços privados de resgate para tornar as comunidades negras arrumadas, limpas e respeitáveis, em um esforço inútil para obter a aprovação dos brancos[81].

---

[79] Karen Ferguson, *Black Politics in New Deal Atlanta*, cit., p. 5.
[80] Ibidem, p. 192.
[81] Idem.

No fim, esses esforços de resgate deram lugar a apoio negro a políticas prejudiciais aos pobres da cidade. Na década de 1930 e no início da década de 1940, o presidente Franklin D. Roosevelt começou a adotar o New Deal – um programa maciço de obras públicas e investimentos destinados a tirar a nação de uma grave depressão econômica. Quase imediatamente, as elites negras reconheceram a oportunidade para o avanço individual e coletivo de negros que pudessem se apresentar favoravelmente aos brancos. Alguns negros de Atlanta foram trazidos das margens para o interior da esfera de oportunidades por programas do New Deal, mas a maioria foi deixada para trás. Como observa a historiadora Karen Ferguson:

> Quando [os reformadores negros] tiveram a oportunidade de determinar os beneficiários da generosidade do New Deal, eles não escolheram a parte inferior da classe trabalhadora negra, mas sim os elementos mais prósperos que eram mais capazes de ser respeitáveis de acordo com a visão dos reformadores.[82]

Longe de priorizar as necessidades dos menos favorecidos, muitos reformadores negros começaram a buscar agressivamente reformas de políticas que beneficiassem a elite negra em detrimento dos segmentos mais pobres da comunidade. Alguns dos programas federais mais discriminatórios da era do New Deal, incluindo o programa de remoção de favelas, receberam forte apoio de burocratas e reformadores afro-americanos que se apresentavam como porta-vozes da comunidade negra como um todo[83].

Embora muitos afro-americanos pobres rejeitassem as filosofias, táticas e estratégias da elite negra, a ideologia do aperfeiçoamento moral acabou se tornando o novo senso comum, afinal. Não só em Atlanta, mas nas cidades de todo o país, as tensões e os debates entre reformadores negros lutando por ascensão e melhoria da vida dos "moradores de favelas" e aqueles comprometidos em desafiar a discriminação e o Jim Crow diretamente vieram à tona inúmeras vezes. As elites negras descobriram que tinham muito a ganhar posicionando-se como "gerentes raciais", e muitos afro-americanos pobres foram convencidos de que talvez sua condição de degradação fosse, no fim das contas, culpa deles próprios.

---

[82] Ibidem, p. 9.
[83] Ibidem, p. 13.

Considerada essa história, não deve surpreender que hoje alguns prefeitos, políticos e lobistas negros – bem como pregadores, professores, barbeiros e pessoas comuns – endossem táticas de "endurecimento" e gastem mais tempo criticando os pobres da cidade por seu comportamento do que buscando soluções políticas efetivas para as condições terríveis em que são obrigados a viver e criar seus filhos. O fato de que muitos afro-americanos apoiem aspectos do atual sistema de castas e insistam que os problemas dos pobres das cidades podem ser explicados por seu comportamento, cultura e atitude não distingue de maneira significativa o encarceramento em massa de seus antecessores. Ao contrário, são posturas e argumentos que têm suas raízes nas lutas para acabar com a escravidão e o Jim Crow. Muitos afro-americanos hoje acreditam que a ideologia da ascensão funcionou no passado e deve voltar a funcionar – esquecendo-se de que, em última instância, foi necessário um grande movimento para acabar com o último sistema de castas, e não simplesmente ter bom comportamento. Muitos negros estão confusos – e a comunidade negra em si está dividida – a respeito de qual a melhor maneira de entender e responder ao encarceramento em massa. Um sistema aparentemente neutro quanto à raça, que prende milhões de afro-americanos no interior de uma subcasta, emergiu, e parece que aqueles que estão presos no seu interior poderiam tê-lo evitado simplesmente não cometendo crimes. A resposta não seria, então, em vez de desafiar o sistema, tentar evitá-lo? O foco não deveria ser o autoaperfeiçoamento, em vez do confronto do sistema discriminatório? Perguntas conhecidas que são feitas décadas depois do fim do velho Jim Crow.

Mais uma vez, a cumplicidade com o sistema de controle corrente pode parecer a única opção. Pais e professores aconselham crianças negras a, caso queiram escapar desse sistema e evitar passar um tempo na prisão, ter o melhor comportamento, levantar os braços e abrir as pernas para a polícia sem reclamar, ficar em péssimas escolas, erguer suas calças e recusar todas as formas de trabalho e lucro ilegais, mesmo que seja impossível conseguir trabalho na economia formal. As garotas são aconselhadas a não ter filhos até que estejam casadas com um "bom" homem negro que possa ajudar a sustentar uma família com um emprego legal; a esperar pela pessoa certa, mesmo que isso signifique, em um gueto sem empregos, nunca ter filhos.

Quando os jovens negros acham difícil ou impossível viver de acordo com esses padrões, ou quando falham, tropeçam e cometem erros, como fazem todos os seres humanos – a vergonha e a culpa pesam sobre eles. Se ao menos tivessem feito escolhas diferentes, dizem-lhes severamente, eles não estariam sentados na cela de uma prisão; estariam se formando na faculdade. Não importa que as crianças brancas do outro lado da cidade que fizeram exatamente as mesmas escolhas – muitas vezes por razões menos convincentes – estejam indo para a faculdade.

O caráter do sistema de castas atual, e o que mais o distingue de seus antecessores, é que ele parece voluntário. As pessoas optam por cometer crimes e é por isso que estão trancafiadas ou excluídas, dizem-nos. Essa característica torna a política de responsabilização particularmente tentadora, pois parece que o sistema pode ser evitado com bom comportamento. Mas aqui está a armadilha. Todas as pessoas cometem erros. Todos nós somos pecadores. Todos nós somos criminosos. Todos nós violamos a lei em algum momento da vida. Na verdade, se a pior coisa que já fez foi ter andado quinze quilômetros acima do limite de velocidade na rodovia, você colocou a si mesmo e a outros em mais riscos do que alguém fumando maconha na privacidade do lar. No entanto, há pessoas nos Estados Unidos que cumprem sentenças de prisão perpétua por crimes de drogas, ainda que sejam primárias, algo praticamente inédito em qualquer outro lugar do mundo.

A noção de que existe um grande abismo entre "criminosos" e aqueles de nós que nunca cumpriram pena na prisão é uma ficção criada pela ideologia racial que deu origem ao encarceramento em massa, a saber, que há algo de fundamentalmente errado e moralmente inferior "neles". A realidade, porém, é que todos nós fizemos coisas erradas. Conforme observado anteriormente, estudos sugerem que a maioria dos estadunidenses viola a lei de drogas ao longo da vida. Na verdade, a maioria de nós infringe a lei não uma vez, mas repetidas vezes durante a vida. No entanto, apenas alguns de nós serão presos, acusados, condenados por um crime, etiquetados como criminosos ou bandidos e introduzidos em uma subcasta permanente. Quem se torna um pária social e é excomungado da sociedade civil e quem vai à faculdade tem pouca relação com a moralidade dos crimes cometidos. Quem é mais culpado: o garoto negro que fica na esquina vendendo maconha para ajudar a mãe a pagar o aluguel? Ou o garoto da faculdade que trafica drogas em seu alojamento estudantil a fim de obter dinheiro para as férias de primavera? O garoto na comunidade que se juntou a uma gangue e agora carrega uma arma por segurança, porque seu bairro é assustador e inseguro? Ou o estudante de ensino médio morador do subúrbio rico que tem problemas com bebida, mas mesmo assim continua dirigindo? Nosso sistema de encarceramento em massa racialmente preconceituoso explora o fato de que todas as pessoas violam a lei e cometem erros em vários momentos da vida e com diferentes graus de justificação. Fazer besteira – deixar de viver segundo os mais altos ideais e valores – é parte do que nos torna humanos.

Exortar os pobres dos centros urbanos – ou qualquer um – a viver de acordo com seus ideais e valores mais elevados é uma coisa boa, pois demonstra confiança na capacidade de todas as pessoas de se esforçar, crescer e evoluir. Mesmo nas circunstâncias mais terríveis, todos temos poder e capacidade de agir, capacidade de escolher o que pensamos e como respondemos às circunstâncias de nossa vida. Além disso, todos nós temos deveres e responsabilidades uns com os outros, entre os quais um dos não menos importantes é o de não fazer mal a ninguém. Nunca devemos justificar a violência ou tolerar comportamentos que comprometam a segurança dos outros. Assim como todas as pessoas – não importa quem são ou o que fizeram – devem ser consideradas portadoras de direitos humanos básicos, a trabalho, habitação, educação e alimentação, os moradores de todas as comunidades têm o direito humano básico a integridade física e segurança. A intuição subjacente às estratégias de aperfeiçoamento moral é sólida: nossas comunidades nunca prosperarão se deixarmos de respeitar a nós mesmos e uns aos outros.

No entanto, como estratégia de libertação, a política da responsabilidade está condenada ao fracasso – não porque haja algo de especialmente errado com aqueles presos nos guetos ou nas prisões, mas porque não há nada de especial neles. Eles são apenas humanos. Continuarão a cometer erros e violar a lei por razões que podem ou não ser justificadas. E enquanto o fizerem, esse sistema de encarceramento em massa continuará a funcionar bem. Gerações de homens negros continuarão a ser perdidas – perseguidas por crimes que são ignorados do outro lado da cidade e conduzidas a uma condição de segunda classe permanente. Pode parecer, à primeira vista, que cooperar com o sistema, instando a que se tenha um bom comportamento, é a única opção disponível, mas na realidade isso não é, afinal, uma estratégia de libertação.

Bifurcação na estrada

Du Bois acertou um século atrás ao dizer que "o fardo pertence à nação, e as mãos de nenhum de nós estarão limpas se não dobrarmos nossas energias para corrigir esses grandes erros". A realidade é que, apenas algumas décadas após o colapso de um sistema de castas, nós construímos outro. Nossa nação declarou uma guerra contra pessoas aprisionadas em guetos racialmente segregados – no exato momento em que suas economias colapsaram – em vez de fornecer investimento comunitário, educação de qualidade e treinamento profissional quando o trabalho desapareceu. É claro que hoje essas comunidades estão sofrendo com criminalidade e disfunções graves. Será que esperávamos o contrário? Pensávamos que, miraculosamente, eles prosperariam? E agora, depois de travar essa guerra por décadas, afirmamos que alguns negros "apoiam" o encarceramento em massa, como se preferissem que seus jovens fossem depositados na prisão em vez de irem à faculdade. Como observou o teórico político Tommie Shelby:

> Os indivíduos são forçados a fazer escolhas em um ambiente que não escolheram. Eles certamente prefeririam ter uma gama mais ampla de boas oportunidades. A pergunta que deveríamos fazer – e não no lugar delas, mas concomitantemente às perguntas sobre a política penal – é se os habitantes do gueto têm direito a um conjunto melhor de opções e, em caso positivo, de quem é a responsabilidade de fornecê-las.[84]

Claramente, um conjunto de opções muito melhores poderia ser fornecido aos afro-americanos – e aos pobres de todas as cores – hoje. Como o historiador Lerone Bennett Jr. nos lembra eloquentemente, "uma nação é uma escolha". Nós poderíamos escolher ser uma nação que estende o cuidado, a compaixão e a compreensão àqueles que estão presos ou excluídos antes que eles sejam velhos demais para votar. Nós poderíamos tentar dar a eles as mesmas oportunidades que tentamos oferecer aos nossos filhos. Nós poderíamos tratá-los como um de nós. Poderíamos fazer isso. Ou podemos escolher ser uma nação que envergonha e culpa os mais vulneráveis, pendura neles uma medalha de desonra enquanto são jovens e, em seguida, relega-os a um status de segunda classe por toda a vida. Esse é o caminho que temos escolhido e que nos leva a um lugar conhecido.

Enfrentamos uma bifurcação na estrada uma década depois de Martin Luther King Jr. e Malcolm X terem sido postos para descansar. Conforme descrito no capítulo 1, no final da década de 1970 os empregos haviam desaparecido repentinamente das áreas urbanas em todo o país, e as taxas de desemprego dispararam. Em 1954, as taxas de desemprego dos jovens negros e brancos dos Estados Unidos eram iguais, com os negros na verdade tendo uma taxa de emprego ligeiramente superior na faixa etária entre dezesseis e dezenove anos. Em 1984, no entanto,

---

[84] Tommie Shelby citado em Glenn C. Loury, *Race, Incarceration and American Values* (Cambridge, MA, MIT Press, 2008), p. 81.

a taxa de desemprego dos negros quase quadruplicou, enquanto a dos brancos aumentou apenas marginalmente[85]. Isso *não* se deve a uma grande mudança nos valores, no comportamento ou na cultura dos negros. Essa mudança dramática foi o resultado da desindustrialização, da globalização e do avanço tecnológico. As fábricas urbanas fecharam quando a nação se transformou em uma economia de serviços. De uma hora para outra, os afro-americanos ficaram presos em guetos sem empregos, desesperados por trabalho.

O colapso econômico das comunidades negras urbanas poderia ter inspirado uma expansão nacional de sentimentos de compaixão e apoio. Uma nova Guerra à Pobreza poderia ter sido lançada. Pacotes de estímulos econômicos poderiam ter passado pelo Congresso para resgatar aquelas pessoas presas em guetos sem empregos sem ter nenhuma culpa. Educação, treinamento profissional, transporte público e assistência para recolocação poderiam ter sido fornecidos, para que os jovens negros pudessem sobreviver à difícil transição para uma nova economia global e assegurar empregos em subúrbios distantes. Intervenções construtivas teriam sido boas não só para os afro-americanos presos em guetos, mas também para os trabalhadores de todas as cores, muitos dos quais estavam sofrendo também, mesmo que talvez menos severamente. Uma onda de compaixão e preocupação poderia ter influenciado as comunidades pobres e operárias, em homenagem ao falecido Martin Luther King Jr. Tudo isso poderia ter acontecido, mas não aconteceu. Em vez disso, nós declaramos uma guerra às drogas.

O colapso das economias dos centros urbanos coincidiu com a reação conservadora ao Movimento dos Direitos Civis, resultando na tempestade perfeita. Quase da noite para o dia, homens negros se viram desnecessários à economia estadunidense e demonizados pela sociedade. Não sendo mais necessários para colher algodão nos campos ou trabalhar em fábricas, homens negros das classes mais baixas foram levados para a prisão em rebanhos. Foram vilipendiados na mídia e condenados por sua condição como parte de uma campanha política bem orquestrada para construir uma nova maioria branca republicana no Sul. Décadas depois, observadores curiosos, nas garras da negação, se perguntavam em voz alta: "Para onde foram todos os negros?".

Ninguém falou melhor sobre isso do que o sociólogo Loïc Wacquant, que escreveu extensamente sobre a natureza cíclica das castas raciais nos Estados

---

[85] Ver Troy Duster, "Pattern, Purpose, and Race in the Drug War: The Crisis of Credibility in Criminal Justice", em Craig Reinarman e Harry G. Levine (orgs.), *Crack in America: Demon Drugs and Social Justice* (Berkeley, University of California Press, 1997).

Unidos. Ele enfatiza que a única coisa que torna o atual aparato penal drasticamente diferente dos sistemas de castas raciais anteriores é que "ele não tem a missão econômica positiva de recrutamento e disciplinamento da força de trabalho"[86]. Em vez disso, serve apenas para armazenar pessoas pobres pretas e pardas por períodos cada vez mais longos, muitas vezes até a velhice. O novo sistema não visa principalmente a se beneficiar do trabalho negro, como os sistemas de castas anteriores faziam, mas, em vez disso, considera os afro-americanos irrelevantes e desnecessários para a economia recém-estruturada – uma economia que já não é movida por mão de obra sem qualificação.

É justo dizer que temos testemunhado nos Estados Unidos a evolução de um sistema de castas raciais baseado inteiramente na exploração (escravo) para outro baseado em grande parte na subordinação (Jim Crow) e então para um definido pela marginalização (encarceramento em massa). Embora a marginalização possa parecer preferível à exploração, ela pode ser ainda mais perigosa. A marginalização extrema, como temos visto ao longo da história mundial, coloca o risco de extermínio. Tragédias como o Holocausto na Alemanha ou a limpeza étnica na Bósnia remontam à extrema marginalização e estigmatização de grupos raciais e étnicos. Como o jurista john a. powell comentou certa vez, mais ou menos em tom de brincadeira: "na verdade, é melhor ser explorado do que marginalizado, em alguns aspectos, porque, se você é explorado, presume-se que você ainda é útil"[87].

Vistas sob essa luz, as frenéticas acusações de genocídio feitas por negros pobres nos primeiros anos da Guerra às Drogas parecem menos paranoicas. A intuição daqueles que residiam em guetos de que eles tinham se tornado descartáveis de repente estava enraizada em mudanças reais na economia – mudanças que têm sido devastadoras para as comunidades negras e pobres, como fábricas fechando, o desaparecimento de empregos de baixa qualificação e a saída do gueto de todos os que tinham condições de fazê-lo. O sentimento entre aqueles deixados para trás de que a sociedade não tinha mais nenhum uso para eles e que o governo queria agora simplesmente se livrar deles reflete uma realidade que muitos de nós que dizemos nos importar preferem evitar simplesmente mudando de canal.

---

[86] Loïc Wacquant, "From Slavery to Mass Incarceration: Rethinking the Race Question", *New Left Review*, jan.-fev. 2002, p. 53.

[87] john a. powell (diretor-executivo do Kirwan Institute for the Study of Race and Ethnicity), comunicação, jan. 2007.

6.
DESTA VEZ, O FOGO

Pouco depois do nascer do sol de 20 setembro de 2007, mais de 10 mil manifestantes já haviam descido em Jena, na Louisiana, uma pequena cidade de cerca de 3 mil habitantes. Devido ao congestionamento nas estradas para lá, alguns deles deixaram seus veículos e seguiram a pé. Jesse Jackson, Al Sharpton e Martin Luther King III estavam entre os que viajaram centenas de quilômetros para participar do que foi anunciado como "o início de um novo movimento dos direitos civis"[1].

Jovens negros vieram em número recorde para protestar, acompanhados pelos *rappers* Mos Def, Ice Cube e Salt-n-Pepa. Meios de comunicação nacionais apinhavam-se na cidade. As câmeras rodavam enquanto milhares de manifestantes de todo o país se precipitavam sobre a comunidade rural para condenar as acusações de tentativa de assassinato protocoladas contra seis adolescentes negros que teriam batido em um colega branco em uma escola secundária local.

Não se tratava de uma briga de escola comum. Muitos acreditavam que o ataque estava relacionado a uma série de conflitos e controvérsias raciais na escola, principalmente por causa de cordas com forcas pendendo em uma árvore no pátio principal da escola. O reverendo Al Sharpton capturou o espírito do protesto quando declarou corajosamente:

> Nós fomos das *plantations* para as penitenciárias [...]. Eles tentaram criar um sistema de justiça criminal que mira particularmente nossos jovens negros. E agora nós nos sentamos e ficamos em uma cidade que diz que é uma brincadeira

---
[1] Salim Muwakkil, "Jena and the Post-Civil Rights Fallacy", *In These Times*, 16 out. 2007.

pendurar uma forca, mas que é tentativa de homicídio brigar. Nós não podemos silenciar. É por isso que viemos, e é por isso que continuaremos vindo.[2]

Por um momento, os olhos da nação estavam voltados para o que aconteceu no caso Jena 6*, e ouviam-se debates em barbearias, cafés e nas filas dos supermercados sobre se o sistema de justiça criminal era, de fato, preconceituoso contra os negros ou se os adolescentes negros tiveram exatamente o que mereciam por um ataque brutal contra um adolescente branco indefeso. Estranhas estatísticas sobre o número de negros na prisão apareceram, e comentaristas discutiram se esses números refletiam taxas de criminalidade ou preconceito e se adolescentes brancos seriam acusados de tentativa de assassinato e julgados como adultos se atacassem um garoto negro em uma briga no pátio da escola.

A revolta em nome dos seis adolescentes negros valeu a pena. Embora o promotor se recusasse a voltar atrás na sua decisão de acusar os jovens como adultos, um tribunal de apelação determinou que os adolescentes deveriam ser julgados como menores, e muitas das acusações foram reduzidas ou abandonadas. Embora esse resultado tenha indubitavelmente animado os milhares de partidários de Jena 6 em todo o país, o espetáculo pode ter sido estranhamente inquietante para os pais de crianças presas por crimes muito menos graves, incluindo por pequenos crimes de drogas. Onde estavam os manifestantes e os líderes de direitos civis quando seus filhos foram julgados como adultos e levados para prisões de adultos? Onde estava a mídia nacional? Seus filhos não foram acusados de nenhum crime violento, nenhum ato de crueldade e, mesmo assim, enfrentaram acusações como adultos e a perspectiva de cumprir anos, talvez décadas, atrás das grades por posse ou venda de drogas – crimes que são largamente ignorados quando cometidos por jovens brancos. Por que houve uma onda de apoio e promessas de um "novo movimento de direitos civis" em nome da juventude de Jena, mas não de seus filhos?

Se não houvesse nenhuma forca pendurada em uma árvore do pátio da escola, não haveria nenhum Jena 6 – nenhum protesto em massa, nenhuma cobertura na CNN. A decisão de denunciar seis adolescentes negros como

---

[2] *Democracy Now*, "Rev. Al Sharpton: Jena Rally Marks 'Beginning of a 21st Century Rights Movement'", 21 set. 2007. Disponível em: <www.democracynow.org/shows/2007/9/21>.

* Em 2006, o caso da prisão e condenação de seis jovens estudantes negros do ensino médio da cidade de Jena, na Lousiana, por agredirem um estudante branco, ficou conhecido como Jena 6. (N. T.)

adultos por tentativa de assassinato por causa de uma briga no pátio da escola foi entendida como algo possivelmente racista pela mídia hegemônica e por alguns manifestantes devido apenas ao fato impressionante de que foram penduradas forcas em uma árvore.

Foi esse artefato – a forca –, mostrado tão descaradamente, que levou a uma série de conflitos e controvérsias racialmente carregados, que possibilitou que os meios de comunicação e o país como um todo aventassem a possibilidade de que esses seis jovens pudessem muito bem estar sendo processados pela justiça do Jim Crow. Foi essa evidência do racismo à moda antiga que tornou possível para uma nova geração de manifestantes enquadrar as acusações de tentativa de assassinato contra seis adolescentes negros de uma maneira que os Estados Unidos as compreendessem como racistas.

Por ironia, foi precisamente esse enquadramento que assegurou que os acontecimentos de Jena *não* lançassem de fato um "novo movimento dos direitos civis". Um novo movimento dos direitos civis não pode ser organizado em torno das relíquias do sistema de controle anterior se deseja abordar as realidades raciais significativas de nosso tempo. Qualquer movimento de justiça racial, para ser bem-sucedido, precisa desafiar vigorosamente o consenso público que está subjacente ao sistema de controle *corrente*. Forcas, insultos raciais, intolerância aberta são amplamente condenados por pessoas de todos os espectros políticos. Eles são compreendidos como remanescentes do passado, que já não refletem o consenso público predominante sobre raça. Desafiar essas formas de racismo é certamente necessário, pois devemos sempre permanecer vigilantes, mas isso será pouco para abalar as bases do atual sistema de controle. O novo sistema de castas, diferentemente de seus predecessores, é o oficialmente neutro em relação a raça. Devemos lidar com ele em seus próprios termos.

REPENSANDO A NEGAÇÃO – OU, ONDE ESTÃO DEFENSORES DOS DE DIREITOS CIVIS QUANDO VOCÊ PRECISA DELES?

Lidar com esse sistema em seus próprios termos é complicado por causa da questão da negação. Poucos estadunidenses reconhecem hoje o encarceramento em massa pelo que ele é: um novo sistema de castas encoberto pelo manto da neutralidade racial. Centenas de milhares de pessoas não brancas são varridas para esse sistema e libertadas a cada ano, mas racionalizamos a discriminação sistemática e a exclusão e fechamos os olhos para o sofrimento. Nossa negação coletiva não é apenas um fato inconveniente. É um grande obstáculo à compreensão pública do papel da raça em nossa sociedade e limita muito as oportunidades de ação coletiva verdadeiramente transformadora.

A negação coletiva do público é em geral bastante fácil de perdoar por todas as razões discutidas no capítulo 5. O silêncio constrangedor da comunidade de direitos civis, contudo, é mais problemático. Se algo parecido com um sistema de castas raciais realmente existe, por que a comunidade de direitos civis tem sido tão lenta em reconhecê-lo? De fato, como poderiam as organizações de direitos civis, algumas das quais são maiores e com financiamentos mais vultosos do que em qualquer outro momento da história estadunidense, permitir que esse pesadelo dos direitos humanos ocorresse sob seus olhos?

A resposta não é que os defensores dos direitos civis são indiferentes aos preconceitos raciais do sistema de justiça criminal. Ao contrário, nós nos importamos bastante. Também não ignoramos por completo as realidades do novo sistema de castas. Nos últimos anos, os defensores dos direitos civis lançaram importantes esforços de reforma, principalmente as campanhas contra as leis de privação de direitos políticos de criminosos, as políticas de condenação de crack e a prática de perfilamento racial por parte das autoridades policiais. Grupos de direitos civis também desenvolveram litígios e importantes coalizões relacionadas à linha direta escola-prisão, à defesa inadequada recebida pelos pobres e à reforma da justiça juvenil, para citar apenas alguns exemplos.

Apesar desses importantes esforços, o que é mais impressionante sobre a resposta da comunidade de direitos civis ao encarceramento em massa de não brancos é o relativo silêncio. Dada a magnitude – a grande escala – do novo Jim Crow, seria de se esperar que a Guerra às Drogas fosse a prioridade de todas as organizações de direitos civis do país. Conferências, discussões estratégicas e debates sobre qual a melhor forma de construir um movimento para desmantelar o novo sistema de castas deveriam ocorrer regularmente. Grandes esforços de organização de base deveriam estar em andamento em quase todos os estados e cidades do país. As fundações deveriam ser pressionadas a priorizar a reforma da justiça criminal. Campanhas midiáticas deveriam ser lançadas em um esforço para derrubar o consenso público punitivo sobre a raça. A retórica associada a esforços específicos de reforma teria de enfatizar a necessidade de acabar com o encarceramento em massa, não apenas mexer com ele, e esforços deveriam ter sido feitos para construir coalizões multirraciais baseadas no entendimento de que as políticas raciais que deram origem à Guerra às Drogas prejudicam os brancos pobres e da classe trabalhadora, bem como os não brancos. Tudo isso poderia ter acontecido, mas não aconteceu. Por quê?

Parte da resposta é que as organizações de direitos civis – como todas as instituições – são compostas de seres humanos falíveis. O consenso público predominante afeta a todos, inclusive os defensores dos direitos civis. Nós que estamos na comunidade de direitos civis não estamos imunes aos estereótipos raciais que permeiam as imagens da mídia e a retórica política; nem operamos fora do contexto político. Como a maioria das pessoas, tendemos a resistir a acreditar que podemos ser parte do problema.

Um dia, as organizações de direitos civis podem se envergonhar de quanto tempo levaram para sair da negação e fazer o trabalho duro necessário para acabar com o encarceramento em massa. Em vez de culpar grupos de direitos civis, no entanto, é muito mais produtivo compreender as razões pelas quais a resposta ao encarceramento em massa foi tão limitada. Novamente, não é que os defensores dos direitos civis não se importem; nós nos importamos. E não é apenas que fomos afetados por preconceitos raciais inconscientes e estereótipos sobre os que estão atrás das grades. As organizações de direitos civis têm razões para suas limitações – razões que já não fazem mais sentido, se é que algum dia fizeram.

Um pouco de história dos direitos civis pode ser útil aqui. A defesa dos direitos civis nem sempre foi da forma como é hoje. Durante a maior parte da história dos Estados Unidos – do movimento abolicionista ao Movimento dos Direitos Civis –, a defesa da justiça racial costumava girar em torno da organização popular e da mobilização estratégica da opinião pública. Nos últimos anos, no entanto, um pouco de mitologia surgiu no que diz respeito à centralidade da ação jurídica para as lutas de justiça racial. O sucesso da brilhante cruzada jurídica que levou ao caso Brown *versus* Board of Education criou uma percepção generalizada de que os advogados de direitos civis são os atores mais importantes na defesa da justiça racial. Essa imagem foi exagerada após a aprovação da Lei de Direitos Civis de 1965, quando advogados de direitos civis se envolveram em esforços altamente visíveis e controversos para acabar com a discriminação, criar planos de ação afirmativa e obter mandados de interrupção da segregação nas escolas. À medida que a atenção pública ia das ruas para a sala de audiências, o extraordinário movimento de base que tornou possível a legislação sobre direitos civis foi apagado da opinião pública. Os advogados assumiram.

Com toda a velocidade possível, as organizações de direitos civis se tornaram "profissionalizadas" e cada vez mais desconectadas das comunidades que afirmavam representar. O especialista em direito e ex-membro do Fundo de

Defesa Jurídica da NAACP, Derrick Bell, foi um dos primeiros a criticar esse fenômeno, ao argumentar, em artigo publicado no *Yale Law Journal*, de 1976, que advogados de direitos civis buscavam suas próprias agendas em casos de reversão da segregação em escolas, mesmo quando isso conflitava com os desejos expressos de seus clientes[3]. Duas décadas depois, o ex-advogado do Fundo de Defesa Jurídica da NAACP e atual professor da Faculdade de Direito de Harvard Lani Guinier publicou um livro de memórias no qual reconhece que "no início da década de 1990, advogados [de direitos civis] como eu haviam se transformado nos funcionários de Washington de que tanto desconfiávamos [...]. Nós nos distanciamos deliberadamente das próprias pessoas em nome das quais atuávamos"[4]. Essa mudança, observou, teve profundas consequências para o futuro da defesa da justiça racial. Na verdade, isso enfraqueceu o movimento. Em vez de uma cruzada moral, o movimento se tornou quase exclusivamente uma cruzada legal. Os defensores dos direitos civis buscavam suas próprias agendas como representantes não eleitos de comunidades definidas pela raça e exibiam considerável habilidade navegando por salas de tribunais e corredores do poder por todo o país. A lei tornou-se o que os advogados e lobistas disseram que era, com pouca ou nenhuma entrada das pessoas cujo destino estava em jogo. Ainda segundo Guinier:

> Nós canalizamos a paixão pela mudança para negociações legais e processos judiciais. Definimos as questões em termos de desenvolvimento da doutrina jurídica e de estabelecimento de precedentes legais. Nossos clientes tornaram-se atores importantes, mas secundários em uma arena formal que exigia que os advogados traduzissem as reivindicações leigas em discurso técnico. Nós então separamos as reivindicações em termos controláveis judicialmente ou judicialmente executáveis, inaplicáveis sem mais advogados. Simultaneamente, o centro de gravidade do movimento mudou para Washington. À medida que os advogados e os especialistas nacionais se tornaram mais proeminentes do que os clientes e cidadãos, nós nos isolamos das pessoas que eram nossa âncora e em cujo nome trabalhávamos. Não apenas as deixamos para trás, mas também perdemos contato com a força moral no âmago do próprio movimento.[5]

---

[3] Ver Derrick Bell, "Serving Two Masters: Integration Ideals and Client Interests in School Desegregation Litigation", *Yale Law Journal*, v. 85, 1976, p. 470.
[4] Lani Guinier, *Lift Every Voice* (Nova York, Simon & Schuster, 1998), p. 220-1.
[5] Ibidem, p. 222.

Não é de surpreender que, à medida que os defensores dos direitos civis convertiam um movimento de base em uma campanha legal e à medida que os líderes de direitos civis se tornavam políticos profissionais, muitas organizações de direitos civis ficavam desproporcionalmente abarrotadas de advogados. Esse desenvolvimento aumentou sua capacidade de travar batalhas jurídicas, mas impediu aquela de reconhecer ou responder ao surgimento de um novo sistema de castas. Os advogados têm uma tendência a identificar e concentrar-se em problemas que eles sabem resolver – isto é, problemas que podem ser sanados por meio de ações judiciais. O encarceramento em massa de pessoas não brancas não é esse tipo de problema.

A preocupação generalizada com ações judiciais, porém, não é a única – nem mesmo a principal – razão para os grupos de direitos civis terem evitado desafiar o novo sistema de castas. Desafiar o encarceramento em massa requer algo que os defensores dos direitos civis há muito tempo relutam em fazer: *advocacy* em favor dos criminosos. Mesmo no auge da segregação do Jim Crow – quando os negros tinham mais chances de ser linchados do que de receber um julgamento justo no Sul –, os advogados da NAACP eram relutantes em defender os negros acusados de crimes, a menos que estivessem convencidos da inocência dos acusados[6]. A principal exceção foi a militância contrária à pena de morte. Ao longo dos anos, os advogados de direitos civis fizeram esforços heroicos para salvar a vida de criminosos condenados. Mas fora da arena da pena capital, defensores dos direitos civis têm sido relutantes em defender criminosos. A "política de respeitabilidade" tem influenciado os litígios e a defesa de direitos civis, levando até mesmo as mais poderosas organizações de direitos civis a se distanciar dos elementos mais estigmatizados da comunidade, especialmente os que violam a lei. Os militantes descobriram que são mais bem-sucedidos quando chamam a atenção para determinados tipos de pessoas negras (aquelas que são facilmente vistas pela sociedade branca como "boas" e "respeitáveis") e contam certos tipos de histórias sobre elas. Desde os dias em que os abolicionistas lutavam para erradicar a escravidão, os defensores da justiça racial fizeram grandes esforços para identificar os

---

[6] Ver Michael Klarman, "The Racial Origins of Modern Criminal Procedure", *Michigan Law Review*, v. 99, 2000, p. 48 e 86; Dan Carter, *Scottsboro: A Tragedy of the American South* (2. ed., Baton Rouge, Louisiana State University Press, 1979), p. 52-3; e Mark Tushnet, *Making Civil Rights Law: Thurgood Marshall and the Supreme Court, 1936-1969* (Nova York, Oxford University Press, 1994), p. 28-9.

negros que desafiavam os estereótipos raciais e exercitaram uma considerável disciplina de comunicação, contando apenas as histórias de injustiça racial que evocariam simpatia entre os brancos.

Um bom exemplo é a história de Rosa Parks. Ela não foi a primeira pessoa a se recusar a desistir de seu assento em um ônibus segregado em Montgomery, no Alabama. Defensores dos direitos civis consideraram e rejeitaram duas outras mulheres negras como demandantes ao planejarem um caso de teste desafiando as práticas de segregação: Claudette Colvin e Mary Louise Smith. Ambas foram presas por se recusarem a sair de seus assentos nos ônibus segregados de Montgomery, poucos meses antes de Rosa Parks fazer o mesmo. Colvin tinha quinze anos quando desafiou as leis de segregação. Seu caso atraiu a atenção nacional, mas os defensores dos direitos civis recusaram-se a usá-la como demandante porque ela ficou grávida de um homem mais velho pouco depois de sua prisão. Eles se preocupavam com o fato de que sua conduta "imoral" diminuísse ou minasse os esforços para mostrar que os negros tinham direito a (e eram dignos de) tratamento igualitário. Da mesma forma, decidiram não usar Mary Louise Smith como autora de uma ação judicial porque havia rumores de que seu pai era alcoólatra. Entendeu-se que, em qualquer esforço para desafiar a discriminação racial, o litigante – e até mesmo sua família – precisava estar acima de qualquer reprovação e livre de qualquer traço negativo que pudesse ser usado como justificativa para tratamento desigual.

Rosa Parks, nesse sentido, foi um sonho tornado realidade. Ela era, nas palavras de Jo Ann Gibson Robinson (outra figura-chave do boicote aos ônibus de Montgomery), uma "mulher mulata de tamanho médio e culta; uma trabalhadora cívica e religiosa; calma, despretensiosa e agradável nos modos e na aparência; digna e reservada; de elevada conduta e caráter forte"[7]. Ninguém duvidou de que Parks fosse o símbolo perfeito para o movimento de integração do transporte público em Montgomery. Martin Luther King Jr. lembrou, em suas memórias, que "a Sra. Parks era ideal para o papel atribuído a ela pela história", em grande parte porque "seu caráter era impecável" e ela era "uma das pessoas mais respeitadas na comunidade negra"[8].

---

[7] Jo Ann Gibson Robinson, *The Montgomery Bus Boycott and the Women Who Started It* (Knoxville, University of Tennesver Press, 1987), p. 43.

[8] Martin Luther King Jr. e Claybourne Carson, *The Autobiography of Martin Luther King, Jr.* (Nova York, Grand Central, 2001), p. 44 [ed. bras.: *A autobiografia de Martin Luther King*, trad. Carlos Alberto Medeiros, Rio de Janeiro, Zahar, 2014].

A estratégia testada naquela época de usar quem personificasse a virtude moral como símbolos de campanhas de justiça racial é muito mais difícil de ser empregada em esforços para reformar o sistema de justiça criminal. A maioria das pessoas envolvidas com o sistema de justiça criminal tem menos do que um passado sem falhas. Embora muitos negros sejam parados e revistados por crimes que não cometeram, hoje em dia não é tão fácil encontrar jovens negros em áreas urbanas que nunca tenham sido condenados por algum crime. O novo sistema de castas rotula cedo homens pretos e pardos como criminosos, muitas vezes na adolescência, tornando-os "bens danificados" na perspectiva dos defensores tradicionais dos direitos civis. Com registros criminais, os jovens negros nas áreas urbanas, em sua maioria, não são vistos como demandantes atraentes em processos judiciais de direitos civis ou bons "garotos-propaganda" para serem defendidos na mídia.

A aversão generalizada à *advocacy* em favor daqueles rotulados como criminosos reflete certa realidade política. Muitos diriam que gastar recursos escassos na reforma da justiça criminal é um erro estratégico. Afinal, criminosos são o único grupo social nos Estados Unidos que quase todos – para além das fronteiras políticas, raciais e de classe – se sentem livres para odiar. Por que defender a causa dos desprezados quando há tantas histórias simpáticas sobre injustiça racial que poderiam ser contadas? Por que chamar a atenção do público para o "pior" da comunidade negra, aqueles rotulados de criminosos? Não deveríamos direcionar esses recursos escassos para batalhas que podem ser vencidas mais facilmente, como as ações afirmativas? Não deveríamos focar a atenção do público nas chamadas causas profundas do encarceramento em massa, como a desigualdade educacional?

Podemos seguir por esse caminho – é um caminho escolhido por muita gente –, mas precisamos admitir que essa estratégia não tem feito muita diferença. Em muitos aspectos, os afro-americanos, como grupo, não estão em melhor situação do que estavam em 1968[9]. Na verdade, até certo ponto, estão em situação pior. Quando a população encarcerada é contada em taxas de desemprego e pobreza, os melhores tempos para o resto dos Estados Unidos foram os piores para os afro-americanos, particularmente os homens negros. Como demonstrou o sociólogo Bruce Western, a noção de que a década de 1990 – os anos Clinton – foram bons tempos para os afro-americanos e que

---

[9] Ver Abby Rapoport, "The Work That Remains: A Forty-Year Update of the Kerner Commission Report", *Economic Policy Institute*, 19 nov. 2008.

"uma maré ascendente levantou todos os barcos" é pura ficção. Enquanto as taxas de desemprego para a população em geral caíram para níveis historicamente baixos na década de 1990, as mesmas taxas entre os homens negros na casa dos vinte anos sem formação superior aumentaram para os níveis mais altos já registrados, impulsionadas pela disparada das taxas de encarceramento[10].

Uma das razões para tanta gente ter uma falsa impressão do bem-estar econômico dos afro-americanos como grupo é que as estatísticas de pobreza e desemprego não incluem pessoas que estão atrás das grades. Os prisioneiros são literalmente apagados do quadro econômico da nação, levando as estimativas-padrão a subestimar a verdadeira taxa de desemprego em até 24 pontos percentuais para os homens negros menos instruídos[11]. Os jovens afro-americanos foram o único grupo a experimentar um *aumento* acentuado no desemprego entre 1980 e 2000, índice diretamente atribuível ao aumento da população penal. Durante o tão anunciado *boom* econômico dos anos 1990, a verdadeira taxa de desemprego entre os homens negros sem formação superior foi de assombrosos 42% (65% entre homens negros que abandonaram a educação formal)[12].

Apesar dessas verdades inconvenientes, podemos seguir adiante. Podemos continuar a ignorar aqueles rotulados como criminosos em nossas ações judiciais e em nossa defesa midiática e focar a atenção pública em partes mais atraentes – como médicos e advogados inocentes parados e revistados nas rodovias, crianças pretas e pardas inocentes frequentando escolas extremamente ruins ou crianças negras de classe média e média alta que terão negado seu acesso a Harvard, Michigan e Yale se as ações afirmativas desaparecerem. Podemos continuar nesse caminho já bem gasto. Porém, se o fizermos, não devemos alimentar nenhuma ilusão sobre acabar com o encarceramento em massa ou abalar os fundamentos da atual ordem racial. Podemos melhorar alguns distritos escolares, prolongar as ações afirmativas por mais uma década ou duas, ou forçar alguns departamentos de polícia a condenar o perfilamento racial, mas não vamos nem sequer arranhar o sistema de castas dominante. Devemos enfrentar as realidades do novo sistema de castas e abraçar aqueles que são mais oprimidos por ele se esperamos acabar com o novo Jim Crow.

---

[10] Bruce Western, *Punishment and Inequality in America* (Nova York, Russell Sage Foundation, 2006), p. 97.

[11] Ibidem, p. 90.

[12] Ibidem, p. 91.

Dito isso, nenhum esforço será despendido aqui para descrever, com algum nível de detalhe, o que deve ou não ser feito nos próximos meses e anos para desafiar o novo sistema de castas. Tal empreendimento está além do escopo deste livro. O objetivo deste capítulo é simplesmente refletir sobre a conveniência para a tarefa em questão das abordagens tradicionais da defesa da justiça racial. O que se segue não é um plano, mas várias perguntas e afirmações oferecidas à consideração séria daqueles comprometidos com a justiça racial e interessados em desmantelar o encarceramento em massa. São o início de uma conversa – alimento para o pensamento, o debate e, espero, a ação coletiva. Cada tópico é um desafio ao senso comum ou às estratégias tradicionais. Muito mais deve ser dito sobre cada questão pontuada, mas, como observei, isso pretende ser o início de uma conversa, não o fim.

ESTE É UM CONSERTO PARA MECÂNICOS, NÃO PARA DEFENSORES DA JUSTIÇA RACIAL

O primeiro e talvez mais importante ponto é que esforços de reforma da justiça criminal – sozinhos – são inúteis. Podem-se obter ganhos, sim, mas o novo sistema de castas não será derrubado por vitórias isoladas em legislaturas ou salas de tribunais. Se você duvida disso, considere a escala absoluta do encarceramento em massa. Se quisermos voltar à taxa de encarceramento da década de 1970 – época em que muitos ativistas de direitos civis acreditavam que as taxas de prisão eram escandalosamente altas –, *teremos de liberar aproximadamente quatro de cada cinco pessoas atualmente atrás das grades*[13]. Prisões em todo o país teriam de ser fechadas, um evento que provavelmente causaria pânico em comunidades rurais que se tornaram dependentes das prisões para empregos e crescimento econômico. Centenas de milhares de pessoas – muitas delas sindicalizadas – perderiam seus empregos. Como Marc Mauer observou:

> Os mais de 700 mil guardas, administradores, trabalhadores do setor de serviços e outros funcionários representam uma oposição política potencialmente poderosa a qualquer redução na escala do sistema. Basta lembrar a feroz oposição ao

---

[13] Em 1972, a taxa total de encarceramento (prisões por condenação e prisões provisórias) era de aproximadamente 160 por 100 mil. Hoje, está em torno de 760 por 100 mil. Uma redução de 79% seria necessária para retornar à cifra de 160 – número bastante elevado quando comparado aos padrões internacionais.

fechamento de bases militares nos últimos anos para ver como essas forças funcionarão por um bom tempo.[14]

Provavelmente, Mauer subestima o escopo do desafio focando estritamente o sistema prisional, em vez de contar todas as pessoas empregadas na burocracia da justiça criminal. De acordo com um relatório divulgado pelo Departamento de Justiça dos Estados Unidos em 2006, o país gastou, em 2003, um valor recorde de 185 bilhões de dólares em proteção policial, detenção, atividades judiciais e jurídicas. Ajustando a inflação, esses números refletem uma triplicação dos gastos com a Justiça desde 1982. O sistema judicial empregou quase 2,4 milhões de pessoas em 2003 – 58% delas no âmbito municipal e 31% no estadual. Se quatro em cada cinco pessoas fossem libertadas das prisões, mais de 1 milhão de pessoas poderiam perder seus empregos.

Há também o investimento do setor privado a considerar. As prisões são um grande negócio e se enraizaram profundamente no sistema econômico e político dos Estados Unidos. Pessoas ricas e poderosas, incluindo o ex-vice-presidente Dick Cheney, investiram milhões em prisões privadas[15]. Elas estão profundamente interessadas em expandir o mercado – aumentando o suprimento de prisioneiros –, não em eliminar o bando de pessoas que podem ser lucrativamente mantidas em cativeiro. O relatório anual de 2005 da Corrections Corporation of America explicou os interesses das prisões privadas de maneira prática em um arquivo entregue à Securities and Exchange Comission [Comissão de Títulos e Câmbio]:

> Nosso crescimento é geralmente dependente de nossa capacidade de obter novos contratos para projetar e gerenciar novos estabelecimentos de detenção e penitenciárias. Esse possível crescimento depende de uma série de fatores que não podemos controlar, incluindo taxas de criminalidade e padrões de condenação em várias jurisdições e aceitação de privatização. A demanda por nossas instalações e serviços pode ser afetada negativamente pelo relaxamento dos esforços de policiamento, leniência nas sentenças e práticas condenatórias ou a descriminalização de certas atividades que atualmente são proibidas por nossas leis criminais. Por exemplo, quaisquer mudanças com relação a drogas e substâncias

---

[14] Marc Mauer, *Race to Incarcerate* (Nova York, The New Press, 1999), p. 11.
[15] Christopher Sherman, "Cheney, Gonzales, Indicted Over Prisons", *Washington Times*, 19 nov. 2008.

controladas ou imigração ilegal podem afetar o número de pessoas presas, condenadas e sentenciadas, reduzindo potencialmente a demanda de instalações correcionais para abrigá-las.[16]

Nesse mesmo ano, a presidenta da American Correctional Association [Associação Correcional Americana], Gwendolyn Chunn, colocou a questão de forma mais direta ao observar que o *boom* de expansão prisional sem precedentes da década de 1990 parecia estar perdendo força. "Nós teremos dificuldades para manter o que temos agora", lamentou[17]. Como se descobriu, seus receios eram infundados. Embora o crescimento das prisões tenha diminuído em 2005, o mercado de prisioneiros continuou a se expandir. A população carcerária nacional quebrou novos recordes em 2008, sem um limite à vista. A organização sem fins lucrativos Pew Charitable Trusts relata que, em pelo menos dez estados, as populações em reclusão devem aumentar, entre 2006 e 2011, em 25% ou mais. Em suma, o mercado de prisões privadas está aquecido como nunca. Damon Hininger, presidente e diretor de operações da Corrections Corporation of America, o maior operador de prisões privadas dos Estados Unidos, é totalmente otimista. Sua companhia aumentou a renda líquida em 14% em 2008, e ele tem fortes expectativas de que o crescimento continue. "Haverá oportunidade maiores para nós no futuro", disse ele[18].

Além das empresas de prisões privadas, toda uma gama de atores que lucram com as prisões deve ser levada em conta se quisermos desfazer o sistema de encarceramento em massa, incluindo companhias telefônicas que arruínam famílias de presos cobrando-lhes taxas exorbitantes para se comunicarem com seus entes queridos; fabricantes de armas que vendem armas de choque, rifles e pistolas para guardas prisionais e policiais; prestadores de serviços de saúde privados contratados pelo Estado para fornecer cuidados de saúde (normalmente péssimos) aos prisioneiros; o Exército dos Estados Unidos, que depende do trabalho prisional para fornecer equipamento militar aos soldados no Iraque; corporações que usam o trabalho prisional para não ter de pagar

---

[16] U.S. Securities and Exchange Commission, Corrections Corporation of America, declaração anual para o ano fiscal encerrado em 31 de dezembro de 2005.

[17] Silja J. A. Talvi, "On the Inside with the American Correctional Association", em Tara Herivel e Paul Wright (orgs.), *Prison Profiteers: Who Makes Money from Mass Incarceration* (Nova York, The New Press, 2007).

[18] Stephanie Chen, "Larger Inmate Population Is Boon to Private Prisons", *Wall Street Journal*, 28 nov. 2008.

salários decentes; e políticos, advogados e banqueiros que negociam a construção de novas prisões, muitas vezes em comunidades rurais predominantemente brancas – negócios que com frequência prometem muito mais às comunidades locais do que realmente entregam[19]. Todos esses interesses corporativos e políticos têm participação na expansão – e não na eliminação – do sistema de encarceramento em massa.

Considere também a longa lista de tarefas a serem cumpridas pelos reformadores. Se levarmos a sério o desmantelamento do sistema de encarceramento em massa, precisamos acabar com a Guerra às Drogas. Não há nenhuma maneira de contornar isso. A Guerra às Drogas é em grande parte responsável pelo *boom* prisional e pela criação da nova subcasta, e não há caminho para a libertação das comunidades não brancas que possa incluir essa guerra em curso. Enquanto as pessoas não brancas nos guetos estiverem sendo perseguidas aos milhares por crimes de drogas, transportadas para prisões e depois libertadas em uma subcasta permanente, o encarceramento em massa como sistema de controle continuará funcionando bem.

Acabar com a Guerra às Drogas não é tarefa simples, no entanto. Não pode ser cumprida por uma decisão de tribunal, uma ordem executiva ou uma canetada presidencial. Desde 1982, a guerra tem se espalhado como fogo em uma floresta, ativado por alguns fósforos e um galão de gasolina. O que começou como um audacioso programa federal espalhou-se para todos os estados da nação e para quase todas as cidades. Influenciou atividades policiais nas estradas, calçadas, rodovias, estações de trem, aeroportos e nas fronteiras do país. A guerra efetivamente deixou em farrapos algumas partes da Constituição estadunidense – eliminando proteções da Quarta Emenda que antes pareciam invioláveis – e militarizou as práticas policiais nos centros das grandes cidades do país. As operações policiais de aplicação da legislação antidrogas, junto com as legislações específicas que discriminam criminosos de drogas na hora de conseguir emprego, habitação e benefícios públicos, relegaram a maioria dos homens negros nas áreas urbanas dos Estados Unidos a um status permanente de segunda classe.

Se quisermos acabar com esse sistema de controle, não podemos ficar satisfeitos com um punhado de reformas. Todos os incentivos financeiros

---

[19] Ver, em geral, Tara Herivel e Paul Wright (orgs.), *Prison Profiteers*, cit. Para uma excelente discussão de como o excedente do capital, trabalho e terra ajudaram no nascimento da indústria prisional na zona rural dos Estados Unidos, ver Ruth Wilson Gilmore, *Golden Gulag* (Berkeley, University of California Press, 2007).

concedidos às autoridades criminais para prender pessoas pobres pretas e pardas por infrações de drogas devem ser revogados. O dinheiro da concessão federal para o combate policial às drogas deve terminar. As leis de confisco de drogas devem ser retiradas dos códigos. O perfilamento racial deve ser erradicado. A concentração das operações para apreensão de drogas nas comunidades pobres não brancas precisa cessar. E a transferência de equipamento e suporte militar para os órgãos locais responsáveis por travar a Guerra às Drogas precisa ser interrompida. E isso só para começar.

É igualmente importante que haja uma mudança na cultura das autoridades responsáveis e nas práticas de aplicação da lei. Pessoas pretas e pardas em guetos não podem mais ser vistas como o inimigo escolhido, e os guetos não podem mais ser tratados como zonas ocupadas. As autoridades criminais devem adotar uma abordagem compassiva e humana para com os problemas dos pobres das zonas urbanas – uma abordagem que ultrapasse a retórica do "policiamento comunitário" e se torne um método de engajamento que promova a confiança, a reparação e a parceria genuína. O levantamento de dados da polícia e das promotorias deve ser obrigatório em todo o país para assegurar que a aplicação seletiva da lei não mais ocorra. Devem ser adotadas cláusulas legislativas de avaliação do impacto racial e étnico da justiça criminal[20]. As defensorias públicas devem ser financiadas no mesmo patamar que as promotorias a fim de eliminar a vantagem injusta proporcionada à máquina de encarceramento. E a lista prossegue: as leis de condenação obrigatória por drogas precisam ser revogadas. A maconha deve ser legalizada (e talvez outras drogas também). Programas de ressocialização precisam ser adotados – aqueles que proporcionem um caminho não apenas para empregos de vida toda recebendo salário mínimo, mas também treinamento e educação para que os rotulados criminosos possam de fato conseguir empregos bem remunerados e carreiras viáveis e gratificantes. Os trabalhadores das prisões devem receber novo treinamento para empregos e carreiras que não envolvam enjaular seres humanos. Tratamento de drogas precisam ser fornecidos a todos os estadunidenses, o que seria um modo muito melhor de investir o dinheiro do contribuinte do que as celas de prisão para criminosos de drogas. As barreiras à ressocialização, especificamente a miríade de leis que operam

---

[20] Para mais informação sobre as normas de impacto racial, ver Marc Mauer, "Racial Impact Statements as a Means of Reducing Unwarranted Sentencing Disparities", *Ohio State Journal of Criminal Law*, v. 5, 2007, p. 19.

para discriminar os criminosos de drogas pelo resto de seus dias, em todos os aspectos de sua vida social, econômica e política, devem ser eliminadas.

A lista poderia prosseguir, é claro, mas o ponto já foi colocado. A questão central para os defensores da justiça racial é a seguinte: estamos falando sério sobre acabar com esse sistema de controle ou não? Se estivermos, há uma enorme quantidade de trabalho a ser feito. A noção de que todas essas reformas podem ser realizadas de modo fragmentado – uma por vez, por meio de estratégias de *advocacy* desconectadas – parece profundamente equivocada. Todas as reformas necessárias têm menos a ver com políticas fracassadas do que com um consenso público profundamente errôneo, que é, na melhor das hipóteses, indiferente à experiência dos pobres não brancos. Como Martin Luther King Jr. expôs em 1965, ao explicar por que era muito mais importante envolver-se em mobilizações de massa do que em ações judiciais, "estamos tentando conquistar o direito de votar e temos de chamar a atenção do mundo para isso. Nós não podemos fazer isso com ações judiciais. Temos que ganhar a ação no tribunal da opinião pública"[21]. King certamente apreciava as contribuições dos advogados de direitos civis (confiou neles para tirá-lo da prisão), mas se opôs à tendência dos advogados de direitos civis de identificar um punhado de indivíduos que poderiam ser ótimos autores de processos e entrar com ações isoladas. Ele acreditava que o necessário era mobilizar milhares para entrar com uma ação no tribunal da opinião pública. Para ele, era um consenso público equivocado – e não simplesmente uma política equivocada – que estava na raiz da opressão racial.

Hoje um consenso público equivocado que dura há não menos do que cinquenta anos está no cerne do sistema de castas dominante. Quando as pessoas pensam a respeito do crime, especialmente crimes de drogas, não pensam em donas de casa dos subúrbios violando as leis que regulamentam a prescrição de medicamentos ou em garotos brancos que usam *ecstasy*. Os crimes de drogas nos Estados Unidos são entendidos como coisa de pretos e pardos, e é *porque* o crime de drogas é racialmente definido na consciência pública que o eleitorado não se importa muito com o que acontece aos criminosos de drogas – ao menos não do modo como se importariam se se entendesse que os criminosos são brancos. É nessa incapacidade de se importar com o outro, de se importar verdadeiramente, para além das fronteiras da cor da pele, que repousa o núcleo

---

[21] Lani Guinier, *Lift Every Voice*, cit., p. 223.

desse sistema de controle e de todos os sistemas de castas raciais que já existiram nos Estados Unidos ou em qualquer outro lugar do mundo.

Aqueles que acreditam que a *advocacy* que desafia o encarceramento em massa pode ser bem-sucedida sem revirar o consenso público que deu origem a este fenômeno iludem-se com um pensamento fantasioso, uma forma de negação. Vitórias isoladas podem ser obtidas – até mesmo uma série de vitórias –, mas, na ausência de uma mudança fundamental na consciência pública, o sistema como um todo permanecerá intacto. Na medida em que grandes mudanças sejam alcançadas sem uma transformação completa, o sistema se reinventará. Ou o sistema de castas vai ressurgir sob uma *nova forma*, assim como as condenações a trabalho forçado substituíram a escravidão, ou ele *renascerá*, do mesmo modo que o encarceramento em massa substituiu o Jim Crow.

Os sociólogos Michael Omi e Howard Winant apontam algo semelhante em seu livro *Racial Formation in the United States* [A formação racial nos Estados Unidos]. Eles atribuem a natureza cíclica do progresso racial ao "equilíbrio instável" que caracteriza a ordem racial dos Estados Unidos[22]. Sob condições "normais", argumentam, as instituições estatais são capazes de normalizar a organização e a aplicação da ordem racial prevalecente, e o sistema funciona de modo relativamente automático. Desafios à ordem racial durante esses períodos são facilmente marginalizados ou suprimidos, e o sistema de significados, identidades e ideologia dominante parece "natural". Essas condições claramente prevaleceram durante a escravidão e o Jim Crow. Quando o equilíbrio é abalado, no entanto, como na Reconstrução ou no Movimento dos Direitos Civis, o Estado inicialmente resiste e depois tenta absorver as reivindicações por meio de uma série de reformas "que são, se não inteiramente simbólicas, pelo menos não críticas à operação da ordem racial". Na ausência de um consenso racial verdadeiramente igualitário, esses ciclos previsíveis, inevitavelmente, dão origem a novos sistemas extraordinariamente abrangentes de controle social racializado.

Um exemplo da maneira pela qual uma ordem racial bem estabelecida absorve facilmente os desafios legais é a consequência infame do caso Brown *versus* Board of Education. Depois que a Suprema Corte declarou, em 1954, que as escolas segregadas violavam o princípio da igualdade, a segregação persistiu inabalável. Um comentarista observou: "As estatísticas dos estados

---

[22] Michael Omi e Howard Winant, *Racial Formation in the United States from the 1960s to the 1990s* (Nova York, Routledge, 1994), p. 84-8.

do Sul são verdadeiramente surpreendentes. Por dez anos, de 1954 a 1964, praticamente *nada aconteceu*"[23]. Nem uma única criança negra frequentou uma escola pública integrada na Carolina do Sul, no Alabama ou no Mississippi a partir do ano letivo de 1962-1963. No Sul como um todo, apenas 1% das crianças negras matriculadas estavam frequentando escolas com brancos em 1964 – uma década inteira após a decisão do caso Brown[24]. Esse caso não acabou com o Jim Crow. Um movimento de massas teve de surgir primeiro – um movimento que visava à criação de um novo consenso público, oposto aos males do Jim Crow. Isso não significa que o caso Brown *versus* Board of Education foi algo sem sentido, como alguns comentaristas têm afirmado[25]. Ele conferiu legitimidade crítica às demandas dos ativistas de direitos civis que arriscaram suas vidas para acabar com o Jim Crow, e isso ajudou a inspirar o movimento (assim como uma feroz reação)[26]. Mas, sozinho, o caso Brown conquistou para os afro-americanos pouco mais que a Proclamação de Emancipação de Abraham Lincoln. Uma guerra civil teve de ser travada para acabar com a escravidão, e um movimento de massas foi necessário para dar um fim formal ao Jim Crow. Aqueles que imaginam que é necessário muito menos do que isso para desmantelar o encarceramento em massa e construir um novo consenso racial igualitário que reflita um impulso compassivo em vez de punitivo em relação às pessoas pobres não brancas não conseguem vislumbrar a distância entre o sonho de Martin Luther King Jr. e o pesadelo racial daqueles presos e excluídos da sociedade estadunidense.

O que foi dito acima não deve ser lido como um chamado à construção de um movimento que exclua o trabalho de reforma. Pelo contrário, o trabalho de reforma é o trabalho de construção do movimento, desde que seja feito conscientemente *como* trabalho de construção do movimento. Se todas as reformas anteriormente mencionadas fossem realmente adotadas, teria ocorrido

---

[23] Gerald Rosenberg, *The Hollow Hope: Can Courts Bring About Social Change?* (Chicago, University of Chicago Press, 1991), p. 52.

[24] Michael Klarman, "Brown, Racial Change, and the Civil Rights Movement", *Virginia Law Review*, v. 80, 1994, p. 7 e 9.

[25] Ver idem, que sustenta que Brown foi "apenas uma marola" com um "efeito insignificante" no Sul e na defesa dos direitos civis.

[26] Ver David Garrow, "Hopelessly Hollow History: Revisionist Devaluing of *Brown v. Board of Education*", *Virginia Law Review*, v. 80, 1994, p. 151, que demonstra categoricamente que o caso Brown foi uma grande inspiração para os ativistas dos direitos civis e provocou uma reação feroz dos brancos.

uma radical transformação em nossa sociedade. A questão relevante não é a de se empenhar ou não num trabalho de reforma, mas como. Não faltam esforços e objetivos de reforma dignos. Diferenças de opinião sobre quais reformas são mais importantes e em que ordem de prioridade elas devem ser perseguidas são inevitáveis. Esses debates valem a pena, mas é fundamental ter em mente que a questão de como fazemos o trabalho de reforma é ainda mais importante do que as reformas específicas que buscamos. Se o modo como perseguimos as reformas não contribui para a construção de um movimento de desmantelamento do sistema de encarceramento em massa, e se nossa militância não perturbar o consenso público dominante, que apoia o novo sistema de castas, nenhuma dessas reformas, mesmo que aprovadas, será bem-sucedida em romper com o equilíbrio racial da nação. Desafios ao sistema serão absorvidos ou repelidos, e as acomodações feitas servirão principalmente para legitimar o sistema, não para miná-lo. Corremos o risco de vencer batalhas isoladas, mas perder a guerra maior.

VAMOS FALAR SOBRE RAÇA: RESISTINDO À TENTAÇÃO DA *ADVOCACY* RACIALMENTE NEUTRA

Então, como devemos construir esse movimento para acabar com o encarceramento em massa? Qual deve ser sua filosofia central, seus princípios orientadores? Outro livro poderia ser escrito sobre esse assunto, mas alguns princípios-chave que se destacam podem ser brevemente explorados aqui. Esses princípios estão enraizados no entendimento de que qualquer movimento para acabar com o encarceramento em massa deve lidar com ele como um sistema de castas raciais, não como um sistema de controle do crime. Isso não quer dizer que o crime não é importante. Ele é muito importante. *Precisamos* de um sistema eficaz de prevenção e controle do crime em nossas comunidades, mas não é isso que o sistema atual faz. O atual sistema é mais efetivo para *criar* criminalidade e uma classe perpétua de pessoas rotuladas de criminosos do que para eliminar o crime ou reduzir o número de criminosos.

Não é raro, no entanto, ouvir as pessoas afirmarem que o simples fato de termos menores taxas de criminalidade, ao mesmo tempo que temos as maiores taxas de encarceramento, é prova suficiente de que esse sistema funciona bem para controlar o crime. Mas, se você acredita que esse sistema efetivamente controla o crime, considere o seguinte: as estimativas-padrão de quanto da redução do crime pode ser atribuído ao encarceramento em massa variam de 3% a 25%[27]. Alguns estudiosos acreditam que há muito tempo passamos por um ponto de inflexão em que o declínio do retorno marginal sobre o aprisionamento caiu abaixo de zero. A prisão, dizem eles, ao rasgar um tecido social frágil, destruindo famílias e criando uma classe permanente de desempregados, cria muito mais crimes do que previne[28]. Embora seja comum pensar na pobreza e no desemprego como causas do crime e da prisão, essa pesquisa sugere que a Guerra às Drogas seja, hoje em dia, uma das principais causas de pobreza, desemprego crônico, destruição de famílias e crimes. O livro *Imprisoning Communities: How Mass Incarceration Makes Disadvantaged Communities Worse* [Aprisionando comunidades: como o encarceramento em massa piora as comunidades desfavorecidas], de Todd R. Clear, demonstra que o aprisionamento atingiu níveis tão extremos em muitas comunidades urbanas que uma sentença de prisão e/ou um rótulo de bandido representam ameaça muito maior para as famílias do que a própria criminalidade. Isso não quer dizer que a criminalidade – especialmente a violenta – não represente uma séria ameaça nos guetos. Representa. Na verdade, embora as taxas de crimes violentos tenham caído em todo o país, entre os homens negros os crimes violentos estão em ascensão, especialmente em cidades como Chicago, onde a Guerra às Drogas tem sido travada com grande ferocidade. O que um número crescente de sociólogos tem descoberto deveria ser senso comum: ao excluir milhões de pessoas da economia formal da sociedade, tornando difícil ou impossível que elas adquiram um lar e se alimentem por si mesmas, e ao armazenar milhões de pessoas por crimes de baixo potencial ofensivo, destruindo os laços familiares, criamos condições favoráveis – e não desfavoráveis – para o crime nas comunidades mais vulneráveis. O sucesso de programas-piloto como a Operação Ceasefire [Cessar-Fogo] e do programa Lifeline, de Oakland – que oferece a membros de gangues empregos e oportunidades, em vez de tempo na prisão, se eles largarem suas atividades criminosas – em reduzir drasticamente as taxas de

---

[27] Bruce Western, *Punishment and Inequality in America*, cit., p. 5 e 187; William Spelman, "The Limited Importance of Prison Expansion", em Alfred Blumstein e Joel Wallman (orgs.), *The Crime Drop in America* (Nova York, Cambridge University Press, 2000), p. 97-129; e Todd R. Clear, *Imprisoning Communities: How Mass Incarceration Makes Disadvantaged Neighborhoods Worse* (Nova York, Oxford University Press, 2007), p. 41-8.

[28] Ver, por exemplo, Todd R. Clear, *Imprisoning Communities*, cit., p. 3.

crimes violentos não deveria ser encarado com surpresa e choque[29]. Quando recebem uma chance, as pessoas no gueto, como em qualquer outro lugar, em sua maioria, preferem trabalhar, sustentar suas famílias e viver sem medo de danos ou violência.

Mesmo supondo, no entanto, que a nação tenha conseguido uma redução de 25% na criminalidade global por meio do encarceramento em massa, isso ainda significa que a esmagadora maioria do encarceramento – 75% – não tem absolutamente nenhum impacto sobre o crime, apesar de custar 200 bilhões de dólares por ano. Como estratégia de redução da criminalidade, o encarceramento em massa é um tremendo fracasso. É largamente ineficaz e extraordinariamente caro.

Dizer que o encarceramento em massa é um tremendo fracasso faz sentido, porém, apenas se presumirmos que o sistema de justiça criminal foi concebido com o objetivo de prevenir e controlar o crime. Mas, se o encarceramento em massa for entendido como um sistema de controle social – especificamente, racial –, então ele é um sucesso fantástico[30]. Em menos de duas décadas, a população carcerária quadruplicou, e a grande maioria das pessoas pobres não brancas nas áreas urbanas dos Estados Unidos foram colocadas sob o controle do sistema de justiça criminal ou marcadas com antecedentes criminais por toda a vida. Quase que da noite para o dia, grandes segmentos de comunidades dos guetos foram permanentemente relegados a um status de segunda classe, privados de direitos e submetidos a vigilância e monitoramento perpétuos por agências de controle penal. Pode-se argumentar que esse resultado é um erro trágico e imprevisível e que o objetivo sempre foi o controle do crime, não a criação de uma subcasta racial. Mas a julgar pela retórica política e pelas normas legais empregadas na Guerra às Drogas, esse resultado não é um acidente estranho.

Para defender esse ponto, precisamos falar aberta e honestamente sobre raça. Devemos parar de debater a política criminal como se ela fosse puramente sobre o crime. As pessoas devem entender a história racial e as origens do encarceramento em massa – as muitas maneiras pelas quais nossos preconceitos conscientes e inconscientes distorcem nossos julgamentos ao longo

---

[29] Ver, por exemplo, Chris Smith, "On the Block", *American Prospect*, jan.-fev. 2011, p. 6-8.
[30] Jeffrey Reiman apresenta um argumento similar em *The Rich Get Richer and the Poor Get Prison* (8. ed., Nova York, Allyn & Bacon, 2006), embora na maior parte das vezes tenha ignorado o papel distintivo da raça na estruturação do sistema de justiça criminal.

dos anos sobre o que é justo, apropriado e construtivo ao responder ao uso de drogas e aos crimes de drogas. Devemos também ver como nossas inseguranças econômicas e ressentimentos raciais foram explorados para benefícios políticos e como essa manipulação causou sofrimento para pessoas de todas as cores. Finalmente, devemos admitir, em voz alta, que foi *por causa da* raça que não nos importamos muito com o que aconteceu com "aquelas pessoas" e imaginamos as piores coisas possíveis a seu respeito. O fato de que nossa falta de cuidado e preocupação pode ter sido, às vezes, involuntária ou inconsciente não mitiga nosso crime – se nos recusarmos, quando nos for dada a oportunidade, a repará-lo.

Certamente, porém, a tentação de ignorar a raça em nosso trabalho pode ser muito grande. A raça deixa as pessoas desconfortáveis. Um estudo descobriu que alguns brancos são tão reticentes em falar sobre o tema e tão temerosos de violar a etiqueta racial que manifestam preferência por evitar qualquer contato com pessoas negras[31]. A enorme relutância dos brancos, em particular, em falar sobre ou mesmo reconhecer a raça levou muitos estudiosos e ativistas a concluir que seria melhor não falar mais do assunto. Esse ponto de vista é reforçado pelo fato de que os liberais brancos, quase tanto quanto os conservadores, parecem ter perdido a paciência com os debates sobre a equidade racial. Barack Obama notou esse fenômeno em seu livro *A audácia da esperança**:

> Correta ou equivocadamente, a culpa branca, em grande medida, se esgotou nos Estados Unidos. Mesmo os brancos mais razoáveis, aqueles que gostariam realmente de ver a desigualdade racial terminada e a pobreza mitigada, tendem a reagir contra a vitimização racial – ou reivindicações especificamente raciais com base na história racial deste país.

Some-se à tentação de evitar a raça o fato de que as oportunidades para contestar o encarceramento em massa em termos puramente neutros racialmente nunca foram maiores. Com o corte de orçamentos, mais de duas dezenas de estados reduziram ou eliminaram as duras sentenças mínimas obrigatórias, restauraram os programas de liberação antecipada e ofereceram tratamento em

---

[31] Ver "Study Finds Whites Anxious About Race", *Bryant Park Project*, National Public Radio, 3 dez. 2007.

* Barack Obama, *A audácia da esperança: reflexões sobre a reconquista do sonho americano* (trad. Candombá, São Paulo, Larousse, 2007).

vez de encarceramento para alguns infratores de drogas[32]. A crise financeira engolindo estados grandes e pequenos levou à conversão de alguns legisladores que acreditavam piamente nas políticas de "endurecimento". O declínio das taxas de criminalidade, aliado ao declínio da preocupação pública com o crime, também ajuda a criar uma rara abertura para um debate público produtivo sobre a Guerra às Drogas. Um indicador promissor da receptividade do público a uma mudança de curso é a Proposição 36 da Califórnia, que determina o tratamento compulsório em vez da prisão para os infratores primários, que foi aprovada por mais de 60% do eleitorado em 2000[33]. Alguns estados descriminalizaram a maconha, incluindo Massachusetts, onde 65% dos eleitores aprovaram a medida[34]. Em conjunto, esses fatores sugerem que, se uma grande mobilização for iniciada, mudanças impressionantes nas leis e políticas de drogas da nação seriam não apenas possíveis mas prováveis, sem nunca dizer uma palavra sobre raça.

Essa é uma isca tentadora, para dizer o mínimo, mas os defensores da justiça racial não devem mordê-la. O sistema de castas prevalecente não pode ser desmantelado com êxito por uma abordagem racialmente neutra. Para começar, é extremamente improvável que uma estratégia baseada apenas nos custos, nos índices de criminalidade e na sabedoria do tratamento de drogas nos leve de volta até mesmo para taxas de encarceramento consideradas preocupantes da década de 1970. Como indicado anteriormente, qualquer esforço para reduzir significativamente as prisões dos Estados Unidos inspiraria uma resistência feroz por parte daqueles que enfrentam a perda de empregos, investimentos e outros benefícios proporcionados pelo sistema atual. É provável que a emoção e a alta ansiedade se expressem sob a forma de um debate racialmente carregado sobre valores, moral e responsabilidade pessoal, em vez de um debate sobre a economia prisional. Poucos argumentariam abertamente que deveríamos trancafiar milhões de pessoas pobres apenas para que outras pessoas possam ter empregos ou obter um bom retorno sobre seus investimentos privados. Em vez disso, provavelmente ressurgirão argumentos conhecidos quanto à

---

[32] Fox Butterfield, "With Cash Tight, States Reassess Long Jail Terms", *The New York Times*, 10 nov. 2003.

[33] Marc Mauer, "State Sentencing Reforms: Is the 'Get Tough' Era Coming to a Close?", *Federal Sentencing Reporter*, v. 15, n. 1, out. 2002.

[34] Abby Goodnough, "Relaxing Marijuana Law Has Some Nervous", *The New York Times*, 18 dez. 2008, observa que onze estados descriminalizaram a posse de maconha pela primeira vez.

necessidade de sermos "duros" com os criminosos, e não de sermos caridosos ou lhes fornecer "passe livre". O debate público inevitavelmente se tornaria racial, mesmo que ninguém estivesse falando explicitamente sobre isso. Como a história tem mostrado, a prevalência de estereótipos raciais poderosos (e não contestados), juntamente com a apreensão generalizada em relação a grandes mudanças estruturais, criaria um ambiente político no qual os apelos raciais implícitos poderiam ser empregados, mais uma vez, com grande sucesso. Falhar em prever e antecipar esses apelos prepararia o terreno para as mesmas táticas de divisão e conquista que preservaram com segurança a hierarquia racial nos Estados Unidos por séculos.

Mesmo que mudanças razoavelmente notáveis fossem alcançadas ignorando a raça, os resultados seriam muito contingentes e temporários. Se e quando a economia melhorar, a justificativa para uma abordagem "mais suave" deixaria de existir. Os estados provavelmente voltariam aos seus antigos caminhos se um novo consenso público mais compassivo sobre a raça não fosse forjado. Da mesma forma, se e quando a taxa de criminalidade aumentar – o que parece provável se a economia da nação continuar a azedar –, nada impedirá os políticos de tornar os criminosos pretos e pardos, novamente, seus bodes expiatórios. Desde os tempos da escravidão, homens negros têm sido retratados e entendidos como criminosos, e sua "natureza" criminosa tem estado entre as justificativas de todos os sistemas de castas até hoje. Sua criminalização e demonização são um hábito com o qual os Estados Unidos não parecem propensos a romper sem que se aborde diretamente a dinâmica racial que deu origem a sucessivos sistemas de castas. Embora, no curto prazo, abordagens racialmente neutras dos problemas das pessoas pobres não brancas muitas vezes pareçam pragmáticas, a longo prazo elas são contraproducentes. A neutralidade racial, embora amplamente promovida como solução, é na verdade o problema.

CONTRA A NEUTRALIDADE RACIAL [*COLORBLINDNESS*]

Dizer que a neutralidade racial é um problema pode alarmar alguns na comunidade dos direitos civis, especialmente os pesquisadores e consultores políticos que se tornaram cada vez mais influentes na área da defesa dos direitos civis. Por décadas, líderes de direitos civis têm dito, em defesa de programas racialmente conscientes como ações afirmativas ou coleta de dados raciais, coisas como "todos nós queremos uma sociedade racialmente neutra, nós só discordamos quanto a como chegar até lá"[35]. Ações afirmativas têm sido enquadradas como exceções legítimas ao princípio da neutralidade racial – um princípio aprovado hoje em dia pela esmagadora maioria do eleitorado estadunidense. Líderes de direitos civis são rápidos em assegurar ao público que, quando atingirmos o nirvana da neutralidade racial, a consciência racial não será mais necessária nem apropriada.

Longe de ser um objetivo digno, no entanto, a neutralidade racial tem se provado catastrófica para os afro-americanos. Não é exagero dizer que o encarceramento em massa sistemático de pessoas não brancas nos Estados Unidos não teria sido possível na era pós-direitos civis se a nação não tivesse caído sob o feitiço da insensível *colorblindness*. A frase aparentemente inocente "Eu não me importo se ele é negro..." capta perfeitamente a perversão do sonho de Martin Luther King Jr. de que poderíamos, um dia, ser capazes de ver além da raça e nos conectar espiritualmente para além das fronteiras raciais. Dizer que não se importa com a raça é apresentado como virtude expiatória, quando na verdade pode ser uma forma de crueldade. É precisamente porque nós, como nação, não nos importamos muito com os afro-americanos que permitimos que nosso sistema de justiça criminal criasse uma nova subcasta racial.

A natureza profundamente errônea da neutralidade racial, como princípio diretor, é evidenciada pelo fato de que o consenso público que apoia o encarceramento em massa é oficialmente neutro com relação à raça. Ele propõe ver homens pretos e pardos, não como pretos e pardos, mas simplesmente como homens – homens sem raça – que fracassaram miseravelmente em jogar de acordo com as regras que o resto de nós segue quase naturalmente. O fato de tantos homens pretos e pardos serem perseguidos por crimes de drogas que passam largamente ignorados quando cometidos por brancos é invisível. Nossa neutralidade racial coletiva nos impede de ver esse fato básico. Nossa cegueira também nos impede de ver as divisões raciais e estruturais que persistem na sociedade: as escolas segregadas, os guetos sem empregos e o discurso público segregado – um discurso público que exclui a atual casta de párias. Nosso compromisso com a neutralidade racial se estende para além dos indivíduos, para as instituições e arranjos sociais. Nos tornamos cegos, não tanto para a raça, mas para a existência de castas raciais nos Estados Unidos.

---

[35] Por exemplo, nas razões redigidas pelos grupos de direitos civis que se opuseram à Proposição 54 – uma proposta de lei de 2003, de iniciativa da Califórnia, que eliminaria o conjunto de dados raciais do governo estadual –, lê-se: "Todos nós queremos uma sociedade racialmente neutra. Mas nós não alcançaremos isso banindo informações".

Há mais de 45 anos, Martin Luther King Jr. alertou para esse perigo. Ele insistiu que, para a criação e a manutenção de sistemas de controle racializados, a cegueira e a indiferença em face de grupos raciais são, na verdade, mais importantes do que a hostilidade racial. Os que apoiavam a escravidão e o Jim Crow, ele argumentou, normalmente não eram pessoas más, eram apenas cegos. Mesmo os ministros que julgaram o infame caso Dred Scott, que decidiu "que o negro não tem direitos que o homem branco seja obrigado a respeitar", não eram homens maus, disse ele. Pelo contrário, eram homens decentes e dedicados. Mas, apressou-se em acrescentar, "eles foram vítimas de uma cegueira espiritual e intelectual. Não sabiam o que faziam. Todo o sistema de escravidão foi amplamente perpetuado por pessoas espiritualmente ignorantes". Ele continuou:

> Essa cegueira trágica também se encontra na segregação racial, o primo discreto da escravidão. Alguns dos mais vigorosos defensores da segregação são sinceros em suas crenças e sérios em seus motivos. Embora alguns homens sejam segregacionistas meramente por razões de conveniência e ganho político, nem toda resistência à integração é a retaguarda de fanáticos profissionais. Algumas pessoas acham que sua tentativa de preservar a segregação é melhor para si, seus filhos e para a nação. Muitas são boas pessoas da igreja, ancoradas na fé religiosa de suas mães e pais [...]. Que tragédia! Milhões de negros têm sido crucificados pela cegueira conscienciosa [...]. Jesus estava certo sobre aqueles homens que o crucificaram. Eles não sabiam o que faziam. Foram afligidos por uma cegueira terrível.[36]

O mesmo discurso não poderia ser feito sobre o encarceramento em massa de hoje? Novamente, os afro-americanos têm sido "crucificados pela cegueira conscienciosa". As pessoas de bem não querem ver homens pretos e pardos em sua humanidade, como merecendo o mesmo cuidado, compaixão e preocupação que seriam estendidos a seus amigos, vizinhos ou entes queridos. King reconhece que é essa *indiferença* em relação à situação das outras raças que apoiou as instituições da escravidão e do Jim Crow. Nas suas palavras, "uma das grandes tragédias da longa caminhada do homem pela estrada da história tem sido a limitação da preocupação de vizinhança com a tribo, a raça, a classe e a nação".

---

[36] Martin Luther King Jr., *Strength to Love* (Filadélfia, Fortress Press, 1963), p. 45-8 [ed. port.: *Força para amar*, Lisboa, Moraes Editores, 1966].

A consequência dessa atitude estreita e insular "é que não se pode realmente imaginar o que acontece às pessoas fora de nossos próprios grupos"[37]. A indiferença e a cegueira raciais – muito mais do que a hostilidade racial – formam a fundação firme de todos os sistemas de castas raciais.

É claro que é mais fácil dizer que se vai abandonar a busca de uma sociedade racialmente neutra do que de fato fazê-lo. Os defensores da justiça racial, se escolherem esse caminho, serão obrigados a fornecer respostas desconfortáveis às perguntas mais frequentes. Por exemplo, não raro eles têm de responder a perguntas sobre quando (finalmente) nos tornaremos uma sociedade racialmente neutra. A busca da neutralidade racial deixa as pessoas impacientes. Com coragem, poderemos responder: *Tomara que nunca*. Ou, se essas palavras forem muito difíceis de dizer, então que se diga "não no futuro próximo".

Para se explicar a completa mudança de direção será necessário mais do que um pouco de paciência. Provavelmente o mesmo número de pessoas que pensam que a Terra é plana acredita que a consciência sobre a raça deve ser uma regra perpétua, não uma exceção. Seria um erro, contudo, presumir que as pessoas são incapazes de abraçar um compromisso permanente com a consciência em relação às raças. A mudança pode, de fato, vir como um alívio, como se movesse nosso foco coletivo de um objetivo totalmente irreal para outro que está ao alcance de qualquer pessoa. Afinal, aspirar à neutralidade racial é aspirar a um estado de ser no qual você não é capaz de ver as diferenças raciais – uma impossibilidade prática para a maioria de nós. A mudança também convida a uma visão mais otimista da capacidade humana. O ideal da neutralidade racial se baseia na noção de que nós, como sociedade, nunca seremos confiáveis o suficiente para enxergar a raça e tratar uns aos outros de maneira justa ou com genuína compaixão. Um compromisso com a consciência racial, pelo contrário, deposita fé em nossa capacidade como humanos de demonstrar interesse e preocupação pelos outros, mesmo que estejamos plenamente conscientes da raça e das diferenças raciais.

Se a neutralidade racial é uma ideia tão ruim, entretanto, por que pessoas de todos os espectros políticos tornaram-se tão ligadas a ela? Para os conservadores, o ideal da neutralidade racial está ligado a um compromisso com o individualismo. Na sua visão, a sociedade deve se preocupar com indivíduos, não grupos. Disparidades raciais grosseiras em saúde, riqueza, educação e oportunidade não devem interessar a nosso governo, e a identidade racial deveria ser uma questão privada, algo que é melhor guardar para nós mesmos. Para os

---

[37] Ibidem, p. 31-2.

liberais, o ideal da neutralidade racial está ligado ao sonho da igualdade racial. A esperança é de que um dia não vejamos mais a raça porque a raça perderá toda a importância. Nessa fantasia, no fim, a raça não será mais um fator nas taxas de mortalidade, na propagação de doenças, nas oportunidades educacionais ou econômicas ou na distribuição da riqueza. A raça não se correlacionaria com nada, não significaria nada. Nós nem sequer a notaríamos mais. Aqueles que são menos idealistas abraçam a neutralidade racial simplesmente porque acham difícil imaginar uma sociedade na qual vejamos a raça e as diferenças raciais como algo positivo e construtivo. É mais fácil imaginar um mundo em que toleramos as diferenças raciais porque somos cegos a elas.

A verdade desconfortável, entretanto, é que as diferenças raciais *sempre* existirão entre nós. Mesmo se o legado da escravidão, do Jim Crow e do encarceramento em massa fosse completamente superado, permaneceríamos uma nação de imigrantes (e povos indígenas) num mundo maior dividido por raça e etnia. É um mundo em que há uma extraordinária desigualdade racial e étnica, e nossa nação tem fronteiras porosas. No futuro previsível, a desigualdade racial e étnica será uma característica da vida estadunidense.

Essa realidade não é razão para desespero. A ideia de que nunca chegaremos a um estado de perfeita igualdade racial – um equilíbrio racial perfeito – não é motivo de alarme. O que está em causa é a possibilidade real de que nós, como sociedade, escolheremos não nos importar com isso. Escolheremos ser cegos à injustiça e ao sofrimento dos outros. Vamos olhar para o outro lado e negar aos nossos órgãos públicos os recursos, dados e ferramentas de que precisam para resolver problemas. Recusaremo-nos a celebrar o que é bonito em nossas distintas culturas e histórias, mesmo enquanto nos misturamos e evoluímos. Isso é causa de desespero.

Enxergar a raça não é o problema. Recusarmo-nos a nos importar com as pessoas que nós vemos é o problema. O fato de o significado de raça poder evoluir ao longo do tempo ou perder sua importância dificilmente é uma razão para ser cego. Devemos esperar não por uma sociedade neutra racialmente, mas, em vez disso, por um mundo no qual possamos nos ver uns aos outros integralmente, aprender uns com os outros e fazer o que podemos para responder a cada um com amor. Esse é o sonho de King – uma sociedade que é capaz de enxergar cada um de nós, como somos, com amor. Esse á uma meta pela qual vale a pena lutar.

O SUBORNO RACIAL: VAMOS DEVOLVÊ-LO

O que foi dito anteriormente poderia ser lido como um sinal de aprovação das ações afirmativas e outras iniciativas de diversidade. Até certo ponto, é. É difícil imaginar uma época, num futuro previsível, em que se possa confiar no livre mercado e na política partidária para produzir inclusão equitativa em todas as facetas da vida política, econômica e social estadunidense, sem que ninguém se importe – ou se preocupe de qualquer maneira – com a questão da raça. Pode ser que sempre seja necessário para nós, como sociedade, prestar atenção ao impacto de nossas leis, políticas e práticas em grupos raciais e étnicos e conscientemente nos esforçarmos para garantir que os preconceitos, estereótipos e arranjos estruturais não causem danos desnecessários ou sofrimento a qualquer indivíduo ou grupo por razões relacionadas a raça.

Há, no entanto, uma grande ressalva. Os defensores da justiça racial deveriam considerar, com um grau de franqueza que ainda não está claro, se as ações afirmativas – como têm sido concebidas e defendidas nos últimos trinta anos – funcionaram mais como um suborno racial do que como um instrumento de justiça racial. Pode-se perguntar: o que as ações afirmativas têm a ver com o encarceramento em massa? Bem, talvez as duas coisas estejam mais ligadas do que imaginamos. Devemos nos perguntar se os esforços para alcançar a diversidade racial "cosmética" – ou seja, os esforços de reforma que tornam as instituições boas apenas na superfície, sem realizar as mudanças estruturais necessárias – facilitaram o surgimento do encarceramento em massa e interferiram no desenvolvimento de uma consciência racial mais compassiva. Nos capítulos anteriores, vimos que, ao longo da história dos Estados Unidos, os brancos pobres e da classe trabalhadora foram comprados por subornos raciais. A questão aqui colocada é se as ações afirmativas têm funcionado de forma semelhante, oferecendo vantagens materiais relativamente escassas, mas significativos benefícios psicológicos para pessoas não brancas, em troca do abandono de um movimento mais radical que prometeu alterar a estrutura econômica e social da nação.

Para ser clara: este *não* é um argumento de que as políticas de ação afirmativa sejam incompatíveis com o sonho de King de que um dia seríamos "julgados pelo conteúdo de nosso caráter, não pela cor de nossa pele". O próprio King teria quase certamente endossado as ações afirmativas como um remédio, ao menos em algumas circunstâncias. Ele, de fato, declarou especificamente em numerosas ocasiões que acreditava que o tratamento especial – ou mesmo preferencial – para afro-americanos poderia ser justificado à luz de suas circunstâncias únicas[38]. E este não é um argumento de que as ações afirmativas não fazem diferença na vida dos afro-americanos pobres e da classe trabalhadora – como alguns têm afirmado. Corpo de bombeiros, departamentos de polícia e outros órgãos públicos têm sido transformados, ao menos em parte, devido a ações afirmativas[39]. Finalmente, este não é um argumento de que as ações afirmativas deveriam ser reconsideradas simplesmente por serem "injustas" com os homens brancos como grupo. A evidência empírica apoia fortemente a conclusão de que a queda dos salários, a redução de pessoal, a desindustrialização, a globalização e os cortes nos serviços governamentais representam ameaças muito maiores à posição dos homens brancos do que a chamada discriminação inversa[40].

O argumento usado aqui é menos conhecido. Não é amplamente debatido nos meios de comunicação tradicionais ou, aliás, nas organizações de direitos civis. O que afirmo é que os defensores da justiça racial devem reconsiderar a abordagem tradicional das ações afirmativas porque (a) ela ajudou a tornar consideravelmente invisível um novo sistema de castas; (b) ela ajudou a perpetuar o mito de que qualquer pessoa pode alcançar seus objetivos se tentar; (c) ela tem encorajado a adoção de uma "teoria da justiça racial" que prega que pequenos avanços cumulativos beneficiarão a todos no longo prazo; (d) ela facilitou enormemente as táticas de divisão e conquista que deram origem ao encarceramento em massa; e (e) ela inspirou tamanha polarização e atenção da mídia que o público em geral agora presume (erroneamente) que as ações afirmativas são a principal frente de batalha nas relações raciais dos Estados Unidos.

Pode não ser fácil para a comunidade de direitos civis ter uma conversa sincera sobre qualquer um desses pontos. As organizações de direitos civis são povoadas por beneficiários de ações afirmativas (como eu) e seus amigos e aliados. Acabar com as ações afirmativas desperta o medo de uma aniquilação. A realidade de que muitos de nós desapareceriam da noite para

---

[38] Ver Mary Frances Berry, "Vindicating Martin Luther King, Jr.: The Road to a Color-Blind Society", *Journal of Negro History*, v. 81, n. 1-4, 1996, p. 137 e 140.

[39] Stephen Steinberg, *Turning Back: The Retreat from Racial Justice in American Thought and Policy* (Boston, Beacon Press, 1995), p. 167.

[40] Fred L. Pincus, *Reverse Discrimination: Dismantling the Myth* (Boulder, CO, Lynne Rienner, 2003).

o dia das faculdades e universidades do país se as ações afirmativas fossem banidas, e que nossos filhos e netos não conseguiriam seguir nossos passos, cria uma espécie de pânico que é difícil de descrever. Ele pode ser análogo, em alguns aspectos, ao pânico experimentado pelos brancos pobres e da classe trabalhadora diante da reversão da segregação – o medo de uma demolição repentina da hierarquia racial da nação. O livro *We Won't Go Back* [Não recuaremos], de Mari Matsuda e Charles Lawrence, captura a determinação dos beneficiários de ações afirmativas em não permitir que o relógio da justiça retroceda aos dias das castas raciais nos Estados Unidos. O problema, é claro, é que *nós já estamos lá*.

As ações afirmativas, particularmente quando justificadas com base na diversidade e não na equidade (ou reparação), mascaram a severidade da desigualdade racial nos Estados Unidos, levando a afirmações muito exageradas sobre o progresso racial e avaliações excessivamente positivas sobre o futuro dos afro-americanos. Ver pessoas negras graduadas em Harvard e Yale e se tornando CEOs ou advogados corporativos – sem mencionar presidente dos Estados Unidos – faz com que todos nós nos maravilhemos com o longo caminho que percorremos. Como dados recentes mostram, no entanto, grande parte do progresso negro é um mito. Embora alguns afro-americanos estejam como grupo indo muito bem – matriculando-se em universidades e escolas de pós-graduação em taxas recordes graças às ações afirmativas –, em muitos aspectos os afro-americanos não estão indo melhor do que estavam quando Martin Luther King Jr. foi assassinado e levantes varreram cidades do interior por todo o país. A taxa de pobreza infantil é na verdade maior hoje do que em 1968[41]. As taxas de desemprego nas comunidades negras rivalizam com as dos países do Terceiro Mundo. E isso ocorre *com* as ações afirmativas!

Quando abrimos a cortina e damos uma olhada no que nossa chamada sociedade racialmente neutra criou sem as ações afirmativas, vemos uma estrutura social, política e econômica familiar – a estrutura das castas raciais. Quando aqueles atrás das grades são levados em cosideração, as instituições dos Estados Unidos continuam a criar quase tanta desigualdade racial quanto

---

[41] Eisenhower Foundation, *What Together We Can Do: A Forty Year Update of the National Advisory Commission on Civil Disorder: Executive Summary, Preliminary Findings and Recommendations* (Washington, DC, Eisenhower Foundation, 2008).

existia durante o Jim Crow⁴². Nossas universidades de elite, que agora se parecem muito com os Estados Unidos, branqueariam da noite para o dia se as ações afirmativas desaparecessem de repente. Um estudo recente indica que a eliminação de políticas de ingresso baseadas na raça levaria a um declínio de 63% das pessoas negras matriculadas nas faculdades de direito e de 90% nas faculdades de direito de elite⁴³. O sociólogo Stephen Steinberg assim descreve essa sóbria realidade:

> Na medida em que essa classe média negra é um artefato da política de ações afirmativas, ela não pode ser entendida como o resultado do trabalho autônomo das forças do mercado. Em outras palavras, a classe média negra não reflete uma diminuição das barreiras racistas no mercado de trabalho, mas o contrário: o racismo está tão arraigado que sem a intervenção do governo haveria pouco "progresso" de que se gabar.⁴⁴

Tendo tudo isso em vista, devemos perguntar: até que ponto as ações afirmativas nos ajudaram a permanecer cegos e a negar a existência de uma subcasta racial? E até que ponto as batalhas sobre ações afirmativas nos distraíram e desviaram recursos e energias cruciais do desmantelamento das estruturas de desigualdade racial?

A resposta previsível é que os defensores dos direitos civis estão tão empenhados em lutar contra o encarceramento em massa e outras formas de racismo estrutural quanto em preservar as ações afirmativas. Mas onde estão as evidências disso? Os ativistas de direitos humanos criaram um *movimento* nacional para salvar as ações afirmativas, completado com marchas, organização e campanhas midiáticas, bem como incessantes reuniões de estratégia, conferências e ações judiciais. Onde está o movimento para acabar com o encarceramento em massa? Aliás, onde está o movimento pela equidade na educação? Parte da resposta é que é muito mais fácil criar um movimento quando há a sensação de estar sob ataque. Também é mais fácil quando se trata de uma única política,

---

42 Para uma análise do impacto do encarceramento no desemprego, na pobreza e na educação, ver Bruce Western, *Punishment and Inequality in America*, cit., p. 83-131.

43 Jesse Rothstein e Albert Yoon, "Affirmative Action in Law School Admissions: What Do Racial Preferences Do?", National Bureau of Economic Research, Cambridge, MA, ago. 2008. Disponível em: <www.nber.org/papers/w14276>.

44 Stephen Steinberg, *Turning Back*, cit., p. 195-6.

em vez de algo tão enorme (e aparentemente intratável) como a desigualdade educacional ou o encarceramento em massa. Essas são explicações decentes, mas não são desculpas. Tente contar a um jovem negro na Louisiana que, aos dezesseis anos, está enfrentando uma década na prisão de adultos e uma vida inteira de exclusão social, política e econômica que a sua organização de direitos civis não está fazendo muito para acabar com a Guerra às Drogas – mas será que ele gostaria de ouvir sobre todas as grandes coisas que estão sendo feitas para salvar as ações afirmativas? Há uma desconexão fundamental hoje entre o mundo da defesa dos direitos civis e a realidade enfrentada por aqueles que estão presos na nova subcasta racial.

Há outra consequência mais sinistra das ações afirmativas: a aparência cuidadosamente planejada de um grande progresso racial fortalece o consenso público "racialmente neutro" de que traços pessoais e culturais, não arranjos estruturais, são em grande parte responsáveis pelo fato de que a maioria dos jovens negros nos centros urbanos dos Estados Unidos está hoje sob controle do sistema de justiça criminal ou rotulada como criminosa pelo resto da vida. Em outras palavras, as ações afirmativas ajudam a fazer a emergência de um novo sistema de castas raciais parecer implausível. Elas criam um ambiente em que é razoável perguntar: como é possível que algo parecido com um sistema de castas raciais possa existir quando pessoas como Condoleezza Rice, Colin Powell e Barack Obama são capazes de subir quase do nada até o pináculo do poder e da riqueza? Como poderia existir um sistema de castas, tendo em vista a classe média negra?

Há respostas a essas perguntas, mas elas são difíceis de engolir quando milhões de estadunidenses demonstram vontade de eleger um homem negro como presidente dos Estados Unidos. A verdade, entretanto, é esta: longe de enfraquecer o atual sistema de controle, o novo sistema de castas depende, em grande parte, da excepcionalidade negra. O consenso público racialmente neutro que apoia o novo sistema de castas insiste que a raça não importa mais. Agora que os Estados Unidos abraçaram oficialmente o sonho de Martin Luther King Jr. (ao reduzi-lo à platitude de que "devemos ser julgados pelo conteúdo de nosso caráter, não pela cor de nossa pele"), o encarceramento em massa de pessoas não brancas pode ser justificado apenas na medida em que a situação dos que estão trancafiados ou excluídos é entendida como sua escolha, não como seu direito de nascimento.

Em suma, o encarceramento em massa se baseia na noção de que um número extraordinário de afro-americanos (mas não todos) escolheu livremente uma vida de crime e, portanto, seu lugar é atrás das grades. Uma crença de que todos os negros devem estar na cadeia seria incompatível com o consenso social de que nós "avançamos para além" da raça e que a raça não é mais relevante. Mas uma crença generalizada de que a maioria dos homens pretos e pardos, infelizmente, deve ir para a cadeia é compatível com o novo credo estadunidense, desde que sua prisão possa ser interpretada como sua própria culpa. Se a culpa pelo rótulo da prisão imposto sobre eles pode ser atribuída a sua cultura, a sua fraca ética do trabalho ou mesmo a suas famílias, então a sociedade está absolvida da responsabilidade de fazer qualquer coisa a respeito da sua condição.

É aqui que entra a excepcionalidade negra. Exemplos altamente visíveis de sucesso negro são essenciais para a manutenção de um sistema de castas raciais na era da neutralidade racial. As histórias de sucesso negro emprestam credibilidade à noção de que qualquer pessoa, não importa quão pobre ou preta ela seja, pode chegar ao topo, se tentar o suficiente. Essas histórias "provam" que a raça não é mais relevante. Se histórias de sucesso negro minaram a lógica do Jim Crow, elas na verdade reforçam o sistema de encarceramento em massa. O encarceramento em massa depende, por sua legitimidade, da crença generalizada de que todos os que parecem presos nas piores posições sociais no fundo escolheram esse destino.

Vistas dessa perspectiva, as ações afirmativas não parecem mais inteiramente progressistas. Enquanto alguns afro-americanos prontamente identificáveis estão indo bem, o sistema fica em grande medida imune à crítica racial. Pessoas como Barack Obama, que são verdadeiramente excepcionais a partir de qualquer critério, junto com outras que receberam oportunidades excepcionais, legitimam um sistema que permanece repleto de preconceito racial – especialmente quando deixam de lutar contra, ou mesmo reconhecer, a ordem social prevalecente. Na era atual, os estadunidenses brancos normalmente estão ansiosos para abraçar símbolos afro-americanos ou afro-americanos excepcionais, particularmente quando eles tomam o caminho de não falar sobre raça ou desigualdade racial.

As ações afirmativas podem ser contraproducentes ainda em outro sentido: elas dão credibilidade a uma teoria da justiça racial progressiva. A noção de que dar a um número relativamente pequeno de pessoas não brancas o acesso a posições-chave ou instituições inevitavelmente redundará em benefício de um grupo maior é desmentida por evidências. Isso parece também desconsiderar as severas advertências de Martin Luther King Jr. de que a justiça racial exige a completa transformação das instituições sociais e uma reestruturação drástica de nossa economia, não mudanças superficiais que podem ser compradas a baixo custo. King argumentou em 1968 que:

> As mudanças [que ocorreram até agora] aconteceram basicamente na área social e política. Os problemas que nós enfrentamos agora – oferta de empregos, melhores condições de moradia e educação melhor para os pobres do país – exigem dinheiro para sua solução, um fato que torna essas soluções ainda mais difíceis.[45]

Ele enfatizou que "a maior parte dos ganhos da década passada foi obtida por uma pechincha", já que a reversão da segregação nos órgãos públicos e a nomeação de alguns funcionários negros custara quase nada:

> Os Estados Unidos dos brancos precisam reconhecer que a justiça para os negros não pode ser alcançada sem mudanças radicais na estrutura de nossa sociedade. O confortável, o entranhado, o privilegiado não podem continuar a tremer diante da perspectiva de mudança do *status quo*.[46]

Nesse contexto, os programas de ações afirmativas impulsionados pela diversidade parecem ser o epítome da justiça racial comprada a preço baixo. Eles criam a aparência de equidade racial sem realizá-la e fazem isso sem grandes custos, sem alternar fundamentalmente nenhuma das estruturas que criam a desigualdade racial em primeiro lugar. Talvez a melhor ilustração desse fato seja que, graças às ações afirmativas, os departamentos de polícia e os órgãos policiais de todo o país passaram a se parecer mais do que nunca com os Estados Unidos, no momento preciso em que travam uma guerra no gueto pobre e desempenham um papel de liderança no encarceramento em massa sistemático de pessoas não brancas. A cor dos delegados de polícia em todo o país mudou, mas o papel da polícia em nossa sociedade não.

Gerald Torres e Lani Guinier oferecem uma crítica semelhante às ações afirmativas em *The Miner's Canary* [O canário do mineiro]. Eles apontam que "as estratégias convencionais para a mudança social procedem como se a

---

[45] Martin Luther King Jr., "A Testament of Hope", em *A Testament of Hope: The Essential Writings and Speeches of Martin Luther King, Jr.* (Nova York, Harper Collins, 1986), p. 321.
[46] Ibidem, p. 315.

mudança de quem administra o poder afetasse fundamentalmente a estrutura do próprio poder"[47]. Essa abordagem estreita da mudança social é refletida nas justificativas oferecidas para as ações afirmativas, principalmente a alegação de que, "se dermos uma chance para aqueles que estavam de fora, eles exercerão o poder de maneira *diferente*"[48]. A realidade, contudo, é que a hierarquia existente disciplina os recém-chegados, exigindo deles que exerçam o poder de acordo com as mesmas velhas maneiras e as mesmas velhas regras se quiserem sobreviver. Os recém-chegados, explicam Torres e Guinier, são facilmente cooptados, pois têm muito a perder e pouco a ganhar contestando as regras do jogo.

Essa questão é particularmente relevante para a situação dos policiais que fazem parte de minorias e são acusados de participar da Guerra às Drogas. Injustiças raciais profundas ocorrem quando policiais membros de minorias *seguem as regras*. É um escândalo quando o público toma conhecimento de que eles quebraram as regras, mas nenhuma regra precisa ser quebrada para que o sistemático encarceramento em massa de pessoas não brancas prossiga inabalado. Esse fato desconfortável cria fortes incentivos para que policiais que fazem parte de minorias neguem, racionalizem ou fiquem voluntariamente cegos ao papel das ações policiais na criação da subcasta racial. Relatos de que policiais de grupos minoritários podem se envolver em práticas de perfilamento racial tanto quanto policiais brancos são recebidos com espanto, mas a verdadeira surpresa é que alguns policiais de grupos minoritários estão dispostos a falar contra essas práticas, dada a ferocidade da Guerra às Drogas. Uma guerra foi declarada contra as comunidades pobres não brancas, e a polícia deve travá-la. Espera-se que os policiais de grupos minoritários, cujo sustento depende dos próprios departamentos encarregados da guerra, desempenhem o papel de pacificadores? Essa expectativa não parece razoável, mas o dilema dos defensores da justiça racial é real. A cumplicidade silenciosa dos policiais minoritários na Guerra às Drogas serve para legitimar o sistema e isentá-lo de críticas. Em uma nação ainda presa à velha mentalidade do Jim Crow – que equipara o racismo com a intolerância branca e vê a diversidade racial como prova de que o problema foi resolvido –, um departamento de polícia racialmente diverso convida a perguntas como: "Como você pode dizer que as operações de drogas do Departamento de Polícia de Oakland são racistas?

---

[47] Lani Guinier e Gerald Torres, *The Miner's Canary: Enlisting Race, Resisting Power, Transforming Democracy* (Cambridge, MA, Harvard University Press, 2002), p. 114.
[48] Idem.

Há um delegado negro e a maioria dos policiais envolvidos nas operações de drogas é negra". Se as dimensões de casta do encarceramento em massa fossem realmente compreendidas e as limitações da diversidade cosmética fossem de fato consideradas, a presença de chefes de polícia negros e policiais negros não seria mais encorajadora hoje do que a presença de feitores de escravos negros e fazendeiros negros proprietários de escravos foi há cem anos.

Quando mudanças significativas não se materializam após a obtenção de uma diversidade superficial, aqueles que permanecem excluídos podem se tornar extremamente desencorajados e desmoralizados, o que resulta em cinismo e resignação. Talvez o mais preocupante, porém, seja o fato de que a inclusão de pessoas não brancas nas estruturas de poder, principalmente no topo, pode paralisar os esforços de reforma. Pessoas não brancas muitas vezes relutam em desafiar instituições lideradas por pessoas que se parecem com elas, pois sentem uma participação pessoal no sucesso daquele indivíduo. Depois de séculos de acesso negado a posições de lideranças em instituições-chave, pessoas não brancas, compreensivelmente, hesitam em criar circunstâncias que poderiam desencadear a queda de "um dos seus". Um incidente de brutalidade policial que seria entendido como inegavelmente racista se os policiais envolvidos fossem brancos pode receber uma interpretação mais caritativa se os policiais forem negros. Da mesma forma, os residentes de comunidades negras que poderiam ser inspirados a lutar contra as políticas agressivas de parada e revista de um departamento de polícia amplamente branco seriam capazes de se preocupar em "ferir" um delegado de polícia negro. Pessoas não brancas, por causa da sua história de subjugação racial e exclusão, muitas vezes experimentam sucesso e fracasso indiretamente por meio dos poucos que conseguem posições de poder, fama e fortuna. Como resultado, a diversidade cosmética, que se concentra em oferecer oportunidades a membros individuais de grupos sub-representados, tem o duplo efeito de diminuir a possibilidade de que regras injustas sejam combatidas e de legitimar todo o sistema.

OBAMA: A PROMESSA E O RISCO

Essa dinâmica impõe riscos particulares para a defesa da justiça racial durante o mandato de Obama. Por um lado, sua eleição para a Presidência cria uma oportunidade extraordinária para aqueles que procuram acabar com o sistema de encarceramento em massa nos Estados Unidos. As posições declaradas de Obama sobre a reforma da justiça criminal sugerem que ele se opõe à Guerra às

Drogas e ao direcionamento sistemático de afro-americanos para o encarceramento em massa[49]. Não deveríamos confiar nele, agora que ele está segurando as rédeas do poder, para fazer a coisa certa?

A confiança é tentadora, especialmente porque o próprio Obama violou as leis de drogas da nação e certamente sabe que sua vida não teria se desenrolado do mesmo modo se ele tivesse sido preso sob acusações de drogas e tratado como um criminoso comum. Como ele escreveu sobre a juventude rebelde em sua autobiografia, "maconha ajudava, e álcool; talvez um pouco de pó, quando se podia pagar por isso". Ao contrário de Bill Clinton, que admitiu de forma célebre que experimentou maconha em uma ocasião, "mas não tragou", Obama nunca minimizou seu uso de drogas ilegais. Como em um discurso de 2006 para a American Society of Magazine Editors [Sociedade Estadunidense de Editores de Revistas], em que disse: "Olha, vocês sabem, quando eu era um garoto, eu cheirava. Com frequência. Esse é ponto"[50]. Essas "más decisões", reconheceu Obama, poderiam tê-lo levado a um beco sem saída pessoal. "Drogado. Maconheiro. Eu estava indo nessa direção: o destino final, fatal, para quem é um jovem negro." Não há dúvidas de que, se Obama tivesse sido preso e tratado como um criminoso comum, ele poderia ter cumprido anos de prisão e ter sido rotulado como um criminoso de drogas por toda a vida. Quais seriam as chances de ele ir para a Faculdade de Direito de Harvard ou de se tornar presidente dos Estados Unidos se isso tivesse acontecido? Parece razoável presumir que Obama, que sabe um pouco sobre a pobreza e as tentações das drogas, teria uma atitude de "poderia ter sido comigo" em relação aos milhões de homens africanos e latinos encarcerados por delitos de drogas comparáveis ao dele ou selados por toda a vida com registros criminais.

Mas antes de descansar, relaxar e esperar que a justiça racial chegue, considere isto: Obama escolheu para vice-presidente Joe Biden, um dos mais estridentes defensores da Guerra às Drogas no Senado. O homem que ele escolheu para servir como seu chefe de gabinete na Casa Branca, Rahm Emanuel, foi um dos principais proponentes da Guerra às Drogas e da redução das políticas assistenciais durante o governo do presidente Clinton. E o que

---

[49] Sentencing Project, "2008 Leading Presidential Candidates' Platforms on Criminal Justice Policy", 24 mar. 2008. Disponível em: <www.sentencingproject.org/doc/publications/publications/Presidential%20Candidates%27%20Platforms%20-%20Spreadsheet%207%20 18 %2008.pdf>.

[50] Drew Harwell, "Obama's Drug Use Debated", CBS News, UWIRE.com, 12 fev. 2008.

ele encarregou de liderar o Departamento de Justiça dos Estados Unidos – o órgão que lançou e continua a supervisionar a guerra federal contra as drogas – é um ex-promotor do distrito de Colúmbia que tentou ampliar a Guerra às Drogas em Washington e lutou contra a maioria negra do Conselho da Cidade do Distrito Federal em um esforço para impor sentenças mínimas obrigatórias muito duras para a posse de maconha. Além disso, na campanha eleitoral, Obama deu um dramático passo atrás em relação a sua posição anterior contrária à pena de morte, anunciando que passava a apoiar a pena capital para estupradores de crianças – mesmo que a vítima não tivesse sido morta –, ainda que a Suprema Corte dos Estados Unidos tivesse decidido que a pena de morte para não homicidas é inconstitucional e a legislação internacional desaconselhe fortemente a prática. Os únicos que compartilham o ponto de vista de Obama são países como a Arábia Saudita, o Egito e a China, que permitem a pena capital por coisas como o adultério e a evasão fiscal. Então, por que Obama, na campanha, mudou de posição para anunciar seu desacordo com a decisão da Suprema Corte, que declarara inconstitucional a pena de morte para estupradores de crianças? Ele claramente estava tentando proteger-se de qualquer tentativa de retratá-lo como "brando" com o crime – uma tática que lembra a decisão de Bill Clinton de voar de volta ao Arkansas durante a campanha presidencial de 1992 a fim de assistir à execução de um homem negro com deficiência mental.

Ativistas experientes podem responder que isso é "apenas política", mas, como vimos nos capítulos anteriores, é a mesma política que deu origem ao novo Jim Crow. Obama ressuscitou o programa Community Oriented Policing Services (COPS) [Serviço de Polícia Orientado à Comunidade] do presidente Clinton e aumentou o financiamento para o programa de repasses Byrne – dois dos piores programas de drogas federais da era Clinton[51]. Tais programas, apesar de seus nomes benignos, são responsáveis pela militarização do policiamento, as equipes da Swat, as forças-tarefa de drogas Pipeline, e a longa lista de horrores da Guerra às Drogas descritos no capítulo 2.

---

[51] Obama prometeu aumentar o Fundo Byrne quando concorreu à Presidência. Ver David Hunt, "Obama Fields Questions on Jacksonville Crime", *Florida-Times Union*, 22 set. 2008. Uma vez eleito, ele cumpriu sua promessa, aumentando drasticamente os recursos da Guerra às Drogas. Ver "Federal Budget: Economic Stimulus Bill Stimulates Drug War, Too", *Drug War Chronicle*, n. 573, 20 fev. 2009; Michelle Alexander, "Obama's Drug War", *The Nation*, 9 dez. 2010 (observando que o pacote de estímulo econômico de 2009 incluiu um aumento significativo ao financiamento dos programas Byrne).

Notadamente, o governo Obama escolheu aumentar em doze vezes o financiamento dos programas Byrne, não em resposta a qualquer súbito aumento nas taxas de criminalidade ou a quaisquer novos estudos indicando a eficácia desses programas, mas, sim, porque a aplicação de bilhões de dólares em policiamento é um programa de empregos fácil e eficiente em meio a uma crise econômica[52]. O drástico aumento do financiamento dos repasses para o Byrne foi incluído como parte da Lei de Reinvestimento Econômico de 2009. Embora a canalização de dólares de estímulo para a atividade policial possa ajudar alguns policiais a manter seus empregos em um momento em que os orçamentos estaduais e municipais estão sendo cortados, há um custo. Como observou o colunista do *The New York Times* Charles Blow: "[é] um cálculo político insensível [...]. O fato de estarem arruinando a vida de centenas de milhares de homens negros e hispânicos e, por extensão, as comunidades às quais eles pertencem parece passar quase despercebidamente"[53].

Clinton certa vez se gabou de que o programa COPS, que colocou dezenas de milhares de policiais nas ruas, foi responsável pelos notáveis quinze anos de queda nos crimes violentos que começara na década de 1990. Contudo, estudos recentes têm demonstrado que não foi exatamente isso que ocorreu. Um relatório de 2005 do Government Accountability Office [Setor de Prestação de Contas do Governo] concluiu que o programa pode ter contribuído para uma redução de 1% na criminalidade – por um custo de 8 bilhões de dólares[54]. Um estudo publicado na revista acadêmica *Criminology* descobriu que o programa COPS, apesar da publicidade extravagante, "teve pouco ou nenhum efeito sobre a criminalidade"[55]. E enquanto o tsar antidrogas de Obama, o ex-chefe de polícia de Seattle Gil Kerlikowske, tem dito que a Guerra às Drogas não deveria mais ser *chamada* de guerra, o orçamento de Obama para a segurança pública é pior do que o do governo Bush no que diz respeito às proporções dedicadas à prevenção e tratamento de drogas em contraste com o dedicado à atividade

---

[52] Ver Charles Blow, "Smoke and Horrors", *The New York Times*, 22 out. 2001. Disponível em: <www.nytimes.com/2010/10/23/opinion/23blow.html>.

[53] Idem.

[54] United States Government Accountability Office, Report to the Chairman, Committee on the Judiciary, House of Representatives, *Community Policing Grants: COPS Grants Were a Modest Contribution to Decline in Crime in 1990s*, GAO-06-104, out. 2005. Disponível em: <www.gao.gov/new/items/d06104.pdf>.

[55] John L. Worrall e Tomislav V. Kovandzic, "COPS Grants and Crime Revisited", *Criminology*, v. 45, n. 1, fev. 2007, p. 159-90.

repressiva⁵⁶. Obama, que é celebrado como prova do triunfo dos Estados Unidos sobre a raça, está propondo nada menos do que acelerar a Guerra às Drogas por meio das mesmas políticas e programas fracassados que têm sistematicamente jogado jovens não brancos em uma subcasta racial permanente.

A única e preocupante situação que os defensores da justiça racial enfrentam neste momento é que as pessoas mais oprimidas pelo atual sistema de castas – os afro-americanos – podem estar menos propensas a lutar contra ele, agora que uma família negra está morando na Casa Branca. Se Obama fosse branco, não haveria nenhuma hesitação em lembrá-lo de que fez uso de drogas na juventude para justificar que ele deveria acabar com a Guerra às Drogas e cumprir suas promessas de dar fim às injustas sentenças mínimas obrigatórias. Mas os afro-americanos querem que a mídia fale sobre o uso de drogas de Obama? Será que os afro-americanos querem pressionar Obama sobre alguma questão, especialmente questões raciais? E, indo além, será que muitos afro-americanos na verdade não preferem ignorar as questões raciais durante o mandato de Obama, para ajudar a garantir uma navegação tranquila e uma gestão triunfante, não importa quão ruins as coisas estejam para os afro-americanos enquanto isso?

O fato de que a última pergunta poderia presumivelmente ser respondida de modo afirmativo levanta sérias questões para a comunidade de direitos civis. Teremos inconscientemente exagerado a importância de indivíduos obterem sucesso dentro das estruturas de poder preexistentes e, desse modo, subestimamos o chamado de King para uma "reestruturação completa" de nossa sociedade? Será que estamos contribuindo para o enfraquecimento e a passividade da comunidade negra, não só deixando os advogados assumirem a situação, mas também comunicando a mensagem de que o melhor caminho – talvez o único caminho – até a terra prometida é nos infiltrarmos nas instituições de elite e alcançarmos o topo do poder, fazendo justiça racial a partir de lá?

Torres e Guinier sugerem que a resposta a essas perguntas pode ser "sim". Eles observam que, "surpreendentemente, estrategistas de esquerda e de direita, apesar de suas diferenças, convergem para o indivíduo como unidade de poder"⁵⁷. Os conservadores atacam a legitimidade dos direitos coletivos ou da consciência racial e argumentam que a melhor estratégia de ganho de

---

[56] Gary Fields, "White House Czar Calls for End of 'War on Drugs'", *Wall Street Journal*, 24 maio 2009; ver também Office of National Drug Control Policy, *White House Drug Control Budget, FY2010 Funding Highlights*, maio 2009.

[57] Lani Guinier e Gerald Torres, *The Miner's Canary*, cit., p. 118.

poder são o empreendedorismo e a iniciativa individual. Os defensores dos direitos civis argumentam que os membros individuais dos grupos "representam" a raça e que as hierarquias de poder que não têm diversidade são ilegítimas. A teoria é que, quando os indivíduos negros conseguem o poder para si, as pessoas negras, como grupo, se beneficiam, assim como a sociedade como um todo. "Aqui vemos liberais e conservadores endossando a mesma metanarrativa do individualismo estadunidense: quando os indivíduos avançam, o grupo triunfa. Quando os indivíduos obtêm sucesso, a democracia estadunidense prevalece"[58].

A ausência de uma crítica estrutural profunda da ordem racial prevalecente explica por que tantos defensores dos direitos civis responderam à eleição de Barack Obama com alegria, combinada a uma rápida lembrança de que "ainda temos um longo caminho a percorrer". A resposta previsível do observador casual é: bem, até onde? Um homem negro acabou de ser eleito presidente. Até onde mais os negros querem ir? Se um negro pode ser eleito presidente, ele não pode fazer qualquer outra coisa?

Todos nós ou nenhum de nós

Ao mesmo tempo que muitos defensores dos direitos civis têm seguido estratégias de justiça racial pensadas por advogados, um número crescente de ex-presidiários, homens e mulheres, estão se organizando nas grandes cidades dos Estados Unidos, prestando assistência àqueles recém-libertados da prisão e se engajando em ativismo político de base em busca de direitos civis essenciais. Uma organização desse tipo, localizada em Oakland, na Califórnia, se chama All of Us or None [Todos nós ou nenhum de nós]. O nome contesta explicitamente políticas que oferecem inclusão e aceitação para alguns, mas garantem exclusão para muitos. O espírito é afirmar solidariedade com "o pior entre nós".

Ações afirmativas impulsionadas pela diversidade, como descritas e implementadas hoje, mandam uma mensagem diferente: "alguns de nós" conseguirão ser incluídos. Como política, ela é cega àqueles que estão além do seu alcance, os rostos não brancos no fundo do poço. Uma política por si só não pode salvar o mundo, responderia o cético. É verdade. Mas e se as ações afirmativas, como têm sido formuladas e debatidas, fizerem mais mal do que bem, quando vistas da perspectiva de "todos nós"?

---

[58] Idem.

Isso nos leva a uma pergunta crítica: quem é o *nós* por quem os defensores dos direitos civis estão lutando? A julgar pela multiplicidade de grupos que iniciaram suas próprias campanhas de direitos civis desde o assassinato de Martin Luther King Jr. – mulheres, gays, imigrantes, latinos, americanos de ascendência asiática –, a resposta parece ser que *nós* inclui todo mundo menos os homens brancos.

Esse resultado não é ilógico. Quando Malcolm X condenou "o homem branco" e declarou-o inimigo, ele não estava, é claro, falando de qualquer homem branco em particular, mas da ordem branca patriarcal que caracterizou a escravidão e o Jim Crow. Malcolm X entendia que os Estados Unidos foram criados por e para homens brancos privilegiados. Eram os homens brancos que dominavam a política, controlavam a riqueza da nação e escreviam as regras segundo as quais todos os outros eram obrigados a viver. Pode-se dizer que nenhum outro grupo nos Estados Unidos teve mais privilégios e foi mais longe para protegê-los do que "o homem branco".

Mas o homem branco, afinal, também sofreu. O fato de o seu sofrimento ter sido muito menos extremo e não ter sido ligado à crença na sua inferioridade inerente não tornou seu sofrimento menos real. Os defensores dos direitos civis, no entanto, têm tratado o sofrimento do homem branco como largamente irrelevante para a busca da terra prometida. Enquanto os advogados de direitos civis revelavam planos para reverter a segregação de escolas públicas, eram os brancos pobres e da classe trabalhadora que deveriam suportar o fardo desse profundo ajuste social, embora muitos estivessem tão desesperados quanto os afro-americanos por uma mobilidade social ascendente e uma educação de qualidade. De acordo com o censo de 1950, entre os sulistas de vinte e poucos anos, as porcentagens estado a estado de analfabetismo funcional (pessoas com menos de cinco anos de escolaridade) dos brancos na zona rural se equipararam às dos negros nas cidades. A maioria dos brancos sulistas estava melhor do que os negros do Sul, mas eles não eram de nenhum modo ricos ou bem-educados. Eles eram semiletrados (com menos de doze anos de escolaridade). Apenas uma pequena minoria de brancos era rica e bem-educada. Ela ficava distante do resto dos brancos e praticamente de todos os negros[59].

---

[59] Ver Lani Guinier, "From Racial Liberalism to Racial Literacy: *Brown v. Board of Education* and the Interest-Divergence Dilemma", *Journal of American History*, v. 92, jun. 2004, p. 103, citando C. Arnold Anderson, "Social Class Differentials in the Schooling of Youth Within the Regions, Community-Size Groups of the United States", *Social Forces*, v. 25, maio 1947,

O que os brancos das classes inferiores *tinham* era o que W. E. B. Du Bois descreveu como um "salário psicológico" [*the public and psychological wage*] pago aos trabalhadores brancos, que dependiam de seu status e de seus privilégios como brancos para compensar salários baixos e condições de trabalho duras[60]. Conforme descrito no capítulo 1, repetidas vezes, os brancos pobres e da classe trabalhadora foram convencidos a escolher seus interesses de status racial em vez de interesses econômicos comuns aos dos negros, resultando no surgimento de novos sistemas de castas que beneficiaram apenas marginalmente os brancos, mas foram devastadores para os afro-americanos.

Em retrospectiva, parece claro que nada poderia ter sido mais importante nas décadas de 1970 e 1980 do que encontrar uma maneira de criar uma coalização duradoura, inter-racial, de baixo para cima, por justiça econômica e social para assegurar que outro sistema de castas não emergisse das cinzas do Jim Crow. Deveríamos ter dado prioridade a encontrar alguma maneira de fazer com que os brancos pobres e da classe operária se sentissem parte – e tivessem algum interesse tangível – na ordem racial integrada nascente. Contudo, como Lani Guinier ressalta, o liberalismo racial expresso na decisão do caso Brown *versus* Board of Education e endossado por litigantes de direitos civis "não ofereceu aos brancos pobres nem mesmo um quadro elementar para que eles compreendessem o que poderiam ganhar como resultado da integração"[61]. Nada na opinião ou na subsequente estratégia jurídica deixou claro que a segregação proporcionava às elites um meio crucial de exercer controle social sobre brancos pobres e da classe trabalhadora tanto quanto sobre os negros. A elite branca do Sul, fossem fazendeiros ou industriais, tentou com sucesso fazer com que todos os brancos pensassem em termos raciais em vez de em termos de classe, prevendo que os brancos experimentariam a reversão da segregação, como disse Derrick Bell, como uma "perda" líquida[62].

---

p. 436 e 440; e C. Arnold Anderson, "Inequalities in Schooling in the South", *American Journal of Sociology*, v. 60, maio 1955, p. 549, 553 e 557.

[60] W. E. B. Du Bois, *Black Reconstruction in America, 1860-1880* (Nova York, Free Press, 1935), p. 700.

[61] Lani Guinier, "From Racial Liberalism to Racial Literacy", cit., p. 102. Ver também Beth Roy, *Bitters in the Honey: Tales of Hope and Disappointment Across Divides of Race and Time* (Fayetteville, University of Arkansas Press, 1999), p. 318; e Pete Daniel, *Lost Revolutions: The South in the 1950s* (Chapel Hill, University of North Carolina Press, 2000), p. 270.

[62] Ver Derrick Bell, "*Brown v. Board of Education* and the Interest-Convergence Dilemma", *Harvard Law Review*, v. 93, 1980, p. 518 e 525; David J. Armor, *Forced Justice: School*

Dado que os brancos pobres e da classe trabalhadora (e não as elites brancas) foram os que tiveram seu mundo abalado pela reversão da segregação, não é preciso um grande arroubo de empatia para entender por que as ações afirmativas foram sentidas como sal sobre uma ferida. Du Bois observou certa vez que o salário psicológico da branquitude colocava "um rosto negro indelével no fracasso"[63]. No entanto, com o advento das ações afirmativas, repentinamente os afro-americanos estavam saltando por cima dos brancos pobres e da classe trabalhadora em seu caminho para Harvard e Yale e conseguindo empregos antes reservados aos brancos em departamentos de polícia e no corpo de bombeiros. Os defensores dos direitos civis não ofereceram um bálsamo para a ferida resistindo publicamente aos apelos por ações afirmativas de *classe* e desconsiderando as alegações de injustiça com base no argumento de que os brancos tinham desfrutado de preferências raciais por centenas de anos. O ressentimento, a frustração e a raiva expressos pelos brancos pobres e da classe trabalhadora foram atribuídos ao racismo, levando a um discurso subterrâneo sobre raça e a apelos políticos racistas implícitos, mas a pouco diálogo honesto.

Talvez tenha chegado a hora de desistir dos subornos raciais e começar uma conversa honesta sobre raça nos Estados Unidos. O assunto da conversa deveria ser como *nós* poderia vir a incluir *todos nós*. Conquistar esse grau de unidade pode significar renúncia à defesa feroz de políticas e estratégias que exacerbam as tensões raciais e produzem principalmente benefícios raciais psicológicos e cosméticos para grupos racialmente definidos.

É claro que para que um progresso racial significativo seja obtido, os brancos também precisarão abandonar seus subornos raciais e estar dispostos a sacrificar seus privilégios raciais. Alguns podem argumentar que neste jogo de cercar o frango, os brancos deveriam fazer o primeiro movimento. Eles devem demonstrar que seu silêncio quanto à Guerra às Drogas não deve ser compreendido como garantia tácita de que seus filhos e filhas não serão perseguidos em massa e presos. Os brancos deveriam provar seu compromisso em desmantelar não apenas o encarceramento em massa, mas todas as estruturas de desigualdade racial que lhes garantem a resiliência do privilégio branco. Afinal, porque

---

Desegregation and the Law (Nova York, Oxford University Press, 1996), p. 174-93 e 206-7; e Robert J. Norrell, "Labor at the Ballot Box: Alabama Politics from the New Deal to the Dixiecrat Movement," *Journal of Southern History*, v. 57, maio 1991, p. 201, 227 e 233-4.

[63] W. E. B. Du Bois, *The Souls of Black Folk* (1903; Nova York, Bantam, 1989).

"nós" devemos desistir de nossos subornos raciais se os brancos não estiverem dispostos a desistir dos seus? À luz da história racial de nossa nação, isso parece profundamente injusto. Mas, se sua estratégia de justiça racial envolve esperar que os brancos sejam justos, a história sugere que será uma longa espera. Não que as pessoas brancas sejam mais injustas do que as outras. Pelo contrário, parece que um aspecto da natureza humana é a tendência a se apegar firmemente às vantagens e privilégios e de racionalizar o sofrimento e a exclusão dos outros. Foi essa tendência que levou Frederick Douglass a declarar que "o poder não concede nada sem uma demanda; ele nunca o fez e nunca o fará".

Então, o que deve ser demandado neste momento da história racial de nossa nação? Se a resposta for mais poder, mais empregos no topo, mais vagas em escolas legais para "nós" – um *nós* racialmente definido, estreito, que exclui muitos –, continuaremos as mesmas lutas por poder e certamente obteremos muitos dos mesmos resultados. Sim, podemos persuadir a maioria dos eleitores no meio de uma crise econômica de que dependemos demais do encarceramento, que as prisões são muito caras e que o uso de drogas é um problema de saúde pública, não um crime. Mas, se o movimento que emergir para acabar com o encarceramento em massa não abordar de maneira significativa as divisões e ressentimentos raciais que deram origem a ele e não cultivar uma ética do cuidado genuíno, da compaixão e da preocupação com cada ser humano – de todas as classes, raças e nacionalidades – dentro das fronteiras de nossa nação, incluindo brancos pobres, que muitas vezes se opõem às pessoas pobres não brancas, o colapso do encarceramento em massa não significará a morte das castas raciais nos Estados Unidos. Inevitavelmente surgirá um novo sistema de controle social racializado – um que não podemos prever, assim como o atual sistema de encarceramento em massa não foi previsto por ninguém há trinta anos. Nenhuma tarefa é mais urgente para os defensores da justiça racial hoje do que assegurar que o atual sistema de castas raciais dos Estados Unidos seja o último.

Dado o que está em jogo neste momento da história, uma ação mais ousada e inspirada do que as que temos visto até agora será necessária. Reformas fragmentadas e de cima para baixo das questões da justiça criminal, combinadas com um discurso sobre justiça racial que gira em torno do significado da eleição de Barack Obama e do "pós-racismo", não nos tirarão do pântano racial de nossa nação. Precisamos mudar de *script*. Seguindo o rastro dos corajosos defensores dos direitos civis que se recusaram abertamente a se defender, marchando desarmados por multidões que ameaçavam matá-los, nós, também, precisamos ser a mudança que esperamos criar. Se quisermos fazer mais do que apenas acabar com o encarceramento em massa – se quisermos pôr um fim à história das castas raciais nos Estados Unidos –, devemos abrir mão de nossos subornos raciais, dar as mãos a pessoas de todas as cores que não estão contentes em esperar até que a mudança venha de cima e dizer àqueles que estão no nosso caminho: aceitem todos nós ou nenhum de nós.

Essa é a mensagem básica que Martin Luther King Jr. pretendeu passar por meio do Movimento das Pessoas Pobres em 1968. Ele argumentou que havia chegado o momento de os defensores da justiça racial mudarem de um paradigma de direitos civis para um paradigma de direitos humanos e que o verdadeiro trabalho de construção do movimento tinha apenas começado[64]. Ele acreditava que uma abordagem de direitos humanos ofereceria uma esperança muito maior para aqueles de nós determinados a criar uma democracia próspera, multirracial e multiétnica, livre de hierarquia racial, do que o modelo dos direitos civis tinha oferecido até então. Ela ofereceria uma visão positiva de *pelo que* nós podemos lutar – uma sociedade na qual todos os seres humanos de todas as raças sejam tratados com dignidade e tenham direito a alimentação, abrigo, cuidados de saúde, educação e segurança[65]. Essa visão ampliada abriria a porta para alianças significativas entre pobres e operários de todas as cores, que poderiam começar a ver seus interesses convergindo, não divergindo – e não mais competindo por recursos escassos em um jogo de soma zero.

Um movimento de direitos humanos, acreditava King, tinha um potencial revolucionário. Falando em um retiro da Southern Christian Leadership Conference (SCLC) [Conferência das Lideranças Cristãs Sulistas] em maio de 1967, ele disse que estava preocupado porque o Movimento dos Direitos Civis tinha perdido a força e a direção e "que é necessário que percebamos que passamos da era dos direitos civis para a era dos direitos humanos". Os esforços de reforma política não eram mais adequados à tarefa em questão, disse ele:

---

[64] Para uma exploração mais detalhada da jornada de Martin Luther King dos direitos civis aos direitos humanos, ver Thomas F. Jackson, *From Civil Rights to Human Rights: Martin Luther King, Jr. and the Struggle for Economic Justice* (Filadélfia, University of Pennsylvania Press, 2006); e Stewart Burns, *To the Mountaintop: Martin Luther King Jr.'s Sacred Mission to Save America* (Nova York, Harper One, 2005).

[65] Para o conhecimento da natureza, estrutura e história dos direitos humanos, ver Cynthia Soohoo et al. (orgs.), *Bringing Human Rights Home* (Nova York, Praeger, 2007), v. 1.

> Nos últimos doze anos, temos lutado em um movimento de reforma [...]. [Mas] depois de Selma e da lei de direito ao voto, entramos em uma nova era, que deve ser uma era de revolução. Devemos observar a grande distinção entre um movimento de reforma e um movimento revolucionário. Somos chamados a levantar certas questões básicas que dizem respeito a toda a sociedade.[66]

Cinquenta anos depois, a defesa dos direitos civis está presa a um modelo que King estava determinado a deixar para trás. Em vez de lutar contra a estrutura básica da sociedade e fazer o trabalho duro de construção do movimento – trabalho com o qual King ainda estava comprometido no final de sua vida –, somos tentados com muita frequência a incluir pessoas não brancas nas estruturas políticas e econômicas como se apresentam, mesmo que isso signifique alienar aqueles que são aliados necessários. Nós nos permitimos ser voluntariamente cegos ao surgimento de um novo sistema de castas – um sistema de exclusão social que tem negado a milhões de afro-americanos dignidade humana básica. O significado disso é enorme, pois o fracasso em reconhecer a dignidade humana de todas as pessoas está na raiz de qualquer sistema de castas raciais. Esse fio comum explica por que, na década de 1780, a British Society for the Abolition of Slavery [Sociedade Britânica para a Abolição da Escravidão] adotou como seu emblema oficial uma gravura em madeira de um escravo ajoelhado em cima de uma faixa que dizia "Não sou um homem e um irmão?". Esse símbolo foi resgatado mais de cem anos depois por placas usadas em volta do pescoço por trabalhadores negros do saneamento durante a Campanha das Pessoas Pobres respondendo à questão sobre os escravos com a simples afirmação "Eu sou um homem".

O fato de que os negros puderam usar as mesmas placas hoje em protesto contra o novo sistema de castas sugere que o modelo de defesa dos direitos civis que tem sido empregado nas últimas décadas é, como King previu, inadequado para a tarefa em questão. Se concordarmos que o necessário agora, nessa conjuntura crítica, não são mais remendos ou simbolismos, mas, como King insistiu cinquenta anos atrás, uma "reestruturação radical de nossa sociedade", então talvez também seja possível concordar que uma reestruturação radical de nossa abordagem da defesa da justiça racial também está em questão.

Tudo isso é mais fácil de dizer do que de fazer, é claro. Mudanças nas organizações de direitos civis, assim como mudanças na sociedade como um

---

[66] Stewart Burns, "America, You Must Be Born Again", *Sojourners*, v. 33, n. 1, jan. 2004, p. 14.

todo, não virão facilmente. Comprometer-se plenamente com uma visão de justiça racial em nome de "todos nós", construída na base, de baixo para cima, exigirá uma grande reconsideração de nossas prioridades, pessoas envolvidas, estratégias e mensagens. Egos, agendas concorrentes, objetivos de carreira e inércia podem nos atrapalhar. Talvez as organizações tradicionais de direitos civis simplesmente não possam ou não queiram mudar. Sobre isso poderemos apenas dizer, sem um pingo de desrespeito: adaptem-se ou morram.

Se Martin Luther King Jr. tem razão de que o arco da história é longo, mas se inclina para a justiça, um novo movimento surgirá. E se as organizações de direitos civis não conseguirem acompanhar os tempos, elas serão deixadas de lado quando outra geração de ativistas vier à tona. Espero que a nova geração seja liderada por aqueles que melhor conhecem a brutalidade do novo sistema de castas – um grupo com mais visão, coragem e determinação do que a velha guarda, presa como está em um paradigma obsoleto. Essa nova geração de ativistas não deve desrespeitar seus membros mais velhos ou menosprezar as contribuições ou realizações deles. Pelo contrário, deve inclinar suas cabeças em respeito, pois seus precursores gastaram horas incalculáveis e fizeram grandes sacrifícios em uma difícil busca por justiça. Porém, uma vez prestadas as homenagens, devem marchar à frente, encorajados, como King disse uma vez, pela urgência feroz do agora.

Aqueles de nós que desejam ser seus aliados não devem se surpreender se, quando esse dia chegar e aqueles que foram trancafiados e excluídos finalmente tiverem a chance de falar e de ser verdadeiramente ouvidos, a mensagem ouvida for de raiva. A raiva pode nos assustar. Ela pode nos lembrar de tumultos, revoltas e de edifícios em chamas. Podemos ser tentados a controlá-los, ou reprimi-los enchendo-os de dúvidas, consternação e descrença. Mas não devemos fazer nada disso. Quando um jovem que nasceu no gueto e que pouco conhece da vida para além das paredes de sua cela na prisão ou da jaula invisível que se tornou sua vida se volta para nós cheio de perplexidade e raiva, não devemos fazer nada além de olhá-lo nos olhos e dizer-lhe a verdade. Devemos contar a ele a mesma verdade que o grande escritor afro-americano James Baldwin disse a seu sobrinho em uma carta publicada em 1962, em um dos livros mais extraordinários já escritos, *The Fire Next Time*. Com grande paixão e intensa convicção, Baldwin disse isto a seu jovem sobrinho:

> Este é o crime do qual acuso meu país e meus conterrâneos, e do qual nem eu, nem o tempo, nem a história, jamais os perdoaremos, que destruíram e estão

destruindo centenas de milhares de vidas e não sabem disso e não querem saber disso [...]. É a sua inocência que constitui o crime [...]. Este país inocente o colocou em um gueto no qual, de fato, pretendia que você perecesse. Os limites de sua ambição foram, assim, esperava-se, redefinidos para sempre. Você nasceu em uma sociedade que pronunciou com uma clareza brutal, e de tantas maneiras quanto possível, que você era um ser humano sem valor. Não se esperava que você aspirasse à excelência: esperava-se que você fizesse as pazes com a mediocridade [...]. Você e muitos de nós derrotaram essa intenção; e, por uma lei terrível, um terrível paradoxo, aqueles inocentes que acreditaram que nosso aprisionamento os deixaria em segurança estão perdendo o controle sobre a realidade. Mas esses homens são seus irmãos – seus irmãos mais jovens e perdidos. E, se a palavra integração significar alguma coisa, isto é o que ela significará: que nós, com amor, forçaremos nossos irmãos a verem-se como são, a parar de fugir da realidade e começar a mudá-la. Porque este é o seu lar, meu amigo, não se afaste dele. Grandes homens fizeram grandes coisas aqui, e as farão novamente, e nós podemos fazer dos Estados Unidos o que ele deve se tornar. Será difícil, mas você descende de camponeses robustos, homens que colheram algodão, represaram rios e construíram estradas de ferro e, contra as mais terríveis probabilidades, alcançaram uma dignidade inatacável e monumental. Você vem de uma longa linhagem de grandes poetas desde Homero. Um deles disse "No exato momento em que pensei que tudo estava perdido, minha masmorra tremeu e minhas correntes caíram...". Não poderemos ser livres até que eles sejam livres. Que Deus o abençoe. Fique com Deus.[67]

---

[67] James Baldwin, *The Fire Next Time* (1962; Nova York, Vintage, 1993), p. 5-10 [ed. bras.: *Da próxima vez, o fogo*, Rio de Janeiro, Biblioteca Universal Brasileira, 1967].

ÍNDICE REMISSIVO

A audácia da esperança (Obama), 328
abordagem de direitos humanos, 352-5
Acabem com os Quadradinhos, campanha em São Francisco, 226-7, 233
Acabem com os Quadradinhos, campanhas, 226
ação afirmativa, 15-7, 37, 46-7, 49, 61, 93, 102-4, 311, 315-6, 330-1, 335-42, 348, 351
   e brancos pobres da classe trabalhadora, 349-50
   e chefes de polícia e policiais de minorias/ de grupos minoritários, 341-3
      e excepcionalidade negra, 339-40
      e neutralidade racial, 330-1, 335-43
agências de habitação pública, 101-2, 106, 215-20, 271-2
Alexander *versus* Sandoval, 206-8
All of Us or None, 226, 239, 348
American Apartheid (Massey e Denton), 191
American Bar Association (ABA), 141-2, 151, 180, 214
American Civil Liberties Union (Aclu)
   ação coletiva contra a Patrulha Rodoviária da Califórnia, 207-8
   Projeto de Reforma da Lei de Drogas, 48
   Racial Justice Project, 38, 46-7
American Correctional Association, 319

Andrade, Leandro, 147-9
Angelos, Weldon, 149-50
aplicação da lei penal. *Ver* combate às drogas e discriminação racial; policiais/departamentos de polícia e combate às drogas
Arbitrary Justice: The Power of the American Prosecutor (Davis), 179
Armstrong *versus* Estados Unidos, 180-2, 184, 188
Armstrong, Christopher Lee, 179-2
assistência pública, 101-6, 215-21, 232-4, 271-2
Assistência Temporária para Famílias Necessitadas (Temporary Assistance to Needy Families, TANF), 106, 232-4
Atlanta, Geórgia, 299-300
Atwater *versus* Cidade de Lago Vista, 121

Baldus, David, e o estudo Baldus, 173-5
Baldwin, James, 26, 355-6
Ball, Johnny Lee, 142
Bancada Negra do Congresso (Congressional Black Caucus, CBC), 47, 102
Banks, Tyra, 259
Barker, Vanessa, 86
Bascuas, Ricardo, 123

base de dados sobre gangues, 205-7
Batson *versus* Kentucky, 184-8, 276
Beckett, Katherine, 90
Bell, Derrick, 312, 350
Bennett Jr., Lerone, 62-3, 304
Biden, Joe, 344
Blackmon, Douglas, 72, 74
blaxploitation, 252
Blow, Charles, 346
Blumenson, Eric, 132, 134
Bostick, Terrance, 115-7
Boyd, Marcus, 149
Braman, Donald, 241-5, 247
brancos
    "criminalidade branca", 281-3, 292-4
    crimes de drogas/uso de drogas ilegais por jovens, 43n11, 157-9, 158n11, 183-4, 294-5
    detenções/aprisionamento por drogas, 156-9, 181-4, 270, 278-9, 292-4
    e campanhas de combate à embriaguez no volante, 292-3
    e combate às drogas, 292-4
    e neutralidade racial, 159-62, 327-9, 339-41
    e perfilamento racial nas paradas de trânsito policiais, 201-4
    e privilégio racial, 348-53
    ex-criminosos, 281-2
    fim do Jim Crow e reação dos brancos sulistas, 78-80
    mudança em atitudes raciais/apoio a princípios antidiscriminatórios, 159-62, 287-8
    pobres e da classe trabalhadora, 76-8, 82, 87-94, 278-9, 349-51
    uso de drogas ilegais, 42-3, 157-60, 280-1, 157-8n10, 158n11, 280-1n52
    vítimas do sistema de castas raciais, 288-94, 348-53
Brennan, ministro William, 176
British Society for the Abolition of Slavery, 354
Brown *versus* Board of Education, 15, 78-9, 84, 311, 323-4, 350

Brown, James, 118-9
Brownsville, Brooklyn, 204
Bryant, Scott, 130
Burton, Susan, 222
busca e apreensão, 112-120, 172-3, 207-8, 265
Bush, George H. W., 103, 131, 236
Bush, George W., 139, 236, 346
Byrd, Robert, 86
Byrne, programa de repasses, 126, 133-4, 139, 345-6

cães farejadores, 121-2, 130
Cahill, Clyde, 177-8
Califórnia *versus* Acevedo, 113
campanha de "Redenção", 71-3
campanha pela moratória (fechamento de prisões), 44-6, 317-8
Campbell, Richard, 166
Capital Times (Madison, Wisconsin), 131
Carroll, David, 142
Carrollton, desastre de ônibus de (1988), 291
carteira de habilitação, 223-5, 231
Center for Constitutional Rights, 205
Central Intelligence Agency (CIA), 40-1
Chain Reaction (Edsall e Edsall), 91
Charney, Darius, 205
chaves de braço letais, 196
Chemerinsky, Erwin, 148
Cheney, Dick, 318
Chicago, Illinois
    ex-criminosos, 270-1, 279, 224
    presença policial em comunidades de gueto, 192
    programas de ressocialização, 224
    varas criminais e crimes de drogas de baixo potencial ofensivo, 163
Chunn, Gwendolyn, 319
Clary, Edward, 176-8

Clear, Todd R., 326
Clinton, Bill/governo Clinton, 105-8, 315-6
  e a Guerra às Drogas, 105-6, 130-1, 215-6, 344-5
  habitação pública e regras de despejo, 106, 216-7
  legislação de reforma assistencial, 105-6, 232-3
  militarização da Guerra às Drogas, 130-1, 346-7
  políticas/legislação de "endurecimento contra o crime", 105-6, 216, 344
  programas federais para as drogas, 346-7
  uso de maconha, 343
Cloward, Richard, 81
cobertura da mídia
  e discurso de campanha de Obama sobre paternidade e responsabilidade pessoal, 257-60
  e "Jena 6", 307-9
  governo Reagan e Guerra às Drogas, , 39-40, 96-7, 99-105, 165-7
  histórias sobre o crack, 39-40, 96-7, 99-105, 166-9
  imagens de usuários de drogas e criminosos negros, 166-9
códigos negros e leis de vadiagem, 69, 72
Cohen, Cathy, 244
Cohen, Stanley, 261-2
Cohen, William, 69
colapso econômico dos centros das cidades, 96-8, 304-6
Cole, David, 124, 195
Coley, Rebekah Levine, 258
Colvin, Claudette, 314
combate às drogas e discriminação racial, 155-209
  buscas e apreensões suspeitas de serem desarrazoadas, 112-4
  casos de crack, 101-3, 176-9, 208-9
  e discricionariedade da promotoria, 143--6, 178-90
  e guetos, 190-3, 200
  e leis de confisco de drogas, 132-40
  e polícia/departamentos de polícia, 111--139, 165-73, 189-207
  e Quarta Emenda, 111-121, 171-3
  e seleção do júri, 184-89
  incentivos financeiros à aplicação da lei penal, 124-7, 130-40, 321-3, 346
  incursões paramilitares antidrogas e equipes da Swat, 126-132, 190-2, 346-7
  paradas no trânsito, 171-3, 197-207
  paradas-pretexto no trânsito, 117-121, 122-5, 134-6, 207-8
  perfilamento racial pela polícia, 191-2, 197-209
  "perfis criminais," 123-4
  pesquisa de enviesamento cognitivo, 171-3, 181-4
  prisões por maconha e base de dados criminais, 205-6
  programas de treinamento policial, 122-125
  raça como fator na tomada de decisões pela polícia, 197-206
  revistas consentidas e paradas no trânsito, 115-20, 207-8, 265
  transações /mercados de drogas ao ar livre, 191-4
  sentenças racialmente discriminatórias, 161-4, 147-51, 172-81, 208-9
  Suprema Corte e acusações de preconceito racial, 171-85, 195-9, 206--9, 275-7
Comitê de Direitos Humanos das Nações Unidas, 234
Common (*rapper*), 253
Community Oriented Policing Services (COPS), programa, 345
Companhia de Apoio à Habitação do Estado de Nova York, 220
condenação
  decisões da Suprema Corte e sentenças racialmente discriminatórias, 147-9, 171, 172-9, 208-9
  e confissão de culpa/transação penal, 143-6
  e crack, 101-2, 147, 149-50, 151, 176--8, 208-9
  e menores de idade, 183-4

e mínimo obrigatório, 52, 101-3, 143--51, 208-9, 328-9
esforços de reforma da, 52, 208-9, 321--2, 328-9
leis de droga de Rockefeller, 85-6
confissão de culpa, 143-6, 181-2
Conjunto Habitacional Robert Taylor (Chicago), 278
conselhos de cidadãos brancos, 79
Constituição dos Estados Unidos, 19, 65-6, 195
Corrections Corporation of America, 318-9
Cosby, Bill, 241, 248, 257
Cotton, Jarvious, 35
crack, 39-40, 98-9, 166-7
    campanha midiática, 39-40, 99-101, 166-7
    e a discricionariedade extraordinária dos promotores, 179-83
    e a guerra às drogas de Reagan, 40, 99, 289-90
    e campanhas contra embriaguez ao volante, 290-1
    e sentença mínima obrigatória, 101-2, 144, 147-9, 176-8
    e sentenças racialmente discriminatórias, 12, 101-2, 147-9, 176-8, 180-1, 194
    razão de 100 para 1, 176-8, 208-9
    reação nacional ao, 100-1
    teorias da conspiração, 40-1
    transações de drogas ao ar livre/mercados de drogas ao ar livre, 192, 194
Craigslist.com, 228
crime violento, 84-5, 161-3, 326-7
criminalidade. *Ver* estigma da criminalidade
"criminalidade branca", 281-2, 292-3
Criminology (revista científica), 346
"criminoso negro", 168, 171, 282-3
"cultura *gangsta*", 249-53

Davis, Angela J., 24-5, 179
Décima Primeira Emenda, 197
Décima Quarta Emenda 276

e condenação à pena de morte, 172-6
e condenação por crack, 177
e exclusão do júri, 184-6, 276-7
e paradas policiais no trânsito, 198-9
e medidas de cumprimento da lei racialmente discriminatórias, 172-3, 195
Décima Quinta Emenda, 69-71, 259, 273--4, 285
Décima Terceira Emenda, 69, 72-3
Declaração de Independência, 67
defesa da justiça racial. *Ver também* direitos civis e defesa da justiça racial, futuro dos
Denton, Nancy, 191
Departamento de Desenvolvimento Urbano e Habitacional (HUD), 216-8
Departamento de Justiça dos Estados Unidos, 344-5
    Bureau of Statistics, 151-2, 317-8
    e crimes de rua, 95-6
    relatório sobre impacto do preconceito racial no sistema de justiça criminal, 183-4
Departamento de Polícia de Los Angeles (LAPD)
    base de dados para "atividades de gangues", 289-93
    e chaves de braço letais, 195-8
Departamento de Polícia de Nova York (NYPD)
    incursões antidrogas de equipes da Swat, 128-30
    perfilamento racial e paradas de trânsito/de pedestres, 202-6
    prisões por maconha, 205-6
    Unidade de Crimes de Rua, 203-4
Departamento de Polícia de Seattle, 192-4, 196-7
Departamento de Política Nacional de Controle de Drogas da Casa Branca, 160
desemprego, 84-5, 96-8, 226-7, 304-5, 315-7
desindustrialização, 97, 224, 305
Diallo, Amadou, 203-4
direitos civis e defesa da justiça racial,

ativismo de base de ex-presidiários e ex--presidiárias, 348-9
brancos pobres e da classe trabalhadora, 349-51
desmantelamento do sistema de encarceramento em massa, 317-25
durante a presidência de Obama, 36-7, 343-8
e a política de respeitabilidade, 298-300
e emissão de sentença, 179-80
e o consenso público equivocado, 323-5
e o problema da *advocacy* racialmente neutra, 325-330, 332-3, 339-40
e teorias de justiça racial progressiva, 340, 347-8
futuro dos, 46-50, 307-356
mudança da cultura de combate às drogas, 320-1
negação coletiva dos defensores dos direitos civis, 309-16
paradigma/abordagem de direitos humanos, 352-4
reconsideração da ação afirmativa, 15, 46-7, 330, 344-3, 350
reformas e construção do movimento, 46-50, 317-5
relutância em defender acusados por crimes, 312-5
direitos de voto
e Décima Quinta Emenda, 69-71, 259--60, 273-4, 285
era da Reconstrução, 69-71, 273-6, 296-7
países europeus, 233-5
processos de restabelecimento para ex-criminosos, 235
restrição de direitos de ex-criminosos, 35, 213, 233-8, 259-60, 273-6
restrição de direitos na era Jim Crow, 35, 236-7, 273-6, 285
Diretiva de Decisões de Segurança Nacional (governo Reagan), 131
diretrizes da Equal Employment Opportunity Commission (EEOC) e discriminação na contratação, 227-9
discricionariedade da promotoria
casos de crack, 178-85
e combate às drogas, 143-6, 178-90
e preconceito racial, 178-85
e seleção do júri, 184-90
discriminação na habitação pública, 101-6, 215-21, 271-2
disparidade de gênero (mulheres e homens negros), 258-60
dívidas de pensão alimentícia, 231
Doing Time on the Outside (Braman), 241
Douglas, ministro William O., 114-5
Douglass, Frederick, 211, 215, 240, 352
Drake, Clinton, 235-6
Dred Scott *versus* Sandford, 276-7, 332
Drug Enforcement Agency (DEA), 96
auxílio/verbas federais a órgãos de segurança, 126
gastos antidrogas, 96
Operação Pipeline, 122-3, 201
"perfis criminais", 123-4
Du Bois, W.E.B., 48n, 59, 60n, 69, 297, 303, 350-1
Dukakis, Michael, 103, 236
Dyson, Michael Eric, 258

Ebony (revista), 259
Edsall, Mary, 91, 93, 95
Edsall, Thomas, 91, 93, 95
educação e sistema de castas raciais, 271-2, 335-6
Ehrlichman, John, 89
eleições presidenciais
e a retórica da lei e ordem, 91-2
e restrição de direitos de ex-criminosos, 236-8
exploração do medo de crimes cometidos por negros, 85-6
Emanuel, Rahm, 344
embriaguez no volante, campanhas contra, 289-93
emprego
"credencial negativa" e sistema de estratificação patrocinado pelo Estado, 225-6
desemprego/falta de emprego, 84, 96-8,

226-7, 304, 315-7
diretrizes da EEOC e discriminação na contratação, 227-9
e carteiras de habilitação, 223-5, 231-2
e ex-criminosos, 220-9, 270-2
empregos na manufatura e desindustrialização, 96-7
empregos no setor de serviços, 98
falta de emprego e taxas de crimes violentos, 84-5, 295
nos presídios, 232-3

encarceramento. *Ver* sistema de encarceramento em massa

encarceramento em massa e Jim Crow
apoio negro a políticas de "endurecimento" contra o crime, 293--304
debates nas comunidades negras sobre as causas subjacentes do encarceramento em massa, 298
diferenças/limites da analogia, 52-3, 284-304
discriminação legalizada, 272-4
e hostilidade racial aberta, 231-78n
e marginalização, 242-3, 305-6
e o argumento de que raça sempre influenciou no sistema de justiça criminal, 267-72
estereótipos sobre pais/homens negros, 257-60
exclusão de júris, 275-7
negação coletiva, 260-5
origens, 272-3
padrão de resposta da Suprema Corte às acusações de preconceito racial/casta racial, 276-7
paralelos, 52-3, 103-4, 250-1, 271-84
(paralelos/diferenças), 52-3, 103-4, 254, 257-306
política de respeitabilidade, 298-304
produção simbólica da raça, 280-4
restrição de direitos políticos, 273-6
segregação racial, 277-81
vítimas brancas, 288-94

equipes da Swat (Special Weapons and Tactics), 126-32, 190-2

Erwin, Sam, Jr., 87

escravidão, 61-71
discordâncias entre ex-escravos sobre direito de voto, 296-7
e brancos pobres, 65
e Constituição dos Estados Unidos, 65-7
e histórico de discriminação racial na seleção de júri, 184-6
e ideia de supremacia branca, 65, 66
e o papel da hostilidade racial/indiferença racial, 287-9
e produção simbólica da raça, 280-1
e restrição de direitos de eleitores negros, 275, 296-7
e trabalho na *plantation*, 62-5
ex-escravos e trabalho forçado, 231-3
nascimento da, 61-6
período pós-emancipação, 66-71, 211-2, 296

espetáculos de menestréis, 252-3

Estados Unidos *versus* Brignoni-Ponce, 198-9

Estados Unidos *versus* Reese, 134

estigma da criminalidade, 150-4, 212, 237--51, 254-6, 280-4, 286-7
e "cultura *gangsta*", 247-50
e famílias de prisioneiros/ex-criminosos, 243-7, 281-2, 326-7
e jovens negros, 238-43, 271-2, 282-4
e produção simbólica da raça, 280-4
estratégias para lidar e mentiras, 245-7, 281-2
ódio a si mesmo na comunidade negra, 246
vergonha e silêncio, 241-5

estratégia sulista, 88-90

excepcionalidade negra, 52, 339-40

ex-delinquentes e ex-criminosos. *Ver* soltura pós-aprisionamento (ex-criminosos)

falta de moradia, 219-21, 240

Farrakhan, Louis, 257

Federal Bureau of Investigation (FBI), orçamento para ações antidrogas, 95-7

federalismo, 66-7

Ferguson, Karen, 300
Fields, C. Virginia, 129
filosofia conservadora sobre relações raciais (era da Reconstrução), 74-6
filosofia liberal de relações raciais (era da Reconstrução), 73-5
filosofia radical de relações raciais (era da Reconstrução), 74-6
Flavor of Love (programa de TV da VH1), 252
Flórida *versus* Bostick, 115-7
Forman Jr., James, 284
Freedmen's Bureau, 70, 72
Frye, Marilyn, 264
Fundo de Defesa Jurídica da, 48, 141, 173, 311-2
Futterman, Craig, 192

genocídio e Guerra às Drogas, 41, 305-6
Gideon *versus* Wainwright, 140
globalização, 39-40
Goldwater, Barry, 85-6, 91
Goodwill, Industries, 224
Grande Depressão, 88-9
Guerra à Pobreza, 82, 90-1
Guerra às Drogas e sistema de justiça criminal, 101-209, 259-61
  argumentos de que a raça sempre influenciou o sistema de justiça criminal, 267-72
  confissão de culpa, 143-6, 181-2
  e discriminação racial, 166-72
  e leis de confisco de drogas, 132-40
  e Quarta Emenda, 111-21, 171-3
  e sistema judiciário, 120-2, 139-46
  incentivos financeiros, 124-7, 130-40, 320-2, 346-7
  incursões paramilitares e equipes da Swat, 126-32, 190-2, 346-7
  paradas no trânsito, 115-25, 134-6, 171-3, 208-9
  paradas-pretexto, 117-21, 122-5, 134-6, 207-8
  "perfis criminais", 123-5
  sentença mínima obrigatória, 52, 101-3, 143-151, 208-9, 328-9
  serviços jurídicos/representação jurídica, 139-42
  Ver também sistema de encarceramento em massa; policiais/departamentos de polícia e combate às drogas; soltura pós-aprisionamento (ex-criminosos)
Guerra às Drogas, 39-41, 101-209, 320-2
  campanhas midiáticas, 39-40, 96-7, 99-105, 166-9
  e auxílio à habitação pública, 101-6, 215-21, 271-2
  e colapso econômico dos centros das cidades, 96-7, 304-6
  e crack, 39-41, 96-103, 166-7
  e genocídio, 41, 305-6
  fim, 320-2
  financiamento das agências federais antidrogas, 95-7
  governo Clinton, 105-6, 130-1, 216-7, 344-7
  governo George H.W. Bush, 102-4, 130-1
  governo Obama, 139-40, 343-9
  governo Reagan, 39-40, 95-103, 125-6, 130-1, 165-7, 290-1
  incentivos financeiros à aplicação da lei, 124-7, 130-40, 320-2, 346-7
  internalização da, 260-1
  mitos da, 110-1
  Nixon e, 93-4
  resistência inicial à aplicação da lei, 124-6
  teorias da conspiração, 39-41
  Ver também Guerra às Drogas e sistema de justiça criminal
Guinier, Lani, 312, 322, 341-2, 347, 349-50

habitação pública, 101-6, 215-21, 271-2
Haldeman, H.R., 89
Harmelin *versus* Michigan, 147

Harwood, Richard, 100
Higginbotham, Evelyn Brooks, 298
Hill, Barbara, 219
Hininger, Damon, 319
hispânicos/latinos
  e histórico de políticas para maconha, 292-3
  entradas na prisão por crimes de drogas, 156-9
  e perfilamento racial em paradas de trânsito policiais, 201-7
  taxas de uso de drogas ilegais, 42n10, 157-8n10
Human Rights Watch, 156-9, 240
Hurley, Ora Lee, 231-2

ideologia do aperfeiçoamento moral e reformadores negros, 300-4
"ignorância pluralística", 244
igrejas negras, 244-5, 257
Imprisoning Communities: How Mass Incarceration Makes Disadvantaged Communities Worse (Clear), 326-7
In re Gault (1967), 142
incursões paramilitares antidrogas, 126-32, 190-2, 346-7
indiferença racial, 287-8, 331-3
Instituto Cato, 127
Irving, Lawrence, 150

Jackson, Jesse, 307
Jefferson, Thomas, 67
Jena 6, 308
Jim Crow, sistema
  cooperação negra com o, 295-7
  direitos de voto e restrição de direitos, 35, 236-7, 273-6, 285
  e a política de respeitabilidade, 298-300
  e a Suprema Corte, 78-9, 275-7
  e Movimento dos Direitos Civis, 79-83

e "passagem", 245
e Segunda Guerra Mundial, 78-9
espetáculos de menestréis, 251-4
morte de, 77-83, 323-4
nascimento do, 71-8, 103-4, 272-3
Ver também encarceramento em massa e Jim Crow (paralelos/diferenças)
Johnson, Lyndon B., 80-2, 91
Johnson, Sheri Lynn, 188
Johnson, Willie, 240
Journal of Alcohol and Drug Education, 168-9
júris
  decisões da Suprema Corte relacionadas à seleção do júri, 184-90, 275-7
  e discricionariedade da promotoria, 185-90
  e exclusão de criminosos, 187, 212, 275-7, 213n2
  e exclusões peremptórias, 185-90
  e réus "estereotipicamente negros", 169--70, 170n50
Justice Policy Institute, 105

Karlan, Pamela, 275
Kennedy, David, 99
Kennedy, John F., 79-82
Kennedy, ministro Anthony, 151
Kerlikowske, Gil, 346
Kilty, Keith, 63
King, Martin Luther, III, 307
King, Martin Luther, Jr., 67, 82, 84-5, 269, 288, 304-5, 314, 322, 324, 331-2, 337, 339-40, 349, 353, 355
  apelo pela reestruturação completa da sociedade, 82, 340-1, 354-5
  e abordagem de direitos humanos, 352-5
  e ação afirmativa, 335-6
  e litígio de direitos civis, 321-3
  e Movimento das Pessoas Pobres, 82, 352-5
  e Rosa Parks, 314
  sobre neutralidade racial e indiferença, 331-3, 339-40

Klarman, Michael, 88
Kraska, Peter, 128
Ku Klux Klan, 35, 72, 79, 104, 237, 286-7, 296, 298
Ku Klux Klan, lei, 70

Lambright, Nshombi, 237
Law & Order (programa de televisão), 109, 142
Lawrence, Charles, 337
Lawyers' Committee for Civil Rights of the San Francisco Bay Area, 46
Leadership Conference on Civil Rights, 46-7
Lee, William, 219
legislação de reforma da assistência social, 105-6, 216-7, 232-4
Lei Boggs (1951), 292
Lei Contra o Uso de Drogas (1986/1988), 101, 144, 216
Lei da Sentença Justa (2010), 209
Lei de Cooperação Militar com a Aplicação da Lei Penal (1981), 130
Lei de Direito ao Voto (1965), 70, 80
Lei de Direitos Civis (1866), 69-70
Lei de Direitos Civis (1964), 53, 80, 82, 87, 91, 311
　　Título VI, 207-8
　　Título VII, 228
Lei de Oportunidades Econômicas (1964), 82
Lei de Prevenção e Controle do Abuso de Drogas (1970), 132, 292
Lei de Reconciliação com a Responsabilidade Pessoal e as Oportunidades de Trabalho (1996), 106
Lei de Recuperação Econômica e Lei de Reinvestimento Econômico (2009), 139-40, 346-7
Lei de Recuperação Econômica e Reinvestimento (2009), 139, 346

Lei de Reforma (2000) (Reforma do Confisco de Ativos de Cidadãos), 136-9
Lei de Reforma de Drogas (1986), 147
Lei de Reforma do Confisco de Ativos de Civis (2000), 136-8
Lei de Responsabilidade de Trabalho e Habitação de Qualidade (1998), 217
Lei Posse Comitatus, 131
leis de confisco de drogas, 134-8
　　criação de um "proprietário inocente", 136-7
　　e extorsão e apreensões policiais, 134-9
　　e Lei de Reforma (2000), 136-8
Levine, Harry, 101
liberdade condicional
　　e falta de moradia, 220-1
　　sistema, 151-3, 161-3, 230-1
　　taxas de serviço, 230-2
　　violações e volta à prisão, 151-3, 231-2
Lifeline (Oakland), programa, 326
Lincoln, Abraham, 59
Lockyer *versus* Andrade, 147-9
Los Angeles Times, 140
Loury, Glenn, 249, 290, 294
Lyons, Adolph, 196-7

Maclin, Tracey, 117
maconha
　　bases de dados criminais, 205-6
　　delito de posse e detenções, 110-1, 205--6, 213
　　descriminalização da, 321-2, 328-9
　　e direitos de voto, 235-7
　　e diretrizes de sentença obrigatória, 149-50
　　e mortes, 111n6
　　uso por Clinton/Obama, 343-5
　　usuários brancos de classe média, 292-4
　　usuários estudantes brancos/negros, 157-9
Madison, James, 66
Malcolm X, 349

"Manifesto Sulista", 79
Marcha em Washington por Empregos e Liberdade Econômica (1963), 80-2
Marshall, ministro Thurgood, 112, 117
Marshall, Prentiss, 117
Marshall, Stanley, 150
Massey, Douglas, 191
Matsuda, Mari, 337
Mauer, Marc, 45-6, 87, 317-8
McCaffrey, Barry, 160
McCleskey *versus* Kemp, 173-9, 181, 188, 276
McCleskey, Warren, 173-9
McCormick Institute of Public Affairs, 220
McKnight, Gerald, 82
McLaurin *versus* Oklahoma (1950), 79
McNair, Murray, 224-5
mercados de droga a céu aberto, 191-3
metáfora da "gaiola" e racismo estrutural, 264
Miami Herald (jornal), 128
Miller, Jerome, 167
Miller-El *versus* Cockrell, 186
Montgomery, boicote aos ônibus de, 314
Montgomery, Isaiah T., 297
Morgan, Edmund, 64
Mothers Against Drunk Driving (MADD), 291
Movimento das Pessoas Pobres, 82-3, 327, 353-4
Movimento dos Direitos Civis, 20, 25, 49, 61-2, 67, 70, 80-5, 93, 98, 104-7, 256, 274, 296, 305-9, 323, 353-5
 e abordagem de direitos humanos, 352-4
 e justiça econômica, 47, 81-2
 e legislação federal, 80-1
 e o apelo de King pela reestruturação completa da sociedade, 82, 340-1, 347, 354
 e o fim do sistema Jim Crow, 179-83
 e pessoas negras que enfrentaram estereótipos raciais, 313

Movimento das Pessoas Pobres, 82-3, 353-4
 protestos antissegregação, 80
 reação ao, 59, 83-7, 98, 304-6
 resistência inicial por parte de afro-americanos, 295-6
movimento populista, 75-6
Moynihan, Daniel Patrick, 90
mulheres afro-americanas
 e disparidade de gênero, 258-60
 e emprego no setor de serviços, 98
 visões conflitantes sobre crime, 294-6
Munnerlynn, William, 136
Musto, David, 292
Myrdal, Gunnar, 78

National Advisory Commission on Criminal Justice Standards and Goals, recomendações de 1973 da, 45
National Association for the Advancement of Colored People (NAACP), 48-9
 e campanha jurídica contra o Jim Crow, 78-9
 site, 49
National Center for Institutions and Alternatives, 167
National Colored Convention (1853), 211
National Employment Law Project (NELP), 227
National Household Survey on Drug Abuse, 158
National Institute on Drug Abuse, 96, 158
National Journal, 127
National Legal Aid & Defender Association, 142
Neal *versus* Delaware, 186
negação coletiva, 181-85, 309-17
 e encarceramento em massa de homens negros, 260-5
 metáfora da "gaiola" e racismo estrutural, 264-5
 por defensores dos direitos civis, 309-17

neutralidade racial, 36, 159-60, 263, 288-9, 325-4
   e ação afirmativa, 330-1, 334-44
   e a Constituição dos Estados Unidos, 65-7
   e encarceramento em massa, 325-8, 339-40
   e excepcionalidade negra, 52, 338-40
   e relutância dos brancos em reconhecer a raça, 327-9, 339-41
   e "sistema de castas raciais inter-racial", 288-90
   problema da busca equivocada pela, 330-4
   retórica de campanha racializada de Reagan, 93-4
   tentação resistente de ignorar a raça na *advocacy*, 327-41, 332-3
New Deal, 88, 93, 299-300
New York Times, The (jornal), 40, 90, 103, 127, 204, 225, 231, 259, 346
Newsweek (revista), 100
Nicarágua, 41
Nietzsche, Friedrich, 169
Nilsen, Eva, 132, 134
Nixon, Richard, 84, 89, 92-3
Nunn, Dorsey, 239

O'Connor, ministra Sandra Day, 148
Obama, Barack, 36-7, 49, 52, 60, 139, 208-9, 257-60, 328, 339-40, 343-8, 352
   discurso de campanha sobre paternidade e responsabilidade, 257-60
   e condenação por crack, 208-9
   e excepcionalidade negra, 14, 247-48
   e Guerra às Drogas, 139-40, 343-9
   e pena de morte, 344-5
   governo e defesa da justiça racial, 36-7, 343-9
   policiamento militar e Guerra às Drogas, 346-7
   programa de repasses Byrne, 139, 345
   sobre culpa branca e histórico de discriminação racial, 327-8

Ohio *versus* Robinette, 119-20
Oitava Emenda, 147-8, 173, 175
Omi, Michael, 323
"*One Strike and You're Out*", legislação, 107, 216-7
Operação Ceasefire, 326
Operação Pipeline, 122-3, 201
organizações/comunidade de direitos civis, 46-9, 309-7
   negação coletiva pelo, 309-17
   profissionalização do movimento de base e sua conversão em cruzada jurídica, 311-2
   relutância em defender acusados por crimes, 312-5
   Ver também direitos civis e defesa da justiça racial, futuro dos

Pager, Devah, 225
pais negros, 257-60
Países europeus
   descriminalização de drogas e prevenção/tratamento (Portugal), 98-99
   direitos de voto e populações carcerárias, 233-5
paradas de pedestres, 202-6
paradas no trânsito, 115-24, 171-2, 197-8
   buscas consentidas, 115-9, 119-21, 207-8, 265
   e ampla discricionariedade da polícia, 112-3, 171-2
   e Quarta Emenda, 112-3, 118-20, 171-3
   e "perfis criminais", 123-5
   e programas de treinamento da polícia, 122-5
   leis de confisco de drogas e apreensões, 134-5
   paradas-pretexto, 117-20, 122-4, 134-5, 207-8
paradas-pretexto, 117-25, 134-6, 207-8
Parchman, Farm, 73
Parks, Rosa, 314
Partido Democrata, 87-90, 94, 103-4

Partido Republicano, 87-96, 103-4
"passar por", 245-7
Patrulha Rodoviária da Califórnia (CHP), 123, 207
pena de morte
 descobertas do estudo de Baldus, 173-4
 e crimes relacionados a drogas, 101-3
 e exercício da *advocacy*, 312-4
 e Obama, 344-5
 preconceito racial na emissão de sentenças, 172-6
perfilamento racial
 desafios de litigância, 206-8
 e comunidades de gueto, 190-2, 200
 e paradas no trânsito/de pedestres, 198-207
 e policiais de minorias, 342-3
 e tomada de decisões pela polícia, 191-2, 197-8
 e Título VI da Lei de Direitos Civis de 1964, 206-8
 estudos sobre, 201-7
"perfis criminais", 123-4
pesquisa de enviesamento cognitivo, 168, 171
PEW Charitable Trusts, 319
Phillips, Kevin, 89-90
Piven, Frances Fox, 81
Plessy *versus* Ferguson, 276
Poitier, Sidney, 257
policiais/departamento de polícia e combate às drogas, 111-40, 165-73, 189-207, 320-2
 ação afirmativa e policiais e chefes de polícia de minorias, 340-4
 ações judiciais federais por danos, 196-8
 brutalidade policial, 343-4
 buscas e apreensões e suspeitas desarrazoadas, 113-5
 chaves de braço letais, 195-8
 criação de perfil racial, 191-2, 197-209
 e bairros de gueto, 190-3, 200
 e incentivos financeiros, 124-7, 130-40, 320-2, 346-7
 e leis de confisco de drogas, 132-40

extorsões e apreensões, 202-11
incursões paramilitares antidrogas e equipes da Swat, 126-32, 190-2, 346-7
paradas no trânsito, 115-25, 171-3, 197-207
paradas-pretexto, 117-25, 134-6, 207-8
programas de treinamento, 122-5
raça como fator na tomada de decisões, 197-207
revistas consentidas, 115-21, 207-8, 265
Ver também combate às drogas e discriminação racial; Guerra às Drogas e sistema de justiça criminal
policiamento militar e Guerra às Drogas, 126-32, 190-2, 346-7
política de respeitabilidade, 298-304, 311-6
políticas de "endurecimento" contra o crime, 20, 102-8, 286-96
 apoio negro a, 56, 102, 286-96
 e eleitores brancos, 95, 102
 e governo Clinton, 105-7, 216-7, 346
 e padrões de parada e revista de pedestres, 203
 e sistema de encarceramento em massa, 104-5
 reformistas negros e ideologia do aperfeiçoamento moral, 296-303
 sentença mínima obrigatória, 86, 144-6, 208-9
Por que não podemos esperar: revertendo o recuo nos direitos civis (conferência de outubro de 2007), 47
Portugal, 99
Powell, Colin, 339
powell, john a., 306
"preconceito de atirador", 169-70
preconceito/ viés racial, 265-7
 e negociação de transações penais, 182
 e promotores, 179-84
 implícito/explícito (consciente/inconsciente), 167-70, 182-3
"preconceito de atirador", 169-70

prisões
 construção de, 106, 110-1, 275-8

e criminosos por crime violento (homicídio), 161-2
e processos de redefinição dos distritos, 275-6
e segregação racial residencial, 277-8
empresas e lucro com, 317-20
entradas por transgressões de drogas, 110-1, 156-63, 165, 183-4, 270, 278-9
fechamento de, 44-6, 317-20
privatizadas, 317-9
realocação de recursos públicos para, 106
taxas de retorno à prisão e violações do regime aberto e de liberdade condicional, 151-3
trabalho de internos nas, 232-3
Proclamação de Emancipação, 59, 323-4
Programa de Auxílio às Famílias com Crianças Dependentes (Aid to Families with Dependent Children, AFDC), 106
Proposição 36 da Califórnia, 329
Proposição 54 da Califórnia, 331n35
Purkett *versus* Elm, 188-9

Quarta Emenda, 111-121, 171-4, 320

Racial Formation in the United States (Omi e Winant), 322-3
Racial Justice Project da Aclu, 37-8, 46
racismo estrutural, 264-5
"rainhas da assistência", 94
rap e cultura *hip-hop*, 252-4
Reagan, Ronald/governo Reagan, 92-103, 130-2
e crack, 39, 98-102, 290
e Guerra às Drogas, 39-40, 95-102, 125-6, 130-1, 165-7, 290
e policiamento militar, 130-1
e revolução conservadora no Partido Republicano, 93-4
incentivos financeiros ao cumprimento da lei, 125-6, 130-1

legislação e política para as drogas, 101-3
retórica de campanha racializada sobre crime e assistência social, 94-6
reality shows televisivos de temática negra, 251-2
Rebelião de Bacon, 64, 77
rebeliões do Harlem (1964), 84-6
Reconstrução, era da, 69-78, 307-8, 323
campanha de "Redenção" do Sul, 71-5
direitos de voto, 70-1, 296
e segregação racial, 71
filosofias de relações raciais, 73-6
legislação federal de direitos civis, 70-1
movimento populista, 75-6
trabalho forçado, 71-2
Washington e Du Bois, debate sobre preconceito racial e discriminação entre, 297-8
Rector, Ricky Ray, 105
recursos militares do Pentágono e Guerra às Drogas, 125-7, 130-1
redefinição dos distritos e populações carcerárias, 275-6
Reeves, Jimmie, 166
regime aberto
sistema, 151-3, 161-3, 230-2
taxas de serviço, 230-2
violações e retorno à prisão, 151-3, 230-2
Reinarman, Craig, 101-2
restrição de direitos por delitos. *Ver* direitos de voto
restrição de direitos. *Ver* direitos de voto
revistas consentidas e paradas no trânsito, 118-22, 201, 207-8, 265-6
Rice, Condoleezza, 339
Robinson, Jo Ann Gibson, 314
Rockefeller, leis de drogas, 85-6
Roosevelt, Franklin D., 88, 300
Rucker *versus* Davis, 219-20
Rucker, Perlie, 219
Ruffin *versus* Commonwealth (da Virgínia), 73

Runoalds, Clifford, 156
Russell, Kathryn, 171

San Jose Mercury News (jornal), 182
Schmidt, Benno, 185-6
Schnecklot *versus* Bustamonte, 117-8
Schwarzer, William W., 150
Scott, Donald, 136
segregação racial, 277-81, 331-3
  e comunidades de gueto, 190-3, 278-81
  e prisões, 277-8
  e ressocialização de ex-delinquentes, 277-81
  era da Reconstrução, 71, 296-8
  segregação residencial, 277-80
Segunda Guerra Mundial, 78
sentença mínima obrigatória, 101-3, 143--51, 208-9
  e confissão de culpa, 143-6
  e crack, 101-3, 147, 149-51, 208-9
  e Lei contra o Abuso de Drogas, 101-3
  e Suprema Corte, 147-51, 208-9
  esforços de reforma, 52, 208-9, 321-2, 328-9
  protestos dos juízes, 149-51
Sentencing Project, 44, 87, 105
serviços jurídicos pós-detenção, 139-42
Sharpton, Al, 307-8
Shelby, Tommie, 217
Sider, Gerald, 168
Siegel, Reva, 21
sistema de castas raciais nos EUA, 36-53, 59-107, 297-306
  brancos pobres e da classe trabalhadora, 76-7, 82, 87-93, 278-9, 288-93, 349-50
  campanha de "Redenção" do Sul, 71-5
  códigos negros e leis de vadiagem, 68-70
  consenso público equivocado no coração do, 323-6
  diferentes escolas de pensamento sobre raça, pobreza e ordem social, 90-2
  e a política de respeitabilidade e as ideologias de aperfeiçoamento moral, 298-304, 311-6
  e escravidão, 62-71, 211-2, 280-1
  e filosofias de relações raciais, 74-6
  e linguagem da casta racial, 50-1
  e movimento dos Direitos Civis, 80-7
  e movimento populista, 75-6
  e negação coletiva, 261-5, 309-17
  e neutralidade racial [*colorblindness*], 36, 52, 66-8, 93-4, 160-1, 263, 288-90, 325-35
  e Partido Republicano, 87-90, 94-5, 103
  e partidos políticos, 85-96, 103-4
  e políticas de "endurecimento" contra o crime, 102-7, 293-304
  elites negras e reformadores da era do New Deal, 299-301
  era da Reconstrução, 70-7
  fim do sistema Jim Crow, 77-83
  novo, 36-53
  período pós-emancipação, 6-71, 211-2
  racismo estrutural, 264-5
  retórica da lei e ordem, 83-7, 85-7, 91-2
  sistemas de controle/períodos recorrentes de transição e incerteza, 60-1, 83
  trabalho forçado, 72-4
  Ver também combate às drogas e discriminação racial; encarceramento em massa e Jim Crow (paralelos/diferenças); sistema de encarceramento em massa; soltura pós-aprisionamento (ex-criminosos); Guerra às Drogas
sistema de defensoria pública, 139-42
sistema de encarceramento em massa, 36-9, 42-6, 48-50, 265-8
  argumentos de que a raça sempre influenciou o sistema de justiça criminal, 267-72
  e ausência dos homens negros/pais negros, 258-60
  e estatísticas de redução de crimes, 44-5, 325-8
  e estigma da criminalidade, 150-4, 212, 237-51, 254-6, 280-4, 286-7
  e neutralidade racial, 325-8, 339-40
  fase final (período da punição invisível), 266-8
  lucro com prisões, 317-20
  negação coletiva do, 260-5
  origens do, 103-108

pessoas em liberdade condicional ou regime aberto, 151-3, 161-3
primeira etapa, 265
prisões privadas, 317-9
realocação de recursos públicos para o, 106
reforma e desmantelamento do, 317-26, 328-9
segunda fase, 266-7
tamanho do, 44-5
taxas de encarceramento, 41-6, 110-1, 156, 162-3, 317-8, 325-8
Ver também soltura pós-aprisionamento (ex-criminosos); prisões; Guerra às Drogas e sistema de justiça criminal

Slavery by Another Name (Blackmon), 72-4
Smith *versus* Allwright (1944), 78-9
Smith, Mary Louise, 314
soltura pós-aprisionamento (ex-criminosos), 38-9, 150-4, 211-56, 266-72
a vergonha e o estigma da criminalidade, 150-4, 212, 237-51, 254-6, 280-4
Chicago, 268-72, 278-9
direitos de voto/restrição de direitos a delinquentes, 35, 213, 233-8, 273-6
e "cultura *gangsta*", 247-51
e educação, 271-2
exclusão do júri, 187, 212, 213n2, 276-7
falta de moradia, 219-21
habitação pública/assistência social pública, 101-6, 215-21, 232-4, 271-2
inelegibilidade para assistência social com verbas federais, 106, 232-4
programas de ressocialização, 147, 266-8, 277-81, 321-2
taxas de reapreensão, 151-3
taxas e dívidas pós-condenação, 229-33
taxas pós-condenação, 267-8, 275-6
trabalho/emprego, 220-9, 270-2

Souter, ministro David H., 148
Southern Center for Human Rights, 141
Spruill, Alberta, 129
States of Denial (Cohen), 261-2
Steinberg, Stephen, 336, 338
Stevens, John Paul, 113

Stewart, Emma Faye, 155-6
Stratford High School (Goose Creek, Carolina do Sul), 130
Stutman, Robert, 99-100
Suprema Corte, decisões da
buscas e apreensões policiais, 111-20, 171-3
casos de crack e sentenças discriminatórias, 176-9, 208-9
combate às drogas e alegações de preconceito racial, 171-85, 195-8, 206-9, 276-7
decisões da Quarta Emenda, 111-20, 171-3
decisões sobre pena de morte, 344-5
e discricionariedade da promotoria no combate às drogas, 178-89
e habitação pública, 219-20
e leis de sentença obrigatória, 147-50, 150-1
e o fim do sistema Jim Crow, 78, 323-4
e perfilamento racial, 206-9
e "perfis criminais," 124-5
e processos políticos majoritários, 171-2
e representação jurídica pós-apreensão, 140-2
e sentenças racialmente discriminatórias, 147-50, 171, 172-9, 208-9
paradas no trânsito policiais, 113-5, 197-8
raça como fator na tomada de decisões pela polícia, 197-8
seleção de júri, 184-90
uso de chaves de braço letais por policiais, 195-7
Ver também pelo nome de casos específicos

Swain *versus* Alabama, 184-5
Swank, Eric, 63

tática de parada e revista, 113, 130, 190-1, 200, 202-6, 343-4
taxas de criminalidade, 42-4, 84-5, 157-9, 328, 330-1
crime de drogas, 157-9

crime violento, 84-5, 161-3, 294-5, 326-7
e desemprego, 295-6
na década de 1960, 84-5
redução da criminalidade e taxas de encarceramento, 44-5, 325-8
taxas de uso de drogas, detenção e condenação
acusação de porte de drogas de classe D, 270
cidades e diferenças demográficas, 165n33
e brancos, 156-7, 181-4, 270, 278-9, 292-3
e jovens, 157-9, 183-4, 271-2, 294-5
e taxas de uso de drogas ilegais, 42, 157--9, 165, 280
entradas na prisão por crimes de drogas, 110-1, 156-163, 165, 183-4, 270, 278-9
posse de maconha e detenções por delito, 110-1, 205-6, 213
taxas pós-condenação, 229-33, 267-8, 275-6
e revogações da liberdade assistida, 230-2
e taxas de serviços pré-condenação, 230-1
"penalidades por pobreza", 230-1
teorias da conspiração e Guerra às Drogas, 39-41
Terry *versus* Ohio, 113-5
The American Dilemma (Myrdal), 78
The Anatomy of Racial Inequality (Loury), 290
The Emerging Republican Majority (Phillips), 88-90
The Fire Next Time (Baldwin), 355
The Miner's Canary (Torres e Guinier), 341-2
The Politics of Imprisonment (Barker), 86
"The State of Black America" (1990), relatório da Urban League, 40
The Strange Career of Jim Crow (Woodward), 25, 67, 74-6
The Village Voice (jornal), 129
Thinking About Crime (Tonry), 42-3

Thomas, James, 142
"*three strikes*" *laws*, 38, 105, 143-5, 148-9
Time (revista), 100, 258
Tonry, Michael, 44
Torres, Gerald, 341-2, 254
trabalho compulsório, 62-4
trabalho forçado de condenados, 231-3
tratamento compulsório contra drogas, 145--7, 233-4, 321, 328-9
Travis, Jeremy, 213, 266
Tribunal de Apelações do Distrito de Colúmbia, 117
Tribunal de Apelações do Nono Circuito, 134, 219
Tribunal de Apelações do Oitavo Circuito, 178, 189
Tulia, operação policial antidrogas em (1999), 48

U.S. Sentencing Commission, 145
USA Today (jornal), 142

Vera Institute, 221

Wacquant, Loïc, 62, 67, 153, 305
Walker, Herman, 219
Wallace, George, 86, 92, 263
Washington Post (jornal), 100
Washington, Booker T., 296-7
Watson, Tom, 75-6
We Won't Go Back (Matsuda e Lawrence), 337
Weaver, Vesla, 87
Weaver, Warren, 90
Weinstein, Jack, 150
Western Area Narcotics Task Force (Want), 135

Western, Bruce, 315-6
When Work Disappears (Wilson), 97
"Where Have the Black Men Gone?" (artigo da *Ebony* de 2006), 259
Whren *versus* Estados Unidos, 118-9, 171-2
Whren, Michael, 118
Wideman, John Edgar, 282-4
Williams, John Bell, 84
Wilson, William Julius, 76, 97

Winant, Howard, 323
Winfrey, Oprah, 260
Wolff, Paula, 279
Womack, Willa, 238
Woodward, C. Vann, 67-8, 75-6

Yick Wo *versus* Hopkins, 180-1
Young, Iris Marion, 264

SOBRE A AUTORA

Michelle Alexander é uma reconhecida advogada, militante e acadêmica da área dos direitos civis. Como professora da Stanford Law School, dirigiu o núcleo de estudos sobre direitos civis (Civil Rights Clinic) e manteve o foco de suas pesquisas na intersecção entre raça e justiça criminal. Em 2005, recebeu uma bolsa do fundo Soros Justice para escrever *A nova segregação*, seu primeiro livro publicado. Entre aquele ano e 2016, foi pesquisadora no Kirwan Institute for the Study of Race and Ethnicity e professora na Moritz College of Law, ambos ligados à Ohio State University. Atualmente, é professora visitante do Union Theological Seminary, em Nova York.

Antes de ingressar na carreira acadêmica, Michelle Alexander atuava em processos relativos a direitos civis, tanto no setor privado quanto em instituições sem fins lucrativos. Nesse contexto, tornou-se diretora do Racial Justice Project, ligado à American Civil Liberties Union (Aclu) do Norte da Califórnia, onde ajudou a lançar uma campanha nacional contra o perfilamento racial (*racial profiling*).

Além de cuidar dos três filhos, ela se dedica a escrever artigos, dar palestras e apoiar grupos e organizações engajados na construção do movimento pelo fim do encarceramento em massa.

Formada pela Stanford Law School e pela Vanderbilt University, Alexander foi assessora do ministro Harry A. Blackmun na Suprema Corte dos Estados Unidos e do juiz Abner Mikva no Tribunal Federal de Apelações do Circuito do Distrito de Colúmbia.

Foi uma das protagonistas de *A 13ª emenda* (2016), documentário dirigido por Ava DuVernay, indicado ao Oscar e vencedor do Emmy, que relaciona racismo e o crescimento desproporcional do sistema prisional estadunidense.

Complexo Penitenciário Anísio Jobim, em Manaus, onde, em 1º de janeiro de 2017, 56 presos foram executados na maior rebelião do país (em número de mortos) após o Massacre do Carandiru, em São Paulo.

Publicado em janeiro de 2018, um ano após as rebeliões que levaram à morte mais de cem presos que cumpriam pena em presídios dos estados de Amazonas, Roraima e Rio Grande do Norte, escancarando a perda de controle do Estado brasileiro numa crise que já dura décadas, este livro foi composto em Adobe Garamond Pro, corpo 11/14,3, e reimpresso em papel Avena 80 g/m² pela gráfica Rettec, para a Boitempo, em março de 2021, com tiragem de 1.500 exemplares.